Richard Ehrenberg

Das Zeitalter der Fugger - Geldkapital und Kreditverkehr im 16. Jahrhundert

Zweiter Band. Die Weltbörsen und Finanzkrisen des 16. Jahrhunderts

EHV
HISTORY

Richard Ehrenberg

Das Zeitalter der Fugger - Geldkapital und Kreditverkehr im 16. Jahrhundert

Zweiter Band. Die Weltbörsen und Finanzkrisen des 16. Jahrhunderts

ISBN/EAN: 9783955640477

Auflage: 1

Erscheinungsjahr: 2013

Erscheinungsort: Bremen, Deutschland

EHV
HISTORY

Das
Zeitalter der Fugger.

Geldkapital und Creditverkehr
im 16. Jahrhundert.

Von

Dr. Richard Ehrenberg.

3. unveränderte Auflage.

Zweiter Band.

Die Weltbörsen und Finanzkrisen

des 16. Jahrhunderts.

JENA,

VERLAG VON GUSTAV FISCHER.

1922.

Inhaltsverzeichniss.

Schlussabschnitt.

Vom Zeitalter der Fugger zur Gegenwart.

Zweiter Abschnitt.

Die Weltbörsen des 16. Jahrhunderts.

Erstes Kapitel

Antwerpen.

Das Aufsteigen Antwerpens. Antwerpen gehört zu den zahlreichen Städten, deren günstige Lage für den Welthandel erst spät zur Geltung gekommen ist. Zwar schon seit dem Anfange des 14. Jahrhunderts ein Handelsplatz von einiger Bedeutung, in dessen zwei Jahresmessen englische, italienische und hansische Kaufleute zeitweilig verkehrten, entwickelte sich die Stadt doch bis gegen die Mitte des 15. Jahrhunderts sehr langsam. Der grosse internationale Waarenaustausch zwischen den Städten des Mittelmeers, die den Handel mit der Levante beherrschten, und ganz Nordeuropa, wo namentlich die deutschen Hansen den Handel monopolisirten, war damals noch in Brügge concentrirt, und das Gleiche gilt von den internationalen Geld- und Wechselumsätzen. Die Übersiedelung dieses gewaltigen Verkehres von Brügge nach Antwerpen wurde durch ein Zusammenwirken politischer, wirthschaftlicher und sonstiger Momente herbeigeführt und erforderte etwa ein Jahrhundert; denn schon im Jahre 1442 fand die erste massenhafte Übersiedelung fremder Kaufleute von Brügge nach Antwerpen statt; doch selbst 1533 hatte Brügge noch nicht alle internationale Bedeutung verloren [1].

Die Versandung des Zwin, welche den Seeschiffen das Löschen und Laden in Sluys, der Hafenstadt Brügge's, erschwerte, wäre vielleicht unschädlich zu machen gewesen, hätten dies nicht die langen blutigen Unruhen verhindert, deren Schauplatz Flandern namentlich seit 1482

---

[1] Papebrochius, Annales Antverp. I. 414. Gilliodts van Severen, im Compterendu de la Commission d'histoire. Ser. 4. t. 7 p. 216, 233, 272. Die Zwischenstadien können hier nicht im Einzelnen verfolgt werden.

wurde. Sie machten den fremden Kaufleuten den Aufenthalt dort
unleidlich, während zugleich die Landesherren das ohnehin von der
Natur begünstigte Antwerpen auf jede Weise förderten, um die re-
bellische Bevölkerung Brügge's zu strafen[2]).

Vor dieser Zeit waren es die Engländer gewesen, die auf Grund
ihrer grossen, 1446 bedeutend erweiterten Privilegien, den Handel mit
ihren Tüchern zum vornehmsten Geschäftszweige Antwerpens erhoben hatten. Jetzt aber, zumal als gleich nach Entdeckung des
Seewegs nach Ostindien der Faktor des Königs von Portugal den
Gewürzhandel in Antwerpen einführte, drückte dieser dem dortigen
Handel sein Gepräge auf, und jetzt erst liessen sich Portugiesen, Spanier,
Oberdeutsche, Italiener in rasch wachsendèr Zahl zu Antwerpen auf
die Dauer nieder, während sie früher die antwerpener Messen meist
nur vorübergehend besucht hatten[2a]).

Jetzt entwickelte sich Antwerpen im Verlaufe von vier Jahrzehnten
zu einem Handelsplatze, wie ihn die Welt weder vorher noch seitdem
gesehen hat; denn auch später hat es keinen Platz gegeben, an dem
sich in solchem Maasse der Handel aller überhaupt für den Welt-
verkehr in Betracht kommen Völker concentrirte. Eine englische
Denkschrift vom Jahre 1564 sagt, die „Antwerpener" hätten die Kauf-

---

[2]) Schanz. Engl. Handelspolitik gegen Ende des Mittelalters i. 8 ff. Guicciardini,
Descritt. di tutti i Paesi Bassi 1567 p. 84. Wie der flämische Bürgerkrieg doppelt wirkte,
zeigte sich wohl am deutlichsten 1488; denn Maximilian begab sich, als er aus der Ge-
fangenschaft der Bürger Brügge's befreit wurde, von dort aus unmittelbar nach Antwerpen
und ertheilte dieser Stadt neue Privilegien; doch hatte schon mindestens seit 1485 in Folge
der flämischen Unruhen ein grosser Aufschwung Antwerpens stattgefunden (Bertijn,
Chronyck der Stadt Antwerpen ed. 1879 p. 49, 52;. Verachter, Inventaire des Chartes
d'Anvers No. 580, 581).

[2a]) Die nürnberger Kaufleute erhielten zwar schon 1432, 1433 und 1468 Privilegien
auch für Brabant, und in demjenigen von 1433 wird Antwerpen schon genannt, dagegen
in dem von 1468 nur Gent, Brügge und Ypern. Der erste oberdeutsche Besucher von
Antwerpen wird 1477 erwähnt; in den folgenden Jahrzehnten mehrten sich die Beziehungen. Die Hochstetter kauften bereits 1498 für ihre antwerpener Faktorei ein Haus, die
Welser 1509, die Fugger 1515 (vgl. ausser dem dritten Kapitel unseres ersten Abschnittes
auch Ghillany, Geschichte d. Seefahrers Ritter Martin Behaim S. 24, 102, 104 ff.). Einer
der ersten Spanier, die sich in Antwerpen dauernd niederliessen, war Antonio de Vaille
(1498), während Diego de Haro erst 1503, Fernando de Bernuy sogar erst 1509 sich
Häuser kauften. Die Florentiner siedelten meist erst 1512/18, die Genuesen sogar
grösstentheils erst nach 1522 von Brügge nach Antwerpen über. Der portugiesische Faktor,
auf dessen Gewürzverkäufe Guicciardini (Descritt. d. Paesi Bassi Ausg. v. 1581 p. 126)
den Aufschwung Antwerpens zurückführt, wird dort zuerst 1494 erwähnt (v. Murr, Geschichte Martin Behaims S. 135). Das schliesst natürlich keineswegs aus, dass viele Angehörige dieser Nationen schon vorher vorübergehend in den antwerpener Messen verkehrt hatten.

leute der anderen Städte „eaten out of their trade", hätten deren Handel aufgeschluckt. Das ist ganz richtig, wenn man statt „Antwerpener" die Stadt Antwerpen setzt; denn der Platz zog allerdings den Handel der anderen Plätze grösstentheils an sich, indem deren Kaufleute sich dort niederliessen, um der ausserordentlichen Vortheile willen, die diese Stadt ihnen darbot. Die eingeborenen Antwerpener dagegen kommen erst in zweiter Linie in Betracht: sie machten, wie schon 1525 ein venetianer Gesandter mit Recht bemerkte, für eigene Rechnung nur verhältnissmässig wenige Geschäfte, sondern befassten sich mehr mit Hülfsgewerben; sie dienten dem Handel der Fremden als Makler, als Vermiether von Lager- und Wohnräumen, später auch als Bankiers, Commissionäre u. s. w. Aber der eigentliche grosse Handel lag wie in Brügge so auch in Antwerpen noch vorzugsweise in den Händen der Fremden[3]).

Worin bestanden nun jene ausserordentlichen Vorzüge Antwerpens? Wodurch unterschied es sich insbesondere von Brügge?

Die Bedeutung Antwerpens im Allgemeinen. Antwerpen trat die Erbschaft Brügge's an als Metropole des nordeuropäischen Handels; doch bemerken wir schon bei oberflächlicher Betrachtung wesentliche Verschiedenheiten zwischen dem Verkehre der beiden Städte. Was zunächst die in Antwerpen verkehrenden fremden Kaufleute betrifft, so waren dort einzelne „Nationen" zweifellos erheblich schwächer vertreten, als in Brügge. Namentlich gilt das von den Venetianern, deren Rolle im Welthandel ausgespielt war, sodann von den Florentinern, die aus politischen Ursachen allmählich wegblieben, ferner von den „Osterlingen", wenigstens von den eigentlichen Ostsee-Kaufleuten, die theils demselben Schicksale wie die Venetianer verfielen, theils schon frühzeitig mit Amsterdam in Verbindung traten, das bereits im 16. Jahrhundert für den ostländischen Getreidehandel wichtiger war, als Antwerpen; dieses wurde dafür um so stärker von Bewohnern der niederdeutschen Nordseestädte und zumal von denen der nördlichen Niederlande besucht; aber seinen Hauptzuwachs erhielt es durch portugiesische, spanische, englische und oberdeutsche Kaufleute.

Die Engländer gingen überhaupt erst jetzt allgemein zum Aktivhandel über, wobei ihnen Antwerpen als bei weitem wichtigster Stapelplatz diente. Spanier und Portugiesen wurden durch ihre

---

[3]) Die englische Denkschrift, von der wir noch mehrfach Gebrauch machen werden, befindet sich unter den Handschriften des British Museum (Sloane Mss. 818), die Äusserung des Venetianers steht bei Albèri, Relaz. d. ambasc. venet. IV. 22.

grossen Kolonial-Unternehmungen schaarenweise dorthin geführt. Und die nämliche Verschiebung im Weltverkehre, welche die Venetianer wie die Ostseekaufleute zurückdrängte, veranlasste die Oberdeutschen umgekehrt, Antwerpen in grosser Zahl aufzusuchen. Sie hatten früher vorzugsweise mit Venedig verkehrt, dagegen in Brügge keine nennenswerthe Rolle gespielt, während sie jetzt in Antwerpen, dank der Grösse ihrer Kapitalien und dank ihrem Unternehmungsgeiste, Jahrzehnte lang die vornehmste Stelle einnahmen. Auch bei den Genuesen haben wir eine ähnliche Entwickelung feststellen können.

Wenn wir dann etwas tiefer eindringen, so bemerken wir dass die in Antwerpen verkehrenden fremden Kaufleute jedenfalls eine weit grössere Zahl ihrer Landsleute vertraten, als in Brügge. Wir denken hier an die wichtige Entwickelung, welche zur Ausbildung des modernen Commissionshandels geführt hat.

Im Mittelalter war der Kaufmann zuerst selbst auf Reisen gegangen, seit den Kreuzzügen hatte er seinen Faktor ausgeschickt. Jetzt begegnen wir in Antwerpen nicht nur Faktoren, die mehrere Handelshäuser vertraten, sondern namentlich auch — eine jedenfalls völlig neue Erscheinung — manchen in Antwerpen dauernd ansässigen Kaufleuten fremder Nationen, die mit einer ganzen Reihe ihrer Landsleute in Geschäftsverbindung standen. Wir bemerken das Gleiche sogar schon bei Niederländern. Und nicht ohne Erstaunen nehmen wir wahr dass selbst der ganz moderne Typus des englischen „broker", der zugleich Makler und Commissionär ist, ein Typus, der sich in Deutschland erst in neuester Zeit einzubürgern begonnen hat, zu Antwerpen bereits in der ersten Hälfte des 16. Jahrhunderts sich entwickelte [1].

---

[1] Vgl. oben I. 251 ff., 311 ff. Auch Wolff Poschinger, Wolff Haller, Georg Meuting u. A. betrieben Commissionsgeschäfte für ihre Landsleute. Bei anderen Nationen treffen wir auf dieselbe Erscheinung: von Engländern, Spaniern, Genuesen u. s. w. liessen sich Einzelne ganz und gar in Antwerpen nieder, erwarben dort Grundbesitz und das Bürgerrecht, heiratheten zum Theil auch niederländische Frauen. Diese Leute rechneten sich dann bald insofern nicht mehr zu ihrer Nation, als sie den Anordnungen ihrer Consularbehörde den Gehorsam verweigerten, insbesondere die von ihr eingeforderten Abgaben nicht mehr bezahlen wollten, und sich ihrem Stapelzwange nicht fügten. Das lässt sich bei Portugiesen, Genuesen, Engländern und Hansen deutlich verfolgen. Ausdrücklich werden dabei aber auch Faktoren erwähnt, die nicht zur Nation ihrer Prinzipale gehörten, eine Erscheinung, die den mittelalterlichen Handelsgewohnheiten schnurstracks zuwiderlief. Vgl. Desimoni e Belgrano in den Atti d. soc. ligure vol. V. 460 ff., 480 ff. für die Genuesen, die Antwerpener Schöffenbücher für die Portugiesen, die Statuten der Adventurers Compagnie für die Engländer, die Akten des Kölner histor. Archives für die deutschen Hansen.

Was nun ferner die Geschäfte anlangt, welche diese fremden
Kaufleute in Antwerpen machten, so genügt es, um ihren Umfang
gegenüber demjenigen des Brügger Platzes zu kennzeichnen, wenn
wir nachmals auf die zwei grössten antwerpener Handelszweige verweisen, auf den Verkehr in ostindischen Erzeugnissen und auf
denjenigen in englischen Tuche. Jener hatte sich früher von der
Levante aus in zahlreichen Kanälen verzweigt; jetzt floss der bei
weitem grösste Theil davon in einem Strome nach Lissabon und von
dort aus ungetheilt nach Antwerpen; denn der portugiesische König
verkaufte die Ladungen jeweilig im Ganzen an grosse, kapitalkräftige
Consortien, die hierdurch ein Monopol erlangten und um die Preise
hochzuhalten, dafür sorgten, dass der ganze Handel in Antwerpen
concentrirt blieb [5]). Ganz ebenso und aus demselben Grunde verfuhren die Engländer mit ihren Tüchern. Schon desshalb musste
auch die Hauptmasse der anderen Waaren in Antwerpen zusammen-
strömen, und sicherlich wird deren Menge ebenfalls entsprechend
gewachsen sein, wie wir das z. B. bei oberdeutschem Barchent, einem
ungemein bedeutenden Artikel des Welthandels, aus der Thatsache
entnehmen können, dass erst jetzt diese Waare im kapitalistischen
Grossbetriebe für den Export hergestellt wurde. Ein anderes Beispiel: Ungarisches Kupfer, dessen Hauptmarkt früher Venedig gewesen war, wurde seit dem Anfange des 16. Jahrhunderts in gewaltigen Quantitäten nach Antwerpen geschafft und erst von dort aus
in alle Welt versandt.

Diese Tendenz zu immer weitergehender Concentration zeigte
sich ganz vornehmlich darin, dass die Börsen der verschiedenen
Nationen, wie sie schon in Brügge bestanden hatten, erst in Antwerpen zu einer für alle Nationen gemeinsamen Börse vereinigt
wurden; wir werden hierauf nachher zurückkommen.

Wenn wir nun fragen, wodurch diese ausserordentliche Concentration des Weltverkehrs in Antwerpen hervorgerufen wurde, so giebt
die beste Antwort eine Denkschrift der in Antwerpen verkehrenden
fremden Kaufleute, welche sich im Anfange der Regierung Philipps II.
mit Enschiedenheit gegen die damals vorgeschlagene Ernennung be-

---

[5]) Am schärfsten ausgesprochen bei Wheeler, Treatise of commerce (1601) p. 36:
„The Portingall — like a good simple man, he sailed every yeare full hungerly about
„3 parts of the earth almost for spices; when he had brought them home, the great rich
„purses of the Antwerpians, subjects of the king of Spain, ingrossed them all into
„their own hands, yea oftentimes gave money for them before hand, making thereof a
„plaine Monopoly." Wegen der englischen Tücher und ihres Stapels in Antwerpen vgl.
Ebrenberg, Hamburg und England im Zeitalter der Königin Elisabeth p. 27 ff.

eidigter Assekuranzmakler ausgesprochen, indem sie geradezu erklärten:
„Niemand wird bestreiten können, dass die den Kaufleuten bewilligte
Freiheit die Ursache des Gedeihens dieser Stadt ist"[6]).

Im Verhältnisse zu der an anderen Städten während des Mittelalters herrschenden strengen Beschränkung des Handels war dieser
in Brügge schon sehr frei gewesen, aber im Verhältnisse zu der nahezu
absoluten Handelsfreiheit, deren sich die fremden Kaufleute in Antwerpen erfreuten, erscheint Brügge doch als ein Platz von durchaus
mittelalterlichem Charakter. Um nur einige Punkte herauszugreifen:
das Maklergewerbe war in Brügge noch das Monopol einer Korporation; in Antwerpen war es frei. In Brügge durften nur die
beeidigten Wechsler gewerbsmässig Geldwechsel und Girobank-
geschäfte treiben; in Antwerpen dagegen war jenes schon nach der
Charter von 1306 allen Bürgern gestattet, und in der Blüthezeit Antwerpens gab es für den Geld-, Edelmetall- und Wechselverkehr praktisch
überhaupt keine Beschränkung; auch die Zahlungsausgleichung ohne
Baargeld erfolgte ganz frei durch Überweisungen. Das Wirths-
gewerbe, das in den Niederlanden für den Handel der Fremden
ausserordentlich bedeutsam war, bildete in Brügge noch, nicht aber
in Antwerpen, den Gegenstand zahlreicher, tiefeinschneidender obrigkeitlicher Bestimmungen. Überhaupt rührten die Handelsbeschrän-
kungen, welche in Antwerpen noch bestanden, fast durchweg von
den fremden Kaufleuten selbst her. Landesherr und Stadtmagistrat
bestrebten sich, dem Handel so viel Freiheit wie nur irgend möglich
zu gewähren.

Da nun die fremden Kaufleute ungefähr ebensoviel Handelsfreiheit besassen wie die Inländer, und da keine der fremden Nationen
wesentlich höher privilegirt war als die andere, so fielen damit auch
die Schranken, die noch in Brügge zwischen den verschiedenen Theilen
der Einwohnerschaft bestanden hatten, wenigstens soweit diese Schranken
aus jenen eifersüchtig behüteten Rechten und Privilegien hervorgegangen waren. Nur die Engländer, die ja schon in der Frühzeit der
antwerpener Entwickelung dort einen erheblichen Verkehr betrieben
hatten, nahmen auch später noch eine gewisse Sonderstellung ein.
Die anderen Nationen unterschieden sich zwar durch Aussehen, durch
Sprache und Sitten; aber im Übrigen bildeten sie zusammen eine
Kaufmannschaft, deren Rechte, Pflichten und Interessen ungefähr die
gleichen waren.

---

[6]) Bulletin de la Société de Géographie d'Anvers p. 215 ff.

Noch eine weitere höchst wichtige Folge hatte die in Antwerpen herrschende Handelsfreiheit: sie veränderte die Bedeutung der Messen.

Messen und Börse in Antwerpen. Antwerpen besass im 15. Jahrhundert zwei Jahresmessen: die Pfingstmesse im Frühjahre und die St. Bavonsmesse, vulgär Bamas- oder Pamasmesse, französisch St. Remy genannt, im Herbste. Dazu kamen dann zwei weitere Messen, die noch bis in die vierziger Jahre des 16. Jahrhunderts hinein in Bergen-op-Zoom abgehalten, aber dort damals bereits verkümmert, seitdem auch nach Antwerpen übertragen wurden: der Kaltemarkt, der um Weihnachten, und der Ostermarkt, der ursprünglich Lichtmess begann[7].

Jene zwei alten antwerpener Messen im Frühjahre und Frühherbste dienten ganz vorzugsweise den englischen Kaufleuten für ihren Tuchhandel: die grossen Tuchflotten kamen stets in diesen Märkten an, und nach deren Ankunft hielten die Engländer ihre Show-days ab. Nur selten wurde eine der anderen beiden Messen von ihnen besucht[8]. Daran änderte sich nichts Wesentliches, solange die Engländer in Antwerpen verkehrten, und darüber hinaus; denn es entsprach zwingenden natürlichen Verhältnissen, durch welche die Zeit der englischen Wollcampagne, wie die der Schifffahrt bestimmt wurde. Aber schon als der englische Tuchhandel aufhörte, in Antwerpen die entscheidende Rolle zu spielen, als die anderen fremden Kaufleute massenhaft von Brügge nach Antwerpen übersiedelten, wurde das feste Gefüge der alten Messen durchbrochen. Bereits im Jahre 1484 beschwerte sich das Brügger Contor der Hanse darüber, dass in Antwerpen von den Brabantern das **ganze Jahr hindurch ausserhalb der Märkte** ein neuer Stapel mit allerhand Gütern und offenen Verkaufsstellen gehalten wurde, und zwei Jahre später heisst es, die Antwerpener hätten mit den Engländern einen neuen Markt angefangen und wollten jetzt mehr ausserhalb der gewohnten Zeit Handel treiben[9]. Soweit hier von den Engländern die

---

[7]) Die Termine der Messen und besonders der ihnen folgenden Zahlungen haben im Laufe der Zeit ausserordentlich geschwankt. Die Zahlungen wurden nämlich, seitdem sie auch als Termine für die Rückzahlung der Regierungsanleihen dienten, oftmals willkührlich hinausgeschoben, und schon früh scheint man dies in Antwerpen als Mittel angewendet zu haben, um die Bergener Messen zu ruiniren. Vgl. den Bericht Vaughan's an Cromwell v. J. 1534 bei Brewer, Calendar vol. VII. 575. Für die spätere Zeit vgl. namentlich Guicciardini, Descritt. d. Paesi Bassi (1567) p. 83.

[8]) Schanz, Engl. Handelspolitik gegen Ende des Mittelalters I. 12.

[9]) Hanserecesse ed. Schäfer I. 399. II. 25.

Rede ist, hatte die Veränderung keinen Fortgang; aber im Übrigen kam es allerdings dahin, dass die Messen, deren mittelalterliche Bedeutung ja vorzugsweise in der Handelsfreiheit wurzelte, welche für ihre Dauer den fremden Kaufleuten gewährt wurde, diese Bedeutung in Antwerpen, wo das ganze Jahr hindurch die gleiche Handelsfreiheit herrschte, grösstentheils einbüssten.

Zugleich kam auch der andere Grund in Fortfall, der während des Mittelalters die Messen nöthig gemacht hätte: der Umfang des Verkehrs wuchs derart, dass er ausreichte, um das ganze Jahr hindurch einen grossen, regelmässigen Markt zu unterhalten. Mit dieser gewaltigen Zunahme des Verkehres hängt endlich die weitere entscheidende Veränderung zusammen, dass sich für manche Waaren feste Typen bildeten, welche dem Handel als Unterlage dienten, und dass andere Waaren nur nach Muster gehandelt wurden. In beiden Fällen fand keine Besichtigung der Waaren vor Abschluss des Geschäftes mehr statt. Das Resultat von alledem war die Umwandlung Antwerpens aus einem Messplatze in einen Börsenplatz.

Brügge hat auch schon seine „burse" besessen, die erste, die diesen Namen führte. Aber das war noch keine Börse im heutigen Sinne, nicht ein allen Kaufleuten gemeinsamer Versammlungsort gewesen, sondern nur derjenige der italienischen Kaufleute, die an dem Börsenplatze ihre Consularhäuser gehabt hatten. Jede der anderen Nationen hatte sich an einem besonderen Orte versammelt. Auch hatte die Börse von Brügge in der Hauptsache nur für Geld- und Wechselgeschäfte gedient, der ganze Waarenverkehr dagegen sich noch theils in den grossen „Hallen", theils in den einzelnen Häusern und Speichern abgespielt, wo die Waaren lagerten[10]).

In Antwerpen gab es eine Kaufmannsbörse schon in der zweiten Hälfte des 15. Jahrhunderts, und zwar wurde sie, als der Handel aufzublühen begann, wahrscheinlich im Jahre 1460, vom antwerpener Stadtrathe in unmittelbarer Nachbarschaft des Grossen Marktes, in der Englischen oder Wollstrasse, wo die Engländer ihre Packhäuser hatten, auch ganz nahe beim Hafen, der öffentlichen Waage und den Wechselbänken, mit der ausdrücklichen Bestimmung eingerichtet, sie solle zur Beförderung des Handels dienen[11]).

---

[10]) Vgl. meine Abhandlung über Makler, Hosteliers und Börse in Brügge vom 13ten bis zum 16. Jahrhundert (Ztschr. f. Handelsrecht Bd. XXX).

[11]) Über diese „Oude Beurs", deren Ort noch jetzt durch eine ihren Namen führende Strasse bezeichnet wird, haben einige Lokalhistoriker Mancherlei geschrieben, was mehr Verwirrung, als Klarheit hervorgebracht hat. Dies gilt nicht von Mertens en Torfs

Diese absichtliche obrigkeitliche Anlage ist schon eine wesentliche Neuerung. Noch wichtiger ist es, dass die antwerpener Börse nicht wie die von Brügge, nur der Versammlungsort der Italiener war, sondern ohne Zweifel von Anfang an den Kaufleuten aller in Antwerpen verkehrenden Nationen diente, wie dies von der im Jahre 1531 eröffneten prächtigen neuen Börse mit positiver Gewissheit gesagt werden kann; denn sie trug die Inschrift „in usum negotiatorum cujuscunque nationis ac linguae". Nur die Engländer besassen wenigstens in der späteren Zeit eine besondere Börse, und

---

(Geschiedenis von Antwerpen III. 212), der mittheilt, die alte Börse sei 1460 angelegt worden, welche Nachricht auf eine Chronik „Opkomst von Antwerpen" zurückzuführen scheint und viel innere Wahrscheinlichkeit für sich hat, namentlich wenn man sie zusammenhält mit dem gleich zu erwähnenden authentischen Berichte vom Jahre 1532/33. Was dagegen Génard (Congrès archéol. Anvers 1866/67, Compte-rendu p. 149) und Thys (Histor. d. straten v. Antwerpen 2. ed. 1893 p. 92 ff.) von angeblichen noch älteren antwerpener Börsen zu erzählen wissen, beruht ganz bestimmt auf Missverständnissen, wie zum Theil schon oben (I. 79) nachgewiesen worden ist. Der eigentliche Hergang bei Einrichtung der alten Börse wurde nach Erbauung der neuen von mehreren Nachbaren „van der ouder borssen in de engelsche strate oft wollestrate" folgendermaassen dargestellt. Die Leute trugen dem Kaiser vor, „hoe dat voertyden, als dieselve onse stadt van Ant-„werpen begonst te prospereren, by der applicatien ende arriveringe van diverse scepen, „comenscapen ende by de negotiatien ende hanteringen van diversen coopluyden van alrehande „vreempde natien, die wethouderen ende regerder der voorsz. stadt ter comoditeyt „van denselven coopluyden ende om die meer te wecken, tott frequentacien der-„selver stadt, hadden by gemeynen accorde end rype deliberatie van rade geordineert sekere „plaetse, aldaer die voorsz. cooplieden souden moegen vergaderen, om te trac-„teren ende communiceren van huenen affairen, comenscapen ende negotia-„tien, welcke plaetse men gemeynlick noempde de borsse, gelegen wesende int „schoonste van der voorsz. stadt by de merct ende by der kercken onser lieuwen vrouwen, ende „ook t'hooft ofs den werf derselser onser stadt." Darauf hätten die Nachbaren der Börse ringsumher grosse Geldsummen aufgewendet, „om de plaetse ende borsse te onderhouden, grooter „oft maerder te maken", sie hätten ferner „doen maken ende tymeren, tot haere groote ende „zwaere costen, diverse schoone ende costelyk edificien met winkelen ende bonticken ende „andere comoditeyten". Später, nämlich im Jahre 1518, habe die Gilde „van den Voetboghen" auf Ansuchen des Magistrats ein grosses Haus gekauft „ende daer af gemaect een „gemeyn plaetse ende pandt, om aldaer te vercoopen alrehande sorten van crameryen ende „andere comenscapen ende daer due men passaerde van der merct nae de borsse"; dafür habe die Gilde 18000 fl. ausgegeben. Die Urkunde ist verzeichnet bei Verachter No. 704, und ich habe dem im Antwerpener Stadtarchive befindlichen Originale Vorstehendes entnommen. Nach Thys l. c. p. 39 wäre dieser letztere Bau 1515 erfolgt, und nach p. 94 (womit Mertens en Torfs u. a. übereinstimmen) wurde in demselben Jahre auch die Börse selbst mit steinernen Säulenhallen verziert, von denen noch jetzt ein Theil erhalten ist auf der Rue du jardin (Hofstraat) No. 13 aus zugänglichen Hofe; es sind schöne Säulen im prächtigen spätgothischen Style, der auch bei der neuen Börse (1527/31) angewendet wurde, wie denn beide Bauten von demselben Meister, Dominicus van Wagbemakere, entworfen worden sein sollen. Wenn die Errichtung der Säulenhallen, wie wahr-

dies gab, wie Guicciardini berichtet, Anlass zu einer bemerkenswerthen Theilung des Geschäftes, die aber nicht nach Nationen, sondern nach Geschäftsarten erfolgte [12]:

„Die Kaufleute, so sagt Guicciardini, gehen Morgens und Abends „zu bestimmter Zeit nach der Börse der Engländer. Dort verhandeln „sie mit Hülfe von Maklern jeglicher Sprache, deren Zahl eine sehr „grosse ist, hauptsächlich über den Kauf und Verkauf von Waaren „aller Art. Dann aber gehen sie nach der neuen Börse, wo sie auf „die nämliche Weise vorzugsweise in Wechseln und Gelddarlehen „(depositi) Geschäfte machen".

Wir haben hier nicht zu untersuchen, ob wirklich das ganze antwerpener Waarengeschäft, soweit es überhaupt börsenmässigen Charakter annahm, sich an der englischen Börse abspielte. Es genügt vielmehr festzustellen, dass alle Nationen, wenn sie Börsengeschäfte machen wollten, eine der beiden Börsen besuchen mussten; innerhalb der neuen Börse theilten sich allerdings noch die verschiedenen Nationen, wie es auch noch viel später in Amsterdam der Fall war. Aber darum war die antwerpener Börse doch die erste internationale, die erste Weltbörse im vollen Sinne dieses Worts. Ein Zeitgenosse, der Dichter Daniel Rogiers, beschreibt den Verkehr an der neuen Börse folgendermaassen: „Man hörte dort ein verworrenes Geräusch „aller Sprachen, man sah dort ein buntes Gemenge aller möglichen „Kleidertrachten, kurz die antwerpener Börse schien eine kleine Welt „zu sein, in der alle Theile der grossen vereinigt waren".

---

scheinlich, identisch ist mit jenem Bau, den die Nachbaren der Börse zu ihrer Vergrösserung aufführten, so sind die noch jetzt an den Säulen befindlichen Wappen und Namenszüge ohne Zweifel die der Stifter. Als solche werden in der Eingabe vom Jahre 1532 die Supplikanten selbst oder ihre Vorfahren aufgeführt. Unterzeichnet ist die Eingabe von Gabriel Boncompte, Antonis und Daniel van Bombergen, Willem van Thrieve, Lodewick Studelinck, Arnde van Velekraken (?), Jacoppe van Berchem, Clas Janssen, Herwicke van Lith, Jacques le Martin und Philippe van Ostende. Auf einer der Säulen steht die Namenschiffre J. M., was also wohl Jacques le Martin bedeuten wird. Die Bedeutung der Wappenschilder werden die antwerpener Heraldiker wohl feststellen können.

[12]) Descritt. d. Paesi Bassi Ausg. v. 1581 p. 171. Mertens en Torfs (Geschied. v. Antw. IV. 188) und ihnen folgend Henne (Règne de Charles Quint en Belgique V. 319). Schanz (Engl. Handelspolitik I. 14) u. A. versetzen die Errichtung der englischen Börse in das Jahr 1515, während Guicciardini (Ausg. v. 1581 p. 102) und nach ihm Thys (2. Ausg. p. 86) sie erst im Jahre 1550 errichtet sein lassen. Letztere Angabe verdient mehr Glauben, jene erstere dürfte auf einer Verwechselung mit der „alten Börse" beruhen. Doch schliesst das keineswegs aus, dass die Engländer schon früher einen besonderen Versammlungsort bei ihren Packhäusern gehabt haben, wie das aus Art. 56 ihres antwerpener Privilegs v. 1518 (Schanz II. 731) hervorzugehen scheint.

Überhaupt muss ja Antwerpen im 16. Jahrhundert auch dem äusseren Eindrucke nach eine unvergleichliche Stadt gewesen sein. Der glanzvolle, oft mit feinstem Kunstsinn verbundene Luxus einer solchen Zahl von Kaufleuten, die aus aller Welt zusammengeströmt waren, täglich viel Geld verdienten und nach der Sitte der Zeit, wie insbesondere nach derjenigen der Bevölkerung, unter der sie lebten, jede Gelegenheit benutzten, um Pracht zu entfalten und frohe Feste zu feiern, — das gab ein Leben, wie es die Welt niemals wieder gesehen hat [13]).

Die vier antwerpener Jahresmessen bestanden fort, verloren aber für das eigentliche Waarengeschäft, abgesehen vom Handel in englischen Tüchern, den grössten Theil ihrer Bedeutung, während ihr Anhängsel, die Messzahlung, zur Hauptsache wurde. Dies geht am deutlichsten aus der Thatsache hervor, dass von den beiden Bergener Messen nur die Zahlungen nach Antwerpen verlegt wurden, die Messen selbst dagegen in Bergen blieben, wo sie indess keinen Verkehr mehr hatten. Die Messzahlungen sollten am 31. Oktober, am 31. Januar, am 1. Mai und am 1. August beginnen und je 10 Tage dauern; später wurden daraus die vier Zahltermine:

10. Februar   für den Kaltmarkt,
10. Mai   „   „   Pastmarkt,
10. August   „   „   Pfingstmarkt,
10. November „   „   Bamasmarkt.

Schliesslich wurden diese Termine oftmals noch weiter verlängert, wenn das fiskalische Bedürfniss dies erwünscht machte. Es handelte sich hierbei um Termine für den gesammten Wechsel- und Darlehnsverkehr, der theils privaten, theils öffentlichen Zwecken diente. Die Waarenzahlungen fanden getrennt davon einen Monat später statt. Ausserhalb der Messzahlungen war Geld in der Regel nur schwer und theuer zu erlangen; der bei weitem grösste Theil des riesigen antwerpener Kapitalverkehres wurde daher in den vier Messzahlungen regulirt, und zwar geschah dies nicht wie in Lyon durch Scontrirung, sondern durch Überweisung von einer Hand zur andern, eine noch unvollkommenere Art der Zahlungsausgleichung, die zu vielen Processen Anlass gab [14]).

---

[13]) Vgl. z. B. die Beschreibung des Festes, das in Antwerpen 1561 bei Gewinnung des „Landjuweel" gefeiert wurde, wobei über 100000 L. daraufgingen und wochenlang die Geschäfte grösstentheils ruhten. (Kervyn de Lettenhove, Rélat. polit. des Pays Bas et de l'Angleterre II. 596 ff. 611.)

[14]) Zu vergleichen ist besonders die Rede des venetianer Senators Contarini v. J. 1584 bei Lattes, Libertà delle Banche a Venezia p. 121, die Contumes de la ville d'Anvers

Die Spekulation in Antwerpen. Wir können hier nicht tief auf
die Technik des antwerpener Waarenhandels eingehen; aber zum Ver-
ständnisse des Folgenden ist es nöthig, zu beweisen, wie stark speku-
lativ und wie riskant demgemäss dieser Handel namentlich bei den
bedeutendsten Artikeln, bei den ostindischen Gewürzen sich gestaltete.
Unter ihnen war wiederum der Pfeffer die bei weitem wichtigste
und zugleich die gefährlichste Waare. Wie schon erwähnt, war der
Pfefferbezug erster Hand ein Regal des Königs von Portugal, der
die Ladungen der ostindischen Flotten jeweilig an grosse Consortien
verkaufte, die hierdurch ihrerseits das Monopol zweiter Hand erhielten.
Sie kauften die Waare oft schon schwimmend, gewährten den geldbedürftigen Königen von Portugal stets grosse Vorschüsse und wussten sich
natürlich hierfür im Übernahmepreise bezahlt zu machen; namentlich aber
war es ihnen möglich, den Preis in Antwerpen, wo die Hauptmasse
zum Verkauf kam, nach ihrem Interesse zu reguliren, mindestens solange, bis eine neue Flotte aus Ostindien ankam, deren Ertrag dann
für die weitere Preisgestaltung zunächst bestimmend wurde. Diese
beiden Momente, das Interesse der grossen Consortien und die Grösse
der neuen Importe, bestimmten an der antwerpener Börse hauptsächlich den Preis des Pfeffers. Beide Momente waren unberechenbar,
und das Gleiche gilt von den sonst noch mitsprechenden Umständen,
unter denen Krieg und Frieden wiederum die wesentlichsten waren.
Daher gestaltete sich der Preisgang oftmals ausserordentlich sprung-
haft, und die Spekulation hatte ein Feld für ihre Thätigkeit, wie es
ihr vorher nie geboten worden war. Das war um so bedeutsamer, als der
Preis des Pfeffers auch einen grossen Theil des übrigen Marktes bestimmte. Er war das Barometer der Börsenstimmung[15]). Überdies
lag das Geschäft in manchen anderen Waaren ganz ähnlich. So war
z. B. der Alaunimport ein Regal der niederländischen Regierung, die
dasselbe an Syndikate von Kaufleuten verpachtete. Wieder andere
Geschäftszweige wurden jeweilig zu faktischen Monopolen benutzt, die
aber dann doch wieder durchbrochen wurden und zu wilden Preisschwankungen Anlass gaben, wie wir das z. B. vom Kupferhandel wissen.

II. 522 ff., auch die kaiserlichen Verordnungen v. 1537 und 1539 in den Placc. v. Brabant I. 511, 513, 515.

[15]) Vgl. hier ganz besonders die Handelscorrespondenzen der Tucher (1529—1546)
und des oben I. 221 ff. erwähnten Seilerschen Finanzconsortiums (1543/44), sodann die wich-
tigen Handelsbücher der Affaitadi im kgl. Staatsarchive zu Brüssel (1548/51 und 1556/58).
Die Affaitadi leiteten damals das Pfefferconsortium, das z. B. 1552 mit einer Flotte aus
Lissabon 10127 Ballen importirte. Der Faktor des Königs von Portugal, der mit den
Kaufleuten die grossen Contracte abschloss, war bei diesen selbst betheiligt.

Hierdurch wurde die Betheiligung am antwerpener Waarenhandel
für Jeden, der nicht im Stande war, den Marktgang stündlich ganz
genau zu verfolgen, und oft auch für diejenigen, die hierzu im Stande
waren, eine äusserst gefährliche Sache. Wir könnten manche Belege
hierfür liefern, müssen uns aber auf einige Äusserungen des Nürn-
bergers Christof Kurz beschränken, der in den Jahren 1543 und 1544
der Tucherschen Handlungsgesellschaft kaufmännische Berichte aus
Antwerpen sandte, wie es scheint ohne grade in ihren Diensten zu
stehen.

Es war damals die Zeit, als in den Niederlanden die astro-
logischen „Prognosticatien" blühten, Prophezeihungen aller Art, die
auch durch den Druck vervielfältigt wurden. Christof Kurz hatte
nun ein astrologisches System ausgeklügelt, durch welches er den
Preisgang der Waaren voraussehen zu können behauptete. Dieses
System pries er den Tuchern an, wobei er nüchterne geschäftliche
Angaben mit phantastischen Combinationen auf eine Art vermischte,
die uns ganz absurd erscheint, die aber in jener Zeit nicht den gleichen
Eindruck gemacht haben muss; denn Kurz schreibt in einem seiner
ersten Briefe, Lienhard Tucher, der uns bekannte hochangesehene und
treffliche nürnberger Handelsherr, habe sich — freilich erst „nach
langem Rufen und Begehren" seinen Vorschlägen geneigt erwiesen,
Thatsächlich versah Lienhard Tucher die Kurz'schen Berichte mit
Randbemerkungen, welche mindestens beweisen, dass er sie aufmerk·
sam durchlas und auch die „Prognosticatien" nicht unbeachtet liess[16]).

Kurz ging aus von der richtigen Wahrnehmung, „dass Specerey
eine Handlung sei, die grosser Fürsichtigkeit bedarf". Er erklärte
aber, ein System gefunden zu haben, um das Steigen und Fallen der
Preise von Pfeffer, Ingwer und Safran immer auf 14 Tage im voraus
angeben zu können. „Hab's vor drei Jahren wohl gesucht, aber nit
„finden mögen, bis jetzt dieses Jahr; ich denke, Gott. hat mich
„damit begabt. Ich hab's ein Jahr lang observirt. Jedoch will ich
„mich dessen nicht berühmen, bis ich's selbst noch eine Zeit hindurch
„mit meinen Augen gesehen und gespüret habe; jedoch zweifle ich
„nicht, es soll gegründet sein; und ist es dies nicht, so will ich's, ehe
„noch ein halbes Jahr vergehet, wissen. Gleichergestalt hab' ich's auch
„mit Canneel, Muskatnuss und Gewürznägeln von einem Markte zum
„andern anzuzeigen gewusst. Aber da ich euch allezeit furchtsam
„gesehen habe, euch mit solcher Waare zu beladen, so habe ich von

---

[16]) Freiherrl. Tuchersches Familien-Archiv III. 11. Wegen der niederländischen
„Prognosticatien" vgl. Knuttel, Pamfletten No. 86, 91—94.

„diesem Experimente etliche Stücke vergessen, wie ich denn von
„allen denen, so ich habe, keins aufschreibe. Jedoch, wenn ich em-
„pfinden würde, dass ihr euch mit Specerei einlassen wollt, so sollte
„es daran nicht mangeln. Allein ihr müsstet auch die Orte, wo solche
„käuflich und verkäuflich, euch zu handtieren befleissigen, als da sind
„Venetia, und sonderlich nimmt mich Wunder, warum ihr Frank-
„furt, das euch an der Hand liegt, nicht benutzet. Denn da ist
„nicht allein mit Spezerei ofmals guter Nutzen zu holen, sondern auch
„mit Wechseln wird da mancher Hasard erschnappt".

„So habt ihr mehrmals in meinen Schreiben gespürt, wie oft
„grosse tägliche Veränderung hier in Wechseln auf Deutschland,
„Venedig oder Lyon sich zuträgt, dass etwa in 8, 10, 14 bis 20 Tagen
„mit anderer Leute Geld 1, 2, 3, 4 bis 5 und mehr Procent gewonnen
„werden, mit solchen ist hier täglich ein grosser Handel auf der
„Börse. Auf solche habe ich auch mein Experiment, dass ich
„nicht allein von acht zu acht Tagen die Strettezza und Largezza
„(Geldknappheit und -Flüssigkeit) anzuzeigen weiss, sondern auch auf
„jeden Tag und ob's vor oder nach Mittag sein soll. Hab' aber solches
„auch schier wieder vergessen, dieweil ich euch so widerspenstig ge-
„funden" u. s. f.

Dann spricht er wieder vom Safran. Lienhard Tucher hatte geschrieben, er möchte sich vielleicht nach den Rathschlägen, die Kurz
wegen dieser Waare gegeben hatte, richten; „so gedächtet ihr doch,
„der Absatz sei bei euch, und zu Lyon sei man hitzig einzukaufen.
„Wahrlich, ehrbarer Herr, aus solchen Bewegungen des Gemüths
„sollt ihr erlernen, woraus ich mein Urtheil zum Theil ausspreche: So
„ihr ansehet, wieviel dieses Jahr gewachsen, und wieviel
„übergeblieben, und dass jetzt solche Waare an allen Orten
„so hoch getrieben ist, dass sie ihrem Vorrathe gemäss nicht
„höherkommen kann, welche Ursache habt ihr dann, zu kaufen,
„wie ihr, wie ich wohl empfinde, gerne thun möchtet? Endlich ist's
„nichts, denn die oberen Influenz, so mit Affekten oder Be-
„gierden die natürliche Vernunft blenden". Daran schliesst sich
eine lange ganz vernünftige Anweisung wegen der besten Zeiten,
um Safran zu kaufen.

Wie Kurz schreibt, stand er täglich vor vier Uhr auf und war
dann immer „mit Arbeit wie in der See mit Wasser umgeben; denn
„unsere vorigen Astrologen haben viel, aber wenig mit Grund ge-
„schrieben, wesshalb ich ihren Lehren gar nicht traue, suche mir
„selbst meine Regeln, so ich dieselben hab', such ich dann in den
„Historien, ob's immer recht oder unrecht zugetroffen hat". Er be-

schäftigte sich nämlich auch mit politischen Wahrsagungen und wurde allmählich überhaupt ein Astrologe von Beruf und Ansehen; u. a. prophezeite er, dass das Papstthum in 40 bis 60 Jahren erlöschen werde; das Schicksal der Stadt Nürnberg könne er nicht eher wahrsagen, bevor ihm nicht mitgetheilt werde, wann der erste Stein gelegt worden sei; „denn wo keine Wurzel ist, da kann nichts wachsen".

Von dem Infanten Philipp, dem späteren Könige Philipp II., verschaffte ihm Lienhard Tucher die genaue Angabe seiner Geburtszeit, worauf Kurz sofort daran ging „die Figur zu entwerfen". Das Resultat war ein sehr trauriges, dabei ziemlich genau dem entgegengesetzt, was nachher wirklich geschehen ist. Eingetroffen ist nur, „dass er mit seinen Kriegen sich selbst verwüsten und dadurch immer ärmer werden wird". Kurz bedauerte, dass die Prognosticatie so schlecht ausgefallen sei; andere Astrologen würden vielleicht ein Mäntelchen darum hängen; aber „da ist nichts denn Krankheit und Armuth und „des Unglücks soviel, dass ich nicht Philippus zu sein begehren „möchte. Soll das Reich einen solchen Kaiser haben, was ich doch „nicht glaube, wird man zuvor über Ferdinandus geklagt haben, so „wird man über Philippus kläglich schreien. Was soll ich in Summa „viel schreiben? Elendere Geburt (Nativität) ist mir länger als ein „Jahr nicht zugekommen. An Gewürznägeln — so fährt er ohne „Absatz fort — wird Nutzen sein, es könnte nicht schaden, mit 8 oder „10. Säcklein einen Versuch zu machen".

Wir haben hier die Anfänge der modernen Waarenspekulation vor uns, freilich vermischt mit wunderlichen mittelalterlichen Schrullen, aber doch schon klar erkennbar. Jener Lazarus Tucher, dessen geschäftliche Thätigkeit wir bereits kennen, war in seiner Frühzeit ein grosser Spekulant im heutigen Sinne, Christof Kurz kann wohl nur als die Karrikatur eines solchen bezeichnet werden; doch erinnert er lebhaft an manche Erscheinungen, denen man an den Börsen unserer Zeit begegnet.

Hier soll zunächst nur festgestellt werden, dass ein grosser Theil des antwerpener Waarenverkehres gefährlich genug war, um derartige Prophezeihungen über den künftigen Geschäftsgang selbst bei Kaufleuten ersten Ranges, wie Lienhard Tucher einer war, Beachtung zu verschaffen. Darauf, dass Kurz berichtet, sein System fände auch in Antwerpen selbst bei manchen Handelshäusern bereits Anwendung, wollen wir weiter kein Gewicht legen.

Diese spekulative Färbung, welche der Waarenhandel annahm, war ganz geeignet, ihn grade manchen soliden Kaufleuten zu verleiden, während auf die weniger soliden die mangelhafte Ausbildung der technischen Seite der Spekulation die gleiche Wirkung ausübte. Noch waren ja die Einrichtungen nicht geschaffen, welche es später ermöglichten, in Waaren zu spekuliren, ohne die vielfältigen Kenntnisse, Bemühungen und Kosten des eigentlichen Bedarfshandels.

Wir besitzen ein sehr wichtiges, aus dem Jahre 1530 herrührendes Gutachten von 14 pariser Rechtsgelehrten über die kanonische Zulässigkeit einer Anzahl in Antwerpen damals üblicher Geschäftsarten[17]. Dieses Gutachten, dessen thatsächliche Voraussetzungen auf Mittheilungen der in Antwerpen wohnenden spanischen Kaufleute beruhten, berichtet schon, dass viele der reichsten dortigen Handelshäuser sich nicht mehr gerne mit Waarenhandel beschäftigten, es sei denn, dass nach der allgemeinen Überzeugung der Kaufleute gute Aussicht auf sicheren Gewinn vorlag; sonst unterliessen sie es lieber und zwar aus drei Gründen: Erstens war es ihnen zu mühsam, Waaren über See zu schicken oder zu beziehen, zu speichern und wieder zu verkaufen, wobei der Credit der Käufer genau untersucht werden musste, zumal im Waarenhandel die Zahl der guten Firmen abnahm. Sodann war es ihnen zu riskant; sie fürchteten ihr Kapital zu verlieren oder doch lange Zeit festzulegen. Endlich bot der Waarenhandel ihnen nicht soviel und nicht so sicheren Nutzen, wie das Geld- und Wechselgeschäft. Sie wendeten sich daher immer mehr diesem zu.

Einige Jahrzehnte später gestand der doch sonst gewiss für antwerpener Handelsgrösse schwärmende und wirthschaftlich aufgeklärte Lodovico Guicciardini zu, das antwerpener Geldgeschäft habe sich zu einem wahren allgemeinen Landesschaden entwickelt: „Früher, so „schreibt er, pflegten die Edelleute, welche flüssige Geldkapitalien „besassen, solche in Grundbesitz anzulegen, welcher viele Personen „beschäftigte und das Land mit allem Nöthigen versah. Die Kauf-„leute verwendeten solche Kapitalien auf ihren regelmässigen Handel, „durch den sie Mangel und Überfluss zwischen den verschiedenen „Ländern ausglichen, ebenfalls zahllose Menschen beschäftigten, und „die Einkünfte der Fürsten und Städte vergrösserten. Heutzutage „dagegen verwendet ein Theil des Adels und des Handelsstands, „jener heimlich durch Vermittelung anderer, dieser öffentlich, um den

---

[17]) Escritto que los dottores de Paris embiaron a los señores de la nacion espanola residentes en la ville de Emberes sobre ciertas deudas que les embiaron a preguntar assy de cambios y fianças como de otras cosas, segun que por el dicho escritto parece, el qual saco de latin el muy rdo señor el Dottor Alvaro Moscoso (Mss. d. Münch. Bibl. Hisp. 30). Dieser Alvaro Moscoso war auch Professor in Paris. Seine Einleitung, ein an die spanische Nation in Antwerpen gerichteter Brief, ist vom 13. Juli 1530 datirt.

„Mühen und Gefahren der regelmässigen Berufsthätigkeit zu ent-
„gehen, alle verfügbaren Kapitalien auf das Geldgeschäft, dessen hohe
„und sichere Gewinne dazu anreizen. Daher bleibt die Erde unbe-
„baut, der Waarenhandel wird vernachlässigt, es entsteht häufige
„Theuerung, die Armen werden von den Reichen ausgesogen, und
„schliesslich müssen letztere selbst auch Bankerott machen"[18]).
Wir wissen bereits, dass diese Schilderung in der Hauptsache richtig war. Der Kaufmannsstand der mittelalterlichen Handelsplätze
ging thatsächlich grösstentheils zum Geldgeschäfte über. Die Völker,
welche ihre nächsten Nachfolger waren, die Spanier und Portugiesen,
wussten diese Gunst des Himmels nicht zu nutzen; sie entnahmen
von jenen die zum Betriebe des Welthandels nöthigen Kapitalien und
mussten ihnen dafür von ihrem Gewinne den Löwenantheil ausliefern.
Die Handelsvölker der Neuzeit aber, Holländer und Engländer,
hatten noch nicht ihre Hände nach dem Erbe der Mittelmeerstädte
ausgestreckt. So ist denn die pessimistische Anschauung Guicciardini's
für seine Zeit sehr begreiflich.

Die Anfänge des Prämiengeschäfts. Im Jahre 1541, vielleicht
schon früher und jedenfalls später noch wiederholt verbot die niederländische Regierung die „Contrats de gajeures et d'assurances des
changes". Was dies für eine Geschäftsart war, erfahren wir aus einem
im Jahre 1542 zu Valladolid gedruckten sehr interessanten kleinem
Tractate des Licentiaten Christoval de Villalon[19]). Er berichtet
Folgendes:

---

[18]) Er fügt vorsichtigerweise hinzu: „per non essere odiosi a persona", wolle er
keine Namen nennen, was bei dem Freunde der Schetz gewiss sehr begreiflich ist. Er
schrieb dies um 1567, als die erste grosse Finanzkrisis schon vorüber war. In der Ausgabe v. 1581 findet man die Stelle auf p. 172/73.

[19]) Provechoso tratado de cambios y contrataciones de mercaderes cap. XV. Das
Verbot des Jahres 1541 entnahm ich aus einem von dem Dr. von Halle (Hamburg) ange-
fertigten Auszuge von Akten des Antwerpener Stadtarchives. Ähnliche Verbote von 1543,
1570 u. s. f. bei Verachter, Invent. No. 1542, Contumes de la ville d'Anvers II. 401 ff.
IV. 9. Die Wetten auf Leben und Sterben von Personen (der Anfang der Lebensver-
sicherung), auf den Ausfall von Reisen oder Pilgerfahrten, auf Geburt von Knaben oder
Mädchen, auf Einnahme von Ländern oder Städten werden wiederholt zusammen genannt.
Noch ältere Verbote in Genua und Barcelona hinsichtlich dieser „securitates, vadimonia,
partita super vita pontificis" oder „principis" u.s.f., oder schlechthin „securitates pro partito"
genannt, bei Belgrano im Giornale ligustico II. 255; Bensa, Il contratto di assicurazione
nel medio evo p. 125, 178 u. passim. Auch die Wetten auf den Ausfall der Papstwahl,
die besonders in Rom während der Conclaven des 16. Jahrhunderts sehr beliebt waren
(Scommesse di promozione di Cardinali, di Sede Vacante) sind hier zu erwähnen (Marino
Sanuto, Diarii XVI. 27; Brown, Calendar II. 176, V. 296, Codice d. Tosc. Legislaz.

2 *

„Kürzlich ist in Flandern ein schreckliches Gräuel entstanden,
„eine. Art grausame Tyrannei, welche die Kaufleute dort unter sich
„erfunden haben. Sie wetten nämlich mit einander darauf, wie der
„Wechselcours in den spanischen Messen auf Antwerpen sein wird.
„Sie nennen dies „parturas" nach einer anderen schon vorher üblichen
„Art, Geld zu gewinnen durch den Ausfall einer Geburt (parto), in-
„dem der eine wettet, es werde ein Mädchen, der andere, es werde
„ein Knabe geboren werden. — — — In Castilien nennen sie jene
„Geschäfte „apuestas" (Wetten). Der eine wettet, dass der Wechsel-
„cours sich auf 2% (Agio oder Disagio) stellen wird, der andere auf
„3% u. s. f. Die Differenz, um welche er höher oder niedriger aus-
„fällt als gewettet, verpflichten sie sich einander zu bezahlen. Diese
„Art Wetten scheinen mir den Seeassekuranz-Geschäften zu gleichen.
„Werden sie loyal unternommen und erfüllt, so ist nichts dagegen zu
„sagen. Aber es fallen viele verderbliche Kunstgriffe dabei vor.
„Denn die Geschäfte solcher Art sind nur bei kapitalkräftigen Kauf-
„leuten üblich, die vielleicht 200000 oder 300000 Dukaten in Flan-
„dern auf Spanien zu trassiren pflegen und gleichzeitig darauf eine
„jener Wetten abschliessen, wobei der eine dem anderen freistellt,
„welches der beiden Geschäfte er erfüllen will. Sie können es aber
„durch ihre grossen Kapitalien und durch ihre Kunstgriffe schon so
„einrichten, dass sie auf jede Weise Nutzen haben. Dies ist eine
„grosse Sünde". Wie die Kaufleute im Einzelnen hierbei verfahren,
wird dann noch näher beschrieben.

Dass wir hier in der That den Anfang des heutigen Prämien-
geschäftes vor uns haben, lässt sich feststellen. Ohne Frage ist es
noch in Antwerpen auch im Waarenhandel angewendet worden, finden
wir doch 1591 selbst in Hamburg, das seine ganze moderne Handelstechnik aus Antwerpen und Amsterdam erhalten hat, bereits ein
Geschäft, bei dem der eine Theil wettet, dass der Weizen binnen
sechs Wochen unter einen bestimmten Preis sinken wird. Im Anfange des 17. Jahrhunderts war der Kauf „op conditie, op weddinge,
à condition ou gageure" sowohl in Amsterdam wie in Rouen beim
Waarenhandel schon fest eingebürgert, aber immer noch vielfach
durchwachsen von jenen älteren Wetten [20]). Dass das Prämiengeschäft

---

XV. 1 ff.). Es war das ein ganz regelmässiger Verkehr in der Art unserer Rennwetten.
Aber die im Texte beschriebenen Geschäfte hatten doch schon einen wesentlich anderen,
einen commerciellen Charakter.

[20]) Van Damme, Manière la plus industriense à tenir livres etc. Rouen, 1606;
Henry Waningen, Trésor de tenir livres de compte à l'italienne, Amsterdam 1648 (anscheinend ziemlich unveränderter Abdruck nach einer Ausgabe v. 1613); van Neulighem,

aber beim Wechselhandel zuerst angewendet wurde, hatte seinen guten Grund: derselbe wurde noch spekulativer betrieben, als der Waarenhandel.

Der Wechselverkehr in Antwerpen. Das pariser Gutachten vom Jahre 1530 beschreibt den Ricorsa-Wechsel in zwei Acten zwischen Antwerpen und den spanischen Messen als das am häufigsten vorkommende Wechselgeschäft. In dieser Gestalt war er durchaus nicht bloss ein verschleiertes Darlehen, enthielt vielmehr ein stark spekulatives Element, da ja zwei zeitlich wie örtlich von einander getrennte Wechselgeschäfte abgeschlossen werden mussten, das eine in Antwerpen, das andere in Spanien. Allerdings kam auch schon der Ricorsa-Wechsel in einem Acte vor, wobei es sich lediglich um ein verschleiertes Darlehn handelte; doch weit üblicher war noch jene erstere Art, und mit Recht konnten ihre Vertheidiger gegenüber der strengen Wucherdoctrin darauf hinweisen, dass bei ihr ebenso leicht Geld verloren wie gewonnen wurde.

Die spekulative Natur des antwerpener Wechselgeschäftes geht aus vielen Äusserungen der Kaufleute hervor. Zunächst mag auf jene bereits angeführte Stelle in einem Schreiben des Christof Kurz hingewiesen werden, wo davon die Rede, „wie oft grosse tägliche „Veränderung in Wechseln sich hier zuträgt, dass etwa in 8, 10, 14 „bis 20 Tagen mit anderer Leute Geld 1, 2, 3, 4 bis 5 und mehr „Procent gewonnen werden", wesshalb er sich erbot, die Veränderungen täglich und sogar für Vor- wie Nachmittag vorherzusagen. Als ferner im Jahre 1550 die Imhofs einen neuen Faktor nach Antwerpen sandten,

---

Boeckhouden, Amsterdam 1630; Malynes, Lex Mercatoria, London 1622, p. 144. Bei van Neulighem findet sich z. B. folgendes Geschäft: „Ich kaufe eine Parthie Leinewand „op conditie, wenn nicht binnen vier Monaten Friede zwischen England und Frankreich „geschlossen ist, sodass man in beiden Ländern ruhig Handel treiben kann; dann soll ich „die Leinewand umsonst haben, anderenfalls zu folgendem Preise". Ganz deutlich beschrieben ist dagegen schon das heutige Prämiengeschäft bei Malynes: „Der Kauf von „Waaren „upon condition" wird von den Juristen „Capiticus" genannt, a capiendo: man „behält sich das Recht vor, die Lieferung abzulehnen oder anzunehmen, gegen ein Reu„geld oder manchesmal beim Eintritt eines bestimmten Ereignisses. Diese Geschäfte sind „in den Niederlanden und in Rouen sehr üblich, wo ich selbst Korn und Salz verkauft „habe. Sie sind sehr geeignet für solche Waaren, deren Preis rasch fällt und „steigt, und ebenso, wenn Jemand nicht genug Baargeld hat, um viel zu kaufen. Man „kann so mit wenig Geld ein grosses Engagement abschliessen u. s. f. Sehr „üblich sind diese Geschäfte auch in Flandern beim Kauf von Heringen, ehe sie gefangen „sind. Man spricht dort von „Stellegelt" d. h. von einer Summe Geld, welche bezahlt „werden muss, wenn die betr. Partei das Geschäft nicht erfüllen will. In England sind „solche Geschäfte nur in einigen Küstenplätzen und auch dort nicht sehr üblich".

schrieb dieser an den bisherigen Faktor Paulus Behaim: „Wenn einer „schon gleich den Nutzen vor Augen sieht, so darf er doch nichts „mit Albitrio vornehmen, er habe denn Befehl dies zu thun, und ehe „der Befehl ankommt, verkehrt es sich dreimal".

Die in Antwerpen besonders seit etwa 1540 stark betriebene Wechselarbitrage enthielt drei Elemente: erstens wollte man an den örtlichen Differenzen der Wechselcourse verdienen, zweitens spekulirte man auf deren Änderung, und drittens wünschte man möglichst hohe Zinsen zu machen. Bald trat das eine, bald das andere dieser Elemente mehr in den Vordergrund, meist aber waren sie miteinander untrennbar vermischt. So schreibt z. B. Paul Behaim einmal, er sei willens, Geld auf Frankfurt a./Main zu geben (zu remittiren) und auf Venedig zu nehmen (zu tressiren); aber da das Geld sich „largiert" habe (flüssiger geworden sei), könne man mit solchem „arbitrio" nichts machen. Auch der Befehl, auf Nürnberg Geld zu nehmen und es in Antwerpen mit Nutzen wieder zu verleihen, sei nicht ausführbar, da man keine „richtige dita" (solventen Geldnehmer) finden könne. Wäre Geld auf Venedig zu 72$^1/_4$ gr. p. Dukate zu bekommen, so w¹lle er versuchen, es in Antwerpen mit 4% Zinsen auf 4 Monate (= 12% p. a.) unterzubringen, wodurch man für den Dukaten 75$^1/_8$ gr. wiedererhielte. Nachher könnte dann von Venedig aus auf Antwerpen trassirt werden, was mindestens 1$^1/_2$—2% Nutzen ergeben würde, ohne dass man selbst Geld hineinzustecken brauchte. Dieses Beispiel mag genügen, um zu erläutern, wie man in Antwerpen Wechselarbitrage betrieb.

Begreiflicherweise kamen nun allerdings auch hierbei Versuche vor, den Markt zu forciren, künstliche Geldknappheit oder Geldflüssigkeit (strettezza oder largezza) zu machen, wie wir das namentlich bei Gaspare Ducci und dem von ihm begründeten Syndikate schon festgestellt haben. Letzteres hatte seinen Hauptsitz in Antwerpen; aber jene Versuche erstreckten sich auch ganz vorzugsweise auf Lyon, wobei es abwechselnd bald an dem einen, bald an dem anderen Platze seine Künste spielen liess, in Lyon Geld aufnahm, um es in Antwerpen wieder auszuleihen oder umgekehrt. In der That ist es auf solche Weise zeitweise gelungen, das Risiko der Wechselarbitrage zu verringern, ja wohl gar auf Augenblicke ein faktisches Monopol zu erlangen.

Derartige Auswüchse discreditirten das ganze antwerpener Wechselgeschäft. So schreibt der Rechenmeister Jan Impyn 1543: „Was „den Wechsel betrifft, so ist das gemeine Volk hier zu Lande sehr un„verständig; man schilt auf die Kaufleute und weiss doch gar nicht, „was ein Wechsel ist, und wie es im Handel zugeht. Man hält die

„Kaufleute für Wucherer und ärger als Juden, während man sie loben
„und preisen sollte; denn ohne Wechsel kann man ebensowenig Handel
„treiben, wie Schifffahrt ohne Wasser. Freilich kann der Wechsel
„wie Alles auf der Welt auch missbraucht werden". Speciell der
Ricorsa-Wechsel und die Arbitrage vertheidigten die Kaufleute mit
der Nothwendigkeit, Geldüberfluss und Geldmangel an den verschie-
schiedenen Plätzen auszugleichen, was die strengen Kanonisten aber
nicht gelten liessen. Selbst der liberale Guicciardini hielt es für nothwendig, jene Auswüchse energisch zu tadeln, während er das Wechselgeschäft im Allgemeinen natürlich vertheidigte[21]).

Wir wollen hier noch darauf aufmerksam machen, dass in Antwerpen niemals der Versuch gemacht worden zu sein scheint, officielle
Durchschnittscourse für Wechsel, wie in Lyon, festzusetzen. Das hängt
ohne Zweifel damit zusammen, dass in Antwerpen sich das Wechselgeschäft nicht wie in Lyon hauptsächlich am Schlusse der Messen
zusammendrängte, sondern sich gleichmässig über das ganze Jahr vertheilte, und die tägliche Masse des Geschäfts eine viel zu grosse war,
um solche Versuche aufkommen zu lassen. Das pariser Gutachten
von 1530 sagt freilich: „Den Preis, zu dem die Kaufleute handeln,
„nennen sie den Börsenpreis (precio de la bolsa); denn Niemand
„schreibt sich selbst die Festsetzung des Preises zu, vielmehr nur der
„Börsengemeinschaft (commidad de la bolsa) d. h. der Gemein-
„meinschaft des Ortes, wo die Kaufleute sich versammeln".

Dass die Börse hier schon in ihren ersten Anfängen als „Gemeinschaft" bezeichnet wird, freilich von Theoretikern, die möglicherweise dabei an ganz andere Körperschaften mit dem Namen
„Bursen" dachten, — ist jedenfalls interessant. Aber thatsächlich war
der antwerpener „Börsenpreis" nichts anderes wie der Marktpreis im
Sinne unseres Handelsgesetzbuches d. h. ein faktischer, nicht ein durch
irgend welche amtliche Instanz festgesetzter Durchschnittspreis. Diese
Wechselcourse waren es, welche in den Kaufmannsbriefen oder auch
schon in besonderen vorgedruckten „Läufzetteln" nach auswärts mitgetheilt wurden. Wann die letzteren aufkamen, ist noch zu ermitteln;
doch ist es zweifellos erst in Antwerpen geschehen[22]).

---

[21]) Jan Ympyn Christoffels, Nieuwe instructie ende bewys der looffelycker consten
des rekenboecks, Antwerpen 1543; Guicciardini, Descritt. d. Paesi Bassi. Ausg. von
1581 p. 171.

[22]) In den Handelscorrespondenzen des 16. Jahrhunderts sind zahlreiche geschriebene
antwerpener Wechselcoursberichte erhalten. Einen gedruckten antwerpener Courszettel habe
ich aus dieser Zeit noch nicht aufgefunden, wohl aber einen gedruckten hamburger Waaren-
und Wechsel-Preiscourant aus dem letzten Jahrzehnte des 16. Jahrhunderts, dessen Schema

Das antwerpener Depositengeschäft. Das börsenmässige „Depositum" wird unter diesen Namen, hinter dem sich das Darlehen versteckt, in Antwerpen erst verhältnissmässig spät erwähnt. Von den Theoretikern, die das antwerpener Geschäft genau kannten, nennt der Verfasser des pariser Gutachtens von 1530 das Deposito noch gar nicht, Villalon, der 13 Jahre später schrieb, nur als „Wechsel von einer Messe zur andern", wie es von jeher bestanden hatte, der nur wenig spätere Saravia della Calle spricht zwar beiläufig auch vom verzinslichen Deposito, und er verurtheilt es mit Entschiedenheit als·eine Art, das Darlehen zu verschleiern. Aber als die allgemein übliche Form dies zu thun bezeichnet es erst Guicciardini; er sagt:

„Deposito nennt man heutzutage hier, um mit einem schönen „Worte die Hässlichkeit der Thatsache zu verkleiden, die Hingabe „einer Geldsumme auf bestimmte Zeit zu einem festen Preise und „Zinsen z. B. gemäss der Erlaubniss des Kaisers Karl V., bestätigt „durch seinen Sohn König Philipp, zum Zinsfusse von 12% jährlich. „Dieser Zins ist den Kaufleuten in schwierigen Zeiten verstattet wor- „den, um grössere Übel zu vermeiden. — — Solche Geschäfte wären „in der That nützlich, wenn die Menschen sich dabei mit anständigen „Zinsen begnügten, aber das thun sie nicht, wodurch das Depositen- „geschäft einen unzuträglichen, gewaltsamen Charakter angenommen „hat".

Was Guicciardini hier beschreibt, ist das nackte unverhüllte Darlehn, das nicht die leiseste Ähnlichkeit mit dem uns bekannten Bankdepositum hatte. Jenes sogenannte „Deposito" war in Antwerpen ebenso alt wie der börsenmässige Kapitalverkehr überhaupt; nur hatte man es eben früher anders genannt, und in der Handelswelt, z. B. im Verkehre der oberdeutschen Kaufleute mit ihren antwerpener Faktoren, bürgerte sich der neue Ausdruck nur langsam ein; vielmehr war dort nach wie vor nur von „Geld" oder „Geld auf Interesse" die Rede, das zwei oder drei Procent von einer Messe zur andern werth sei. Daneben findet man noch die ältere Bezeichnung „Finanz" als gleichbedeutend mit Deposito verwendet, und wollte man das speciell kaufmännische Darlehn von dem fiskalischen unterscheiden, so sagt man „Ditta di Borsa". So schreiben die Imhofs 1549 in einer In-

augenscheinlich vollständig von Antwerpen nach Hamburg herübergenommen worden ist. Ich habe ihn in den Hansischen Geschichtsblättern v. 1883 veröffentlicht. Den Ausdruck „Curss-Zetel" fand ich zuerst in einem augsburger Handelsbriefe v. J. 1592 mit Bezug auf die Liste der officiellen Durchschnittscourse (das „Conto") der Genueser Wechselmesse angewendet. Vorher kommt in den deutschen Handelscorrespondenzen regelmässig der Ausdruck „Läuf-Zettel" vor. Sie meldeten auch meist den Zinsfuss des „Deposito".

struktion für ihren antwerpener Faktor: „Wir meinen, die Stadt Ant-
„werpen würde allemal soviel Zins geben als Dita di Burscha; dann
„wäre uns die Stadt im gleichen Preise so lieb und lieber als Dita di
„Burscha"; wir werden uns mit alledem im letzten Kapitel dieses Abschnitts noch näher beschäftigen.

Der Zinsfuss des „Deposito" war der antwerpener Marktzins, wie
er sich jeweilig nach den sehr häufigen Änderungen im Geldstande
ergab. Die „bestimmte Zeit", von der Guicciardini spricht, war in der
Regel eine Messe, seltener zwei, noch seltener drei oder vier. Eine
Messe bedeutete, wie wir wissen, im Durchschnitt ein Vierteljahr
Allerdings änderte sich die Zeit der Messzahlungen nicht selten, wesshalb eine Messe öfters mehr oder weniger als ein Quartal bedeutete.
Aber es ist nicht möglich, diese Schwankungen im Einzelnen zu verfolgen, und der Durchschnitt war jedenfalls ein Vierteljahr.

Bei kaufmännischen Börsendarlehen solcher Art schwankte
der Zins in der Regel zwischen zwei und drei Procent pro Messe,
also zwischen acht und zwölf Procent jährlich; es kommt vor, dass
der Zins unter diese Grenze bis $1^3/_4 \%$ pro Messe (7% p. a.) fiel;
aber dass er 3% überstieg, wird nicht berichtet. Nur wenn ein einzelnes Handelshaus in grosse Verlegenheit kam, musste es sich wohl
zu noch weit höheren Zinsen verstehen. In dieser Lage waren selbst
die Fugger im Jahre 1563, als sie bei Juan de Curiel della Torre
300000 Kronen anliehen; der nominelle Zinsfuss war allerdings nur
10% p. a.; aber weil die Fugger spanische Staatsrenten al pari in
Zahlung nehmen mussten, obwohl sie nur 50% werth waren, stellte
sich der Zins auf wenig unter 30% p. a. Und ebenso theuer waren
die 300000 fl., welche die Schetz 1572 in schwerer Bedrängniss bei
Genuesen aufnahmen. Doch können diese Anleihen nicht als börsenmässige bezeichnet werden. Die Geldknappheit war zwar grade in
den Jahren 1562/63 und 1572 eine unerhörte; aber wir wissen, dass
die Fugger 1563 anderweitig sehr bedeutende Summen in Antwerpen
zu 8—10% p. a. schuldig waren.

Ganz anders stand es freilich mit den Anleihen der Fürsten
und zeitweilig auch mit denen der Städte. Doch dies waren keine
eigentlichen Depositengeschäfte, und sie wurden fast nie als solche
bezeichnet; wir werden sogleich darauf zurückkommen. Zunächst
noch ein Wort über die Form der Schuldverschreibungen im De-
positenverkehre:

In den Correspondenzen der oberdeutschen Handelshäuser ist
meist nur die Rede von „Briefen" z. B. folgendermassen: „Auf gute
„Dittas und deutsche Briefe wird mindestens $2^1/_2 \%$ gezahlt werden;

„Ein jeder trachtet in dieser Zahlung nach der Fugger Brief" u. s. f.
Die Ausdrücke „Dittas" und „Briefe" werden öfters als gleichbedeutend
angewendet. Ob es sich dabei um Schuld- oder Wechselbriefe
handelte, wird nicht gesagt. Thatsächlich waren beide Arten von
Schuldurkunden im antwerpener Depositengeschäfte gebräuchlich, der
Schuldschein als Inhaber-Obligation, der Wechsel als Solawech-
sel; doch die üblichere Form war die Inhaber-Obligation, wie sie auch
im Waarenhandel bei Creditgeschäften allgemein verwendet wurde.
Diese Obligationen konnten ohne Cession oder Giro verkauft und
verpfändet, sie konnten auch, wenn sie verloren gingen, nach öffent-
lichem Aufgebote amortisirt werden. Ein kaiserliches Mandat vom
Jahre 1537 erklärte sie für Formal-Obligationen gleich dem Wechsel.
Es genügte seitdem zu ihrer Rechtsgültigkeit, wenn nachgewiesen
wurde, dass der Aussteller seine Unterschrift oder sein Handelszeichen
darunter gesetzt hatte. Die Inhaber-Obligationen boten somit alle Vortheile des Wechsels dar, ausserdem aber noch den leichter Verwerth-
barkeit, den der Wechsel erst gegen Ende des 16. Jahrhunderts auf
den Genueser Wechselmessen durch das Giro erlangt hat[23]).

Allgemeines über das antwerpener Finanzgeschäft. Als „Finanz"
(finance) bezeichnete man in Antwerpen ursprünglich alle verzinslichen Darlehensgeschäfte, später aber vorzugsweise diejenigen, welche
mit Fürsten, Provinzen oder Städten abgeschlossen wurden. In diesem
Sinne unterschied man dann „Finanz" d. h. die fiskalischen Geldgeschäfte von Wechsel und Deposito, den kaufmännischen Geldgeschäften. Dagegen erhielt sich in den niederländischen Finanzrechnungen die ursprüngliche Bedeutung. Man findet in ihnen eine
stehende Rubrik mit der Überschrift „Deniers prins (pris) à fraict et
finance", womit eben die Thatsache der Verzinslichkeit ausgedrückt
werden sollte gegenüber den „empruncts oder prests sans fraict ne
finance".

An der antwerpener Börse wurden folgende Arten von Anleihen
abgeschlossen:

1. Niederländische Hofbriefe d. h. Anleihen der niederländischen Regierung, wobei mannigfache Unterarten vorkamen: ent-

---

[23]) Verachter, Invent. No. 711. Placc. v. Brabant I. 515. Dass sich diese Ver
ordnung als nützlich erwies, wurde bald darauf constatirt. (Placc. v. Brab. I. 511). Die
Übergabe der Obligationen an den Makler allgemein gebräuchlich (Placc. v. Brab. I. 509).
Zahlreiche Aufgebote solcher Obligationen in den Antwerpener Gebodboecken. (Register im
Bulletin des Archives d'Anvers vol. I.). Weiteres gehört nicht hierher.

weder verschrieb sich der Kaiser, später der spanische König als
Landesherr oder dessen Statthalter bezw. Statthalterin nur persönlich
unter Anweisung auf bestimmte Einkünfte oder unter Bürgschaft
hoher Staatsbeamter oder auch einzelner Städte, insbesondere der
Stadt Antwerpen.

2. Privat-Obligationen der höchsten niederländischen
Staatsbeamten und Magnaten für Rechnung der Regierung.
Wir werden Fälle kennen lernen, in denen diese nur auf solche Weise
Geld beschaffen konnte.

3. Obligationen der niederländischen Provinzialstände,
besonders der Staaten von Brabant, für Rechnung der Regierung auf
Grund der dieser schon bewilligten, aber noch nicht eingegangenen
Steuern (Aides).

4. Obligationen der einzelnen niederländischen Städte
theils für eigene Rechnung, vorzugsweise aber für Rechnung der
Regierung. Am beliebtesten waren die Obligationen der Stadt Ant-
werpen. Daneben kommen aber auch solche der „Sieben Städte von
Flandern", einzeln wie zusammen vor, solche von Antwerpen und
Mecheln u. s. w.

5. Niederländische Rentmeisterbriefe. Wir haben von
diesen wichtigen Papieren schon wiederholt gesprochen. Es waren
Privat-Obligationen der Rentmeister d. h. der General-Steuereinnehmer
der einzelnen niederländischen Provinzen für Rechnung der Regierung.
Ursprünglich wurden sie den Gläubigern nur als grössere Sicherheit
neben den Obligationen der Regierung gegeben; dann liess man
letztere fort; da aber die Gläubiger vielfach sich mit den Rentmeisterbriefen allein nicht begnügten, gab man ihnen wieder oft Hofbriefe
in mannigfacher Gestalt mit, bezeichnete auch wohl die speciellen
Einkünfte, aus denen die Rentmeister die Schuld bezahlen sollten,
und versprach, diese Einkünfte nicht anderweitig zu verwenden. Aber
stets waren die Rentmeister die eigentlichen Hauptschuldner und der
Landesherr hielt sich trotz aller Versprechungen nicht für verpflichtet,
bei Zahlungseinstellung der Rentmeister für diese einzutreten. Daher
erlangten die Gläubiger später keine Zahlung für die in ungeheuren
Mengen ausgegebenen Rentmeisterbriefe, von denen man noch jetzt
in den Archiven der oberdeutschen Patricierfamilien die schönsten
Exemplare auf Pergament finden kann.

6. Der Vollständigkeit halber sei noch bemerkt, dass auch grosse
Börsenfirmen für Rechnung der niederländischen Regierung oftmals Anleihen aufnahmen, wobei sie sich für ihr Delcredere 1 oder
2 % Zinsen berechneten. Doch kamen in solchen Fällen nicht die

Obligationen der Regierung, sondern nur die der vermittelnden Handelshäuser an die Börse. Es waren dies also keine öffentlichen Finanzgeschäfte i. e. S.

7. Obligationen der englischen Krone, regelmässig unter Bürgschaft aller Geheimen Räthe und der Stadt London, mehrfach auch der Gilde der Merchant Adventurers, die in Antwerpen ihren Stapel hatte.

8. Obligationen des Königs von Portugal, bei denen der antwerpener Faktor desselben sich öfters persönlich verbürgte.

Die Fürsten versprachen in diesen Obligationen stets die Rückzahlung „in verbo regio", „de bonne foy, en parolle d'empereur et roy" u. s. f., die Städte verpflichteten alle ihre Bürger sammt deren Güter „conjunctim sive insolidum" zur Selbstzahlung, Zinsen wurden formell oft nur aus besonderer Gnade bewilligt („in remuneratione laborum suorum ex nostra mera liberalitate et favore donavimus — —"), um gegen die Wuchergesetze nicht zu verstossen; auch wurden die Zinsen vielfach gleich in die Schuldsumme eingerechnet und somit als Kapital verschrieben. Noch Mancherlei wäre über diese Formalien zu sagen; juristisch waren sie ohne Frage von Bedeutung; dagegen war ihre wirthschaftliche Tragweite nicht gross, da schliesslich doch nicht die mehr oder weniger bündige Form der Schuldverschreibung die Gläubiger sicherte, sondern nur die Gewissheit, dass der Schuldner zahlen konnte und zahlen wollte.

Wirthschaftlich sehr bedeutsam war nicht einmal die Inhaberklausel, welche allen niederländischen Obligationen eingefügt wurde und zwar, wie es scheint, nur diesen, nicht auch denen der fremden Fürsten. Trotzdem wurden letztere, wenn es nöthig war, ebenso häufig weiter cedirt wie erstere, was insbesondere von den Rentmeisterbriefen gilt, aber auch von den Obligationen des Königs von Portugal. Die mit Inhaberklausel versehenen Schuldverschreibungen scheinen ebenso wie die anderen bei der Cession noch besonderer Transporte bedurft zu haben.

Für kleine Beträge gaben in der Regel weder die Rentmeister, noch die Stadt Antwerpen, noch die anderen öffentlichen Schuldner ihre Briefe und Siegel her. Wer kleine Beträge in ihren Obligationen anlegen wollte, musste sich also meist an eine der grossen Börsenfirmen wenden, die das dann unter ihrem Namen besorgten und den Einzahler des Betrages einen Revers ausstellten, durch den sie seine Betheiligung bei der Original-Obligation bekundeten und sich verpflichteten, diese nicht aus Händen zu geben, ehe der Partialgläubiger völlig befriedigt sei.

Auf solche Weise bildeten z. B. die Fugger 1556 für die Übernahme grosser Posten Rentmeisterbriefe ganze Consortien. Sollten aber derartige Rentmeisterbriefe, an denen viele Personen betheiligt waren, einmal in natura unter dieselben repartirt werden, so gab es grosse Schwierigkeiten.

Wie verwickelt das ganze Geschäft ausserdem durch das System zahlreicher, oft auf einander gepropfter Bürgschaften sich gestaltete, dafür werden wir noch manche höchst charakteristische Beispiele kennen lernen.

Bei den meisten fürstlichen Anleihen war der Zins höher als der Marktzinsfuss, wesshalb es denn auch ein alltägliches Geschäft war, dass Kaufleute an der Börse Geld zu 2—3 % auf eine Messe aufnahmen und an einen der fürstlichen Borger zu 4 % wieder ausliehen. In Zeiten der Finanznoth war der Unterschied oft noch ein viel grösserer, 12 % jährlich und mehr; freilich war dann auch das Risiko meist ein entsprechend höheres. Die Stadt Antwerpen zahlte dagegen in der Regel nicht viel mehr, als den Marktzins. Als die Könige von Frankreich und Spanien 1557 schon ihre Zahlungen eingestellt hatten, hielt man die Obligationen der Stadt Antwerpen noch jahrelang für „einen richtigen Ort" und lieh ihr oftmals gerne grosse Summen zu denselben Zinsen, wie den besten Börsenfirmen. Schliesslich, Ende des Jahres 1561 wurde man auch gegen die Stadt Antwerpen misstrauisch, entzog ihr Geld und lieh es den Ständen von Brabant. Aber selbst diese erwiesen sich zuletzt als nicht mehr zahlungsfähig.

Die Ansichten über die Sicherheit der einzelnen Papiere änderten sich auch sonst vielfach. So betrachtete man eine Zeit lang die Rentmeisterbriefe mit Misstrauen, während später die grössten Beträge davon leicht unterzubringen waren, und sie sich schliesslich doch als ganz werthlos herausstellten. Lazarus Tucher, der gewiss ein gutes Urtheil in solchen Dingen hatte, erklärte noch 1561, die portugiesischen Anleihen seien nächst den englischen die besten, obwohl sie nicht nur damals schon seit Jahren unbezahlt waren, sondern nachher auch ganz unbezahlt geblieben sind, im Gegensatze zu den französischen und spanischen Kronanleihen, für welche doch wenigstens ein Accord abgeschlossen wurde. Die Obligationen der englischen Krone, von allen fürstlichen Schulden die einzigen, welche sich wirklich als ganz sicher bewährten, waren wiederholt völlig discredirt. Kurz, die Börsenmeinung war im 16. Jahrhundert grade so trügerisch, wie sie es oft genug auch in der Gegenwart noch ist. Und ebenso wenig hat sich die Börse in Bezug auf ihre Empfindlichkeit gegenüber politischen Nachrichten seit 300 Jahren verändert. Wir werden das nachher an einigen Beispielen zeigen.

Finanzagenten des niederländischen Hofes und fürstliche Faktoren in Antwerpen. Es kam wohl vor, dass die niederländischen Finanzräthe sich in eigener Person nach Antwerpen begaben, um dort Anleihen aufzunehmen. Aber das war dann schon ein Zeichen ganz ungewöhnlicher Geldnoth und desshalb sehr unvortheilhaft. In der Regel bediente sich der Brüsseler Hof für seine antwerpener Anleihen der Vermittelung eines Maklers oder Kaufmanns, und die anderen Regierungen mussten es stets so machen.

Die Finanzagenten des Brüsseler Hofes haben wir schon sämmtlich kennen gelernt. In den Jahren 1516—1523, vereinzelt auch noch später bis 1531 versah Pieter van der Straten dieses Amt, ihm folgte in den Jahren 1528—1531 Gerard Stercke und namentlich Lazarus Tucher (1529—1541), dann Gaspar Ducci (1542—1550), endlich seit 1552 Gaspar Schetz. Dazwischen begegnen in gleicher Stellung noch andere Kaufleute, wie Jorys Meuting, Thomas Mullier, Jan Mois und Gilles Sorbrucques. Sie dienten der Regierung sämmtlich als Geldmakler für fremde, wie als Bankiers für eigene Rechnung. Daneben bekleideten sie wohl auch irgendwelche Staatsämter und führten den Titel „Kaiserlicher Rath". Aber ihre Thätigkeit als Finanzagenten war keine rechtlich irgendwie bestimmte, überhaupt kein Amt, sondern lediglich eine Erwerbsthätigkeit. Hierdurch unterschieden sie sich von den festangestellten Faktoren.

Geraume Zeit hindurch hatte nur der König von Portugal in Antwerpen einen Faktor, um Pfeffer und andere ostindische Gewürze zu verkaufen, deren Handel der König monopolisirt hatte, sowie um Kupfer, Kriegs-, Schiffbau-Materialien und andere Waaren anzuschaffen. Hieraus entstanden bald Vorschussgeschäfte von steigendem Umfange und schliesslich auch reine Anleihen. Der erste dieser Faktoren war Diego Fernandez, der schon um 1490 in Brügge genannt wird, 1494 dagegen bereits zeitweise sich in Antwerpen aufhielt. Dort werden ferner als portugiesische Factoren erwähnt: um 1500 Alonso Martini, 1503 Tomas (?) Lopez, um 1511 Albert (?) Lopez, 1514—1521 Jean Brandon, der unseren Albrecht Dürer bei seinem Aufenthalte in Antwerpen hoch ehrte und protegirte. Sein Nachfolger war Ruy (Rodrigo) Fernandez (d'Almada), der geraume Zeit die Stellung behielt, vielleicht bis etwa 1543, in welchem Jahre João Rabello zuerst erwähnt wird; er war auch noch 1548 thätig. Seit 1556 aber begegnen wir dem Francesco Pesoa, den Guicciardini noch

1567 als portugiesischen Factor nennt, zu einer Zeit, als die Bedeutung des Amtes schon wesentlich zurückging. Wenn in den antwerpener Correspondenzen der oberdeutschen Handelshäuser von
„dem Factor" schlechtweg die Rede ist, so ist damit meist der des
Königs von Portugal gemeint.

Die englische Krone hatte ebenfalls schon frühzeitig vielfache
Beziehungen zu Antwerpen, das für den englischen Handel ja bei
weitem der wichtigste Platz im Auslande war. So hielten sich denn
auch die politischen Agenten Heinrichs VIII., Spinelli, Knight, Pace
u. a. oftmals in Antwerpen auf, wo sie nicht nur mit den englischen,
sondern auch mit den Kaufleuten anderer Nationen in regem Verkehre standen, Nachrichten sammelten und wiederholt wegen Geldgeschäften verhandelten; aber dies waren lange Zeit hindurch keine
Anleihen, sondern umgekehrt Einzahlungen grosser Geldsummen zur
Übermittelung an den Kaiser. Der erste eigentliche Agent der englischen Krone in Antwerpen war Stephan Vaughan, ein Kaufmann aus London, Mitglied der Adventurers Company, der schon 1527
mit Cromwell, damals noch nicht Minister, in Verbindung stand, und
seitdem oftmals von der Regierung verwendet wurde, um in den
Niederlanden Nachrichten zu sammeln, Kriegsmaterial zu kaufen und
handelspolitische Verhandlungen zu führen [24]. Anleihen hat er in
Antwerpen erst 1545 aufgenommen. Sein Nachfolger wurde zwei
Jahre darauf William Dansell, der dann bis 1551 eine ähnliche
Thätigkeit wie Vaughan entfaltete, aber nicht gleich diesem zur Zu-
friedenheit der englischen Regierung, die ihn vielmehr ungnädig ab-
berief. Sowohl Vaughan wie Dansell waren zugleich Governors der
Adventurers in Antwerpen [25].

An die Stelle Dansell's trat mit Anfang des Jahres 1552 Thomas
Gresham, auch er ein Kaufmann in London, Mitglied der Adventurers Company, der in England selbst, ebenso wie sein Vater, sein
Oheim und sein Bruder, schon wiederholt mit der Krone Geschäfte
gemacht hatte. Doch was er für diese, wie für ganz England seit
dem Jahre 1552 geleistet hat, überragt so weit die Thätigkeit aller
anderen fürstlichen Finanzagenten und Faktoren, dass wir ihm eine
besondere Darstellung widmen müssen. Vorher nur noch einige
Worte über die zuletzt ernannten Faktoren der Regierungen von
Spanien und den Niederlanden. Wir kennen sie bereits: der eine

---

[24] Erste Erwähnung wohl Brewer, Calendar. IV. 3053. Vgl. im übrigen Burgon,
Gresham I. 57 ff. Schanz, Engl. Handelspolitik I. 77.

[25] Burgon I. 63/65. Turnbull, Calendar. Edw. VI. No. 33 ff.

war Gaspar Schetz, der nach dem Sturze Ducci's Finanzagent des Brüsseler Hofes wurde. In demselben Jahre 1552, in dem Gresham die gleiche Stellung für die englische Krone antrat, wird Schetz als „Facteur des finances de l'empereur" genannt, was keiner der früheren Finanzagenten gewesen war. Drei Jahre darauf wurde er vom Könige Philipp II. von Spanien zu seinem ständigen Faktor für Antwerpen ernannt, und aus der ihm damals ertheilten Instruktion ersehen wir, dass er einen festen Jahresgehalt nebst einer Provision für seine Geschäfte und Diäten bei etwaigen Reisen bezog. Soweit wir sehen können, hat keiner der anderen fürstlichen Faktoren eine Stellung gehabt, die sich formell in solchem Maasse mit der eines Beamten deckte. Doch hat auch Gaspar Schetz im grössten Umfange für eigene Rechnung Geldgeschäfte mit der Regierung, die er vertrat, wie mit anderen Regierungen gemacht. Der Faktor des portugiesischen Königs hat sich sogar an den grossen Pfeffercontracten betheiligt, welche er in Antwerpen mit den Kaufleuten für seinen König abschloss. Wenn man nicht auf die Form, sondern auf das Wesen sieht, so war Thomas Gresham von ihnen allen der, welcher die Interessen seiner hohen Auftraggeber am besten und getreuesten wahrte.

Der letzte der fürstlichen Faktoren, Juan Lopez Gallo, wurde 1559 mit der Vertretung der eigentlichen spanischen Finanzgeschäfte in Antwerpen beauftragt, während Gaspar Schetz nur die niederländischen Geschäfte behielt. Dass auch er keineswegs einwandsfrei zu Werke ging, haben wir bereits früher gesehen.

Guicciardini, der im Jahre 1567 diejenigen dieser Faktoren aufzählte, die zu seiner Zeit in Antwerpen lebten, erklärte sie freilich alle für „huomini qualificatissimi", was sehr begreiflich ist, da er mit einigen von ihnen eng befreundet war und wohl Grund hatte, auch die übrigen zu schonen. Er berichtet schliesslich, dass die spanischen und portugiesischen Faktoren, seitdem ihre Könige die Zahlungen eingestellt hätten, keine Geschäfte mehr für sie machten. Das hat sich dann nicht mehr wesentlich geändert.

Sir Thomas Gresham. Aus dem Gesagten ist schon ersichtlich, warum wir die Thätigkeit dieses merkwürdigen und bedeutenden Mannes grade hier schildern müssen. Er gehörte überhaupt nicht zu den „Geldleuten", mit denen er in Antwerpen fortwährend Geschäfte machte, sondern er war ursprünglich nur ein grosser Waarenkaufmann, ein „Merchant Adventurer", der von drei englischen Herrschern wegen seiner hervorragenden Eigenschaften und wegen

des hohen Ansehens, dessen er sich in der Handelswelt erfreute, als
ihr Faktor in Antwerpen verwendet wurde; in dieser Eigenschaft, als
„royal merchant", wie er wohl auch genannt wurde, gehört er zu
den bedeutenden Gestalten des 16. Jahrhunderts und der englischen
Geschichte. Seine Bedeutung aber wurzelte zum grossen Theile in
Antwerpen[26]).

Die erste Aufgabe, welche Gresham zu lösen hatte, war die Beschaffung von Darlehen in Antwerpen für die englische Regierung.
Noch waren ja die englischen Kaufleute nicht im Stande, das Credit-
bedürfniss ihrer Regierung allein zu befriedigen, während die in England handelnden Ausländer auf Antrieb des einheimischen Handels-
standes langsam zum Lande hinausgeärgert wurden; auch sie hätten
solche Summen, wie sie die englische Krone seit den letzten Regierungsjahren Heinrichs VIII. aufnehmen musste, nicht liefern können;
dazu war vielmehr nur der grosse antwerpener Geldmarkt im Stande.
Im Jahre 1566 konnte sich Gresham rühmen, seit seinem Amtsantritte,
also in 14 Jahren, im ganzen 1840000 L. flämisch für die englische
Krone beschafft und grösstentheils wieder zurückgezahlt zu haben.
Die Anleihen wurden nämlich, gleich allen anderen, immer auf 1—2
Messen abgeschlossen und mussten bei Verfall entweder bezahlt oder
prolongirt werden. Letzteres war vor Gresham's Amtsantritt stets
eine sehr kostspielige Sache, da seine Vorgänger dabei regelmässig
Juwelen und Waaren allerlei Art von den Gläubigern zu hohen
Preisen kaufen mussten, wodurch der Zins sich viel höher stellte, als
nominell vereinbart wurde. Gresham räumte mit dieser Praxis schnell
auf. Wichtiger noch war es, dass er den Credit der englischen Krone
erheblich besserte.

Bereits kurz nach dem Tode Eduards VI. rühmte sich Gresham,
er habe den Credit des Königs derart gehoben, dass dieser in Antwerpen
jede Summe hätte bekommen können, „wesshalb seine Feinde ihn zu
fürchten begannen, denn seine Macht war vorher nicht bekannt".
Mochte auch dabei etwas Übertreibung unterlaufen. ganz gewiss war
der Credit der englischen Krone unter Gresham's Geschäftsführung
meist viel besser, als der aller übrigen Fürsten, die in Antwerpen

---

[26]) Es versteht sich von selbst, dass meine Darstellung der Thätigkeit Gresham's sich
in der Hauptsache anschliesst an das ausgezeichnete Werk von Burgon, das — trotzdem
es jetzt über ein halbes Jahrhundert alt ist — immer noch unübertroffen dasteht als ge-
treueste und lebendigste Schilderung des grossen Zeitalters der Elisabeth. Daneben habe
ich nur noch die Quellenwerke von Turnbull und Kervyn de Lettenhove, sowie die
Acts of the Privy Council benutzt. Vgl. jetzt auch die Charakteristik Gresham's in meinem
Buche „Hamburg und England im Zeitalter der Königin Elisabeth" p. 50 ff.

Anleihen aufnahmen. Namentlich gilt dies von der Zeit seit dem Regierungsantritte der Elisabeth. Unter ihrer Vorgängerin Maria der Katholischen war Gresham zunächst abgesetzt worden, worauf ein anderer Agent durch sein Ungeschick den Credit der Königin derart schädigte, dass Gresham wieder berufen werden musste. Solange Maria regierte, vermochte er freilich mit seinen weisen finanzpolitischen Vorschlägen nicht durchzudringen, und auch nachher kam es vor, dass der Credit der Krone vorübergehende Erschütterungen erlitt. Doch stets gelang es Gresham, ihn wiederherzustellen, dank seiner unübertroffenen Kenntniss des antwerpener Börsengeschäfts und der dortigen grossen „Geldleute", von denen einige der bedeutendsten, vor allem die Schetz, seine intimen Freunde waren.

Gresham behandelte die Finanzgeschäfte der englischen Regierung so wie sie behandelt werden mussten: als kaufmännische Geschäfte, discret, umsichtig und ehrlich. Das war das Geheimniss seiner Erfolge. Von Anfang an hielt er darauf, dass alle Verpflichtungen prompt erfüllt wurden. Wenn nöthig, trat er mit seinem eigenen Credite ein. Stets hielt er sich genau unterrichtet über den Stand des Geldmarktes. Die Geld- und Wechselmakler wusste er an sein Interesse zu fesseln, und schon 1553 schrieb er nach Hause: „Es vergeht keine Börse, auf der ich nicht eine Aufstellung aller an dem Tage aufgenommenen Geldsummen erhalte". Als Königin Maria starb, reiste er sofort nach Antwerpen, um ihren Gläubigern die Versicherung zu geben, dass alle Verpflichtungen prompt erfüllt werden würden, was die Königin sterbend ihrer Thronfolgerin auf die Seele gebunden hatte.

Endlich, als nach Ausbruch des niederländischen Aufstandes der antwerpener Geldmarkt in Verwirrung gerieth, hielt Gresham den Augenblick für gekommen, England wie im Handel so auch im Creditverkehre vom Auslande unabhängig zu machen. Am 14. August 1569 schrieb er an Sir William Cecil: „Ich wünschte, dass die Königin „sich nur ihrer eigenen Unterthanen bedienen möchte, wodurch „der Herzog von Alba und alle anderen Fürsten erkennen würden, „welche mächtige Herrscherin sie ist. Ich habe seit zwanzig Jahren „mich mit den Creditgeschäften der Krone jenseits des Meeres befasst „und habe die Erfahrung gemacht, dass wenn ich mich der Kapitalien „unserer eigenen Kaufleute bediente, dies zum Vortheil der Krone „und der Kaufleute ausschlug, was auch letztere dagegen sagen „mögen; denn wenn die Krone von ihnen 60000 oder 80000 £ ver- „langte, so waren sie bereit, diese ebenso billig herzugeben, wie die

„Fremden; das kann man in Zeiten der Noth wiederholen; ich weiss,
„unsere Kaufleute können es leisten"[27].

Das war sehr richtig; zwar hatte Gresham anfangs Schwierigkeiten gehabt, von den englischen Kaufleuten grosse Geldsummen
zu erlangen, und sie klagten oftmals über die Härte, die er ihnen
gegenüber anwendete; aber allmählich befreundeten sie sich auch mit
solchen gelegentlichen Kapitalanlagen, und seit Antwerpen nicht
mehr von der englischen Krone benutzt werden konnte, kam nach
einer längeren, unbequemen Übergangszeit doch endlich der Augenblick, da die englische Regierung ihre ausserordentlichen Creditbedürfnisse im eigenen Lande befriedigen konnte. Gresham hat auch
diese grosse Wandlung noch eingeleitet und wirksam gefördert, wobei er überdies als einer der Ersten auf Beseitigung der staatlichen Zinsverbote drang. Schon vorher aber hat er sich noch
andere und vielleicht noch bedeutsamere Verdienste erworben.

Bereits im Anfange seiner Amtsthätigkeit gelang es ihm, den
Wechselcours auf London in Antwerpen durch geschickte Operationen wesentlich günstiger für England und für die Anleihen der
englischen Krone zu gestalten. Seitdem war es sein eifrigstes Bestreben, die englische Handelsbilanz und die englische Valuta immer
mehr zu verbessern. Dies gelang ihm hauptsächlich durch zwei
grosse, sorgsam vorbereitete Actionen: durch die Vernichtung des
Handels der deutschen Hanse mit England und durch die Münz-
reform vom Jahre 1560. In seinen Berichten an die englische Regierung hat er bereits diejenigen Grundsätze niedergelegt, nach denen
das Münzwesen der europäischen Staaten in neuerer Zeit endgültig
geregelt worden ist. Was er aber auch immer an genauen Kennt-
nissen des Münz- und Wechselwesens besessen hat, das hat er sich erst
durch seine geschäftliche Praxis in Antwerpen erworben. Es ist
hier nicht der Platz, dies im Einzelnen nachzuweisen, und das Verdienst Gresham's soll auch dadurch nicht geschmälert werden. Dasselbe bestand indess nur darin, dass die wirthschaftlichen Grundsätze und Kenntnisse der Handelswelt durch ihn zum ersten Male
folgerichtig und energisch gegenüber der Regierung einer grossen
Monarchie vertreten und mit Erfolg in deren Politik zur Geltung gebracht wurden.

Er ist sein Leben lang ein genau rechnender, stark verdienender
Kaufmann geblieben und war dabei doch ein Patriot und ein ge-

---

[27]) Brit. Mus. Lansd. Mss. 12 fol. 16. Gresham schrieb den Brief in Gresham
House, London um 9 Uhr Abends.

treuer Diener seiner Landesherren, eine seltene Erscheinung unter den
Kaufleuten und Finanziers des 16. Jahrhunderts, die sonst meist nur
das Eine oder das Andere gewesen sind.

Gresham besass ein Haus in Antwerpen in der Langen Nieuw-
straat, aber seine Heimath und der Centralsitz seiner ausgedehnten
Geschäfte blieb London. Unendlich oft hat er im Dienste der Krone
das Meer gekreuzt, und nicht immer ist er für seine Mühen und Verdienste entsprechend belohnt worden; seine Reisediäten betrugen nur
20 s. täglich, und wiederholt hatte er Mühe, die Erfüllung von Versprechungen zu erlangen, die ihm für seine Dienste gemacht worden
waren; doch hat ihm seine Thätigkeit als Königlicher Faktor ganz
zweifelsohne sehr bedeutende Nebenverdienste zugeführt. Jedenfalls
ist er als einer der reichsten Männer seiner Zeit gestorben, trotzdem
er bereits vorher London mit einer Börse nach dem Vorbilde derjenigen Antwerpens beschenkt und das grossartige, nach ihm be-
nannte Collegium gestiftet hatte. Er hinterliess seiner Wittwe ein
Jahreseinkommen von 2388 £, so gross für das 16. Jahrhundert, dass
man nur mit Mühe an die Richtigkeit der Angabe glauben kann;
doch muss sie wohl als authentisch betrachtet werden[28].

Wir fügen noch hinzu, dass Gresham auch wiederholt zu politischen Missionen in den Niederlanden verwendet wurde, dass er in
der kritischen Zeit vor und bei dem Ausbruche der niederländischen Wirren England im grossartigsten Maassstabe mit allen zur
Kriegführung nöthigen Materialien versah, wobei er mit Gefahr von
Leben und Vermögen die entgegenstehenden Gesetze der Niederlande schlau zu umgehen wusste. Lange Jahre hat er ferner den
ausgedehnten Nachrichtendienst der englischen Regierung in den
Niederlanden geleitet, und sein Verdienst ist es in erster Linie, wenn
Königin Elisabeth und ihre Staatsmänner über alles, was in Europa
vorging, besser unterrichtet waren, wie irgend eine andere Regierung
ihrer Zeit. Auch hierin zeigt sich die merkwürdige Doppelstellung
des Mannes; denn die Nachrichten, die er seiner Regierung über-
mittelte, entstammten vorzugsweise kaufmännischen Kreisen. So
wusste er in jeder Hinsicht die Vortheile der Weltbörse für sein
Heimathland auszunutzen.

---

[28] Burgon II. 490. Wie das Volk sich Gresham's grosse Geldgeschäfte und seinen
Reichthum mit seinen gemeinnützigen und wohlthätigen Werken später zusammengereimt
hat, ist ersichtlich aus der erbaulichen Geschichte, die wir oben Bd. I. S. 406 in der
Anm. erzählt haben.

Chronik der antwerpener Finanzgeschäfte bis zum Jahre 1542 [29].

Bis zum Jahre 1510 ungefähr hatten die Kaufleute, welche in den Niederlanden Kapital für Finanzgeschäfte hergeben konnten, ihre Faktoreien in Brügge. Im Jahre 1510 erscheinen zum ersten Male in den niederländischen Finanzrechnungen Zahlungen an die Fugger auf Tratten, die in Augsburg gezogen worden waren, und Rückzahlungen von Vorschüssen des ebenfalls bereits in Antwerpen ansässigen Spaniers Antonio de Vaille. Das Anleihegeschäft, das sich dann in Antwerpen entwickelte, hatte noch geraume Zeit hindurch einen sehr unregelmässigen Charakter. Die Anleihen wurden nicht von Messe zu Messe abgeschlossen, sondern es wurden andere Termine vereinbart, und zwar durchweg längere Termine, ein halbes Jahr und noch mehr. Ferner waren die Anleihen meist noch nicht erheblich. Der Zinsfuss endlich schwankte noch in geradezu ungeheuerlichem Grade, und es ist noch keine Spur eines Marktzinsfusses bei diesen Anleinen erkennbar. Das Weitere ist für die Jahre 1509 bis 1512 aus der Tabelle auf folgender Seite ersichtlich.

Am 29. Januar 1512 nahm die Stadt Antwerpen auf dringendste Bitten der Regentin und der Finanzräthe 20000 L. für Rechnung der Regierung zur Bezahlung deutscher Landsknechte bei nicht genannten antwerpener Kaufleuten auf, die sich aus den schon bewilligten Aides von Brabant bezahlt machen sollten. Diese Anleihe kostete für 5 Monate und 10 Tage 2400 L. = 27 % p. a. Ausserdem wurden

---

[29]) Selbstverständlich darf man von dieser Chronik nicht einmal annähernde Vollständigkeit erwarten, die auch gar nicht erforderlich ist. Es handelt sich nur darum, den Gang der Entwickelung kennen zu lernen, sowie einen lebendigen Begriff von dem antwerpener Finanz-Geschäfte zu gewinnen. Bis zum Jahre 1527 bilden die im Departemental-Archi zu Lille aufbewahrten „Comptes de la recette générale des finances" fast die ausschliessliche Quelle unserer Kenntniss der antwerpener Finanzgeschäfte. Diese Rechnungen zeichnen sich aus durch die grosse Ausführlichkeit, ja Weitschweifigkeit ihrer Angaben; sie sind eben desshalb besonders wichtig. Andererseits leiden sie für unsere Zwecke an einigen wesentlichen Mängeln: bei den Antwerpener Anleihen führen sie in der Regel nicht die Namen der eigentlichen Darleiher auf, und sodann sind in ihnen die Zahlungstermine namentlich während der ersten Jahrzehnte oft so ungenau angegeben, dass es vielfach kaum möglich ist, danach den gezahlten Zinsfuss zu berechnen; regelmässig erfährt man nämlich nicht diesen aus den Rechnungen, sondern nur die „frais et finance", welche die Regierung im Ganzen gezahlt hat; unsere Zinsfuss-Berechnungen sind daher nicht immer ganz zuverlässig; doch genügen sie, um die Höhe des Zinsfusses im Allgemeinen erkennen zu lassen.

Anleihen der niederländischen Regierung.

Datum der Aufnahme	Anleihe-Betrag in Livres artois zu 40 gr. fl.	Datum der Rückzahlung	Zins p. a. %	Darleiher	Bemerkungen
1509 10/3	10500	1509 1/9	} 11½	Antonio de Vaille, Antw.	Für Wiederherstellung von Deichen, Bezahlung der Garnisonen in Geldern u. s. w.
„ „	10500	1510 1/3			
1510 20/6	15900	1511 December	7½	Derselbe	Bezahlung der Kriegsleute in Geldern.
„ 28/6	1000	1510 October	24	Giacamo Doria, Antw.	
„ 1/10	16000	1511 31/3	13¼	Fil. Gualterotti, Brügge.	
1511 20/5	20000	1512 1/3	6½	Div. antw. Kfl.	auf inständ.* Bitte der Regentin für den Kaiser.
„ Pfingst.	3600	1512 15/1	10	Jeron. Frescobaldi	
„ 15/7	14500	1512 December	} 15	Fil. Gualterotti, Brügge u. Clais de Clerc, Faktor v. Christ. Herwart, Antw.	} Krieg in Geldern.
„ „	14500	„ Juni			
1512 September	100000	?	?	} Diego de Haro, Antw.	
„ ?	10000	?	?		
„ 1/1	7000	1512 31/8	8½	Fil. Gualterotti, Brügge.	
„ 25/1	8000	1512 14/8	12½	Div. Kaufl. in Brügge.	

dem Makler für seine Bemühung noch 100 L. bezahlt. Andererseits aber kamen damals auch ganz zinslose Anleihen vor.

Im Jahre 1515 wurde Prinz Karl, der spätere Kaiser Karl V. mündig gesprochen, was sein geldbedürftiger Grossvater, der Kaiser Maximilian, nur nach Zusicherung einer Zahlung von 140000 L. flämisch bewilligte. Karl zog darauf mit grossem Gepränge in Antwerpen ein, das in diesem Jahre bereits von einem englischen Gesandten als eine Blüthe der Welt (one of the flowers of the world) bezeichnet wurde, und bereitete sich auf die Reise in sein spanisches Königreich vor. Zunächst brauchte er viel Geld, sowohl für die

Reise selbst, wie für die Bezahlung der 140000 L. an den Kaiser, wie endlich auch, weil sein Grossvater mütterlicherseits, König Ferdinand von Aragonien, ihm eine grosse Schuldenlast vererbt hatte. Daher mussten in Antwerpen ansehnliche Geldsummen aufgenommen werden, im ganzen wie es scheint 166000 L. Davon musste der grösste Theil im Jahre 1516 bei Fälligkeit prolongirt werden. Für dieses Jahr können wir wieder eine Zusammenstellung der in Antwerpen von der niederländischen Regierung angeliehenen Geldsummen liefern:

Datum der Aufnahme	Anleihe-Betrag in Livres artois zu 40 gr. fl.	Datum der Rückzahlung	Zins p. a. %	Darleiher	Bemerkungen
1516 1/3	14000	1516 16/9		Div. antw. Kfl.	
			20		Courtage an den Makler Pieter v. d. Straten. Für 60000 L. bürgte d. Stadt Antwerpen, für d. Rest die Seigneurs de l' ordre et du privé conseil, des conseil des finances u. a. Beamte.
„ 3/3	16000	„ 15/9		„ „ „	
„ Ostern	92700	„ St. Remy	15½	„ „ „	
„ „	10000	„ Johanni	31½	„ „ „	
„ 1/5	11000	„ Lichtmess	17	„ „ „	
„ Johanni	27000	1517 Johanni	11	Die Fugger	Bürgschaft d. Stadt Antwerpen
„ Sept.	16800	„ „	13½	Die genues. Kfl. in d. Niederl.	
„ 1/10	30000	„ 1/2	40 (?)	Div. antw. Kfl.	
„ Kaltenmarkt	100000	„ St. Remy	14¾	Pieter van der Straten	Bürgschaft d. Stadt Antwerpen

Neben der Zunahme der Anleihen ist hier namentlich bemerkenswerth, dass die Messen als Termine gebräuchlich zu werden beginnen. Die in der zweiten Jahreshälfte aufgenommenen Summen waren für den Krieg in Friesland bestimmt, der auch im folgenden Jahre noch grössere Anleihen erforderte.

Im Anfange des Jahres 1517 sollte die Stadt Antwerpen zur Deckung der Kriegskosten Rente verkaufen und sie binnen drei Jahren aus den Aides der Provinz Brabant zurückzahlen; es gelang aber trotz aller Bemühungen nicht, zu annehmbaren Bedingungen Käufer für die Rente zu finden. Daher mussten im Februar 1517 45000 L. unter Bürgschaft der Stadt Antwerpen auf Kosten der Regierung bei antwerpener Kaufleuten verzinslich aufgenommen werden; das kostete bis zur St. Remy-Messe 5000 L. d. h. etwa 19 % p. a.

Ferner mussten die zu Johanni (Pfingstmess-Zahlung) fälligen 27 000 L. bei den Fuggern, zuzüglich der Zinsen bis dahin im Belaufe von 3000 L., bis Weihnachten 1518 verlängert und noch weitere 42 000 L. bei den Fuggern aufgenommen werden, was 7000 L. Zinsen kostete. Der Zinsfuss lässt sich hier nicht berechnen.

In der St. Remy-Messe 1517 konnten von den fälligen Schulden 60 000 L. nicht bezahlt werden. Hierfür hatten die Stadt Antwerpen, hohe Staatsbeamte und Adlige, wie wir sahen, Bürgschaft geleistet. Um nun — wie in den Finanzrechnungen ausdrücklich gesagt wird — „sein Wort zu halten, sowie um die Ehre der Herren und den Credit derselben und der Stadt Antwerpen zu wahren" — befahl König Karl die Prolongirung der Restsumme bis zur Ostermesse 1518, was 10 % für dieses Halbjahr oder 20 % p. a. Zinsen kostete. Der Gesammtbetrag der im Jahre 1517 auf solche Anleihen bezahlten Zinsen war 34 441 L. zu 40 gr. = 5760 L. flämisch.

Im Februar 1518 drohten Banden entlassener Soldaten in Zahl von 8000—9000 Mann in die Niederlande einzufallen, um zu plündern („pour piller et menger les subgectz"). In aller Eile musste Reiterei der stehenden Heere (compagnies des gens de guerre à cheval des ordonnances du Roy) aufgeboten werden, um die ungebetenen Gäste zu vertreiben. Da aber diese regulären Truppen sich nicht aus ihren Garnisonen entfernen konnten, ohne vorher ihre Quartiere bezahlt zu haben, so musste man ihnen 6 Wochen Sold entrichten, und da die Staatskasse hierfür kein Geld hatte, mussten 11 000 L. vom 15. Februar bis zur Ostermesse in Antwerpen angeliehen werden, was 486 L. 10 s. 6 Pf. oder etwa 18 % p. a. kostete.

Am 15. Juli desselben Jahres nahm der Brüsseler Hof, um drei Monate Sold an die Garnisonen der immer noch nicht ganz beruhigten Provinz Friesland bezahlen zu können, in Antwerpen bei den Fuggern 38 000 L. auf, wofür zum ersten Male einige Rentmeister sich persönlich verschrieben. Die Anleihe kostete auf 13 Monate nur 4000 L., also nicht einmal 10 % p. a., wenn die Daten richtig sind, was aber etwas fraglich ist; denn in der Herbstmesse desselben Jahres wurden ebenfalls auf Rentmeisterbriefe bis Ostern 1519: 41 000 L. angeliehen und für diesen Zeitraum 4000 L. Zinsen bezahlt, also fast 20 % p. a., einschliesslich der Courtage an Pieter van der Straten, der ausserdem noch 107 600 L zu 15½ % p. a. beschaffte. Die Gesammtsumme der in diesem Jahre verausgabten Zinsen war 22 602 L. zu 40 gr. = 3767 L. flämisch.

Aus den Anleihen der Jahre 1519, 1520 und 1521 heben wir die folgenden heraus:

13000	L. v.	14/8 — Weihnachten 1519	zu 16	°/₀ p. a.	
24000	„ „	Septbr. 1519 — Ostern 1520	„ 15	„	„
26000	„ „	Mai 1519 — Ostern 1520	„ 7	„	„
22800	„ „	Juni 1520 — Lichtmess 1521	„ 12	„	„
28000	„ „	Juni 1520 — Lichtmess 1521	„ 10	„	„
72000	„ „	August 1520 — Weihnachten 1521	„ 13	„	„
50000 32636	„ „	Septbr. 1520 — Ostern 1521	„ 15½	„	„
71539	„ „	Decbr. 1520 — Pfingsten 1521	„ 16¼	„	„
22400	„ l.	Ostern 1521 — St. Remy 1521	„ 16	„	„
10000 51000	„ „	Pfingsten 1521 — Ostern 1522	„ 14-19	„	„
30000	„ „	Mai 1521 — St. Remy 1521	„ 17	„	„
23200	„ „	1/7 1521 — Lichtmess 1522	„ 21½	„	„
20000	„ „	1/10 1521 — 15/1 1522	„ 27½	„	„
125000 40000	„ „	Octbr. 1521 — Ostern 1522	„ 16-18	„	„

Ausserdem wurden noch bedeutende Courtagen an Pieter v. d. Straten und an Bernhard Stecher, den Faktor der Fugger, bezahlt. Von einem Marktzinsfusse kann bei diesen Anleihen auch jetzt noch nicht die Rede sein.

Das Jahr 1522 liefert uns eine besonders interessante Ausbeute. Schon im Anfange dieses Jahres musste für den Kaiser, der in schlimmster Geldverlegenheit war, auf alle Weise Geld beschafft werden. So wurden im Februar 100000 L. auf folgende Weise aufgebracht: die Spanier Francesco de Vaille und Francesco de Moxica gaben in Gemeinschaft mit einigen anderen Handelshäusern diesen Betrag in Antwerpen her und sollten dagegen in Spanien 52500 Dukaten dafür empfangen. Die Anleihe wurde „sans frais ne finance" bewilligt; der Zins war aber im Course der Dukaten enthalten. Nun fürchtete man jedoch, dass die 52500 Dukaten in Spanien nicht bezahlt werden würden. Für diesen Fall verpflichteten sich auf Verlangen der Kaufleute zwei hohe Adlige, Heinrich Graf von Nassau und Anton Lalaing, Graf von Hoochstraten, von denen letzterer Chef des niederländischen Finanzwesens war, persönlich, das Äquivalent in Antwerpen in der Septembermesse 1522 zu bezahlen. Dies kostete 7494 L.[30]).

---

[30]) Die Hälfte der 100000 L. war bestimmt, um an Franz von Sickingen, dem der Kaiser für geleistete Kriegsdienste 75000 Goldgulden schuldete, eine Abschlagszahlung

Für eine andere Forderung wurden die Spanier de Vaille und Moxica auf Neapel angewiesen; da diese Anweisung aber ebenfalls nicht honorirt wurde, musste auch hierfür in Antwerpen Rath geschafft werden.

Im April hatte man abermals eilig 64000 L. nöthig. Pieter van der Straten lieferte sie in seinem eigenen Namen, wogegen ihm vier Obligationen zu je 16000 L. ausgefolgt wurden, die erste ausgestellt von Jean Seigneur de Berghes, die zweite vom Grafen Floris Egmont, die dritte von Adol´ de Bourgogne, Seigneur de Bevres, und die vierte von Philipp de Croy, Marquis d'Arschot. Auch diese 64000 L. sollten in der Septembermesse 1522 zurückgezahlt werden. Die eigentlichen Geldgeber waren, wie später erst gesagt wird, die Herwart von Augsburg. Wir werden darauf zurückkommen.

So wurden noch mehrere andere Anleihen aufgenommen. Da stellte sich Ende April oder Anfang Mai heraus, dass der Kaiser für die von ihm beabsichtigte Reise nach England und für andere Zwecke sofort weitere 140000 L. gebrauchte. Der Kaiser versammelte den Conseil privé und den Conseil des finances, um zu berathschlagen, wie dies Geld beschafft werden könne. Es fehlte nicht an Vorschlägen: man solle Domänen verpfänden, Erb- oder Leibrenten verkaufen; man solle die Aides anticipiren oder schwebende Anleihen bei Kaufleuten aufnehmen. Gegen alle diese Finanzmittel wurden erhebliche Bedenken geltend gemacht: Erbrenten seien schwierig abzulösen, Leibrenten sehr kostspielig, schwebende Anleihen bei Kaufleuten noch theurer: diese kämen einschliesslich der Courtage auf 18, 20 oder 22% jährlich zu stehen; verpfändete Domänen blieben in der Regel dauernd in den Händen der Pfandnehmer, die Städte, welche früher auf Grund bewilligter Aides Geld vorgeschossen hätten, seien jetzt mit Schulden überladen und creditlos. So berieth man hin und her. Endlich, da die Zeit drängte, sandte der Kaiser die Grafen von Nassau und Bergen zweimal eiligst nach Antwerpen, und durch Vermittlung des dortigen Magistrats kam dann folgendes Abkommen zu Stande: Einige Kaufleute erklärten sich bereit, für den dreijährigen Pachtzins der Zölle von Antwerpen und Seeland in Höhe von 117000 L. (39000 L. p. a.) dem Kaiser sofort 70000 L. zu zahlen. Die Stadt Antwerpen musste den Kaufleuten die Zahlung

von 35000 fl. zu leisten. Das geschah durch die Pimel und Rem von Augsburg, sowie durch die Welser von Nürnberg, welche Firmen den Betrag in der Ostermesse 1522 an Franz v. Sickingen zahlten und dagegen in Antwerpen in der Septembermesse 1522 Deckung erhalten sollten, wofür sich Graf Hoochstraten persönlich verpflichtete. Auch hierbei wurde wieder am Wechselcourse tüchtig verdient.

der 117000 L. verbürgen und wurde dagegen von ihrer Verpflichtung befreit, dem Erzbischof von Mainz und dem Pfalzgrafen bei Rhein jährlich 18000 fl. für den Kaiser zu entrichten, wofür die erwähnten Zölle verpfändet worden waren. War Letzteres ein offenbarer Rechtsbruch, so war das Geschäft selbst ein Wuchergeschäft schlimmster Art. Als die kaiserlichen Abgesandten in Brüssel ihren Bericht erstatteten, wurde sofort bemerkt, die Kaufleute würden schon in weniger als zwei Jahren ihr Kapital wiederhaben. Trotzdem musste man das Abkommen genehmigen. Die Kaufleute zahlten dem Kaiser

in baar nominell: 117000 L.,
erhielten aber als Zinsen sofort zurück: 47000 „
und zahlten also nur in Wirklichkeit: 70000 L.

Dagegen erhielten sie drei Jahre lang jährlich 39000 L. Das bedeutet auf 70000 L. einen Zins von etwas über 30 % p. a.!

Thatsächlich aber wurde das Geschäft so nicht abgewickelt. Vielmehr brachte der Genuese Tommaso Bombelli 1523 ein anderweitiges Arrangement zu Stande: die Kaufleute erhielten ihre 70000 L. zurück, nebst 15666 L. Zinsen für ein Jahr = 22½ %, immer noch ein sehr hoher Zins. Der Kaiser wollte dem Bombelli für diesen Dienst 1000 L. schenken, was der Genuese aber nicht annahm, „weil es ihm nicht gelungen sei, die Kaufleute zu bestimmen, dass sie auch auf den Zins für das erste Jahr verzichteten"! Ein damals wohl einzig dastehender Vorgang, der zugleich zeigt, wie man derartige Wuchergeschäfte in den Kreisen der anständigen Kaufmannschaft beurtheilte[31]).

Da das eben geschilderte Geschäft statt 140000 L. nur 70000 L. erbrachte, so mussten gleich noch weitere 72000 L. auf andere Weise beschafft werden. Kurz, der Kaiser schuldete im Juni den Kaufleuten schon mindestens 300000 bis 400000 L., als er aus England direct nach Spanien fahren wollte, um die letzten Aufstände der Comuneros zu unterdrücken. Damals trat jener von uns schon früher erwähnte Moment höchster Verlegenheit ein: es war kein Geld vorhanden, um die Schiffe auszurüsten, welche den Kaiser abholen und um die Landsknechte zu bezahlen, die ihn nach Spanien bringen sollten. Nur Erasmus Schetz lieh nach vielen Bemühungen des Grafen Hoochstraten auf einen Pokal des Kaisers und mehrere goldene Ketten der

---

[31]) Tommaso Bombelli kaufte 1518 in Antwerpen einen grösseren Complex von Grundstücken und wohnte dort noch 1530. Albrecht Dürer war während seines Aufenthalts in Antwerpen bei ihm 69 mal zu Gaste. Er war kein Finanzier, sondern ein Waarenhändler. Sein Sohn Jakob wird 1543 in Antwerpen erwähnt.

Gräfin 10000 L. Die anderen Kaufleute entschuldigten sich; es sei
kein Geld auf der Börse vorhanden, der Handel stocke in Folge
der Unruhen u. s. w. Schliesslich gelang es dem Grafen, 20000 L.
bis zur Herbstmesse zu beschaffen, wofür er den kolossalen Zins von
4339 L. $= 52\%$ p. a. bezahlen musste.

In der Herbstmesse waren ausser mehreren anderen grossen Anleihen auch die 100000 L. fällig, welche Francisco de Vaille und Genossen zu fordern hatten. Die Regentin war grade in Antwerpen
anwesend, und da die Gläubiger auf Zahlung drängten, befürchtete
man einen „grand esclandre"; zwar wurde schliesslich noch Rath geschafft; aber die neuen Anleihen, die man zur Tilgung der alten aufnehmen musste, kosteten wiederum durchschnittlich 21% p. a. Im
Einzelnen schwankte der Zins zwischen 13 und 27%, ausser der
Courtage an Pieter van der Straten. Die Gesammtsumme der Zinsen,
welche man in diesem Jahre auf schwebende Anleihen bezahlte, war
82000 L.[32]).

Dabei war die Finanzlage im Grunde eine sehr günstige. Zwar
mussten auch im folgenden Jahre noch für die Prolongation der
schwebenden Anleihen 18—24% Zinsen bezahlt werden, und als man
die den Herwart schuldigen 64000 L. aus dem Erlöse von Rentenverkäufen tilgen wollte, fanden sich für die Renten keine Käufer,
wesshalb man auch diese Anleihe prolongiren musste; Ende 1523
noch betrug die schwebende Schuld etwa $^1/_2$ Million L.[33]). Aber
schon am Ende des folgenden Jahres war der grösste Theil davon
zurückgezahlt, und 1526 scheint gar nichts mehr übrig gewesen zu
sein. Dass die Regierung den Kaufleuten gegenüber damals wieder
vollständig Oberwasser gewonnen hatte, ergiebt sich aus folgendem
Vorgange: Die Forderung der Herwart in Höhe von 64000 L. sollte
im October 1524 zurückbezahlt werden; thatsächlich aber erfolgte die
Tilgung ratenweise erst im Laufe des darauffolgenden Jahres. Für
diese Verzögerung forderten die Herwart natürlich Zinsen und zwar
nur 12%; doch selbst dies wurde ihnen nicht bewilligt, und nach

---

[32]) Das ganze Kapitel „Deniers pris à frais et finance" ergiebt, als Summe 112196 L.;
davon waren aber 32000 L. Kapitalrückzahlungen.

[33]) Vgl. hier das Staatsarchiv zu Brüssel, Chambre des Comptes No. 120 fol. 202 ff.
Der Kaiser hatte eine Untersuchung des Standes der Schuld angeordnet, welche für die
neuen Anleihen dieses Resultat lieferte. Ausserdem gab es freilich noch eine Menge
alter Schulden, von Maximilian, ja noch von Philipp herrührend. Aber von ihnen erklärte
der Finanzrath selbst: „Ce seroit chose impossible de savoir à la vérité et au juste fairē
le recueil desdites debtes". Er rieth, von weiteren Untersuchungen abzustehen, die doch
kein Resultat haben und nur unerfüllbare Ansprüche wecken würden.

langen Verhandlungen mussten sie sich schliesslich mit etwa $9^1/_2\%$ p. a. begnügen.

So ungeheure Schwankungen des Zinsfusses kamen damals noch innerhalb weniger Jahre vor.

Wie wenig geordnet die ganze Organisation des antwerpener Geschäftsverkehres noch 1526 war, ersieht man aus folgender Mittheilung eines Tucherschen Faktors: „Wann die 4 Märkte hier und „zu Bergen angehen, will ich zu erfahren suchen, habe bei vielen „Leuten nachgefragt und nirgends rechte Auskunft erhalten, man sagt „immer, sie fangen sehr verschieden an; der letzte Pamasmarkt ist „„angegangen nach Unser Frauen Tag im August und die Bezahlung „desselben am 23. October".

Antwerpen war um jene Zeit noch gar kein Geldmarkt von grosser internationaler Bedeutung. Wir besitzen eine im Jahre 1564 verfasste englische Denkschrift, die sich über diesen Punkt folgendermaassen ausspricht: „Welche Nationen oder Kaufleute pflegten „ehemals Geld auszuleihen, um den Fürsten und Staaten bei ihren „Kriegen oder anderen Bedürfnissen zu dienen? Die deutschen Kauf-„leute waren die bedeutendsten und einige Italiener. Wer aber leiht „jetzt das meiste Geld aus? Die Kaufleute von Antwerpen und an-„dere niederländische Kaufleute. Es ist noch nicht viel länger „als dreissig Jahre her, dass es in Antwerpen nicht mehr „als zwei oder drei Kaufleute gab, die Geld auf Zinsen „ausliehen, und diese konnten aus ihren eigenen Mitteln kaum „20000 L. fl. oder 80000 Thaler hergeben; jetzt dagegen giebt es „dort 30 oder 40 grosse Kaufleute, die 300000 L. ohne Belästigung „für ihr sonstiges Geschäft verleihen können".

Diese Äusserung ist allerdings mit Vorsicht aufzunehmen: die englische Denkschrift wollte die Entwickelung Antwerpens, die sie hauptsächlich dem Handel der Engländer zuschrieb, möglichst drastisch darstellen; auch ist es nicht sicher, ob sie als „Kaufleute von Antwerpen" diejenigen bezeichnen wollte, welche dort ihr Hauptgeschäft oder auch die, welche dort lediglich eine Faktorei hatten. Im ersteren Falle wären die Fugger, Welser, Herwart, die de Vaille, Gualterotti u. s. w. nicht als antwerpener Kaufleute anzusehen, im letzteren Falle wäre es unrichtig zu sagen, dass um das Jahr 1530 in Antwerpen nur 2—3 Kaufleute grössere Geldsummen ausleihen konnten. Thatsächlich lag die Sache so: gewiss konnte die niederländische Regierung schon damals zeitweilig bei den in Antwerpen verkehrenden fremden Kaufleuten ganz ansehnliche Geldsummen aufnehmen; aber der höchste Betrag, den sie in dem bisher behandelten Zeitraume im

Ganzen gleichzeitig auf solche Weise schuldig war, überstieg nicht
500000 L. art. zu 40 gr. oder 357000 fl. Rh. Und darin änderte
sich auch in den folgenden Jahren noch nichts. Dagegen hatten
allein die Fugger 1527 von den beiden habsburgischen Brüdern
etwa das Dreifache dieses Betrages zu fordern, wovon nur ein kleiner
Theil den antwerpener Geschäften entstammte. Ausser der niederländischen Regierung war damals überhaupt wohl nur noch der
König von Portugal den Kaufleuten in Antwerpen zeitweilig
grössere Summen schuldig; doch waren dies keine reinen Geldgeschäfte, sondern Vorschüsse auf Pfefferverkäufe, Creditkäufe von
Kupfer u. dergl. Dass Antwerpen im ersten Viertel des 16. Jahrhunderts noch kein bedeutender Geldmarkt war, zeigt sich vor
Allem in der Höhe und den abnormen Schwankungen der Zinsen,
welche die niederländische Regierung dort damals zahlen musste; abgesehen von einzelnen Ausnahmen, haben die Fugger, die Welser
oder andere oberdeutsche Handelshäuser in dieser Zeit ihren fürstlichen Schuldnern bei den in Augsburg gewährten Darlehen nicht entfernt
solche Zinsen angerechnet, wie sie in Antwerpen vielfach vorkamen.

In den Jahren 1526 und 1527 lag das antwerpener Finanzgeschäft
ganz brach; dagegen begann es sich in den folgenden Jahren wieder
zu beleben. Im Jahre 1528 wurde nur ein Geschäft von Bedeutung
abgeschlossen, jene uns schon bekannte Anleihe von 200000 L. bei
den Höchstettern, wobei die niederländische Regierung Quecksilber
und Zinnober an Zahlungsstatt annehmen musste, welche Waaren
dann von Lazarus Tucher mit 74000 L. Verlust verkauft wurden.
Den Finanzbeamten erschien dieser Verlust als ungeheuer. Aber in
Wahrheit war das Geschäft gar nicht so arg, da sonstige Zinsen nicht gezahlt wurden, und der Verlust von 74000 L. sich auf 5 Jahre vertheilte.
Der Zins stellte sich daher auf 18% p. a., was durchaus den sonst
gezahlten Zinsen entsprach. Diese schwankten nämlich in den Jahren
1528, 1529 und 1530 zwischen 14 und 22%; doch wird der Durchschnitt sich eher der letzteren als der ersteren Grenze genähert haben.
Das grösste Finanzgeschäft dieser Jahre war eine Anleihe von
218812 L., die im November 1529 auf 7 Monate zu 20% p. a. abgeschlossen wurde, um Wechselbriefe zu bezahlen, welche die Fornari und andere Kaufleute in Genua auf die niederländische Finanzverwaltung gezogen hatten. Das nächstgrosse Geschäft war eine
Anleihe von 125000 L., aufgenommen im August 1529 zur Bezahlung
von Wechseln der Fugger, Welser und Herwart; sie kostete,
obwohl die obersten Finanzbeamten sich persönlich verpflichteten,
doch 21½% p. a., und als nach einem Vierteljahre 74000 L. davon

prolongirt werden mussten, kam dies noch auf $17^3/_4 \%$ zu stehen. Das Alles wollte immer noch nicht viel bedeuten gegenüber den gewaltigen Darlehen, welche die Fugger gleichzeitig dem Kaiser und seinem Bruder, dem Könige Ferdinand, bewilligten.

Wie eigenthümlich verwickelt die Geschäfte, auf welche die niederländische Regierung sich einlassen musste, damals waren, ergiebt sich aus folgendem Beispiele: der Kaiser hatte dem Bischof von Utrecht 1527 eine Zahlung von 45000 L. zu leisten. Hierauf wurde an Zahlungsstatt gegeben eine Obligation der Höchstetter, zahlbar 1529, im Betrage von 30000 L. d. h. die Höchstetter streckten diese Summe vor, gaben aber kein Baargeld her, sondern eine Obligation. Ihnen gegenüber verbürgte sich die Stadt Antwerpen, dieser gegenüber wiederum Graf Hoochstraaten, der Chef der niederländischen Finanzen, und letzterer versprach ausserdem auch dem Bischof von Utrecht, für den Fall, dass die Höchstetter nicht zahlen sollten, dies selbst zu thun. Endlich erhielt Graf Hoochstraaten Verschreibungen des Kaisers, worin ihm zugesagt wurde, ihn schadlos zu halten für alle Zahlungen, die er auf Grund seiner Bürgschaften etwa leisten würde. Die Höchstetter geriethen darauf in die bekannten Geldverlegenheiten und cedirten den Bürgschaftsbrief der Stadt Antwerpen an Diego Mendez in Antwerpen. Sie fallirten bald hernach, und der Bischof von Utrecht hielt sich nun zunächst an den Grafen Hoochstraaten, Diego Mendez aber gleichzeitig an die Stadt Antwerpen, und diese ebenfalls an den unglücklichen Grafen, der also dieselbe Summe zweimal zahlen sollte. Um dieser Gefahr zu entgehen, liess er Beschlag legen auf die Restforderung der Höchstetter aus dem grossen Darlehen von 200000 L., welche Restforderung in Höhe von 170000 L. die Höchstetter aber bereits vor ihrer Zahlungseinstellung an die Fugger cedirt hatten. Daraus entstanden neue Processe. Schliesslich übernahm es Wolff Haller, gegen Zahlung von 6000 L. die eine Obligation des Grafen Hoochstraten einzulösen, während die andere schon vorher bezahlt worden war.

Wir geben hier noch eine Zusammenstellung der Summen, welche in den niederländischen Finanzrechnungen als Ausgaben unter dem Kapitel „Deniers pris à frais et finance" während der Jahre 1521 bis 1530 verbucht stehen. Sie enthalten vorzugsweise Zinsen und Courtagen der schwebenden Anleihen, daneben allerdings auch mehrfach Verluste auf Wechselgeschäfte und sogar wiederholt einzelne Amortisationsraten; dennoch geben sie ein gutes Bild von der Entwickelung

der niederländischen Finanzgeschäfte in diesem Zeitraume. Die Livres
sind solche zu 40 gr. flämisch:

1521:	62 263 L.	1526:	1 092 L.
1522:	112 195 „	1527:	1 623 „
1523:	18 569 „	1528:	93 688 „
1524:	5 679 „	1529:	92 151 „
1525:	10 864 „	1530:	57 079 „

Das waren zusammen in 10 Jahren 455 000 L. oder 45 500 L. durchschnittlich in jedem Jahre. In dem gleichem Zeitraume betrugen die
gesammten Einkünfte der niederländischen Regierung durchschnittlich
1 440 000 L. jährlich, und allein die Aides (d. h. die von den Ständen bewilligten directen Steuern) im Jahresdurchschnitte rund eine Million L. zu
40 gr. Davon gingen allerdings die Steuererlasse und Ermässigungen,
welche zahlreich bewilligt wurden, wieder ab: durchschnittlich im Jahre
250 000 L. Aber auch dann noch verfügte die niederländische Regierung jährlich im Durchschnitt über ein Einkommen von rund
1 200 000 L. Was wollten dem gegenüber die 45 500 L. Kosten der
schwebenden Anleihen besagen! Die Finanzlage der Niederlande
war damals noch eine ausserordentlich günstige, und dennoch sahen
wir, dass selbst zu 20 % Zinsen und mehr die niederländische Regierung nicht immer Geld geliehen bekommen konnte[34].

Noch mehr: im Jahre 1531 liess der Kaiser in den Niederlanden
aus den ihm durch den Frieden von Cambrai zugeflossenen ausserordentlichen Einnahmen, sowie aus den Aides dieses Jahres enorme
Rückzahlungen älterer und neuerer Schulden bewirken, so an die
Stadt Antwerpen allein fast ½ Million art. zu 40 gr. Dabei musste
er aber auf der anderen Seite während desselben Jahres bedeutende
schwebende Anleihen zu 12—21 % Zinsen aufnehmen, und Stephen
Vaughan, der damals seit längerer Zeit schon für die englische Regierung in Antwerpen allerhand Geschäfte besorgte, wusste nicht
genug zu berichten, wie gross die Geldknappheit des Kaisers sei[35].
Dieser nahm um jene Zeit, wie wir schon früher erfahren haben,
grosse Geldsummen in Augsburg auf und versprach deren Rückzahlung in Antwerpen, wobei an 215 250 L. allein 18 375 L. Disagio
auf die Wechsel verloren gingen.

---

[34]) Vgl. Weiteres im Brüsseler Archive (Papiers d'Etat et de l'Audience No. 873):
Revenues et dépenses de Charles V. 1520—1530.

[35]) Gairdner, Calendar V. No. 246; State papers Henry VIII. vol. VII. 301.

Schon die Zeitgenossen wunderten sich darüber, dass der Kaiser trotz des wachsenden Gold- und Silberstroms, der sich aus Amerika in seine Kassen ergoss, doch immer wieder zu hochverzinslichen kurzfristigen Anleihen seine Zuflucht nehmen musste [36].

Im folgenden Jahrzehnte änderte sich an diesen Verhältnissen noch nichts Entscheidendes; doch ist eine langsam fallende Tendenz des Zinsfusses unverkennbar. So schwankte er in den Jahren 1535 und 1536 zwischen 13 und 20 %; die meisten und grössten Anleihen kosteten aber nur 13—15 % p. a., obwohl grade damals die Anforderungen an den Geldmarkt wieder zunahmen, und desshalb Geldknappheit herrschte [37].

Im Februar 1535, als man einen Einfall der Franzosen fürchtete, wurden bei Lazarus Tucher 250000 L. theils auf ein halbes, theils auf ein ganzes Jahr angeliehen zu 14 % Zinsen, unter Bürgschaft der Regentin, der Ritter vom Goldenen Vliesse und hoher Beamter. Die Anleihe konnte bei Verfall nicht bezahlt werden — was vielmehr erst 1542 geschah —, und der Zinsfuss stieg desshalb gleich auf 18 bis 20 %, aber nicht höher, fiel dann auch allmählich wieder und schwankte 1539 zwischen 10 und 13 %, 1541 bei starker Zunahme des Bedarfes zwischen 12 und 16 % p. a. In diesem letzterwähnten Jahre wird der Zinsfuss in den Finanzrechnungen schon meist ausdrücklich erwähnt, während bis dahin nur der gezahlte Zinsbetrag angegeben worden war. Damals wurde von einer Messe zur anderen auf die Anleihen des Hofes in der Regel entweder 3 oder 4 % bezahlt. Lazarus Tucher, Dismes de Ferrere und Gilles de Sorbrucque beschafften auf solche Weise Summen, deren grösste sich auf 197000 L. belief. Der Gesammtbetrag der im Jahre 1541 gezahlten Zinsen war 96516 L., mithin nicht höher, als in manchen der früheren Jahre. Erst 1542 wurde diese Linie erheblich überschritten.

Der Zeitraum 1542 bis 1551. Nichts illustrirt besser die Finanzlage der niederländischen Regierung für die Zeit, bei der wir jetzt

---

[36] Brewer, Calendar VII. No. 440 (1534): Trotz der Berge Goldes, welche die Spanier entdeckt zu haben glauben, giebt der Kaiser seine alte antwerpener Praxis nicht auf; noch kürzlich wieder wurde für ihn dort „a finance or shift of 10000 L." gemacht. Thatsächlich kamen damals grade viel Gold, Silber, Perlen und Edelsteine aus Peru und anderen Theilen Amerikas an; vgl. Dr. Scheuerls Briefbücher.

[37] Lanz, Correspondenz Carls V. Th. II. 658, 665, ebenso noch 1537: l. c. II. 673, 677. Carl stellte es als Grundsatz guter Finanzpolitik auf, lieber müsse man verpfänden, als verkaufen, lieber verkaufen als „excessives usures" bezahlen.

angelangt sind, als die Zusammenstellung folgender Zahlen aus den
Comptes de la Récette générale.[38]):

	Einnahmen:	Ausgaben:
1540:	1040795 L,	928855 L.
1541:	1051017 „	976075 „
1542:	1986294 „	2631200 „
1543:	3376437 „	3674531 „

Während also die Jahre 1540 und 1541 zusammen fast 200000 L.
Überschuss ergaben, veranlassten die beiden folgenden Jahre zusammen ein Deficit von fast einer Million, trotzdem in den Einnahmen dieser letzteren Jahre schon bedeutende Anleihen und sonstige
ausserordentliche Einnahmen enthalten waren. Diese Verschlechterung
der Finanzlage ist ausschliesslich auf den Krieg gegen Frankreich
zurückzuführen, der allein in den Niederlanden 1542 1 1/2 Millionen,
1543 2 Millionen Pfund von 40 gr. kostete. In Folge dessen nahmen
jetzt die antwerpener Finanzgeschäfte des Brüsseler Hofes unter der
kundigen Hand des Gaspar Ducci sehr grossen Umfang an, während
der Zinsfuss zunächst eher zurückging, weil das Angebot von Kapitalien noch rascher wuchs als die Nachfrage.

Auch Guicciardini bezeichnet das Jahr 1542 als Beginn eines
neuen bedeutsamen Abschnittes in der Entwickelung Antwerpens; er
sagt, durch den in Folge der Kriegsgefahr veranlassten Bau neuer
starker Mauern unter gleichzeitiger Stadterweiterung sei Antwerpen
ein so sicherer Platz geworden, „dass unzählige Menschen vom Lande
und anderen- Gegenden herbeiströmten, um dort zu wohnen[38a]).
Wichtig ist dieses Moment ohne Zweifel gewesen; ob es aber die
entscheidende Bedeutung hatte, die Guicciardini ihm beimisst. mag
einstweilen dahingestellt bleiben.

Im Jahre 1542 wurden einige grosse Vorschüsse Lazarus
Tuchers regulirt, wobei dieser nicht besonders gut wegkam. Er
hatte in den Jahren 1535 und 1536 368825 L. hergeliehen, auf die
seit sechs Jahren weder die versprochenen Rückzahlungen geleistet,
noch Zinsen bezahlt worden waren. Jetzt erhielt er das Kapital zurück, für die Zinsen aber im ganzen nur 52731 L., was nicht mehr

---

[38]) In den gedruckten „Inventaires des Chambres de Comptes" des Liller Departemental-
Archives sind die Einnahmen- und Ausgabensummen für jedes Jahr angegeben, aber leider
in Livres tournois zu 32 gr., in den Originalrechnungen dagegen in Livres artois zu 40 gr.
(= 1/8 L. fläm.). Wir legen stets die letztere Einheit zu Grunde.

[38a]) Decritt. d. Paesi Bassi Ed. 1581, p. 127. In einem Briefe des Paulus Behaim
vom Jahre 1557 fand ich die Bemerkung, der Stadt Antwerpen könne man ruhig borgen;
sie habe des Kriegs halber nichts zu befürchten.

als $2\frac{1}{2}\%$ p. a. bedeutet. Für kleinere Vorschüsse aus den Jahren 1538 und 1539 wurden ihm dagegen 13—16% Zinsen p. a. vergütet. Die ersten durch Gaspar Ducci vermittelten Anleihen wurden Lichtmess 1542 zu 11—12½% abgeschlossen, um fällige Rentmeisterbriefe, die zu 12% liefen, zurückzuzahlen; dagegen empfing er als Sicherheit neue Rentmeisterbriefe, die er dann anderen Kaufleuten und sonstigen Kapitalbesitzern wieder verkaufte. In den folgenden Messen beschaffte er noch grössere Summen auf gleiche Weise zur Deckung von Kriegsausgaben. So brachte er im Laufe des Jahres ungefähr eine Million Pfund von 40 gr. auf, fast alle zu 12% p. a.

Als ferner im August 1542 ein Einfall der Franzosen befürchtet wurde, eröffnete man an der antwerpener Börse eine Subscription auf eine zinslose, freiwillige Anleihe und erlangte in der That hierdurch 209800 L., die bereits im folgenden Jahre durch den Verkauf von Renten und auf andere Weise wieder zurückgezahlt werden konnten, wogegen aufs neue 200000 L. bei der Stadt Antwerpen und 104000 L. bei Privaten zinslos angeliehen wurden. Indess waren dies keine Finanzgeschäfte, sondern patriotische oder aus anderen Gründen gewährte Beisteuern zur Vertheidigung des Landes.

Im Jahre 1543 brachte Gaspar Ducci ungefähr 1200000 L. auf, ausserdem Lazarus Tucher 200000 L. und Eustace Kaltenhofer 120000 L., wovon aber ein Theil nicht das ganze Jahr hindurch schwebte. Da die gezahlten Zinsen 102200 L. betrugen, und der Zinsfuss durchweg 12% war, belief sich die Schuld im ganzen Jahre durchschnittlich auf 850000 L., eine schwebende Schuldenlast, wie sie nie zuvor dagewesen war.

Auch die Stadt Antwerpen nahm in diesem Jahre ungewöhnlich grosse Geldsummen auf für den Bau ihrer neuen starken Befestigungswerke und für die damit verbundene Stadterweiterung[39]).

Im Jahre 1544 wurden die Anleihen fortgesetzt; jetzt aber wurde das Geld knapper und der Zinsfuss höher. Wir können dies am besten nach der Handelscorrespondenz des Hieronymus Seiler verfolgen. Noch in der Pamasmesse 1543, wurden für die prolongirten Rentmeisterbriefe 12% Zinsen p. a. bezahlt; aber bereits Ende Januar 1544 war der Zinsfuss auf 14% p. a. gestiegen. Anfang Februar heisst es: „Ich höre gern, dass du meinst, die Rentmeisterbriefe werden in dieser Zahlung eine gute Summe Baargeld auf die Börse bringen". Man begann sogar schon bis zum Pfingstmarkt, d. h. auf ein halbes

---

[39]) Guicciardini, Descritt. Ed. 1581 p. 95, 127; Stadsprotokollen ed. Pauwels I. p. 33.

Jahr 8% zu fordern; „sollte es freilich Friede werden, so würde man Geld genug zu 5% (auf ½ Jahr) finden". Wesentlich beigetragen zu dieser Geldknappheit hatte die Thatsache, dass die Rentmeister in mehreren Messen nicht einmal Zinsen zahlten.

Im Mai und Juni war der Zinsfuss für die Anleihen des Hofes durchweg 16% p. a. und auch in den folgenden Monaten dauerte derselbe Zustand fort. Wir besitzen eine Bescheinigung der niederländischen Finanzverwaltung vom 26. August 1544, welche besagt, dass auf die für den Kaiser in Antwerpen aufgenommenen Summen bezahlt werden mussten: an gewöhnlichen Zinsen (frait ordinaire) 12% p. a., und an aussergewöhnlichen (par forme de gratuyte) noch weitere 1% pro Messe, also zusammen 16% p. a. Als Grund dieser Zinserhöhung wird die Thatsache bezeichnet, dass sowohl für den Kaiser wie für den König von England ausserordentlich grosse Geldsummen aufgenommen worden seien. Nicolas Nicolai, Rentmeister von Brabant, hatte in der Pfingstmesszahlung die von ihm übernommene Verpflichtung zur Zahlung von 360000 L. aus der von den Ständen bereits bewilligten Aide von 400000 L. nicht erfüllen können. Desshalb mussten die Stände selbst ihre Obligationen geben für Kapital und Zinsen; weil sie letztere aber zu hoch fanden, ertheilte die Finanzverwaltung diese Bescheinigung, worauf die Stände in der That auch die Zinsen zu 16% p. a. bewilligten und Rückzahlung im Kaltenmarkt 1545 versprachen [40].

Wie gross die Anleihen waren, welche König Heinrich VIII. von England 1544 durch seinen Agenten Stephen Vaughan in Antwerpen aufnehmen liess, wird nirgends berichtet. Dagegen wissen wir, dass er 1545 den Fuggern in Antwerpen 152180 Pfund flämisch oder 913080 L. von 40 gr. schuldig wurde, und zwar auf Grund eines einzigen Abschlusses. Die niederländische Regierung hatte nie ein Finanzgeschäft von solcher Grösse in Antwerpen gemacht [41].

Die antwerpener Schuld des Königs von Portugal wird von seinem Faktor João Rabello Ende 1543 sogar schon mit zwei Millionen Cruzadi oder portugiesischen Dukaten beziffert, ein Betrag, dessen Höhe kaum glaublich ist, selbst wenn man berücksichtigt, dass ein grosser Theil der Schuld nur auf Pfeffercontracte anticipirt war. Der Chronist, dem wir diese Mittheilung verdanken, fügt hinzu, der Faktor habe dem Könige so hohe Zinsen berechnet, dass sich das Schuldkapital in vier Jahren verdoppelte. Dies ist ganz wahrschein-

[40]) Brüssel, Chambres de Comptes No. 110.
[41]) Rymer, Foedera Ed. 1704 XV. 101.

lich; denn der Faktor wird selbst 12—16% Zinsen p. a. bezahlt haben oder vielmehr 3—4 % pro Messe. Berechnete er dem Könige $4\frac{1}{2}$% (= 18% p. a.), so ergab sich mit Zinseszinsen nach vier Jahren Verdoppelung des Kapitals[42].

Die Haug in Augsburg hatten in Antwerpen 1545 folgende Ausstände:

8648. 4. 2 L. Stadt Antwerpen,
3150 „ König von Portugal,
13929. 6. 3. „ Rentmeisterbriefe,
12600 „ Gaspar Ducci, Unterbetheiligung unter dem Namen der Fugger,
1646. 5 „ Sonstiges, zusammen 39973. 15. 5 L. flämisch oder rund 240000 L. von 40 gr. Die Fugger hatten 1546 in Antwerpen ausstehen:

21746. 13 L. bei der Stadt Antwerpen,
30739. 11. 8 „ „ dem Brüsseler Hofe,
6000 — „ „ „ Könige von Portugal,
83900 — „ „ „ Könige von England,
44000 — „ „ Gaspar Ducci, Betheiligung an Rentmeisterbriefen,
_____
186386. 4. 8 flämisch

oder rund 1118000 L. von 40 gr. Das giebt einen Begriff von den Summen, welche damals allein die oberdeutschen Kaufleute in Antwerpen anlegten. Freilich wurde ein Theil dieser Summen in Antwerpen selbst aufgenommen. So hatten die Fugger dort angeliehen·

14570. 12. 6 L. vom Pamasmarkt 1546 bis Kaltenmarkt 1547, zu $2\frac{1}{4}$% (= 9% p. a.) bei Sebastian Neidhart,
12600 — „ vom Pamasmarkt bis Past-(Oster-)Markt 1547 zu 5% (= 10% p. a.) bei Barth. Welser und Co.,
4090 — „ vom Pamas- bis Kaltenmarkt zu $2\frac{1}{4}$% (= 9% p. a.) bei Anton Haug und Mitverwandten,
6544 — „ vom Pamas- bis Kaltenmarkt zu $2\frac{1}{4}$% bei Ludwig Ligsalz,
6201 — „ auf zwei Märkte zu $4\frac{1}{2}$% (= 9% p. a.) bei Curt van Dale,
8170 — „ auf einen Markt zu $2\frac{1}{8}$% (= $8\frac{1}{2}$% p. a.) bei Geronimo Diodati,
2385 — „ auf einen Markt zu $2\frac{1}{4}$% bei Erasmus Schetz u. s. f., zusammen in 35 Posten: 110234 Pfund flämisch oder 661404 L..

_____

[42]) Sousa, Annaes de el rei Dom João III. ed. Herculano p. 408 ff.

zu 40 gr. Die Fugger kostete dieses Geld durchschnittlich 8—10%
p. a., während sie ihrerseits auf die Rentmeisterbriefe 12% Zinsen er-
hielten, auf die Schuld des Königs von England 13%, auf die des
Brüsseler Hofes 13 1/2% und auf die des Königs von Portugal 11%.
Es scheint, dass der Zinsfuss, den der König von England den
Fuggern zahlte, als ein besonders hoher erachtet wurde; denn sie em-
pfahlen ihrem Faktor, dem Ducci nicht mitzutheilen, wie hoch er war.
Die Rentmeisterbriefe kamen im Pamasmarkte in Misscredit, weil
nichts darauf bezahlt wurde, und namentlich wegen des beginnenden
Schmalkaldischen Krieges; niemand wollte sie haben; im übrigen
aber blieb der Geldstand flüssig. Die Regierung nahm auch jetzt
noch durch Ducci grössere Summen zu 11—13% auf.

Die nächsten Jahre bis 1551 einschliesslich änderten an diesen
Verhältnissen nichts Wesentliches. Die Anforderungen der Fürsten
an den Geldmarkt blieben sehr erhebliche; trotzdem hatte der Zinsfuss eher die Tendenz, zurückzugehen. Im April 1549 allerdings nahm
William Dansell, der Agent der englischen Krone, eine Anleihe zu
13% auf und erklärte, er könne weitere 100000 Pfund flämisch zu
14% bekommen[43]). Er betonte, dies sei nicht zu viel, da der Kaiser
15—18% zahle; aber das war unrichtig; denn wie wir aus den
niederländischen Finanzrechnungen ersehen, zahlte die Regierung damals nur 10%, ja kleinere Geldbeträge, die man ihr anbot, nahm sie
nur zu 9% an. Das wird auch bestätigt durch jene interessante Instruktion, welche die Imhofs in Nürnberg ihrem antwerpener Faktor
im Juni 1549 ertheilten. Daraus geht hervor, wie eifrig um diese
Zeit die oberdeutschen Handelshäuser wünschten, ihre Kapitalien
in Finanzgeschäften anzulegen, und dass sie sich gern mit 10% p. a.
begnügten[44]).

Dansell war ein ungeschickter Finanzagent. Desshalb war der
Zinsfuss der Anleihen, die er für die englische Krone in Antwerpen
aufnahm, ein übertrieben hoher. Der Geheimrath des Königs wusste
etwas besser Bescheid und befahl ihm, nicht über 12% zu bezahlen.
In der That erklärte sich Lazarus Tucher bereit, zu diesem Zinsfusse
22500 L. fläm. herzugeben; aber der Faktor sollte Waaren in Zahlung
nehmen, woran er viel Geld verloren hätte. Auf reine Gelddarlehen
wurden ihm nach wie vor 13% abverlangt, und vergebens bot er
12 1/2%. So eingewurzelt war diese ungünstige Behandlung der englischen Krone durch die antwerpener Geldleute, dass Gresham später

[43]) Turnbull Calendar, Edward VI. No. 137.
[44]) Vgl. oben I. 239.

die grösste Mühe hatte, durch geschicktes Operiren bessere Bedingungen zu erreichen[45]).

Die höheren Zinsen, welche die Könige von England und Frankreich in dieser Zeit bezahlten, erschwerten es dem Kaiser natürlich, seinen Geldbedarf zu decken Desshalb suchte die Regierung die seit Alters bestehenden Verbote der Ausfuhr von Baargeld mit Strenge durchzuführen. Lazarus Tucher z. B., der mit dem Brüsseler Hofe engste Fühlung hatte, weigerte sich dem englischen Agenten gegenüber entschieden, die Hand zum Exporte von Baargeld zu bieten; Dansell gelang es trotzdem, auf eigene Gefahr bedeutende Summen heimlich fortzuschaffen. Aber die Neigung der Kaufleute, ihm Waaren in Zahlung zu geben, wurde durch jenes Verbot augenscheinlich verstärkt. Gaspar Ducci, skrupelloser als Lazarus Tucher, betrieb mit Lyon, wie wir wissen, eine schwunghafte Geldarbitrage, wobei er bald in Antwerpen, bald in Lyon künstliche Geldknappheit hervorrief, um am anderen Platze mit höherem Nutzen ausleihen zu können. Wir wissen aber auch, wie schlecht ihm dies zuletzt bekam.

Ducci hat ohne Frage ein wesentliches Verdienst an der Entwickelung, welche seit 1542 der antwerpener Geldmarkt nahm. Durch seine schlauen, vor Nichts zurückschreckenden Finanzmittel gelang es ihm, das Geld von allen Seiten heranzulocken In noch weit höherem Grade als Lazarus Tucher ist er der erste bedeutende Vertreter einer Klasse von Geschäftsleuten gewesen, welche man seitdem immer mehr kennen gelernt hat.

Bereits in dieser Periode entstanden im antwerpener Finanzgeschäfte kleine Consortien. So kennen wir schon das Consortium Ducci—Seiler—Neidhart—Grimel—Pecori. Indess war das eigentlich eine Handelsgesellschaft. Was wir hier im Auge haben, ist etwas anderes: die Fugger gewährten, wie wir sahen, anderen Handelshäusern schon seit längerer Zeit Unterbetheiligungen bei ihren Finanzgeschäften. Dieses System wurde in der Periode 1542—1551 weiter ausgebildet. Wie die Fugger den Haugs, so gewährten die Haug wieder anderen Kaufleuten Betheiligungen; im Jahre 1549 z. B. hatten sie in Antwerpen ausstehen:

4503 L. bei dem Rentmeister Jan van Roden, wobei Wolff
       Poschinger betheiligt war, ebenso bei
2500 „ Forderung an den Rentmeister Jan Partnol.
20400 „ hatten sie zu fordern von der Stadt Antwerpen und
14489 „ von der Statthalterin; bei diesen letzteren zwei Ge-

schäften waren die Ligsalz betheiligt. Als die Imhofs damals Geld anlegen wollten, wendete sich ihr antwerpener Faktor an Ducci, Poschinger, Kaltenhofer, an die Welser u. s. f.

Vielleicht ist es richtiger, hier nicht immer von Consortien zu sprechen. Häufig wurde unzweifelhaft ein solches gebildet; noch häufiger aber wurde die Unterbetheiligung nur dadurch veranlasst, dass es Partial-Obligationen in runden Beträgen noch fast nirgends gab, wesshalb schon bei einem Finanzgeschäfte mit zwei oder drei Betheiligten nur der grösste Interessent die Original-Obligation erhielt und seinerseits den anderen Betheiligten Reverse ausstellte. Überhaupt hat es in Antwerpen selten so grosse Consortien gegeben wie in Lyon, wo sich das ganze Finanzgeschäft auf die Anleihen der französischen Krone concentrirte, während es in Antwerpen sich auf eine Reihe verschiedener Anleihen vertheilte.

Trotzdem nun die Kaufleute und sonstigen Kapitalisten in dieser Periode schon begannen, sich an die Finanzgeschäfte heranzudrängen, so war dies Gedränge doch kein übermässiges und ungesundes. Es waltete noch Vorsicht und Zurückhaltung auf vielen Seiten, und grosse Kreise blieben überhaupt von der gefährlichen Neigung, sich an den Finanzgeschäften zu betheiligen, noch ganz frei, während zugleich einige der grössten Handelshäuser, vor allem die Fugger, gewillt waren, sich von diesen Geschäften zurückzuziehen. Aber zahlreiche Handelshäuser zweiten Ranges hatten bei ihnen neuerdings ohne grosse Mühe viel Geld verdient. Sie sorgten dafür, dass die Neigung, dies zu thun, in immer weitere Kreise drang, sobald neue Ansprüche ausserordentlichster Art an den Geldmarkt gestellt wurden.

Der Zeitraum 1551 bis 1557. Die Lage der niederländischen Finanzen war im Jahre 1551 wieder eine durchaus befriedigende geworden. Ausserordentliche Ausgaben waren nicht zu leisten; die schwebenden Schulden waren grösstentheils zurückgezahlt oder sollten doch binnen Kurzem zurückgezahlt werden. Das Budget ergab daher einen Überschuss von 173 500 L. zu 40 gr., welche für Befestigungen, Soldrückstände u. dergl. verwendbar blieben. Da brach der Krieg mit Frankreich und dann auch der Aufstand des Kurfürsten Moritz von Sachsen aus, wodurch die Lage sich mit einem Schlage änderte.

Im Pamasmarkte des Jahres 1551, dessen Zahlung im November stattfand, waren 445 900 L. Rentmeisterbriefe fällig; aber die für ihre Rückzahlung bestimmten Gelder mussten zum Kriege verwendet, und ausserdem noch 554 000 L. dazu angeliehen werden, sodass Gaspar

Schetz, der jetzt Finanzagent des Brüsseler Hofes geworden war, im ganzen eine Million Pfund von 40 gr oder Carolusgulden aufnehmen musste. Er verkaufte wieder Rentmeisterbriefe zu 12%, wodurch es gelang, den dringendsten Bedarf zu befriedigen. Doch wurde das Geld während der Messe so knapp, dass Alexius Grimel, welcher der Regierung ebenfalls 300000 L. zugesichert hatte, diese nicht liefern konnte. Mit Mühe brachte er nur 246228 L. auf, darunter 128000 L. von den Affaitadi, 70000 L. von Martin Lopez, 30000 L. von Christof Welser u. s. f. Grimel musste der Regierung Anweisungen auf diese Häuser in Zahlung geben, da Baargeld nicht zu erlangen war; trotzdem stieg der Zinsfuss noch nicht über 12% p. a.

Auch in der Ostermesse 1552 noch wurden durch Gaspar Schetz bei den Fuggern zu 12% 255000 Carolusgulden aufgenommen. Dagegen musste Thomas Gresham, der kurz vorher zum Finanzagenten der englischen Krone ernannt worden war, im Februar 1552 für eine Anleihe derselben von 14000 L. flämisch (= 84000 Carolusgulden) bei Lazarus Tucher 14% bezahlen, und er muss damals noch mehr Geld aufgenommen haben; denn er zahlte den Fuggern im April 77500 L. fläm. (= 465000 Carolusgulden) zurück und im ganzen vom 1. März bis zum 27. Juli 106300 L. (= 637800 Carolusgulden), wovon er nichts aus England mitbrachte. Weitere 44000 L., welche die Fugger, und 12000 L., welche die Schetz zu fordern hatten, zusammen also 56000 L. fläm. (= 336000 Carolusgulden) mussten zu 14% bis zur Pfingstmesszahlung, die im August stattfand, prolongirt werden [46]).

Inzwischen war auch die niederländische Regierung genöthigt, höhere Zinsen zu zahlen; aber selbst zu 13 und 14% konnte sie im Mai nur geringe Summen bekommen. Schon Anfang April hatte die Regentin den Kaiser gebeten, aus Spanien, wo eine reiche Flotte mit amerikanischem Silber angelangt war, einen Theil davon kommen zu lassen. Die Erlaubniss hierzu wurde ertheilt; aber es fehlte der Regierung sogar an Geld, um die Flotte auszurüsten, die das Silber holen sollte. Da legte die Stadt Antwerpen sich ins Mittel; sie lieh die nöthigen Summen, meist zu 13—14%, bei den Kaufleuten an, welche letzteren mit der Flotte für eigene Rechnung ebenfalls grosse Summen kommen lassen wollten, und daher theilweise sich willig bezeigten, selbst zu niedrigen Zinsen auszuhelfen. Einer von ihnen, Joos van den Steene, gab sogar 50000 Carolusgulden zinslos her. Aber die Ankunft der Flotte liess lange auf sich warten, und auch

[46]) Burgon, Thomas Gresham I. 80 ff.

im Herbstmarkte noch war zu 14% nur wenig Geld zu haben[47]). So kam es, dass die niederländische Regierung im Jahre 1552 auf schwebende Anleihen nur 141 300 Carolusgulden Zinsen bezahlte und überdies davon das Meiste auf Anleihen, die ausserhalb Antwerpens, besonders in Oberdeutschland vom Kaiser abgeschlossen worden waren. Das war nicht soviel, wie sie schon 1542 an Zinsen bezahlt hatte. Sie deckte in diesem Jahre ihren sehr grossen ausserordentlichen Geldbedarf hauptsächlich durch gewaltige Rentenverkäufe.

Im Jahre 1551 waren ungefähr 23 000 Car. fl. Renten auf die Provinzen Flandern, Brabant, Holland u. s. w. zu 4—6% verkauft und hierdurch an Kapital ungefähr 310 000 fl. eingenommen worden. Dagegen wurden 1552 verkauft:

zur Bestreitung von Kriegskosten 94 600 fl. Renten von 8—10%
zur Rückzahlung schwebender Anleihen 79 000 „ „ „ 6 „
zusammen 173 600 fl.,
die einen Kapitalerlös von 2⅓ Millionen Car. fl. erbrachten[48]). Diese Rentenverkäufe hatten aber nichts zu thun mit den Finanzgeschäften, welche die Regierung an der antwerpener Börse abschloss, wie das schon durch die gänzliche Verschiedenheit des Zinsfusses bewiesen wird. Bei den Rentenverkäufen spielte der Personalcredit des Kaisers, der Regentin, der niederländischen Rentmeister gar keine Rolle, während derselbe bei den antwerpener Börsengeschäften das entscheidende Motiv bildete. Dieser Personalcredit war damals tief gesunken, was grösstentheils jedenfalls durch das politische Missgeschick des Kaisers, zum Theil aber auch durch die verderbliche Art der Finanzpolitik, wie sie Erasso eingeführt hatte, veranlasst worden war.

Dass der antwerpener Geldmarkt an sich der Regierung sehr wohl grössere Summen hätte liefern können, beweist sein Verhalten gegenüber der englischen Krone, deren neuer Finanzagent durch geschicktes und ehrliches Verfahren es dahin brachte, den Credit seines Königs wesentlich zu verbessern[49]).

Gresham war in der Pfingstmesse bemüht, die Fugger und die Schetz zur weiteren Prolongation ihrer Forderungen von zusammen 56 000 Pfund flämisch zu bestimmen. Da ihm das aber nicht gelang, reiste er nach Hause, um der Regierung Bericht zu erstatten. Diese

[47]) Die Geschäfte, welche sich auf die Flotte bezogen, findet man verzeichnet in zwei Rechnungen, welche das Brüsseler Staatsarchiv aufbewahrt (Chambres des Comptes No. 23 469 und 23 470).

[48]) Diese Ziffern sind entnommen der wichtigen Finanzübersicht für die Jahre 1551 59 in Brüssel, Ch. d. C. No. 434.

[49]) Das Folgende nach Burgon I. 86 ff.

befahl ihm lediglich, seine Bemühungen wiederaufzunehmen und insbesondere den Fuggern zu erklären, der König hätte seine Schuld
gerne bei Verfall bezahlt; „aber bei diesen schweren Zeiten hat es
„Seine Majestät für nothwendig befunden, die zur Rückzahlung seiner
„Schulden bestimmten Summen anderweitig zu verwenden. Seine
„Majestät zweifelt nicht, dass die Fugger sich dabei beruhigen und
„die Wohlthaten und guten Geschäfte, welche Seine Majestät ihnen
„zugewendet hat, nicht vergessen werden, um so mehr, als Anton
„Fugger selbst sich gegenüber dem englischen Gesandten am Kaiser-
„hofe bereit bezeigt hat, dem Könige auf jede Weise zu dienen".
Gresham war wenig erbaut über diesen Auftrag. Gleich nachdem er am 20. August, dem Tage, an dem die Forderungen der
Fugger und Schetz bezahlt werden sollten, wieder in Antwerpen angekommen war, schrieb er an den Herzog von Northumberland, der
damals den grössten Einfluss im Rathe des Königs hatte: „Es be-
„kümmert mich nicht wenig, dass während ich des Königs Agent
„bin, fremde Kaufleute gezwungen werden sollen, gegen ihren Willen
„ihre Forderungen zu prolongieren. Künftig muss bei Zeiten vor-
„gesorgt werden. Sonst wird man die Unehrlichkeit (dishonnesty)
„des Verfahrens mir allein zur Last legen, besonders wenn Eurer
„Lordschaft oder Mylord of Pembroke etwas zustossen sollte; denn
„wir sind alle sterblich. Um ganz offen zu sprechen, wozu ich ver-
„pflichtet bin: wenn kein anderes Mittel gefunden wird, um die
„Schulden Seiner Majestät zu reguliren, als dass man die Gläubiger
„von Zeit zu Zeit zwingt, sie zu prolongiren, so wird das Ende für
„den König weder vortheilhaft noch ehrenvoll sein. Ich muss dann
„bitten, mich meines Amtes als Agent des Königs zu entbinden;
„denn ich selbst werde sonst ruinirt, und was mehr ist, des Königs
„Ehre und Credit werden in einem fremden Lande beschmutzt werden.
„Jetzt dagegen ist sein Credit besser, als der des Kaisers,
„welcher vergeblich 16% Zinsen bietet".
Gresham hatte nämlich die Geldsummen, womit er einen Theil
der königlichen Schulden abgezahlt hatte, auf seinen eigenen Namen
und Credit angeliehen; sonst wäre ihm dies nicht möglich gewesen.
Er hatte ferner angefangen, mit der von seinen Vorgängern ein-
geführten Praxis zu brechen, dass bei jeder Prolongation Juwelen
oder andere Waaren zu übertriebenen Preisen in Zahlung genommen
werden mussten. Jetzt schlug er einen neuen Weg vor, um den
Credit des Königs zu heben und seine Schulden abzuzahlen.
Er empfahl, die Regierung möchte in London wöchentlich 1200 £
zu seiner Verfügung stellen; dagegen wollte er täglich in Antwerpen

für 200 £ Wechsel auf London verkaufen, den Erlös ansammeln und
zur Zahlung der königlichen Schulden verwenden; hierdurch hoffte
er vor Allem auch den Wechselcours günstiger für England zu gestalten. Der Plan wurde genehmigt, aber bald wieder von der Regierung aufgegeben; doch gelang es Gresham, auf andere Weise
jene Zwecke zu erreichen.

Wir können diese Mittel hier nicht im Einzelnen verfolgen. Genug, ehe König Eduard im Juli 1553 starb, hatte Gresham in Antwerpen alle Schulden der Krone abbezahlt und den Wechselcours
von 16 s. pro Pfund Sterling auf 22 s. gesteigert. Er hatte hierdurch
der königlichen Kasse eine jährliche Zinslast von 40000 £. abgenommen, die Geldausfuhr in eine Geldeinfuhr verwandelt, den Credit
des Königs so verbessert, dass er jede Summe hätte bekommen
können, deren er bedurfte. Wir haben schon vorhin die Worte ange-
führt, mit denen er sich später dieser Leistung rühmte, wobei er besonders nachdrücklich und wohlgefällig den dadurch erwachsenen
politischen Nutzen betonte.

Allerdings neigte Gresham zu reichlich kräftigem Selbstlob. So
berichtet er am 12. April 1553, sein Freund Lazarus Tucher habe
sich erboten, dem Könige 200000 fl. zu 12 % vorzustrecken, was ihn,
Gresham, um so mehr freue, als der Kaiser 16 % Zinsen bezahlen
müsse[50]. Nun verkaufte aber der Kaiser grade an demselben Tage
den Fuggern 30000 fl. Erbrente auf die Provinzen Brabant und Flandern gegen Zahlung von 300000 fl. Kapital, also zu 10 %. Rentmeisterbriefe und sonstige Börsenanleihen des Kaisers mögen allerdings
damals 16 % Zinsen gekostet haben. Aber wenn Gresham vier Tage
später schreibt, die 100000 Dukaten, welche dem Kaiser am 14ten
geliehen worden seien, würden nicht auf einen Monat ausreichen,
und er habe weder Geld noch Credit, so war das sicherlich übertrieben; denn Ende des Jahres 1553 hatten allein die Fugger vom
Kaiser auf Rentmeisterbriefe 92528 Pfund flämisch oder rund 555000
Carolusgulden zu fordern, meist zu 14 %, ein Theil auch zu 12 %.
Die Fugger nahmen damals Geld mit 10 % auf und liehen es zu
12 — 14 % wieder aus.

Richtig ist und bleibt jedoch, dass der Credit des Kaisers durch
die Finanzwirthschaft von Erasso und Consorten schwer geschädigt,
derjenige der englischen Krone dagegen durch Gresham's geschickte
Operationen wesentlich verbessert worden war. Wie gross sein Verdienst thatsächlich war, zeigte sich gleich nach dem Tode des Königs,

---

[50] Turnbull, Calendar, Edward VI. No. 653 u. 655.

als er durch die katholische Maria abgesetzt, und an seiner Stelle
Christopher Dauntsey zum Finanzagenten der Krone ernannt wurde.
Wir haben bereits früher gesehen, wie dieser durch ungeschickte Ge-
schäfte mit Lazarus Tucher den Credit der englischen Krone aufs
schwerste schädigte [51]. Er nahm bei Tucher 200000 Carolusgulden
zu 13 % auf, und durch die Zahlungsbedingungen stellte sich der
Zins sogar auf 14 %, während der Marktzinsfuss damals (November
1553) nur 10 % war, und Lazarus Tucher das Geld selbst zu diesem
Preise an der Börse erhalten hatte. Gresham, rasch wieder von der
Regierung nach Antwerpen gesandt, konnte mit Recht dem Privy
Council schreiben: „Dieses Geschäft ist nach allen Theilen der Welt
berichtet worden und hat hier den Marktzins auf 13 % gesteigert".
Wir besitzen einen Brief Anton Fugger's an seinen antwerpener
Faktor Mathias Oertel, geschrieben einige Wochen nach diesem Berichte Gresham's. Darin drückt Anton Fugger sein Erstaunen darüber
aus, dass die englische Königin noch mehr Geld zu 13 % aufnehmen
wolle; „ist ein grosses Interesse, wenn es richtig ist".

Wie Gresham selbst bald darauf berichtete, war die damalige
Geldknappheit allerdings nicht allein eine Folge jener verhältnissmässig unbedeutenden Geschäfte des Dauntsey, sondern auch dadurch
hervorgerufen worden, dass die oberdeutschen Städte um diese Zeit
alles Geld, was sie bekommen konnten, zu 12 % aufnahmen, was besonders die Imhof für die Stadt Nürnberg zum Kriege gegen den
Markgrafen Albrecht Alcibiades von Brandenburg, wie an anderen
Plätzen, so namentlich auch in Antwerpen thaten [52].

Im December 1553 erhielt Gresham den Auftrag, schnellmöglichst
100000 £ zu höchstens 12 % anzuleihen. Er konnte dies nicht bewerkstelligen, sondern musste berichten, es seien zwar einige Personen
bereit, Summen von 40000 bis 50000 Carolusgulden vorzustrecken,
sie seien aber „schamlos genug", 15 % zu verlangen. Er habe ihnen
10—11 % geboten, sei aber darauf entrüstet gefragt worden, ob er
glaube, dass sie jenes Geschäft mit Lazarus Tucher nicht kennten, ob
ihr Geld nicht ebenso gut wäre, wie das seinige. Die Geldleute
hätten sich verabredet, unter 13 % nichts herzugeben. Nur Art
van Dale und Christopher Pruen hätten 16000 L. zu 6 % auf 6 Monate angeboten; aber als das geschah, sei er nicht ermächtigt gewesen, auf kürzere Zeit als auf ein ganzes Jahr Anleihen abzuschliessen,
inzwischen sei allerdings diese Ermächtigung eingetroffen; doch jetzt habe

---

[51]) Vgl. oben I. 254 ff.
[52]) Vgl. oben I. 241 ff.

der Kaiser wieder durch seine Anleihen den Geldstand knapper gestaltet. „Die Börse von Antwerpen, fährt Gresham fort, ist wirklich sonderbar: an „einem Tage ist reichlich Geld vorhanden und am nächsten „gar nichts, weil hier soviele gute Geldgeber und Geld- „nehmer vorhanden sind, dass wenn der eine das Geschäft „nicht machen will, dies der andere gerne thut. Die Fugger „und Gaspar Schetz sind ganz ohne disponible Geldkapitalien, und „man kann überhaupt nichts bekommen, da der Kaiser schon über „300000 L. (== 1800000 Car. fl.) schuldet" [53].

Diese Äusserung enthält unvereinbare Wiedersprüche, die wohl auf ein Missverständniss des Herausgebers zurückzuführen sind. Gresham konnte unmöglich die plötzlichen Schwankungen im Geld- stande damit begründen, dass soviele gute Nehmer und Geber vor- handen waren; denn diese hätten ja den Geldstand umgekehrt stabil machen müssen. Nicht weil, sondern trotzdem soviele gute Nehmer und Geber vorhanden waren, wird der Geldstand in dieser bewegten Zeit stark geschwankt haben, und das musste einem so erfahrenen Kenner des antwerpener Geldmarktes augenscheinlich „sonderbar" vorkommen.

Bald darauf schrieb Gresham, er wolle nicht ruhen, bis der Credit der englischen Krone wieder ebenso gut sei, wie in den letzten Lebenstagen König Eduards; freilich musste er zunächst bei den Schetz, den Ligsaltz und den Fleckhamern 120000 Car. fl. zu 13% aufnehmen; doch in den ersten Tagen des Januar gelang es ihm, 50000 fl. zu 12% von den Diodati zu bekommen.

Interessant ist es, dass Gresham anfangs Schwierigkeiten hatte, die ihm bereits zugesicherten Summen von den Kaufleuten zu er- langen, weil die Schuldverschreibungen der Königin noch mit dem Siegel des verstorbenen Königs versehen waren, dass Gresham dess- halb die Obligation der Ligsaltz selbst mit unterschreiben und ver- sprechen musste entweder einen mit dem Siegel der Königin ver- sehenen Schuldschein oder ein Certificat der Königin und des Privy Council beizubringen, in dem die legale Eigenschaft des alten Siegels beglaubigt werden sollte. Als diese Schwierigkeit, die nur von den deutschen Kaufleuten ausgegangen zu sein scheint, behoben war, wollten die italienischen ihren Vorschuss nicht auszahlen, weil Ge- rüchte über gefährliche, in England ausgebrochene Unruhen ver- breitet waren; auch sonst konnte Gresham in diesem Augenblicke desshalb kein Geld erlangen, und erst als die Nachricht eintraf, der

---

[53] Turnbull, Calendar, Queen Mary No. 104.

Aufstand sei niedergeworfen worden, hob sich der Credit der Königin sofort wieder; doch hatte er sich bei Gresham's Abreise von Antwerpen, Ende Februar 1554, noch immer nicht ganz von der Erschütterung erholt, die er ein halbes Jahr vorher erfahren hatte. Einige Monate später heirathete Königin Maria den Prinzen Philipp von Spanien, welches Ereigniss schon bevor es wirklich eintrat, merkwürdige Folgen für den Geldmarkt und die Finanzgeschäfte sowohl der englischen Krone wie des Kaisers herbeiführte.

Wir haben schon mehrfach angedeutet, dass um diese Zeit der antwerpener Geldmarkt in wachsende Abhängigkeit von der Zufuhr spanisch-amerikanischen Silbers gerathen war. Die meisten grossen Finanzleute, besonders die Oberdeutschen und die Genuesen, waren so stark in Spanien engagirt, dass sie sich zunächst noch nicht auf weitere Geschäfte einlassen wollten, es sei denn, dass sie einen Theil ihrer spanischen Guthaben in baarem Gelde würden herausziehen können. Das spanische Volk verfolgte allerdings die Geldexporteure mit fanatischem Hasse, und der Kaiser hatte auf diese Empfindung, welche schon eine Hauptveranlassung des grossen Aufstandes der Comuneros gewesen war, stets soweit wie irgend möglich Rücksicht genommen. Die Finanzpolitik, die er etwa seit der Zeit des Schmal-kaldischen Bundes mit Hülfe seines spanischen Sekretärs Erasso ein-schlug, hatte den Hauptzweck, die spanischen Finanzen nicht mehr für die anderen Länder zu überanstrengen. Aber seit den Tagen von Villach hatte dieses Ziel sich als unerreichbar erwiesen, und An-weisungen auf das „indische Gold und Silber" wurden bei den kaiser-lichen Anleihen wieder das beliebteste Mittel der Rückzahlung. Unter solchen Umständen wurde das Verbot der Geldausfuhr unhaltbar, und wir wissen schon, dass thatsächlich seit 1552 die grössten Geldsummen sowohl von der Regierung selbst wie von den Kaufleuten aus Spanien nach den Niederlanden und Italien gesandt wurden. Als nun die englische Königin dem spanischen Thronfolger verlobt wurde, fand eine Art Verschmelzung des Finanzwesens der beiden Länder statt, deren erstes Resultat darin bestand, dass es auch der englischen Krone gestattet wurde, Baargeld aus Spanien zu entnehmen.

Zu diesem Geschäfte hatte schon im Januar 1554 Gresham eine Anregung von Genuesen empfangen, die auf solche Weise hofften, ihre spanischen Guthaben verkleinern zu können. Abgeschlossen wurde die Sache aber erst im Mai, als die spanisch-englische Heirath un-mittelbar bevorstand. Wir wissen, dass neben den Genuesen sich auch die Fugger an dem Geschäfte betheiligten, und dass Gresham selbst nach Spanien reiste, um das Geld zu holen[54]). Er fand dort unbeschreibliche Geldknappheit vor, und seine Maassnahmen veranlassten sofort die Zahlungseinstellung eines der ältesten Bankhäuser von Sevilla. „Ich fürchte, schrieb er, ich werde Schuld daran sein, dass sie alle Bankerott machen". Wenn in Spanien solche Zustände herrschten. was konnte der antwerpener Geldmarkt dann noch von dort erwarten? Und wie sollten Mittel beschafft werden zur Führung des im Jahre 1555 wiederausbrechenden Krieges gegen Frankreich?

Anfang März dieses Jahres schloss der französische König in Lyon eine Anleihe von ausserordentlichem Umfange ab, die desshalb „le grand parti" genannt wurde. Der des Krieges und der Regierung müde Kaiser wurde hierdurch schwer bedroht. Aber sein Credit war nicht einmal ausreichend, um die Prolongirung der fälligen Schulden zu ermöglichen. Es waren in der Ostermesse 500000 Dukaten solcher fälligen Forderungen zu bezahlen, und die Kaufleute erklärten sich zur Prolongirung derselben nur unter der Bedingung bereit. dass König Philipp, damals nur König von England, die Obligationen mit unterschreiben und sich mit verpflichten würde, die Zahlung in Antwerpen, statt wie ursprünglich vereinbart, in Spanien bewirken zu lassen. Wenn die Angabe richtig ist, dass der Dukate hierbei zu 80 gr. flämischer Währung berechnet wurde, während er im gewöhnlichen Wechselverkehre nur etwa 60 gr. galt, so musste der Kaiser für die Prolongation dieser Forderungen einen wahrhaft horrenden Zins bezahlen[55]).

In Antwerpen herrschte damals grosse Geldknappheit; selbst zu 3% pro Quartal war oft kein Geld auf Deposito zu haben. Man sprach wohl von der bevorstehenden Ankunft einer Flotte aus Sevilla und den Canarischen Inseln, die angeblich auch baares Geld mitbringen sollte; doch glaubte man nicht recht daran. Im April kam Erasso nach Antwerpen. Aber obwohl er jetzt im Auftrage des englischen Königs mit den Kaufleuten wegen einer Anleihe unterhandelte, gelang es ihm nur gegen Verpfändung der niederländischen Alaunzölle, 300000 Kronen zu erlangen; ohne specielle Sicherheit war überhaupt nichts mehr zu haben.

In den folgenden Monaten wurden noch einige Male Anleihen von ähnlicher Höhe aufgenommen, so namentlich im Juni 300000

[54) Vgl. Bd. I. 158, 345 u. 370; Burgon I. 149 ff.; Turnbull, Queen Mary No. 135, 205 ff.

[55) R. Brown, Calendar VI. p. 26. Der genueser Makler Pinelli reiste nach England, um die Unterschrift des König zu erlangen. Für diese und die folgende Zeit ist die Behaimsche Correspondenz im German. Museum wieder von Nutzen.

Kronen für die täglichen Ausgaben des Hofes, wo damals seit vielen Wochen kein Baargeld vorhanden war, wesshalb die Lieferanten sich bitter beschwerten. Angeblich kostete diese Anleihe von 300 000 Kronen über 25 % Zinsen, und eine vorhergegangene Anleihe soll ebenso theuer zu stehen gekommen sein. Die Kaufleute sagten, alle Einkünfte seien bis zum Jahre 1557 verpfändet. Die Verquickung des spanisch-niederländischen mit dem englischen Finanzwesen schädigte das letztere, ohne dem ersteren aufzuhelfen [56]).

Im August kam Erasso wieder nach Antwerpen. Die kaiserlichen Truppen waren dringend geldbedürftig; aber es gelang nicht, neue Anleihen aufzunehmen, und die Zahlung musste zwangsweise um einen Monat verschoben werden. Inzwischen hoffte man, dass eine Flotte aus Spanien mit Baarsendungen ankommen werde. Der Marktzins hielt sich andauernd auf etwa 12 %. Die englische Krone schuldete damals — abgesehen von den persönlichen Schulden des Königs — in Antwerpen 148 256 L. flämisch. Davon wurden in der Zahlung des Pamasmarktes 38 000 L. durch Gresham bezahlt, der die englischen Kaufleute zwang, diesen Betrag in Antwerpen gegen Rückzahlung in London vorzuschiessen. Bei der herrschenden Geldknappheit wurde dies den Kaufleuten sehr schwer, und sie beklagten sich bitter. Gresham erreichte dadurch freilich eine momentane Aufbesserung des englischen Wechselcourses und des Credites der englischen Krone; die Tilgung von 38 000 L. Schulden wurde als eine wahrhaft „königliche Zahlung" betrachtet und in alle Welt berichtet [57]). Gresham wendete das auf solche Weise erprobte Verfahren noch einige Male in der folgenden Zeit an. Aber er musste dann doch wieder auch bei fremden Kaufleuten grosse Summen aufnehmen und hierfür 14 % Zinsen zahlen. Die Königin griff im Herbste 1556 auf das alte Finanzmittel einer Zwangsanleihe im eigenen Lande zurück und erlangte hierdurch in der That eine bedeutende Summe, verstärkte aber zugleich in ausserordentlichem Maasse den Hass des Volkes gegen ihre Regierung [58]).

Inzwischen war Kaiser Karl von seinem Throne herabgestiegen und hatte seinem Sohne Platz gemacht. Er hinterliess diesem eine erdrückende Schuldenlast und dazu den immer heftiger entbrennenden Krieg gegen Frankreich. Wenn es Philipp trotzdem gelang, in den ersten zwei Jahren seiner Regierung die zur Kriegführung

---

[56]) Brown VI. p. 48, 99, 107.

[57]) Turnbull No. 429 30; Brown VI. 213; Burgon I. 182 ff.

[58]) Brown VI. 588, 623, 1057; Burgon I. 192; Turnbull No. 474.

nöthigen gewaltigen Summen zu beschaffen und die Zinsen der älteren Schulden fortzuzahlen, so war dies nur möglich durch eine unerhörte Überlastung seiner Länder, sowie durch eine Überspannung des Credites, wie sie die Welt ebenfalls noch nicht gesehen hatte.

Es ist ganz unmöglich, ein vollständiges Bild von den vielverschlungenen Wegen zu entwerfen, welche die Finanzpolitik Philipps in diesen Jahren einschlug. Einiges davon werden wir im folgenden Abschnitte berichten. Hier begnügen wir uns mit wenigen Angaben, welche sich auf die antwerpener Geldgeschäfte beziehen.

Die niederländische Finanzverwaltung, welche im Jahre 1552 nur 141 300 L. (zu 40 gr.) für Zinsen und sonstige Kosten der schwebenden Schuld bezahlt hatte, musste hierfür aufwenden:

$$
\begin{array}{ll}
1554: & 285\,982 \text{ L.} \\
1555: & 424\,765 \text{ „} \\
1556: & 1\,357\,287 \text{ „}
\end{array}
$$

Bei diesem riesenhaften Anwachsen der schwebenden Schuld ist es um so bemerkenswerther, dass ihr Zinsfuss im Durchschnitte sich nicht erhöhte; er schwankte während des ganzen Zeitraums zwischen 12 und 14 %. Allerdings wird berichtet, dass der König damals in Antwerpen bis zu 24 % Zinsen bezahlen musste[59]. Aber hierbei handelte es sich nur um einzelne Geschäfte, bei denen ganz besondere Verhältnisse obwalteten, insbesondere um „Asientos" für Spanien, wo die Geldknappheit ihren Gipfelpunkt erreicht hatte. Die Kaufleute, welche ihre grossen Guthaben nicht aus Spanien herausziehen konnten, suchten selbstverständlich jeder Zunahme derselben aus dem Wege zu gehen, und wenn der König sie nöthigte, ihm doch mit neuen Vorschüssen für Spanien zu dienen, liessen sie sich einen dem Risiko entsprechenden hohen Wechselcours bezahlen. In der äussersten Noth musste sich der König wohl auch vereinzelt dazu bequemen, Waaren zu übertriebenen Preisen in Zahlung zu nehmen, wodurch 23—24 % Zinsen sich ergeben haben mögen. Doch in demselben Monate, in dem von einem derartigen Geschäfte berichtet wird (April 1556), übernahmen die Fugger in Antwerpen für 1¼ Millionen Carolusgulden Rentmeisterbriefe, die nur mit 12 % verzinslich waren.

Wie schon früher gesagt, war eben alle Welt in eine Art von Credittaumel gerathen: jedermann wollte sich an den Geldgeschäften betheiligen, die so mühelosen, ausserordentlichen Gewinn versprachen. Wir haben gesehen, dass selbst die grössten Handelshäuser, wie die

---

[59]) Brown, Calendar VI. 421; Albéri, Relaz. VIII. 297.

Fugger, trotz aller Erfahrungen und trotz ihres ernsthaften Willens, sich von den gefährlichen Geschäften zurückzuziehen, der allgemeinen Strömung nachgaben und sie hierdurch wirksam verstärkten.

Erst im Frühjahre 1557 versagte der anscheinend unerschöpfliche Born der antwerpener Börse wenigstens für direkte Anleihen der Regierung seinen Dienst. Aber die Stadt Antwerpen, welche damals nichts anderes war, wie eine Finanzagentur der Regierung, der sie ihren Credit schrankenlos zur Verfügung stellen musste, konnte immer noch grosse Summen zu 12—13% p. a. an der Börse aufnehmen, da die Kapitalanlage in ihren Obligationen allgemein als „ein richtiger Ort" angesehen wurde, und der Marktzins im übrigen nur 11—11 1/2% war. Selbst Anton Fugger schrieb damals an seinen antwerpener Faktor: „Dass man die Bezahlung des Kaltenmarktes „bis zum Ostermarkt verlängert, und sich dessen die Stadt Ant- „werpen auch behelfen will, habe ich vernommen; dieweil man „nicht anders kann, und kein Nachtheil dabei ist, muss ich's ge- „schehen lassen". So wenig durchschaute der grösste, freilich schon gealterte Finanzmann jenes Zeitalters das Verhältniss zwischen der niederländischen Regierung und der Stadt Antwerpen. Allerdings erwies sich letztere ja in der That als zahlungsfähiger; während die Zahlungen der Regierung schon im August 1557 eingestellt werden mussten, hielt die Stadt Antwerpen die ihrigen noch aufrecht; doch vermochte sie dies nur, weil eben ihr Credit auch dann noch ein guter blieb, was sich erst ganz allmählig änderte. Thatsächlich litt auch die Stadt Antwerpen schon damals an einer Überschuldung, welche sie sich im Dienste der Regierung zugezogen hatte.

Wie viele Millionen allein die niederländische Finanzverwaltung direct und indirect an schwebenden Schulden in Antwerpen zu verzinsen hatte, lässt sich auch nicht annähernd bestimmen. Die gesammte Masse der Geldgeschäfte, welche an der antwerpener Börse im Laufe eines Jahres abgeschlossen wurden, schätzte ein venetianischer Gesandter 1557 auf 40 Millionen Dukaten oder Kronen[60]). Doch ist diese Ziffer eben nur geeignet, einen ungefähren Begriff von der Bedeutung zu geben, welche Antwerpen als Geldmarkt erlangt hatte.

Drei bis vier Jahrzehnte früher hatten schwebende Anleihen der niederländischen Regierung von 100000 bis 200000 Carolusgulden hingereicht, um den Zinsfuss in Antwerpen von 13% auf 27% zu steigern, obwohl die Regierung diese Anleihen nach kurzer Frist mit

---

[60]) Albéri, Relaz. VIII. 290.

Leichtigkeit zurückzahlen konnte. Jetzt lieh die antwerpener Börse nicht nur der niederländischen Regierung, sondern auch denen Spaniens, Englands, Portugals jahraus jahrein viele Millionen, welche diese Regierungen niemals zurückzahlen konnten; trotzdem stieg der Zinsfuss nicht wesentlich über 13 %. Das hat die börsenmässige Gestaltung des Creditverkehres schon in ihren Anfängen bewirkt.

Lyon.

Das Aufsteigen Lyons. In noch weit höherem Grade als die antwerpener Weltbörse war diejenige Lyons eine bewusste, sorgfältig gepflegte Schöpfung der Landesherren. Seitdem die alten Messen der Champagne in der ersten Hälfte des 14. Jahrhunderts in Verfall gerathen waren, hatte Frankreich kein Handelscentrum von internationaler Bedeutung mehr besessen. Dagegen waren die Messen der Stadt Genf emporgekommen. Um die Mitte des 15. Jahrhunderts waren sie, Dank dem Frieden und der Freiheit, deren sich die fremden Kaufleute in Genf erfreuten, seit langer Zeit ein verhältnissmässig ebenso wichtiges Centrum für den Handel zwischen Italien, Frankreich und Oberdeutschland geworden, wie Brügge es für den Verkehr der nordeuropäischen Völker mit denen des Mittelmeeres war. Insbesondere wird von mehreren Seiten berichtet, dass die genfer Messen für den Geld- und Edelmetallverkehr der Florentiner erhebliche Bedeutung hatten[1].

Schon in den Jahren 1419/20 und 1443/44 versuchte zwar König Karl VII. von Frankreich (1419/20 noch als Dauphin), durch Ertheilung grosser Privilegien, besonders auch durch völlige Freigabe

---

[1] Für den Verfall der Champagner Messen vgl. Bourquelot, Etudes sur les Foires de Champagne (Mém. de l'Acad. des Inscript. et Belles Lettres 2. sér. t. 5) vol. II. 301 ff. und besonders die sehr positiven Mittheilungen der Coustumes des foires (l. c. II. 367), welche ausdrücklich die Regierung von Louis le Hutin (1315/16) als Beginn des Verfalls bezeichnen; anders Höhlbaum, Hans. Urk.-Buch III. 455. Aber bei Lefevre, Les finances de la Champagne p. 38 wird aus den Einnahmen des Grafen nachgewiesen, dass die Messen seit Ende des 13. Jahrhunderts, bis auf einen kurzen Aufschwung i. J. 1341, zurückgegangen sind. Um dieselbe Zeit beginnen die Geleitsbriefe für die nach den Genfer Messen ziehenden italienischen Kaufleute (Borel, Les foires de Genève au 15. siècle. 1892 p. 8). Über die Florentiner in Genf vgl. Borel l. c. p. 106 ff., 134 ff. und passim.

des sonst in Frankreich stark gebundenen Geld- und Edelmetall-
verkehres, die genfer Messen nach Lyon zu ziehen; doch gelang dies
noch nicht, obwohl der König die Privilegien 1445, 1454, 1457 und
1461 bestätigte. Erst Ludwig XI. war glücklicher. Er verbot am
20. October 1462 allen Kaufleuten, die genfer Messen zu besuchen,
und wusste auch den natürlichen Beschützer derselben, den Herzog
von Savoyen, der grade mit Genf verfeindet war, zu demselben Verbote zu veranlassen, was der Herzog freilich später bitter bereute;
denn der auf solche Weise geförderte Rückgang der genfer Messe
erwies sich auch für ihn als ausserordentlich nachtheilig[2]).

Das Jahr 1463 ist das eigentliche Geburtsjahr der lyonneser
Messen, die seitdem einen raschen Aufschwung nahmen. Der König
ertheilte ihnen alle Privilegien der genfer Messen. Zwar rivalisirten
diese noch einige Jahrzehnte; aber das grosse internationale Geschäft
wendete sich, trotz aller Bemühungen Genf's, denen sich bald auch
die Herzöge von Savoyen anschlossen, immer mehr nach Lyon, und
das gilt ebensowohl vom Waarenhandel wie ganz besonders vom
Geldverkehre.

Ludwig XI. war einer der frühesten merkantilistischen Politiker.
Der wirthschaftliche Hauptgrund, den er in seiner Ordonnanz vom
20. October 1462 für die Bekämpfung der genfer Messe angiebt,
war die Thatsache, „dass das französische Gold und Silber
täglich dorthin ausgeführt werde". Das war vollkommen richtig.
Besonders die florentiner Wechsler betrieben über Genf einen schwung-
haften Handel mit französischen und anderen Münzen; die vollwich-
tigen nahmen sie mit und liessen sie zu Hause umprägen; die anderen
setzten sie wieder in Circulation. Salzburger Gold und tiroler Silber,
damals von oberdeutschen Kaufleuten in grossen Massen nach Genf
gebracht, wanderte ebenfalls in die italienischen Münzstätten, ohne
Frankreich zu berühren.

Man wusste damals schon ganz genau, welche Vortheile es für
einen Fürsten hatte, wenn in seinem Lande ein kräftiger Verkehr mit

---

[2]) Borel l. c. p. 13 ff.; Péricaud, Notes et documents pour servir à l'histoire de
Lyon s. a. 1485. Dass man in Italien diesen entscheidenden Wendepunkt sehr wohl erkannte, beweist der Bericht eines genueser Chronisten (Histor. patr. mon. Scriptores I. 627:
„Anno 1463 fuerunt cepte nundinae in Lugduno et sub horribilibus penis, auctori-
tate regis, cunctis regnicolis interdictum, ne quis mercimonia deferre seu ad mercandum
accedere ad civitatem Gebennarum auderet quovismodo". Es ist daher anzunehmen, dass
die genueser Kaufleute ihren Verkehr sofort grösstentheils nach Lyon verlegten, wie sich
dies für Florentiner, Mailänder und Oberdeutsche feststellen lässt. Vgl. Borel p. 206 ff.
auch oben I. 284. 341.

Geldkapitalien stattfand. Als im Jahre 1470 die Stadt Genf an den Herzog von Savoyen die Bitte richtete, ihre Bemühungen um Wiedererlangung der Messen zu unterstützen, stellte sie ihm unter Anderem vor, wenn er 100000 oder 200000 Gulden gebrauchte, so würde er sie in Genf, sobald die Messe dort abgehalten würde, in drei oder vier Tagen leicht auftreiben können, während er sich jetzt in solchem Falle mit grosser Mühe und Gefahr nach Lyon wenden müsse. Würden die Messen wieder nach Genf verlegt, so werde das Geld von allen Seiten herbeiströmen; würden sie aber auswärts abgehalten, so zögen sie das Geld dorthin, und nichts bleibe im Lande, ausser etwas Durchfuhrzoll. Als ferner im Jahre 1485 zwei der lyonneser Messen auf kurze Zeit nach Bourges übertragen wurden, unterstützte die Stadt Lyon ihre Bitte um Wiederverleihung derselben mit denselben Gründen. Auch sie äusserte namentlich, wenn der König eine grosse Geldsumme nöthig habe, werde er sie auf den Lyonneser Messen leicht finden [3]).

Das war ohne Frage eine Hauptursache der grossen Beharrlichkeit, mit der Ludwig XI. und seine Nachfolger die lyonneser Messen auf jede Weise förderten. So wurde für sie ein besonderes Handelsgericht, das erste in Frankreich, eingesetzt und mit Strenge gegen diejenigen verfahren, welche dasselbe nicht anerkennen wollten. Schliesslich (1538) wurde sogar den Fremden, besonders den Florentinern und Lucchesen, die sich nicht in Lyon verheiratheten und dort Grundbesitz erwarben, Steuerfreiheit gewährt. Und noch deutlicher tritt jener Zusammenhang im Jahre 1550 hervor, als der König „wegen der Vortheils, den er täglich aus den auf den Messen von Lyon abgeschlossenen grossen Geldgeschäften zog", die Messprivilegien erweiterte [4]).

Die Bedeutung Lyons im Allgemeinen. Die Erwartungen, welche die französische Krone an die lyonneser Messen knüpfte, gingen überreichlich in Erfüllung. Konnte sich auch der dortige Waarenhandel nicht mit demjenigen Antwerpens messen, so war er doch, namentlich im Verkehre zwischen Frankreich einerseits, Italien

[3]) Galiffe, Matériaux pour l'histoire de Génève I. 382; Péricaud l. c. Die Vorstellungen der Städte waren auch sonst durchaus „merkantilistisch" gehalten.

[4]) Vgl. die Privilèges des foires de Lyon (1649), ferner Vaesen, La juridiction commerciale à Lyon sous l'ancien régime (Mém. de la Soc. litt. de Lyon 1877) p. 5; Lettres de Louis XI. ed. Vaesen et Charavay II. 203, Actes de François I. t. III. 10560, 10695, 10723, IV. 13020, 13790; Rubys, Histoire de Lyon p. 376.

und Oberdeutschland andererseits, grossartig und vielseitig genug[5]).
Aber unvergleichlich wichtiger noch wurde Lyon seit Errichtung der
Messen für die französische Krone. Die politische, militärische und
finanzielle Bedeutung, die Lyon für diese in dem Jahrhundert 1463
bis 1562 erlangte, kann gar nicht hoch genug angeschlagen werden.

Lyon wurde vor allem der Mittelpunkt des grossen und fein-
gearbeiteten Netzes von politischen Beziehungen zwischen Frankreich
und Italien. Es wurde der wichtigste Brennpunkt des Nachrichten-
verkehres für ganz Südeuropa. In Lyon wurden den Schweizer
Cantonen, ohne deren Reisläufer Frankreich seine Kriege nicht führen
konnte, ihre Pensionen ausgezahlt. Lyon war der grosse Werbe- und
Sammelplatz für die Krügszüge der französischen Könige nach Italien.
Wie oft haben diese selbst dort residirt! Lyon war gradezu die
zweite Hauptstadt Frankreichs. Es war auch der Kanal, durch welchen die mächtigsten Kultureinflüsse der florentiner Renaissance nach
Frankreich hinüberströmten.

Die Hauptwurzel aller dieser Wirkungen lag nicht im Waaren-,
sondern im Geld- und Wechselhandel. Ihn grosszuziehen waren
die französischen Könige seit Ludwig XI. vor allem bemüht. Desshalb gewährten sie für Lyon unbeschränkte Wechselfreiheit einschliesslich der sonst verbotenen Rückwechsel- und Zinsgeschäfte.
Nur die Engländer wurden als Erbfeinde stets von dieser Bewilligung
ausgenommen, und ferner wurde es verboten, nach Rom Wechselgeschäfte zu machen, eine Einschränkung, die auf Beschwerden des
Parlaments über den für Rechnung der Curie stattfindenden Geldexport zurückzuführen ist. Alle in Lyon abgeschlossenen Wechselgeschäfte wurden dem strengen Wechselrechte unterworfen, und für
die Messen wurde jeder Geldsorte freie Circulation gewährt[6]).

---

[5]) Die beste Beschreibung des damaligen lyonneser Waarenhandels bei Nicolay,
Descript. de la ville de Lyon (1573), publ. par la Soc. de Topogr. -histor. de Lyon, 1881
p. 159 ff.

[6]) Messpriv. v. 1462 cap. 2, 6, 7, 8 (Ordonnances des rois de France XV. 646).
Vgl. damit Ordonnances XV. 204 ff.; Leglay, Histoire de Louis XI. vol. I. 291 ff.,
327 ff.; Picot, Histoire des Etats Généraux I. 511 ff. Daraus geht hervor, dass Ludwig
XI. gleich nach seinem Regierungsantritt (Oktober 1461) die Pragmatische Sanktion von
1438, durch welche die Geldbezüge der Curie eingeschränkt worden waren, wieder aufheben wollte und thatsächlich eine dahin gehende Ordonnanz erliess, die aber in Folge
der Vorstellungen des Parlaments unausgeführt blieb. Das Parlament hatte sich unter
anderem auch über den Rückgang des Wechselgeschäfts in Paris beschwert, der durch
Aufhebung der Pragmatischen Sanktion veranlasst werde. Thatsächlich betrachtete man
in Paris und ebenso in Bourges den Aufschwung Lyons mit Eifersucht, was im Jahre 1484,
als der König zornig auf Lyon war, weil die Stadt ihm eine Geldhülfe verweigert hatte,

Durch solche Maassnahmen gelang es, den Geld- und Wechselverkehr derart zu heben, dass Andrea Navagero 1528 berichten konnte:
„In den vier Messen von Lyon werden unendliche Mengen Zahlungen
„von allen Seiten geleistet, sodass sie die Grundlage des Geldverkehrs
„von ganz Italien und eines guten Theiles von Spanien und den
„Niederlanden bilden. Hierin besteht ihr Nutzen für die Kaufleute" [7]).
Wir fügen hinzu: daraus ging auch unmittelbar der Vortheil
hervor, den die französische Krone aus den Messen zog. Denn es
strömten auf solche Weise in Lyon grosse Mengen flüssiger Geldkapitalien zusammen, die zeitweilig ohne Verwendung waren, wesshalb die französische Krone sie durch das Anerbieten hoher Zinsen
immer mehr für ihre Zwecke kapern konnte. Nachdem sich dies
eingebürgert hatte, diente es als Lockspeise auch für solche Kapitalien,
die ausserhalb Lyons brachlagen oder sich nicht so hoch verzinsten,
wie die französischen Anleihen. Wir werden das nachher im Einzelnen verfolgen.

Die grosse Bedeutung Lyons für die Finanzen der französischen
Krone wurde auch von deren Gegnern schon frühzeitig erkannt, was
daraus hervorgeht, dass diese bereits vor dem Jahre 1513 sich bemühten, die römische Curie zum Einschreiten gegen die Messen von
Lyon zu veranlassen. Das wird bewiesen durch einen Wunsch, den
die kaiserlichen Gesandten in Rom Ende 1522 oder Anfang 1523
dem neuen Papste Adrian VI. vorlegten. Folgendes ist der Wortlaut
dieses interessanten Gesuches [8]):

„Der Kaiser sagt, dass durch Papst Julius und zuletzt durch Papst
„Leo (1513—1521) genehmigt worden sei die Zurückverlegung
„der Messen von Lyon nach Genf, wo sie früher immer gewesen

und als die Stände über den angeblich durch die lyonneser Messen beförderten Export
des guten Geldes erbittert waren, zur Verlegung derselben nach Bourges führte; doch hatte
dies nicht lange Bestand. Vgl. Journal des Etats Généraux de 1484 red. par Masselin
p. 699; Monfalcon, Histoire monumentale de Lyon I. 347; Péricaud, Notes et documents a. 1485.

[7]) Relaz. d. ambasc. Venet. ed. Tommaseo I. 36.

[8]) Gachard, Correspondance de Charles V. et d'Adrien VI, Préface CV. „Genova
en Saboya" muss natürlich „Geneva" heissen. Der Schlusssatz lautet: „— — debilita:
sehan las fuerças del rey de Francia, faltándole este commercio, que seria assegurar del
todo las cosas". Möglicherweise kann man hier doch noch an Waarenhandel denken,
wie denn die lyonneser Messen in der That für die Bezüge von Kriegsmaterialien durch
die französische Krone Bedeutung hatten. Aber wenn wir uns der schon 1519 einsetzen-
den Verbote der habsburgischen Partei gegen die Wechselgeschäfte mit dem Könige von
Frankreich erinnern, so erscheint die Action in dem Lichte, welches wir ihr im Texte
zugetheilt haben.

„ist. Darüber ist der Kardinal Medici (später Clemens VII.) voll-
„ständig unterrichtet. Die Ausführung dieser Zusage wird sehr vor-
„theilhaft sein sowohl für Seine Heiligkeit, wie für Seine Majestät.
„Denn wenn man dem Handel der Kaufleute, die meist Unterthanen
„der Kirche und des Kaisers sind, wieder frei giebt, so wird das
„die Kräfte des Königs von Frankreich schwächen, da dann
„jener Handel fehlt".

Wir haben schon wiederholt davon gesprochen und werden noch
darauf zurückkommen, wie beharrlich Kaiser Karl V. auch ferner bestrebt war, den lyonneser Messen Abbruch zu thun, ein Bestreben,
das schliesslich die bedeutsame Errichtung der Genueser Wechselmessen veranlasst hat. Hier möge dieser Hinweis genügen.

Messen und Börse in Lyon. Auch Lyon hatte vier Messen, die
Foire d'Apparition (des Rois) im Januar, die Foire des Pâques im
April, die Foire d'Août im August und die Foire des Toussaints im
November. Jede Messe dauerte 15 Tage; nur die oberdeutschen
Kaufleute hatten noch weitere 15 Tage Freiheit, die Schweizer
10 Tage. Überhaupt behielten die Messen in Lyon ihre volle mittelalterliche Bedeutung länger als in Antwerpen; erst verhältnissmässig
spät sanken sie zu blossen Zahlungsterminen herab; aber für die Italiener waren die auf die Waarenmessen folgenden Geld- und Wechselgeschäfte von jeher wohl die Hauptsache. Ausserhalb der Messe
war stets auch in Lyon Geld nur schwer zu erlangen.

Dieses Geld- und Wechselgeschäft nun hatte in Lyon eine ganz
eigenartige Organisation, die auf älteren Einrichtungen der Champagner und Genfer Messen beruhte, aber durch weitere Ausbildung
derselben eine neue Gestalt erhielt[9].

Die „Zahlungen" der Messen bildeten von jeher einen besonderen
Zeitabschnitt, der länger war als die Messe selbst. Anfangs dauerten
sie 2 bis 3 Wochen, später wurden sie aus fiskalischen Gründen wie
in Antwerpen meist ungebührlich prolongirt; schliesslich aber wurde
ihre Dauer durch obrigkeitliche Anordnung auf einen Monat fest-
gesetzt.

---

[9] Die Organisation wurde schliesslich in dem Reglement vom 2. Juni 1667 fixirt;
doch waren die Einrichtungen im 16. Jahrhundert schon in der Hauptsache die gleichen.
Vgl. Meder, Handelbuch, Nürnberg 1558, Bl. 53 (beruht auf dem Zustande von ca.
1530); Nicolay l. c. p. 150 ff. (1573); Péricaud, Notes et documents s. a. 1576; Rubys, Histoire de Lyon (1604) p. 496; Roberts, Merchants Map of Commerce (1638)
cap. 303.

Ehe die Kaufleute die Messe bezogen, stellten sie in ihrem „Marktbüchlein" (ital. Scartafaccio) alle Zahlungen zusammen, die sie in der Messe einzukassiren oder zu leisten hatten. Bei Beginn der Messzahlung wurden dann zunächst diese Bücher mit einander verglichen. Bei jeder Eintragung, die richtig befunden wurde, machte der Zahlungspflichtige ein Zeichen, das als bindende Anerkennung der Verpflichtung galt, später musste er seinen vollen Namen dabeischreiben: der Wechsel — denn nur um Wechselzahlungen handelte es sich überhaupt — war damit acceptirt. Wurde ein Posten nicht anerkannt, so schrieb der Inhaber des Buches dabei: s. p. (sous protest).

Auf die Acceptationen der alten Wechselbriefe folgten die theils durch die vorhergegangene Messe, theils durch das Resultat der Acceptation, theils durch sonstige Umstände veranlassten neuen Wechselgeschäfte mit auswärtigen Plätzen. Hierbei treffen wir zum ersten Male eine eigenthümliche Einrichtung: die Festsetzung eines officiellen Durchschnittscourses für jede Wechselart, des sogenannten Conto. Der Ursprung dieser Einrichtung ist nicht völlig klar. Der erste, der darüber berichtet, ist der florentiner Kleriker Buoninsegni [10]).

Buoninsegni unterscheidet scharf zwischen den reellen Handels- oder Zahlungswechseln (solo per commodo delle mercanzie) und den Spekulations- oder Darlehnswechseln (con oggetto di guadagno, per arte senza oggetto di mercatura). Erstere wären ursprünglich ausschliesslich vorgekommen, meint er, und damals hätten die Wechselcourse verhältnissmässig wenig geschwankt; aber das hätte sich neuerdings geändert, und jetzt seien die meisten Wechsel blosse Spekulations- oder Darlehnswechsel. Im Zusammenhange damit hatten sich krasse Missbräuche eingeschlichen: geschickte Händler hätten mit Erfolg versucht, die Wechselcourse willkührlich zu beeinflussen, zu dem Zwecke hätten sie Consortien gebildet, den Geldstand künstlich versteift und hierdurch auch die Wechselcourse auf kurze Zeit in ihre Gewalt bekommen. Um nun solchen Praktiken und den daraus hervorgegangenen Streitigkeiten über den wahren und gerechten Preis ein Ende zu machen, hätten die Wechselhändler beschlossen, im Anfange des Wechselverkehres jeder Messe Durchschnittscourse festzusetzen, auf

---

[10]) Trattato dei cambi 1573. Dieser interessante kleine Tractat beruht hauptsächlich auf den Verhältnissen des Wechselgeschäftes zwischen Lyon und Florenz. Spätere haben oftmals über das Conto gehandelt. Vgl. z. B. Scaccia § 1 Qu. 5 No. 53 ff., § 1 Qu. 7 Par. 2 Ampl. X. No. 101; De Turri Qu. 1 No. 30 ff.; Roberts, Merchants Map of Commerce c. 301; Rubys p. 498; Peri, Il negotiante I. c. 25. Conto, computum wird hier im Sinne von aestimatio, Schätzung angewendet.

die man bei Bedarf gegenüber den auswärtigen Geschäftsfreunden
sich berufen könnte.

Der Hergang wird im Ganzen hier richtig dargestellt sein.
Wenigstens wurde später in anderen Messen das Conto aus dem angegebenen Grunde eingerichtet. Das Verfahren bei demselben war
in Lyon das Folgende: die Wechselhändler traten an einem bestimmten Tage zusammen und bildeten einen Kreis („faire la ronde");
dann fragte der Consul der Florentiner die Händler der einzelnen
Nationen der Reihe nach, wie ihrer Meinung nach die Course fest-
gesetzt werden müssten; die Antworten wurden aufgezeichnet und
der Durchschnitt daraus gezogen. Das war der officielle Wechselcours, der in den Courszetteln („Lauf- oder Läuftzetteln", ital. liste)
verzeichnet und nach auswärts verschickt wurde. Die Händler waren
natürlich selbst hieran nicht gebunden; vielmehr blieben ihre Geschäfte der freien Vereinbarung überlassen. Dennoch hatte das Conto
anfangs auch für das Geschäft am Platze selbst seine Bedeutung, da
schon vorher viele Umsätze abgeschlossen wurden auf den noch gar
nicht festgestellten Durchschnittscours. Später wurde das Verfahren
in manchen Punkten geändert; insbesondere trat der Prévôt des
Marchands von Lyon an die Stelle des florentiner Consuls, und die
Abgabe der einzelnen Voten erfolgte schriftlich; doch blieb das Conto
im übrigen bis zur französischen Revolution bestehen, freilich nur als
leere Ceremonie; seine praktische Bedeutung hatte es damals schon
längst eingebüsst.

Den Schluss der ganzen Messe bildete die eigentliche Zahlung.
Diese geschah in der Hauptsache durch „virement de parties", Giro
oder Skontro: Es wurden zwei Personen beauftragt, die Messbücher
aller Kaufleute mit einander zu vergleichen, zu scontriren. Sie
glichen dann die meisten Zahlungsverpflichtungen ohne weiteres aus,
und nur die Saldi wurden in baar bezahlt[11]). Erwähnen wir nun
noch, dass bei dem gesammten Zahlungswesen der lyonneser Messe
eine blosse Rechnungseinheit der „écu de marc", „scudo de marche",
zu Grunde gelegt, und auch für die schliesslich effektiv geleisteten
Zahlungen eine besondere Währung bestand, ursprünglich die reine
Goldwährung, nachher eine Mischwährung mit festem Verhältnisse
zwischen Gold und Silber, die erst mit dem Verfalle der Messen eben-

---

[11]) Die älteste Schilderung des lyonneser Messscontro fand ich in der Rede des
venetianer Senators Contarini v. J. 1584 bei Lattes, Libertà delle Banche a Venezia p. 121.
Doch geht aus Handelscorrespondenzen hervor, dass es schon viel früher existirt haben
muss. Über den Markenscudo und die Währung der lyonneser Messe können wir uns
hier nicht näher auslassen.

falls zerfiel, — so ergiebt sich eine höchst eigenartige und in den Hauptpunkten ganz moderne Organisation des lyonneser Wechsel- und Geldverkehres, welche nur das Erzeugniss des romanischen Handelsgeistes gewesen sein kann.

So war es in der That: die lyonneser Messzahlungen verdanken ihre Gestalt den Florentinern, was sich am deutlichsten an der Entwickelung der lyonneser Börse nachweisen lässt. Diese hiess nach der Geschäftsart, die dort zuerst und lange Zeit wohl ausschliesslich betrieben wurde „la place du change" oder schlechtweg „le change" Es war ein Platz bei der Kirche St. Eloi unweit der einzigen Brücke, welche ehemals die zu beiden Seiten der Saône belegenen Stadttheile mit einander verband[12]). Die Brücke führt noch jetzt den Namen „pont du change", und auch der Platz wird wohl noch mit dem alten Namen bezeichnet. Im Jahre 1389 hiess er noch „place de la draperie" und auch nach der ersten Einrichtung der Messen im Jahre 1419 wird er diesen Namen zunächst behalten haben; denn damals wurde der Platz an der anderen Seite der Brücke vor der Kirche St. Nizier den Wechslern als Standort angewiesen. Aber mindestens im Jahre 1489 wird der „change" bei St. Eloi erwähnt und vermuthlich ist er schon seit 1462 dort gewesen[13]).

An diesem Platze nun befand sich das Consularhaus, die „Loge" der Florentiner, und in ihr wurden ursprünglich alle jene für die lyonneser Messzahlungen charakteristischen Handlungen, die Acceptationen, die Festsetzung der Durchschnittscourse und die Skontrirung vorgenommen. Der Historiker de Rubys, der dies noch 1604 berichtet, fügt hinzu, die Florentiner hätten das Wechselgeschäft eingeführt und hätten desshalb auch stets die Leitung desselben sowie der Messzahlungen behalten. Das ist vollkommen richtig. Wenn er aber meint, jene Einführung sei schon 200 Jahre vor den Messen er-

---

[12]) Lyon hat sich erst in neuester Zeit auf das linke Ufer der Rhône ausgedehnt; die älteren Stadttheile liegen zwischen Rhône und Saône, sowie am rechten Ufer des letzteren Flusses.

[13]) Monfalcon, Hist. monum. de Lyon I. 452, 510; Régistres consulaires de Lyon 1416/23 ed. Guigne I. 295. Bemerkenswerth ist noch Folgendes: Jacques Coeur besass schon in der ersten Hälfte des 15. Jahrhunderts „la maison ronde, assise à Lyon devant l'église St. Nizier" (Clement, Jacques Cocur et Charles VII. t. II. 352). Später dagegen lag eine „maison ronde" an der Place du change bei St. Eloi; dieses Haus sollte 1574 niedergerissen werden und wurde später thatsächlich niedergerissen, um für die Loge du change Raum zu schaffen; der Platz selbst wurde wohl auch „place et ronde du change", die Wechselkursfeststellung endlich, welche dort stattfand, wurde „faire la ronde" genannt. Ob nun danach Haus und Platz jenen Beinamen führten, lasse ich dahingestellt.

folgt, so kann sich das nicht auf Lyon, sondern muss sich auf ganz Frankreich beziehen [14]).

Als später die Florentiner allmählich aus Lyon verschwanden, ging die Leitung der Messzahlungen auf den Vorstand der lyonneser Kaufmannschaft (Prévôt des Marchands) über. Die Place du change wurde im 17. Jahrhundert mit einer besonderen Loge du Change versehen, welche seit 1810 als protestantische Kirche dient [15]).

Die Organisation des lyonneser Zahlungswesens ist viel bewundert worden, und in der That war sie für ihre Zeit eine achtbare Leistung. Doch war schon die der spanischen Messen noch wesentlich feiner ausgebildet, und vollends die Genuesen haben später ihre Messen mit einer Zahlungstechnik ausgestattet, welche die der Lyonneser Messen ganz erheblich übertraf.

Formen des Kapitalverkehrs in Lyon. Wie in Antwerpen, so wurden auch in Lyon die Darlehnsgeschäfte hauptsächlich in die Formen des Deposito und des Ricorsa-Wechsels gekleiaet. In der Blüthezeit der lyonneser Messen herrschte das Deposito vor; nur die Florentiner kultivirten daneben noch stark die Ricorsa. Erst als um das Jahr 1570 Papst Pius V. eine Bulle gegen das Deposito richtete, scheint man dasselbe wie auf den Genueser Messen so auch in Lyon nicht mehr so viel wie früher verwendet zu haben [16]).

Über das lyonneser Deposito ist sonst nicht viel Besonderes zu sagen. Wir wollen uns begnügen, einige darauf bezügliche Stellen aus deutschen Handelsbriefen hier anzuführen. So schreibt schon Vincenz Pirkheimer, ein Tucherscher Faktor, im Jahre 1531 aus Lyon:

---

[14]) Rubys, Histoire de Lyon p. 496. Nach Péricaud, Notes et documents (Henri III.) p. 90 und nach d. Archives historiques et statistiques du departement du Rhône t. IX. 332 scheint es, als ob die Florentiner das Haus nur gemiethet hätten.

[15]) Péricaud l. c. p. 5, 94; Clerjon, Histoire de Lyon VI. 148. Ausgeführt wurde der Bau der Loge erst seit 1643 (Arch. municip. de Lyon, Invent. gén. XVI. 395 ff.). Die Organisation der Messzahlungen war damals seit längerer Zeit in Unordnung gerathen, deren Beseitigung nach vielfachen Bemühungen erst unter Colberts Einfluss durch das Reglement vom Jahre 1667 gelang; dieses ist dann bis zur Revolution in Kraft geblieben. Vgl. Vaesen in d. Mém. de la Soc. litt. de Lyon 1877/78 p. 148.

[16]) So sagt wenigstens Nicolay, Description de la ville de Lyon (1573 ed. 1881) p. 153. Vgl. ferner Rubys p. 289; Péricaud Notes et documents. Henri III. p. 113. Das Deposito wurde in Lyon wohl auch „argent de change" oder „argent mis en banque" genannt, obwohl das börsenmässige Deposito oft gar nicht durch die Hände von Bankiers ging und jedenfalls etwas völlig anderes war als das Bankdepositum. Wir werden sehen, zu welchem Missverständnisse dieser Ausdruck geführt hat. Übrigens verliehen auch die Fugger durch Vermittelung der Welser noch 1584 in Lyon Geld auf Deposito. Vgl. noch unten bei Beschreibung der spanischen Messen wegen der Ricorsa.

„In der vergangenen Ostermesse ist uns eine ziemliche Summe Geldes
„hier übrig geblieben, weil keine besondere Verwendung dafür vor-
„handen war; auch konnte man grade keine Wechsel kaufen, die man
„dann hätte auf Lieferung wieder verkaufen können, wie sonst wohl
„geschehen ist. Genug gute Dittas giebt es, die Geld auf
„nächste Messe zu 2 bis 2 $1/_2$ % geben, aber nicht genug gute
„Dittas, die solches begehren". Daher lieh er das Geld auf zwei
Messen an den Schatzmeister des Herzogs von Savoye gegen Verpfändung von Juwelen oder vielmehr, er kaufte die Juwelen „und
aus Gnaden mögen wir ihm solche auf bestimmte Zeit wieder einlösen lassen". Dabei wurden 16% p. a. verdient. Bald darauf heisst
es: „Das Geld hat jetzt keine Nachfrage, gilt im Wechsel (au change
d. h. an der Börse) nicht über 2% (pro Quartal)". So geht es weiter.
Im Jahre 1535 wird einmal berichtet: „Geld ist hier über 1 $3/_4$ bis
2% in banqua nicht werth".

Das waren stets börsenmässige Depositen. Dieser Ausdruck erscheint aber erst um das Jahr 1559. Damals klagten die französischen Kaufleute in Lyon, dass alle Welt jetzt den Waarenhandel
verlasse, um Wechsel- und namentlich Depotgeschäfte zu machen,
d. h. Wucher zu treiben. Diese „nouvelle façon de dépôts" bereichere
nur wenige und ruinire dagegen viele[17]. Bald darauf bemerken wir
den Depositen-Zinsfuss schon regelmässig am Schlusse der Wechsel-
Courszettel.

Wie der Ricorsa-Wechsel im Verkehre mit Lyon gehandhabt
wurde, ersehen wir am besten aus dem Wechseltractate des florentiner Kaufmanns Davanzati, der diesen Verkehr bald nach der
Mitte des 16. Jahrhunderts folgendermaassen und zwar auf Grund
seiner eigenen lyonneser Praxis beschreibt[18]: „Wenn du (A.) in
„Florenz Geld hast und willst auf Lyon wechseln, weil du mit Nutzen
„wieder zurückwechseln kannst, so gieb mir (B.), der ich Geld nöthig
„habe, in Florenz 64 Scudi, wenn der Wechselcours grade so hoch
„ist, wogegen ich verspreche, in Lyon eine Mark Gold an Tommaso

---

[17]) Arch. municip. de Lyon HH. IX. p. 629; undatirt, aber zweifellos aus der Zeit
1552/53 herrührend.

[18]) Bei Custodi II. 58. Davanzati's Tractat zerfällt in zwei Theile, von denen der
erste, der den lyonneser Verkehr betrifft, viel früher geschrieben worden ist, als der
zweite, der sich mit dem Verkehre der Genueser Wechselmessen beschäftigt. Dieser zweite
Theil, auf den wir später zurückkommen werden, enthält einen Wechselcours v. J. 1581
und beginnt (p. 61) mit den Worten „Fin a qui scrissi, molti anni sono; dipoi son
variate molte cose" etc. Die in dem ersten Theile enthaltenen Wechselcourse machen es
mir sehr wahrscheinlich, dass er vor dem Jahre 1566 geschrieben wurde.

„Sertini (D.) zahlen zu lassen. Ich gebe dir einen Wechselbrief auf „Salviati (C.), du schickst ihn an Tommaso (D.) zum Inkasso und best-„möglichen Besorgung des Rückwechsels. Den Brief, worin du „dies thuest, heisst „Avisbrief" oder „spaccio". Tommaso (D.) befolgt „deine Ordre. Er bezahlt deine Mark Gold in Lyon an Piero (E.) „und empfängt von demselben einen Wechselbrief auf Federigo in „Florenz (F), laut dessen dieser dir (A.) in so und so vielen Tagen „65 1/2 Scudi zu zahlen hat. Diesen Rückwechsel schickt dir Tom-„maso, und wenn er eingeht, so hast 1 1/2 Scudi verdient. Dabei „musst du aber das Risiko von drei Fallimenten laufen: des meinigen, „desjenigen von Tommaso und von Piero; daher heisst es, mit Argus-„augen zu spähen, wem du am besten auf Wechsel giebst, wem du „den Wechsel remittiren, und von wem dieser wiederum den Rück-„wechsel sich ausstellen lassen soll. Desshalb pflegen die, welche „nicht im Geschäftsleben stehen, ihr Geld einem Banco zu geben, der „das Geschäft gegen doppelte Provision besorgt: 2 %₀₀ für die Be-„mühung und 2 %₀₀ für das Delcredere pro Quartal. Die Platzspesen „in Lyon (Consulatsgebühr, Provision und Courtage) belaufen sich auf „1 1/2 %. Wer sich nicht der Vermittelung eines Bankiers bedient, „wird nach Abzug der 1 1/2 % Platzspesen durchschnittlich im Jahre „8 % Zinsen machen; die Bankierspesen betragen im Laufe des Jahres „1 1/3 %, die event. weniger verdient werden".

Diese Zahlen sind natürlich nur annähernde Durchschnittszahlen. Bei den starken Schwankungen der Wechselcourse enthielt die Ricorsa in zwei Akten, wie sie in Lyon verwendet wurde, eine oft sehr riskante Spekulation. Wir haben das schon im vorigen Kapitel nachgewiesen; in Lyon stand es damit ebenso wie in Antwerpen. Wer sicher gehen wollte, musste sich desshalb des Deposito bedienen, und wem die Zinsen, welche gute Börsenfirmen (buone ditte) zahlten d. h. in der Regel nicht mehr wie 10 % p. a., nicht genügten, der konnte sein Geld der Krone leihen, die meist 16 % Jahreszinsen bewilligte. Das war die Anlage, der sich die Kapitalien in steigendem Umfange zuwendeten.

Die Gesammtheit des lyonneser Geld- und Wechsel-Verkehres repräsentirte jedenfalls für ihre Zeit ganz ausserordentliche Summen. Noch im Jahre 1573, als die Blüthezeit Lyons schon seit über zehn Jahren dahin war, sagt Nicolay noch: „Es giebt in Lyon keine „Messe, mag sie noch so dürftig ausfallen, in der nicht an der Börse „Millionen Goldes gehandelt werden". Und selbst im Jahre 1638 versichert der englische Kaufmann Roberts: „Ich habe gesehen, dass „auf solche Weise (durch Scontrirung) an einem Morgen dort Zahl-

„ungen in Höhe einer Million Kronen regulirt wurden, ohne dass ein „Pfennig Baargeld zum Vorschein kam".

Die Anfänge der französischen Kronanleihen in Lyon. Von einem Kapitalverkehre kann in Lyon vor dem Jahre 1463 keinesfalls die Rede sein. Aber auch dann hören wir noch lange Zeit nichts von grösseren Anleihen der französischen Krone bei den in Lyon verkehrenden Kaufleuten. König Ludwig XI. hat während seiner ganzen Regierung die ausserordentlichen Bedürfnisse seiner Finanzverwaltung vorzugsweise mit unverzinslichen Zwangsanleihen bei den eigenen Unterthanen bestritten. Nur von kleineren verzinslichen Anleihen in Lyon wird berichtet. So nahmen z. B. 1467 die Beamten der Königs etwas Geld zur Bezahlung von Kriegsmaterial in der lyonneser Messe „à perte et intérêts" auf; doch geschah dies nur sehr ungern, und der König ordnete die sofortige Rückzahlung an[19]).

Freilich führte Ludwig XI. auch keine kostspieligen Kriege in der Fremde. Sobald dagegen sein Nachfolger Karl VIII. sich 1494 zu seinem grossen Zuge nach Italien rüstete, musste er bei der genueser Bank der Sauli bedeutende Geldsummen aufnehmen, und zwar geschah dies wohl bei der lyonneser Faktorei der Sauli; denn Philippe de Commines berichtet, die Anleihe sei „de foire en foire" abgeschlossen worden und habe 14% für je 4 Monate gekostet[20]).

In der folgenden Zeit werden die Florentiner mehrfach als Geldgeber der französischen Krone genannt, aber stets nur mit geringen Beträgen. Karl VIII. hatte es wohl desshalb nicht nöthig, in Lyon grosse verzinsliche Anleihen aufzunehmen, weil ihm das billigere Finanzmittel der Subsidien und Contributionen der italienischen Fürsten und Republiken zur Verfügung stand. Sein Nachfolger Ludwig XII. war wieder ein sparsamer Haushalter. Im Jahre 1512 versuchte er zwar bei den in Lyon verkehrenden fremden Kaufleuten eine Zwangsanleihe aufzunehmen, was aber nicht gelang, da sie drohten,

---

[19]) Lettres de Louis XI. t. III. p. 190. Ähn''che kleine Anleihen l. c. p. 43 ff. 350, 359.

[20]) Memoires de Philippe de Commines ed. Dupont II. 292, 331. Die Angaben sind mit Vorsicht aufzunehmen; dass Commines vier Monate als Termin bezeichnet, muss ein Irrthum sein; es waren wohl ohne Zweifel drei Monate. Auch die Summe, die er angiebt (100000 fr.), stimmt nicht mit den sonstigen Nachrichten überein. Bei Desjardins, Négoc. dipl. de la France avec la Toscane I. 306, 394, 578 wird von zwei Darlehen der Sauli berichtet; eins betrug 70000, das andere 50000 Dukaten. Die gewährte Sicherheit wird allerdings auch hier als mangelhaft bezeichnet, und der Zinsfuss wird daher gewiss ein sehr hoher gewesen sein.

die Stadt zu verlassen. Mehr Erfolg hatten neue Zwangsanleihen bei den eigenen Unterthanen[21]).

Erst unter dem verschwenderischen, kriegslustigen Könige Franz I. nahmen die Anleihegeschäfte der französischen Krone in Lyon grösseren Umfang an. Wir wissen bereits, dass der König den dortigen Florentinern im Jahre 1516 300000 Écus und 1529 600000 Dukaten schuldete; wir wissen ferner, dass auch Hans Kleberg, der „gute Deutsche", um dieselbe Zeit schon begann, mit der französischen Regierung Geldgeschäfte zu machen, und wir wissen endlich, dass diese ganze Entwickelung die lebhafte Aufmerksamkeit der Habsburger erregte, welche bereits frühzeitig und beharrlich sich bemühten, der französischen Krone die Finanzkraft, welche sie aus der lyonneser Messe schöpfte, wieder zu entziehen[22]).

Die Art, wie die Krone in dieser Zeit ihre lyonneser Geldgeschäfte machte, ersehen wir aus einer Nachricht vom Jahre 1521: „Der König, wird da gesagt, entsandte kürzlich aus seinem Parla-„ment in Troyes die Leiter (généraux) seiner Finanzen nach Lyon, „um dort Geld für seine Angelegenheiten aufzunehmen. Sie sind „zurückgekehrt und haben ungefähr 200000 Écus bei den Bankiers „und Kaufleuten von Lyon gegen Zinsen angeliehen"[23]). Zwar bediente sich der König bei seinen Wechselgeschäften mit Italien, die oftmals auch Vorschussgeschäfte waren, wie wir wissen, in dieser Zeit bereits eines ständigen Agenten, des Florentiners Pier Spino, der dem Hofe folgte; aber in Lyon selbst besass die Krone damals noch keinen ständigen Vertreter.

Die Scheu vor verzinslichen Anleihen hatte die französische Finanzverwaltung jetzt überwunden, doch wie uns auch schon bekannt ist, waren die Florentiner noch keineswegs geneigt, dem Könige soviel zu leihen, wie er für seinen enorm steigenden Aufwand an Kriegskosten und persönlichen Luxusausgaben brauchte. Wenn seine sparsame Mutter ihm von Zeit zu Zeit aushalf, wenn der Papst und einzelne italienische Staaten wiederholt Geld hergaben,

---

[21]) Vaesen in d Mém. de la Soc. litt. de Lyon 1877/78 p. 25; Registres des délibérations du bureau de la ville de Paris t. I (1499—1526) p. 204.

[22]) Vgl. oben I. 259 ff., 290 ff. und II. 73 ff. Es ist jetzt möglich, noch einige Nachträge zu dem dort Mitgetheilten zu liefern und zwar auf Grund der Actes de François I., sowohl hinsichtlich der Geschäfte mit Hans Kleberg, wie hinsichtlich derjenigen mit den Florentinern Ruberto degli Alb[i]zzi, Piero und Leonardo Spino, den Guadagni u. A. Diese Nachträge, welche man am Schlusse des zweiten Bandes zusammengestellt vorfinden wird, sind in den hier folgenden Ausführungen schon berücksichtigt word

[23]) Bibl. de l'Ecole des chartes XX. 372.

so verschwand dies stets wieder wie Tropfen auf dem heissen Steine.
Bis zum Jahre 1522 wird in den stärksten Ausdrücken von der Finanznoth des französischen Königs berichtet; trotz aller seiner
Prahlereien hätte er niemals daran denken können, die Versprechungen
einzuhalten, mit denen er die römische Königskrone erkaufen wollte [24]).

Als die Finanznoth 1522 aufs höchste gestiegen war, gelang es
den zu dem Zwecke nach Lyon gereisten Leitern des Finanzwesens,
eine grössere Anleihe bei den fremden Kaufleuten aufzunehmen; die
Strozzi betheiligten sich mit 31000 Écus, die Guadagni mit 22000,
Hans Kleberg mit 17087 Écus u. s. f. Dies war die erste Anleihe,
welche vielleicht schon als Börsenanleihe zu charakterisiren ist; sie
wurde, wie es scheint, nicht ohne Anwendung von Zwang durchge-
setzt; wenigstens waren kurz zuvor die Besitzthümer der Florentiner
auf Befehl des Königs beschlagnahmt worden, während sie gleich
nach der Anleihe neue Privilegien erhielten [24a]). Dasselbe Jahr 1522
ist bekanntlich auch als das Geburtsjahr der fundirten Schuld
Frankreichs zu betrachten.

Die Finanzklemme liess nun vorübergehend etwas nach; aber
der König hielt den Kaufleuten nicht Wort, was seinen Credit vernichtete. Der Historiker Guicciardini, der es wissen musste, bezeichnet als Ursache der schleppenden französischen Kriegführung
im Jahre 1526 u. a. ausdrücklich die Thatsache, dass der König seinen
Credit bei den Kaufleuten in Lyon verloren und wenig oder gar
keine Anleihen mehr erlangt habe.

Diese Lage änderte sich in den folgenden Jahren nicht und
machte schliesslich den Frieden von Cambrai auch auf französischer
Seite zur Nothwendigkeit. Die finanziellen Verpflichtungen, welche
er Frankreich auferlegte, waren allerdings ausserordentlich schwere:
1200000 Écus sollten als Lösegeld für die Kinder des Königs bezahlt werden. Aber jetzt zeigte sich die Macht der Dynastie, die
Loyalität und Leistungsfähigkeit des französischen Volkes im glän-
zendsten Lichte: die Notabeln bewilligten den enormen Betrag, der
dann zwangsweise als Anleihe umgelegt und ohne allzuviel Murren
bezahlt wurde [25]).

[24]) Brewer, Calendar II. No. 253, 522, 626, 1393, 2349; Baumgarten, Geschichte
Karls V. vol. II. p. 38, 96. Wiederholt geriethen die den Gläubigern angewiesenen Zahlungen ins Stocken. Vgl. auch Desjardins II. 899, Actes de François I. No. 1910.

[24a]) Actes de François I. No. 1529, 1594 u. 17485; vgl. damit oben I. 291.

[25]) Journal d'un bourgeois de Paris sous le règne de François I. ed. Lalanne; Gail-
lard, Histoire de François I; Brewer, Calendar IV. No. 789, 1072; Coleccion de documentos ineditos vol. XIV. p. 254; Actes de François I. No. 4385, 4623, 5492, 6421 ff.

In der nun folgenden Friedenszeit wird nur einmal von grösseren
Anleihen der Krone in Lyon berichtet; doch ist es nicht sicher, ob
sie zur Ausführung gelangten: ein Tucherscher Faktor meldet im
Mai 1532 aus Lyon, der König wolle dort Geld aufnehmen, um es
nach der Schweiz und Deutschland zu senden, „nit weiss man wie
oder wo". Nun wissen wir aus anderen Quellen, dass der König damals und auch im folgenden Jahre thatsächlich ansehnliche Geldsummen als Subsidien an seine deutschen Verbündeten sandte und
ebenso auch viel Geld zur Bezahlung der Schweizer gebrauchte; aber
wir wissen nicht, ob dies Geld wirklich in Lyon angeliehen wurde;
und jedenfalls nahmen die Anleihen dann erst wieder mit Ausbruch
des Krieges im Jahre 1536 erheblichen Umfang an.

Die Thätigkeit des Kardinals von Tournon. Der grosse französische Publicist Bodin, der sein berühmtes Buch „Les six livres
de la république" im Jahre 1577 veröffentlichte, sagt da, wo er von
den Finanzen handelt, nachdem er sich mit Energie gegen die verzinslichen Anleihen ausgesprochen und dieselben als „Ruin der Fürsten
und ihrer Finanzen" bezeichnet hat, von diesen Anleihen noch das
Folgende: „Dieses Finanzmittel wurde in Frankreich im Jahre 1543
„durch den Kardinal von Tournon eingeführt, der auf Antrieb ge-
„wisser Italiener dem Könige Franz I. vorstellte, dass es nur ein
„Mittel gäbe, um die Geldkapitalien von allen Seiten nach Frankreich
„zu ziehen: zu dem Zwecke müsse man die Bank in Lyon ein-
„richten und von Jedermann gegen 8% Zinsen Geld annehmen. Aber
„in Wirklichkeit wollte der Kardinal damit nur 100000 Écus, die er
„in seinen eigenen Truhen hatte, sicher und hochverzinslich anlegen.
„Sein Vorschlag wurde angenommen und die Bank eröffnet. Alle
„Welt legte dort Geld an, Franzosen, Deutsche und Italiener, sodass
„der König Franz I. bei seinem Tode der Bank von Lyon 500000 Écus
„schuldete" [26].

Wenn man diesen merkwürdigen Bericht näher prüft, so bemerkt man verschiedene Momente, die sorgfältig auseinander zu
halten sind: erstens die Action des Kardinals von Tournon, zweitens
die Theilnahme der Italiener dabei, drittens die Organisation des
Kapitalverkehres, welche daraus hervorging. Wir werden hier einstweilen nur die ersten beiden Momente erörtern.

Zunächst kann natürlich nicht davon die Rede sein, dass die
verzinslichen Kronanleihen in Frankreich erst durch den Kardinal

---

[26] Bodin l. c. Ausg. v. 1583 VI. 2.

von Tournon eingeführt worden wären., Dagegen ist es jedenfalls richtig, dass sie durch ihn bedeutend an Ausdehnung gewannen. Diese Entwickelung datirt ferner nicht aus dem Jahre 1543, sondern beginnt schon 1536, aber allerdings nahm sie um 1543 einen neuen Charakter an, den Bodin nur ganz im allgemeinen richtig beschreibt, während sich im Einzelnen wieder mehrere Unrichtigkeiten eingeschlichen haben, aus denen später weitere Missverständnisse hervorgegangen sind.

Der Kardinal von Tournon war einer der bedeutendsten französischen Staatsmänner dieser Zeit. Er hatte in Madrid die Verhandlungen wegen Auslösung des bei Pavia gefangen genommenen Königs geführt und war auch sonst vielfach zu diplomatischen Missionen verwendet worden, zuletzt in Italien. Im Jahre 1536 wurde er Statthalter der Provinz Lyonnais. In dieser Stellung und vielleicht auch schon vorher kam er mit den grossen florentiner Bankiers, die in Lyon ihre Hauptgeschäfte hatten, mit den Strozzi, Guadagni, Capponi u. s. f. in häufige Beziehungen. Er wusste in ihnen die Hoffnung zu erwecken, dass der König von Frankreich Florenz von der Medicäerherrschaft befreien werde, und machte sie hierdurch willfährig, dem Könige mit ihren Kapitalien zu dienen.

Als nun im Jahre 1536 der Kaiser in Südfrankreich einfiel und Lyon bedrohte, gelang es dem Kardinal, bei den florentiner Bankiers wiederholt grössere schwebende Anleihen aufzunehmen, zuerst 30000 Livres, dann noch 40000 zu 3 % pro Messe. Die Einzelheiten sind nicht klar ersichtlich, mit völliger Deutlichkeit tritt aber der grosse Antheil hervor, den der Kàrdinal schon damals an diesen Geschäften hatte. Er musste sich auf Verlangen der Bankiers persönlich mit verschreiben [27]. Doch noch grössere Summen wurden damals theils zwangsweise, theils freiwillig durch Anleihen der Städte und des Klerus aufgebracht. Insbesondere wurden — zum zweiten Male seit Einführung dieser Art der Geldbeschaffung — grosse Rentenanleihen bei den Städten contrahirt und denselben dafür königliche Einkünfte verpfändet; da die Anleihen nie zurückgezahlt wurden, verblieben die Einkünfte im Besitze der Städte. So lieferte Paris 1530: 100000, Lyon 84733 Livres; auch das letztere Geldgeschäft wurde durch den Kardinal von Tournon abgeschlossen, der überdies die Pacht der

---

[27] Vgl. oben I. 301, 303 und ausser den dort schon angegebenen Belegen noch: Mon-falcon, Histoire monument. de Lyon II. 290; Archive municipale de Lyon: Invent. générale, VIII. p. 175 ff. No. 29, 157, XII. p. 42 No. 81; Péricaud, Notes et documents s. a. 1537[38] 22,1; Fleury, Histoire du Cardinal de Tournon p. 146; Actes de François I. No. 8661, 8730, 8812, 8824, 8867, 9291 u.s.f., auch No. 21123, 21186, 21290.

Salzabgabe für weite Landestheile zu vergeben hatte und hierbei
ebenfalls die Florentiner beschäftigte.

Da schon im Jahre 1537 die kriegerischen Operationen eingestellt
wurden, fiel das Bedürfniss nach weiteren ausserordentlichen Einnahmen fort und zeigte sich von neuem erst im Jahre 1542 bei
Wiederausbruch des Krieges; nur im November 1541, als der König
einen Angriff des Kaisers zu befürchten vorgab und desshalb in
Deutschland Truppen anwarb, nahm er bei lyonneser Kaufleuten
und Bankiers bereits wieder eine Anleihe auf, welche, wie es scheint,
den Charakter einer Zwangsanleihe hatte [28]).

Aus dem Jahre 1542 besitzen wir einen venetianischen Gesandtschaftsbericht, der sich eingehend über die französischen Finanzen
ausspricht. Er besagt, dass der König, wenn er sparsam wäre, jährlich sehr wohl eine Million Kronen zurücklegen könne. Freilich wird
gleich darauf hinzugefügt, dass er eben nicht sparsam sei, dass vielmehr die für die „menus plaisirs" bestimmten 300000 Écus bei weitem
nicht ausreichten. Unter den Ausgaben befanden sich: eine Million
Livres Pensionen, ½ Million Geschenke, 400000 I. ausserordentliche
Kosten u. s. f. Demgemäss war die erst seit 1522 angefangene
Rentenschuld schon nicht unerheblich angewachsen. Von diesen
fundirten Rentenanleihen unterscheidet der Bericht scharf die schwebenden verzinslichen Anleihen. Der Gesandte sagt, bei seiner Abreise sei kein Geld mehr im Staatsschatze gewesen, „schon beginnt
man daran zu denken, Geld auf Zinsen bei den Kaufleuten
aufzunehmen, wie ich bei der Durchreise in Lyon bemerkt
habe". Die Aufnahme solcher schwebenden verzinslichen Anleihen
in Lyon wurde zweifellos erst seit 1542/43 ein regelmässiges Finanzmittel der französischen Krone.

Der Zeitraum 1542 bis 1547. Die ersten genauen Nachrichten,
die wir aus dem Jahre 1542 hinsichtlich der hier in Frage kommenden Dinge besitzen, verdanken wir dem englischen Gesandten Paget,
der sich damals in Lyon aufhielt [29]). Er schreibt, der König von
Frankreich habe kein Geld und nur sehr geringen Credit, da viele
alte Schulden noch unbezahlt seien. Im Gegensatz dazu wird hervorgehoben, wie grosse Anleihen der Kaiser in Antwerpen, Augsburg und Genua binnen kurzer Zeit habe aufnehmen können. Bald
darauf heisst es: „Grosse Anstrengungen werden täglich gemacht,

---

[28]) Gayangos, Calendar VII. p. 381.
[29]) State papers, Henry VIII. vol. IX. p. 103, 117.

„um Geld zu erlangen. Denn während hier in Lyon und an
„anderen Plätzen Leute, die flüssige Kapitalien besitzen,
„ebenso wie Wittwen und Waisen ihr Geld bei Banken
„niederzulegen pflegen, gegen 5—8% Zinsen, will jetzt der
„König dies Alles haben und verspricht zu dem Zwecke 10%
„Zinsen".

Diese 10% beziehen sich nur auf die Inländer; den Ausländern
versprach der König 16% Zinsen. Unter solchen Bedingungen gelang es ihm freilich trotz seines schlechten Credits, 400000 fr. aufzubringen, von denen

die Florentiner 200000 fr., die Luccheser 100000 fr.
die Welser 50000 „ die französischen Kaufl. 50000 „

hergaben. Aber es ist sicher, dass hierbei der Kardinal Tournon,
der diese Anleihe wieder für den König aufnahm, einen mehr
oder weniger starken Druck auf die Kaufleute ausüben musste. Die
Welser erklärten dem Kaiser später, sie hätten dem Könige 12000
Kronen leihen müssen, um im Lande bleiben zu dürfen, was ihnen
sonst nicht gestattet worden wäre; das Geld wurde von Antwerpen
aus, dem kaiserlichen Verbote zum Trotz, nach Lyon gesandt; Gaspar
Ducci und Hieronymus Seiler waren dabei betheiligt. Dass die
Welser (und ebenso die anderen Kaufleute) auch durch die Aussicht
auf die für diese Zeit schon ungewöhnlich hohe Verzinsung verlockt
wurden, geht aus der Seiler'schen Correspondenz hervor; aber die
Thatsache, dass daneben noch Zwang ausgeübt worden ist, lässt sich
ebensowenig bestreiten [30]).

In den Jahren 1542 und 1543 wurden noch weitere Summen in
Lyon angeliehen, ohne dass wir über die Einzelheiten genau unterrichtet sind. Wir wissen nur, dass Hans Kleberg, der „gute
Deutsche" sich dabei betheiligte und auch andere oberdeutsche Kaufleute dazu veranlasste. Es scheint aber, dass Ende 1543 alles wieder
zurückgezahlt wurde [31]).

So rasch bürgerten sich die Kronanleihen in Lyon ein, dass ein
1543 in Antwerpen erschienenes Handbuch des kaufmännischen

---

[30]) Vgl. oben Bd. I. 201 ff., 221, 312, sowie dazu Actes de François I. t. IV. No. 12636,
12642, 12646 u. s. f. Besonders deutlich tritt der Zwang hervor bei No. 12651. Vgl.
damit die Thatsache, dass gleich darauf (No. 12680) die Privilegien der deutschen Kaufleute bestätigt wurden. Allgemeine Vollmachten für den Kardinal Tournon No. 12742
und 22570.

[31]) Ehrenberg, Hans Kleberg (Mitth. d. Ver. f. Gesch. d. Stadt Nürnberg VIII. 21)
Actes de François I. t. IV. No. 13349, 13491, 13509. Vgl. oben I. 260.

Rechnens mittheilt, die Wechselcourse in Lyon richteten sich u. a. danach, ob der König dort viel Geld aufnehme oder nicht[32]).

Im Frühjahre 1544 sollte den Deutschen in Lyon das Geleit aufgekündigt werden, weil sie den Kaiser unterstützten. Sie wurden hart bedrängt und theilweise sogar gefangen gesetzt. Der Tucher'sche Faktor, der es berichtet, fügt hinzu, am französischen Hofe wüsste man recht gut, „dass die Deutschen zu Augsburg viel Geld haben, dem Könige zu leihen". Sie müssen dies dann wohl gethan haben; denn sie wurden bald wieder gut behandelt, und im Juni hören wir sogar, dass der König ihnen ihre fälligen Forderungen bezahlt, die der Florentiner und Luccheser dagegen prolongirt habe. Auch in diesem und ebenso im folgenden Jahre war der Kardinal von Tournon noch der Hauptvertreter des Königs bei allen lyonneser Geldgeschäften[33]). Im Jahre 1545 treten dagegen andere Mittelspersonen mehr in den Vordergrund.

Wie ein Tucher'scher Faktor im Januar 1545 nach Hause berichtete, wurde er von Hans Kleberg auf der Börse („im Wechsel") angesprochen und ersucht, seinen Herren Folgendes zu schreiben: Ein schon mehrfach bei den Geldgeschäften der französischen Krone verwendeter Beamter Namens Martin de Troyes (auch wohl als Maître Martin oder Sieur Martin bezeichnet), der in Lyon ein Haus besass, hatte den Kleberg ersucht, sich mit seinen Freunden zu besprechen, ob sie nicht dem Könige zu Ostern wieder eine Summe Geldes leihen wollten. Kleberg suchte demgemäss den Nutzen des Geschäftes in das hellste Licht zu setzen: er rühmte die Sicherheit der Anlage und den hohen Zins, theilte mit, dass die besten oberdeutschen Häuser sich schon bereit erklärt hätten zur Betheiligung; so habe er schon 40000 Écus oder mehr zusammengebracht und sei bereit, den Tuchern auch eine Betheiligung zu gewähren; er selbst wolle ebenfalls eine gute Summe dazulegen; was er bisher unternommen, das habe er stets mit guten Ehren und ohne alle Nachrede durchgeführt; hier wäre ein Nutzen zu erlangen, „der göttlich und billig sei"[34]). Die Tucher wollten allerdings, wie wir schon wissen, auf solche Geschäfte sich damals nicht einlassen; aber die Anleihe kam zu Stande: die Deutschen gaben 50000 Écus her, die Italiener 100000, was zusammen wieder 340000 fr. ausmachte.

---

[32]) Jan Impyn, Nieuwe instructie d. looffl. consten d. rekenboecks. Antw. 1543, fol. 15.

[33]) Actes de François I. t. IV. No. 14008, 14357, 14479.

[34]) Ehrenberg, Hans Kleberg S. 23 ff. Martin de Troyes wird bereits 1533 erwähnt.

Hinterher kamen den Kaufleuten freilich noch schwere Bedenken. Es ging das Gerücht, der König sei auf den Tod krank; für den Fall seines Todes erwartete man ein ganz anderes Regiment, kurz, „ein Jeder ist besorgt, weil der König ein so kranker und schwacher Mensch ist". Desshalb wünschten die Kaufleute, der Dauphin möchte sich mit verschreiben, und Kleberg machte sich dem Könige gegenüber zum Vertreter dieses Wunsches, der sofort bewilligt wurde. Ebenso versicherte er feierlich, dass die „Geschenke", welche er dem Kleberg und anderen fremden Kaufleuten zur Belohnung für die ihm gewährten Darlehen gemacht habe oder machen werde, als wirkliche Schuldverpflichtungen anzusehen seien, ohne dass die Kaufleute desshalb irgendwie behelligt werden könnten [35]).

Auch in Antwerpen wurde damals von den in Lyon ansässigen Florentinern, besonders von den Salviati, namentlich durch Vermittelung des Gaspar Ducci für die französischen Anleihen Propaganda gemacht, und wir wissen bereits, dass dies nicht ohne Erfolg blieb. Im August desselben Jahres wurden in Lyon abermals Anleihen abgeschlossen [36]).

Im December 1545 wird berichtet, der König habe 300000 Écus abgezahlt, was die Deutschen, die ihm Geld geliehen hätten, nicht gern sähen. Aber schon Anfang Januar 1546 nahm er aufs Neue 300000 fr. auf, und im März wurde Kleberg wiederum aufgefordert, sammt seinen Consortialen sich auf weitere Vorschüsse zu rüsten; der König wolle sich verschreiben, wie es die Deutschen wünschten. Im September kam dann Jakob Sturm aus Strassburg im Auftrage des Schmalkaldischen Bundes nach Lyon, um durch Klebergs Vermittlung zum Kriege gegen den Kaiser Geld aufzunehmen. Er fand Kleberg im Sterben und wandte sich daher in seiner Noth an den König, der sich anfangs bereit erklärte, den Kaufleuten die halbe Million Écus, die er ihnen damals schuldete, zurückzuzahlen, damit sie den Schmalkaldischen helfen könnten. Schliesslich kam durch Vermittlung des Marschall Strozzi folgendes Geschäft zu Stande: Der König zahlte 100000 Kronen an den Marschall, dieser denselben Betrag an die Kaufleute, welchen der König Geld schuldete, und die Kaufleute liehen sie den Protestanten, wobei die Fürsten sich gegenüber den Städten und letztere gegenüber den Kaufleuten verschreiben sollten. Der König erklärte, es müsse alles sehr geheim betrieben

---

[35]) Ehrenberg, Hans Kleberg S. 26. Die Bezeichnung der Zinsen als dono, don war bei den französischen Kronanleihen in Lyon allgemein üblich.

[36]) Vgl. oben I. 199, 304, 314. Auch die Welser in Nürnberg betheiligten sich dabei, limitirten ihre Betheiligung aber mit 24000 Kronen (Écus).

werden, weil er grade mit dem Kaiser Frieden hatte. Nach einer anderen Nachricht nahm der König das Geld selbst in Lyon auf und liess es dann den Protestanten zukommen. Der Zinsfuss der Kronanleihen war damals 12% p. a.[37]. Aber bald darauf lieh der König wieder Geld zu 4% pro Messe an.

Im October 1546 ordneten Sebastian Neidhart und Hieronymus Seiler an, dass das halbe Kapital der Gesellschaft, die sie mit Alexius Grimel u. a. abgeschlossen hatten, dem Könige von Frankreich geliehen werden solle. Grimel meinte, das wäre wohl zweckmässig, wenn man keine andere sichere Kapitalanlage fände; es seien aber von guten richtigen Kaufleuten in Lyon 3% pro Messe zu erlangen; damit möge man sich begnügen. Trotzdem wurde ein Theil des Kapitals dem Könige geliehen. Der Vertreter der Welser im kaiserlichen Feldlager schrieb im Februar 1547 nach Hause, bei der gewaltthätigen, hinterlistigen Finanzpolitik, die neuerdings die Räthe des Kaisers angenommen hätten, könne man sich nicht darüber wundern, dass jetzt soviel Geld dem niederländischen Hofe entzogen und dem französischen Hofe zugewendet würde, „wiewohl es mit der Zeit am selben Orte vielleicht noch unglückhaftiger zugehen wird". Auch von den Haugs in Augsburg wissen wir, dass sie in der Ostermesse 1547 der französischen Krone 36000 Kronen zu 4% pro Messe vorstreckten.

Da starb König Franz I. am 31. März 1547. Bodin hat behauptet, und viele haben es ihm nachgeschrieben, der König habe nicht nur die halbe Million Écus, die er „der Bank von Lyon" schuldete, sondern ausserdem noch weitere 1200000 Écus in seinem Staatsschatze baar liegen gehabt, als er starb; andere sagten, es seien nur 800000 Écus gewesen[38]. Hören wir, was ein kaiserlicher Gesandter am französischen Hofe im Juni 1547, also kurz nach dem Tode des Königs, hierüber berichtete:

„Die französischen Minister und andere haben oft gesagt, dass „der verstorbene König im Louvre genug Geld hinterlassen habe, „um eine Armee sechs Monate lang zu besolden, und dass man dieses „Geld auf keine Weise anrühre. Trotzdem hat man seitdem 200000 „Écus davon genommen und in die Hände des Trésorier de l'épargne

---

[37] Augsbg. Stadtarchiv, Litteralien und Seilersche Correspondenz. Vgl. auch Ehrenberg, Kleberg p. 31 und Kius, D. Finanzwesen d. Ernestin. Hauses Sachsen im 16. Jahrh. p. 78.

[38] Bodin l. c. p. 893, 896, 905. Traicté des Finance de la France (1581) in den Archives curieuses de l'histoire de France 1. ser. t. IX. p. 394. Für das Folgende vgl. Revue historique V. 118.

„gelegt, der kein Geld, vielmehr noch 500000 fr. zu bezahlen hatte. „Ausserdem war gar nicht soviel Geld im Louvre, wie man verkündete, „höchstens waren es 500000 bis 600000 Écus. Man ist immer noch „den Kaufleuten von Lyon Geld schuldig und hält darauf, ihnen die „Zinsen zu bezahlen, um sich ihrer bei Bedarf wieder bedienen zu kön-„nen. Der jetzige König hat als König die Schuld seines Vorgängers „auf Ersuchen der Kaufleute anerkannt, die zu dem Zwecke einen „besonderen Vertreter an den Hof gesandt haben. Kurz, die Finanzen „sind keineswegs in so glänzender Verfassung, wie man prahlt".

Die Neigung, die Lage der königlichen Finanzen übertrieben günstig darzustellen, war bei Franz I., seinen Ministern und Räthen von jeher stark ausgebildet gewesen. Bei Bodin dagegen, der diese Prahlereien als Wahrheit der Nachwelt überlieferte, lag das Bestreben zu Grunde, gegenüber der finanziellen Misswirthschaft, die zu seiner Zeit allerdings so ziemlich ihren Gipfelpunkt für das 16. Jahrhundert erreichte, die Regierung Franz' I. als die goldene Zeit der französischen Finanzen darzustellen. Zwar konnte er, wie wir wissen, nicht leugnen, dass das Schuldenmachen grade in den letzten Jahren dieses Königs zuerst im grossen Maassstabe angefangen hatte, aber er behauptete, Franz habe das auf solche Weise (zu 12—16% p. a.!) erlangte Geld nebst seinen sonstigen Ersparnissen zur Bildung eines grossen Staatsschatzes verwendet. Auch darin ist augenscheinlich etwas Wahrheit enthalten: Franz hat in den letzten friedlichen Jahren seiner Regierung offenbar in der That Geld aufgesammelt, um bei Wiederausbruch des Krieges besser gerüstet zu sein, als früher. Aber von Beträgen, wie Bodin sie angiebt, konnte dabei nicht entfernt die Rede sein.

Ganz ähnlich steht es mit jenem anderen Berichte Bodin's, den wir im Eingange des vorigen Abschnittes wiedergaben, und auf den wir jetzt nochmals zurückkommen müssen. Wir wissen nun, dass der Kardinal von Tournon in der That seit 1542 eine ganz neue Ära der Kronanleihen in Lyon eröffnete. Bodin bezeichnet als das Wesen dieser Neuerung, dass „die Bank von Lyon" eingerichtet wurde, um Geld von allen Seiten herbeizuziehen, und dass dieses Mittel seinen Zweck erfüllte. Denselben Ausdruck wendete Bodin schon vorher in anderen Schriften an, während einige gleichzeitige Autoren nur im Allgemeinen von der Einführung des Bankgeschäftes durch die Italiener sprechen [39]).

---

[39]) Vgl. die „Responsio ad paradoxa Malastretti" (1568) des Bodinus, wo es heisst: „Banco seu mensa argentaria Lugduni", ebenso in dem „Discours sur les causes de l'extrême cherté" desselben Autors (1574): „La banque de Lyon". Noch schärfer gegen diese Einrichtung

Man hat Bodin mehrfach so verstanden, als ob im Jahre 1543 zu Lyon eine Bank errichtet worden wär̦e. Das ist ganz bestimmt eine irrthümliche Auffassung, und Bodin selbst wird es wohl schon anders gemeint haben, wenn er von dem „établir la banque à Lyon" sprach. So wurde zu seiner Zeit augenscheinlich die Gesammtheit der Bank- und Wechselgeschäfte von Lyon bezeichnet, also eine Geschäftsart und nicht grade eine bestimmte öffentliche Bank, die in Lyon damals zuverlässig nicht existirt hat. Wir werden später die Bedeutung des Ausdrucks noch näher ermitteln können[40].

Sicher festgestellt haben wir schon Folgendes: seit dem Jahre 1542 war die Krone mit vollem Bewusstsein bestrebt, das Geldkapital von allen Seiten nach Lyon zu ziehen, um es dort stets für ihre Anleihen verwenden zu können. Sie erreichte dies einmal durch die Zusicherung hoher Zinsen und zweitens durch die Vermittelung der in Lyon verkehrenden italienischen und deutschen Kaufleute und Bankiers. Der Kardinal von Tournon, der hierbei in erster Linie thätig war, musste anfangs zwar wiederholt Zwang und Druck anwenden, um seinen Zweck zu erreichen. Auch mussten einzelne besonders angesehene Kaufleute, wie die Salviati und Hans Kleberg, nach Kräften am Platze selbst und auswärts für die französischen Anleihen Stimmung machen. Doch bald wurde das Kapital schon durch die hohen Zinsen, durch die Pünktlichkeit, mit der sie klugerweise damals ausgezahlt wurden, sowie durch das Entgegenkommen, welches

---

spricht sich die 1573 erschienene „Prosopographie de du Verdier" ed. Ant. Gryphius p. 491 aus: „Au commencement du règne du roi François, premier du nom, les banques furent introduites en la ville de Lyon, par. estrangers, invention très dommageable — — bien que ces gentils banquiers disent que par leur moyen s'entretient l'humaine société". Ferner Rubys, Les privilèges, franchises et immunitez de Lyon (1573) p. 73: „Nous „sommes redevables de ce bel art et traffic qui apprend à rendre l'argent fertile, et luy „faict produire fruict comme la terre, à Messieurs les Italiens, lesquels venans en „ce royaume avec une plume et une feuille de papier à la main et quelque „peu de crédit seulement, scavent si bien par le moyen de cest art faire proffiter ce „leur crédit, qu'ils s'en retournent en fin en leurs pays tout plains d'or et d'argent, et le „plus souvent ayans faict banqueroutte avec l'argent du pauvre François qui s'en est fié „en eux en leur bourse".

[40]) Bei Cleirac, Commerce des lettres de change (1656) p. 14 wird der Ausdruck „la banque de Lyon" ganz in dem hier von uns wiedergegebenen Sinne angewendet. Überhaupt dauerte es lange, ehe die Ausdrücke banque, change u. s. w. einen klar begrenzten Sinn erhielten. Wie z. B. einerseits in Lyon noch lange Zeit die von Messe zu Messe aufgenommenen Darlehen vielfach „changes" hiessen, so umgekehrt die Wechselbriefe „lettres de banque", und noch 1762 steht in einem zu Lyon erschienenen Manuel des négocians: Banque = Commerce d'argent qu'on fait de place en place par le moyen des lettres de change.

die französische Krone den verschiedenen Bedenken und Wünschen
der Geldgeber gegenüber an den Tag legte, hinreichend angelockt,
um so mehr, als die kaiserlichen Finanziers es in dieser Zeit darauf anzulegen schienen, das Kapital durch ihr gewaltthätiges, hinter-
listiges Verfahren abzuschrecken.

Dass die ganze Neuerung, wie Bodin berichtet, auf den Rath
von Italienern zurückzuführen ist, hat um so mehr Wahrscheinlichkeit für sich, als gleichzeitig Gaspar Ducci in Antwerpen für den
niederländischen Hof und den Kaiser in derselben Richtung thätig
war, eine Thätigkeit, die sich freilich zeitweilig sehr gehässiger
Mittel bediente und die Kunst der Reklame nicht so virtuos anwendete, wie dies in Lyon geschah. Aber es ist bezeichnend, dass
der englische Agent Stephen Vaughan im Februar 1545 aus Antwerpen berichtete, der französische König habe den Gaspar Ducci zu
sich berufen, um sein Anleihewesen nach dem Muster desjenigen zu
organisiren, das in Antwerpen bestand. In der That war der Zweck
hier wie dort der gleiche, und zum Theil waren es auch die Mittel,
sowie die Personen, die sie anwendeten. Dass der Kardinal Tournon,
nach Bodin's Bericht, nur seine eigenen Interessen im Auge hatte,
ist eine offenbare grobe Übertreibung. Aber unwahrscheinlich ist es
ja keineswegs, dass er seine Interessen mit denen der Krone zu ver-
binden wusste.

Der Zeitraum 1547 bis 1551. Nach mehreren von einander un-
abhängigen Berichten war König Franz I. bei seinem Tode den
Kaufleuten in Lyon mindestens eine halbe Million Écus schuldig.
Dies war aber ein Kinderspiel im Vergleiche zu dem, was man unter
seinem Nachfolger Heinrich II. erleben sollte, der an Kriegslust seinem
Vater gleichkam, an Verschwendungssucht ihn noch übertraf.

Schon im December 1547 wird von gewaltigen neuen Anleihen
berichtet: in Lyon wurden schwebende Anleihen in Höhe von
300000 oder gar 400000 Dukaten aufgenommen und gleichzeitig
100000 fr. zehnprocentiger Renten im Kapitalwerthe von einer Million
Francs verkauft, was ungefähr ebenso viel war, wie der Betrag jener
schwebenden Anleihen [41]).

---

[41]) **Desjardins-Canestrini**, Négoc. dipl. de la France avec la Toscane III. 219.
Bei **Vührer**, Histoire de la Dette publique en France (1886) I. 21 wird sogar berichtet.
es sei 1547 eine Anleihe von 7 Millionen auf der lyonneser Messe contrahirt worden,
was V. freilich selbst anzweifelt. Leider enthalten sogar die neuesten und besten finanz-
geschichtlichen französischen Arbeiten für die ältere Zeit zu wenig Resultate eigener kri-
tischer Quellenstudien.

Im Jahre 1548 gab sodann ein venetianischer Gesandter am französischen Hofe seiner Signorie Kenntniss von folgendem höchst interessanten Finanzprojekte, das man damals in Erwägung zog: „Ich habe erfahren, schrieb er, dass der König beabsichtigt, in seinem „Königreiche vier Banken eröffnen zu lassen: in Paris, Rouen, „Toulouse und Lyon; wer in ihnen Geld deponiren will, soll dafür „8 % erhalten und wegen Kapital und Zins Zahlungsversprechen der „Stände erhalten. Wenn der König Geld gebraucht, will er sich der „in den Banken deponirten Summen bedienen, anderenfalls aber sie „zu 11 % wieder ausleihen" [42]).

Die Thatsache, dass am französischen Hofe, gewiss auf Rath von Italienern, ein solches Projekt erwogen wurde, ist schon an sich recht interessant. Sie bestätigt ferner die Richtigkeit unserer Kritik jener ähnlichen Nachricht des Bodin. Noch bedeutsamer wird sie aber dadurch, dass sie ein neues Licht wirft auf eine bisher wenig verstandene Maassregel der französischen Regierung: auf die Errichtung von Börsen in denselben Städten, welche damals neben Lyon als die Orte bezeichnet wurden, in denen Banken begründet werden sollten.

Im Juli 1549 erliess der König ein Edikt, in dem er erklärt, die Stadt Toulouse habe nicht so viel Handel, wie sich nach ihrer guten Lage erwarten lasse, weil sie nicht wie Lyon, Antwerpen und andere grosse Handelsstädte einen Ort besässe, den man „change, estrade ou bourse" nenne, wo sich die Kaufleute zweimal täglich versammelten, um ihre Geschäfte zu machen; denn hierdurch würden die köstlichen Waaren fremder Länder angezogen und die des Inlandes leichter zu Gelde gemacht. Dies Alles hätten die Bürger der Stadt Toulouse dem Könige vorgestellt. Desshalb befiehlt dieser, dort eine solche „bourse commune" nach dem Vorbilde des „change" von Lyon zu errichten, und verleiht ihr dieselben Privilegien, deren die Kaufleute in Lyon sich erfreuen, insbesondere die Handelsgerichtsbarkeit. Im Jahre 1551 wurden sodann hierzu weitere Ausführungsbestimmungen erlassen, von denen die folgenden hervorzuheben sind: den Börsenbesuchern wurde erlaubt, unter einander bis zu 15 % Zinsen zu nehmen, ohne als Wucherer bestraft zu werden, sie durften Wechselprocesse unter einander nach dem strengen, abgekürzten Verfahren führen, wie es auf den Champagner Messen bestanden hatte und in Lyon noch bestand, ebenso durften sie das Wechsler- oder Bankiergewerbe ohne besondere Concession betreiben [43]).

---

[42]) Desjardins, l. c. III. 221.
[43]) Vgl. oben I. 82.

Im Jahre 1556 erhielt Rouen eine Börse unter derselben Begründung und ähnlichen Bedingungen, 1563 Paris, und in den folgenden Jahren wurden noch andere Städte des Landes mit der gleichen Einrichtung versehen. Man hat dem Kanzler Michel L'Hôpital das Verdienst zugeschrieben, insbesondere die Handelsgerichtsbarkeit damals in Frankreich allgemein eingeführt zu haben. Thatsächlich hat er sie in einer Rede, die er 1560 vor dem Pariser Parlamente hielt, warm empfohlen. Aber bei Errichtung der Börsen von Toulouse und Rouen war er gewiss noch nicht betheiligt, und die ihn hauptsächlich interessirende handelsrechtliche Seite der ganzen Action trat wohl nicht sogleich in den Vordergrund. Anfangs handelte es sich vielmehr namentlich um eine wirthschaftliche Einrichtung, um die Börse, von der man sich ausserordentliche Erfolge für die Belebung des Handels versprach. Die Regierung wollte augenscheinlich dasjenige, was bei Lyon geglückt war, nun auch bei anderen Städten versuchen. Dass sie dabei ganz vorzugsweise an die Möglichkeit dachte, ihren Finanzbedarf immer reichlicher befriedigen zu können, kann mit Sicherheit angenommen werden. Indess wurde dieser Zweck nicht erreicht, und ebensowenig wurde das Bankprojekt verwirklicht. Vielmehr blieb Lyon einstweilen der einzige Ort, wo die Krone Anleihen aufnehmen konnte, und auch die Art, wie solches geschah, änderte sich zunächst noch nicht wesentlich; nur die Grösse der Anleihen nahm immer mehr zu, da sich immer weitere Kreise an ihnen betheiligten.

Im Jahre 1549 z. B. lieh allein die uns bekannte Handelsgesellschaft Neidhart, Seiler und Genossen dem Könige 100000 Kronen; davon gehörte der grösste Theil dem Sebastian Neidhart; ausserdem aber waren noch betheiligt: Hieronymus Seiler, Matheus Pflaum, Georg Muelich und Wolffgang Langemantel, sämmtlich in Augsburg. Im September 1550 war die Forderung auf 123 214 Kronen angewachsen. Der König zahlte 1549 in Lyon 16% Zinsen, während der Marktzinsfuss bei kaufmännischen Darlehen (Deposito) nur 10 bis 12% betrug. Damals scheinen sich auch zum letzten Male einige Genuesen (Gianbattista und Benedetto Fornari) bei den französischen Finanzgeschäften betheiligt zu haben, was aber entdeckt und streng bestraft wurde[43a].

Wie gierig die oberdeutschen Kaufleute bereits nach den hochverzinslichen Obligationen des französischen Königs trachteten, ersehen wir aus einem Briefe, den Andreas Imhof d. J. am 6. Februar 1550

[43a] Bonfadio, Annali d. cose de Genovesi (1528—1550) ed. Passchetti p. 191 ff.

aus Venedig an Paulus Behaim in Nürnberg richtete. Darin heisst es: „Ich vernehme, dass du mit den 1000 Kronen, dem König „von Frankreich zu leihen, zu spät gekommen bist. Man hat ein „gut Glück verschlafen. Hätte man ihm bisher und von Anfang „an eine gute Summe geliehen, so hätte man solche schon doppelt „eingebracht und könnte seiner jetzt entrathen". Das bezog sich auf die ablehnende Haltung, welche der alte Endres Imhof, der Vater des Briefschreibers und Chef der grossen Imhof'schen Handlung, den Finanzgeschäften gegenüber noch einnahm. Es wäre gut gewesen, hätte er hierin auch später dem Drängen seiner Söhne und anderen jungen Verwandten nicht nachgegeben.

Paulus Behaim konnte seine Absicht, dem Könige von Frankreich 1000 Kronen zu leihen, schon im September 1550 ausführen. Willibald Imhof machte ihm die erfreuliche Mittheilung, dass es ihm gelungen sei, den Betrag unter dem Namen der Cenami unterzubringen, die ihm $^{1}/_{4}\%$ auf das Kapital vergüteten. Das Geschäft wurde durch einen italienischen Sensal abgeschlossen. Imhof fügt hinzu: „Hab' es nicht können besser machen. Vor meiner Ankunft „hat man $1^{1}/_{4}\%$ gegeben, wer Königsbriefe hat annehmen „wollen. Aber gestern auf die Largezza (Geldüberfluss) „hat man nur $^{1}/_{4}\%$ präsentirt, um Platz beim König zu „machen; es ändert sich eben sehr rasch".

Zum ersten Male hören wir von einem Disagio der „Königsbriefe" und von beginnenden Coursschwankungen. Im November schreibt Imhof weiter: „Hätte ich länger gezögert, dein Geld beim „Könige anzulegen, so wäre ich gar nicht angekommen; denn der „König hat nichts haben wollen. Willst du wieder heraus, so kannst „du dein Geld zurückerhalten und $1^{1}/_{2}\%$ dazu; aber solchergestalt „will Niemand heraus".

Der Zinsfuss der königlichen Anleihen fiel im Laufe des Jahres 1550 auf 3% pro Messe $= 12\%$ p. a. Doch auch zu diesem Zinsfusse strömten die Kapitalien herbei. Im October 1550 wird berichtet, des Königs Credit sei ein glänzender, weil er die Zinsen stets prompt bezahle; schon sei er den Kaufleuten $1^{1}/_{2}$ Millionen Dukaten schuldig, und täglich würden neue Summen von Antwerpen nach Lyon remittirt. Ein florentiner Geschichtsschreiber bringt sogar zum Jahre 1550 folgende Nachricht: „Um den Kaiser bei seinen Anleihen Concurrenz zu machen, errichtete der König in seinem Reiche einen „Monte, indem er von Jedem Geld annahm, der ihm solches leihen „wollte, alle 4 Monate die Zinsen bezahlte und bei Verlangen auch das „Kapital dem Darleiher wiedergab. Darauf kam von allen Seiten

„soviel Geld zusammen, dass der König binnen 6 Monaten über drei „Millionen Dukaten schuldete, wovon allein den florentiner „Kaufleuten 800000 Dukaten gehören sollen" [44]).
Das war eine Übertreibung, wie denn der ganze Bericht einige offenbare Irrthümer enthält. Augenscheinlich liegt eine chronologische Täuschung vor: der Bericht bezieht sich auf einen Zustand, der erst mehrere Jahre später vorhanden war. Aber er ist wichtig als ein weiterer Beweis für die Thatsache, dass allmählich durch die grossen Anleihen der französischen Krone eine ganz neue Organisation des Kapitalverkehres geschaffen wurde, welche überall Aufsehen erregte, und für die eine feste Bezeichnung noch nicht gefunden worden war. Bald sollten weitere Schritte auf diesem Wege folgen.

Der Zeitraum 1551 bis 1557. Im Februar des Jahres 1551 wird berichtet, dass der König immer noch nur 3 % Zinsen pro Messe zahle, und dass er auch nur dann wieder 4 % zahlen werde, wenn von neuem Krieg entstehen würde. Im August meinte man, der König sollte billigerweise wieder 4 % bezahlen, und er werde es auch thun, wenn man ernstlich darauf dringe; „aber das will Niemand; die Italiener sind mit 3 % zufrieden; doch giebt es Einige, die gerne mit 4 % Schaden heraus möchten". Das waren jedenfalls gutunterrichtete Leute. In Italien hatten ja damals bereits Zusammenstösse zwischen kaiserlichen und französischen Truppen stattgefunden, denen im September der definitive Bruch, und Ende des Jahres der Bündnissvertrag zwischen dem Könige Heinrich II. und den deutschen Protestanten, besonders mit Moritz von Sachsen, folgte.

Im October wünschten auch die Imhof ihre Forderung an den König in Anbetracht der schweren Kriegsläufe zu verkaufen und waren bereit, 5 % daran zu verlieren; doch gelang es ihrem Vertreter, nur 2000 Kronen mit 6½ % Verlust loszuwerden. Alle Welt wollte verkaufen, und gleich darauf konnte man selbst mit 7—8 % Disagio

---

[44]) Segni, Istor. Fiorent. ed. Gargani p. 488. Über die Bedeutung des Wortes „monte" vgl. oben I. 39. Vgl. ferner Turnbull, Calendar, Edward VI. No. 248. Hier heisst es in einem Berichte aus Dieppe vom 21. October 1550: „Large sums come daily from Antwerp to the bank of Lyons". Dass auch damals von einer Bank von Lyon nicht die Rede sein konnte, darf mit Bestimmtheit behauptet werden, da ja aus den oberdeutschen Handelscorrespondenzen der ganze Hergang bei den lyonneser Finanzgeschäften klar ersichtlich ist; es handelt sich eben wiederum nur um die Gesammtheit der lyonneser Bankgeschäfte. Der Ausdruck „monte" ist dagegen ganz angebracht, sofern man darunter nur nicht, wie bei den italienischen „monti", eine festorganisirte Korporation von Staatsgläubigern versteht.

nichts anbringen. Zwei Wochen später erklärten die Imhof ihr Einverständniss mit einem Verkaufe zu 8% unter pari; doch jetzt waren
schon sogar mit 10—12% kaum Käufer zu finden. Im November
beruhigte sich die Stimmung wieder ein wenig: kleinere Parthien der
Königsbriefe wurden mit 8½% Verlust umgesetzt. Willibald Imhof
wusste dem Paulus Behaim wegen seiner Betheiligung keinen Rath
zu geben; „denn die grossen Herren machen es wie sie wollen"; doch
wurden seine 1000 Kronen mit 8 und 8½% Verlust verkauft.

In der December-Messzahlung überraschte der König den Geldmarkt freudig durch eine Rückzahlung von 200000 Écus, was seinen
Credit sofort wieder derart besserte, dass er den vorübergehend auf
4% pro Messe gestiegenen Zinsfuss seiner Anleihen wieder auf 3%
ermässigen konnte. Die Leute, welche ihre Forderungen mit grossem
Verluste verkauft hatten, bezeigten lebhafte Reue, dass sie sich so
hatten ins Bockshorn jagen lassen. Auch Paulus Behaim wünschte
wieder 1000 Kronen anzulegen, wenn 4% Zinsen pro Messe zu erlangen wären. Willibald Imhof antwortete darauf im Januar 1552,
der König sei geneigt, denen, welche nicht nur ihre Forderungen
prolongiren, sondern noch 50% dazu leihen wollten, 4% Zinsen pro
Messe zu bezahlen. Doch schon war die Stimmung wieder umge-
schlagen: die Meisten wünschten ihrer Forderungen entledigt zu sein.
Dabei war der Geldstand sonst sehr flüssig: gute kaufmännische
Obligationen bedangen nur 1¼—1½% pro Messe (= 5—6% p. a.).
Anfang April 1552 war der Marktzins wieder auf 2¾—3% pro Messe
(11—12% p. a.) gestiegen, da der König aufs neue grosse Geldsummen aufnahm und hierfür 15% Zinsen bezahlte. „Ist ein schöner
Gewinn für den, der sich damit befassen kann", meinte ein Tucherscher Faktor in Lyon.

Es war die Zeit, als König Heinrich II. auf Grund seines Vertrages mit den protestantischen deutschen Fürsten die Städte Metz,
Toul und Verdun in seine Gewalt brachte. Leider ist kaum daran
zu zweifeln, dass nicht nur die deutsche Zwietracht ihm dies ermöglichte, sondern dass auch bei den Anleihen, welche er damals aufnahm, trotz des aufs neue eingeschärften kaiserlichen Verbots, sich
deutsches Kapital betheiligte. Indess fehlte es uns für das Jahr 1552
an weiteren authentischen Nachrichten[45]. Dagegen besitzen wir eine

---

[45] Nach den Nürnberger Rathsbüchern (3/2, 11/2 und 15/2 1552) begehrte der
Kaiser am 25. Januar 1552, der Rath möge seine Bürger, die nach Frankreich handelten,
verwarnen, dem Könige von Frankreich weder durch Wechsel noch auf andere Weise
Geld zu übermitteln, bei Strafe der Reichsacht. Der Rath kam diesem Befehle nach, und
die Kaufleute versprachen Gehorsam. Falke, Gesch. d. deutschen Handels II. 40 erwähnt

vollständige Zusammenstellung der Geldsumme, welche der König in der Ostermess-Zahlung des Jahres 1553 den Kaufleuten in Lyon schuldete[46]).

ebenfalls dieses Verbot, das auch in Augsburg und anderen Handelsstädten verkündet wurde. Vgl. ferner R o t h, Gesch. d. Nürnbg. Handels I. 269. Nun ist allerdings grade aus der nächsten Zeit nach dem Verbote keine Betheiligung oberdeutscher Kaufleute an den französischen Kronanleihen bekannt; doch kann dies ein blosser Zufall sein, und jedenfalls lassen sich für das Jahr 1553, als der Krieg zwischen Kaiser und König noch immer fortdauerte solche Betheiligungen im grössten Maassstabe nachweisen. Auch der lyonneser Historiker R u b y s (Histoire de Lyon p. 378); der im Anfange des 17. Jahrhunderts schrieb, erwähnt die Anleihe, welche König Heinrich II. für seine Unternehmung gegen Metz, Toul und Verdun („à l'occasion du voyage qu'il fit, pour passer en Allemaigne, en l'an 1552") aufnahm und giebt den Zinsfuss richtig mit $15\,^0/_0$ an; doch scheint er irrthümlicherweise zu glauben, dass dies diejenige Anleihe war, welche man später „le grand parti" nannte; dieselbe ist aber erst 1555 aus mehreren Anleihen gebildet worden.

[46]) Das Verzeichniss befindet sich im Germanischen Museum unter den Papieren des Paulus Behaim I. Die wichtigsten Einzelbetheiligungen sind von uns schon früher aufgeführt worden; indess wollen wir hier wenigstens die vollständige Liste der deutschen (und schweizer) Gläubiger der Krone veröffentlichen:

Name	Wohnort	Betrag in Écus	Name	Wohnort	Betrag in Écus
Christ. Neidhart $(3\,^0/_0)$	Augsburg	124450	Hans u. Lucas Iselin	Basel	35550
Gabriel Neidhart $(3\,^0/_0)$	„	20900	Lienhard Zollikofer	St. Gallen	7000
Bnh. u. Phil. Menting*	Bern	43725	Thom. u. Chr. Zol-		
Christof Freihamer	Augsburg	7500	likofer	„	12950
Sebastian Imhof	Nürnberg	14100	Niclas Feld	Unterwalden	20000
Lienhard Imhof	Augsburg	5000	Nico. u. Franco. Mair	Freiburg	10900
Hieron. Welser	„	12500	Nico. Mair	„	2500
Michel Imhof		12000	Osw. Stiesser	Glarus	500
Jorg Koch	Augsburg	11800	Lutz Ulmer	Steinfelden	3000
Hans Ebner d. J.	Nürnberg	12500	Jorg Weikmann	Ulm	35000
Casp. Rud. Fischer u.			Mart. Hochreuter $(3\,^0/_0)$		2650
August. Fürnberger	Nürnberg	10700	David Kleberger $(3\,^0/_0)$		5000
Wolfgang May*	Bern	8200	Hans u. Heinr. Baier	Schaffhausen	9000
Derselbe zu $3\,^0/_0$*	„	5800	Hans Baier	„	23000
Claudio May*	„	5000	Jak. u. Sebast. Welser	Nürnberg	4000
Barth. May*	„	13200	Gabriel Frey	Basel	2000
Benedikt Stocker	Schaffhausen	16900	Ambroxi Macis de		
Michel Sayler*	St. Gallen	6500	Rem (?)		25000
Jero. u. David Zang-			Jaco. Fe......	Bischofsh. ...	12000
meister	Augsburg	99400	Vincenz Pirkhamer		7000
Hans Paulus u. Hans			David Weyer		18000
Heinr. Herwart	„	46500	Jacob Cony	St. Gallen	2700

Summa der Deutschen 720925 Kronen (richtiger 714425 Kronen). Die mit einem * versehenen Namen gehören solchen Kaufleuten an, die ohne Zweifel in den oberdeutschen Reichsstädten wohnten und nur in einer schweizer Stadt das Bürgerrecht erworben hatten, um als Neutrale ihren Handel ungestört treiben zu können, ein damals von den oberdeutschen Kaufleuten vielfach angewendeter Kunstgriff.

7*

Die Deutschen hatten danach über 700000 Ecus oder Kronen zu fordern; doch befanden sich hierunter mehr als 200000 Kronen Forderungen von Schweizern. Das Guthaben der Florentiner betrug über eine halbe Million, das der Luccheser, Venetianer und Portugiesen mehr als 200000 Kronen. Die Gesammtsumme beläuft sich auf 1463375 Kronen. „Davon thut der Interesse oder Don, jede Mess zu 4 % gerechnet, ungefähr 58535 Kronen".

Hiermit stimmt eine ebenfalls direct aus Lyon stammende Nachricht vom October desselben Jahres (1553) überein, welche besagt, dass der König ausser den bereits von früher schuldigen ¹/₂ Mill. Goldes in der letzten Messe noch weitere 400000 Francs aufgenommen habe [47]).

Wir ersehen aus diesen durchaus einwandsfreien Nachrichten, dass der König in der Ostermesse 1553 den Kaufleuten in Lyon ungefähr 1 ¹/₂ Millionen Kronen schuldete, dass er bereits wieder für die meisten Anleihen 4 % Zinsen pro Messe bezahlen musste, und dass er auf dem Wege des Schuldenmachens rüstig weiterschritt, trotzdem damals zwischen ihm und dem Kaiser Waffenstillstand herrschte. Allerdings hatte er das kurz zuvor eroberte Corsica gegen die Genuesen zu vertheidigen, die wieder vom Kaiser, sowie vom florentiner Herzoge unterstützt wurden. Pietro Strozzi befehligte die französischen Truppen. Doch bald sollten noch ganz andere Geldbedürfnisse sich geltend machen.

In dieser Zeit beginnen auch in Frankreich die Klagen darüber, dass der Waarenhandel abnehme, während der Geld- und Wechselhandel florire. Besonders deutlich tritt uns das entgegen in einer Beschwerde der französischen Waarenhändler gegen eine Vereinbarung der fremden Bankiers in Lyon hinsichtlich der Geldsorten, welche bei Wechselzahlungen angenommen werden sollten. In dieser Beschwerde wurden die fremden Bankiers angeklagt, dass sie nur um eigennütziger Interessen willen nach Frankreich kämen, dort alles baare Geld an sich zögen und es dann ins Ausland führten. Auch das neumodige Depotgeschäft, sonst „Wucher" genannt, bereichere nur wenige Personen und ruinire den soliden Waarenhandel, sodass viele Waarenkaufleute jetzt Geldkaufleute geworden seien. Der Wechselhandel wird als unproduktiv bezeichnet, Klagen, die später noch in ganz anderen Kreisen lebhaft ertönen und schwerwiegende Folgen nach sich ziehen sollten [48]).

---

[47]) Turnbull, Calendar, Queen Mary No. 57. Ein Écu (Krone) war damals 2 ¹/₈ Livres tournois oder Francs werth.

[48]) Remonstrances des marchans contre l'accord des banquiers (Lyon. Arch. municip. H. H. IX. 629), undatirt, aber zweifellos aus der Zeit 1551/56 herrührend.

Für das Jahr 1554 besitzen wir nur geringe Nachrichten. Wir hören von einer Anleihe von 40000 Ėcus, welche der König in der Augustmesse dieses Jahres zu 4% pro Quartal aufnahm und Bodin's Angabe zufolge scheint es, dass die Capponi, die Albizzi und die oberdeutschen Kaufleute damals noch grössere Summen hergeliehen haben müssen; doch ist auf Bodin's Jahreszahlen nicht grade unbedingt zu bauen. Er sagt, die Zinsen seien jedesmal zum Kapital geschlagen worden. Das geschah aber erst später; in den Jahren 1554—1557 wurden die Zinsen in jeder Messe mit 4% baar bezahlt[49]).

Bodin knüpft hieran ferner die Bemerkung, König Heinrich habe das Kapital anlocken wollen dadurch, dass er mehr Zinsen bezahlte als der Kaiser und der König von England; aber stattdessen habe dies seinen Credit allmählig untergraben; „denn die besten Haushalter und Rechner urtheilten, dass er zuletzt weder Kapital noch Zinsen werde zahlen können, zumal der Zins sich durch die Zinseszinsen auf mindestens 18% stellte".

Das war vollkommen zutreffend. Wir wissen auch, dass nicht nur vorsichtige Kaufleute wie Anton Tucher, sondern auch die weit weniger vorsichtigen Welser zehn Jahre vor dieser Zeit sich in dem von Bodin angedeutetem Sinne äusserten. Aber grade in den Jahren von denen wir jetzt sprechen, wurde die Finanzlage der französischen Krone von den meisten Kapitalisten sehr optimistisch beurtheilt.

Das Jahr 1555 ist in der Finanzgeschichte des 16. Jahrhunderts dadurch bedeutsam geworden, dass es den vielgenannten „grand parti" hervorbrachte. Parti, ital. partito, wurde damals, wie wir wissen, vorzugsweise jeder fürstliche Darlehnsvertrag genannt; den grössten derartigen Vertrag, den die französische Krone im 16. Jahrhundert abgeschlossen hat, nannte man daher „le grand parti". Die Deutschen sagten stattdessen wohl „die grosse Parditta", „der grosse oder gemeine Platz", „die gemeine Finanz" oder dergleichen, im Gegensatz zu den späteren „partiti particolari". Der „grand parti" wurde nämlich gebildet durch Zusammenlegung aller bis dahin von der Krone in Lyon aufgenommenen schwebenden Anleihen nebst neuen Anleihen in Höhe eines Drittels der bisherigen Schuld. Dieses grosse Geschäft kam in der Ostermesse des Jahres 1555 zu Stande, als der Krieg um Siena zwischen dem Herzog von Florenz und den unter dem Befehle des Marschalls Strozzi stehenden Franzosen sich seinem Abschlusse näherte, aber gleichzeitig der Wiederausbruch des allgemeinen Krieges gegen den Kaiser bevorstand.

---

[49]) Bodin Ed. 1583 p. 893. Vgl. damit Lyon, Bibl. Coste Ms. 6932 N. und Freiherrl. Ebner'sches Archiv, Bruchstück des Contocorrents von Georg Ebner in Lyon.

In der Ostermesse 1555 war der gewöhnliche Marktzins 3 %
pro Quartal = 12 % p. a. So konnte man Geld in grossen Mengen
bekommen, während 2 $\frac{2}{3}$ — 2 $\frac{3}{4}$ % vielfach geboten wurden. Da er-
ging an die Consuln der fremden „Nationen" in Lyon die Auf-
forderung, letztere möchten dem Könige ein Darlehen bewilligen in
Höhe eines Drittels ihrer bisherigen Forderungen; dann wolle er
ihnen für das Ganze 16 % bezahlen, obwohl die älteren Forderungen
zum Theil nur mit 12 % verzinslich seien. Schon am 7. März war
auf dieser Grundlage eine Vereinbarung zu Stande gekommen. Der
König erhielt von jedem seiner Gläubiger einen neuen Vorschuss in
Höhe eines Drittels der bisherigen Forderung und verpflichtete sich
dagegen, in jeder Messe 4 % Zinsen von der Gesammtschuld sowie
ausserdem 1 % als Amortisationsrate zu zahlen, wodurch die Schuld
in 41 Messen getilgt werden sollte [50].

Wir wissen nicht genau, wie gross damals die schwebende Schuld
des Königs war. Zwei Jahre zuvor hatte sie 1 $\frac{1}{2}$ Millionen Kronen
betragen. Nehmen wir an, dass sie in den zwei Jahren nur um eine
halbe Million zugenommen hatte, was gewiss nicht zu hoch taxirt
ist, so belief sie sich jetzt auf zwei und mit Hinzurechung des neu-
geliehenen Drittels auf 2 $\frac{2}{3}$ Millionen Kronen. Wahrscheinlich wird
sie sich noch höher gestellt haben. Finanztechnisch ist der „grand
parti" zunächst interessant durch die Thatsache, dass hier zum ersten
Male bei einem grossen fürstlichen Finanzgeschäfte ein förmlicher
Tilgungsplan mit Zinseszinsrechnung aufgestellt wurde, eine
Neuerung, welche den italienischen Ursprung an der Stirne trägt,
die aber jetzt alsbald von allen Rechenmeistern in ihre Lehrbücher
aufgenommen und weiter verbreitet wurde [51]. Sodann ist es von

---

[50] In der neueren Literatur sucht man vergeblich eine Erwähnung dieses seiner Zeit
weit berühmten Finanzgeschäftes. Abgesehen von dem, was Bodin, Rubys und andere
Schriftsteller des 16. Jahrhunderts darüber berichten, und was, wie wir schon gesehen haben,
nur mit grosser Vorsicht benutzt werden kann, habe ich fast alle meine den „grand parti"
betreffende Mittheilungen entnommen: 1. den Behaimschen Papieren im Germanischen
Museum; 2. dem Freiherrl. von Ebnerschen Familien-Archive, wo freilich nur noch ein
Bruchstück eines alten Handlungsbuches, dieses aber von grösstem Interesse, von den
lyonneser Geldgeschäften der nürnberger Kaufleute berichtet; 3. den Haugschen Handlungs-
büchern im Augsburger Stadtarchive.

[51] Michel Coquet, Livre d'arithmétique. Anvers 1573: „Ceste pratique est
semblable à celle que les Bancquiers firent avec le Roy Henri de France en l'an 1555,
lesquelz luy donnoyent (comme allegue J. Trenchant) une certaine somme d'escus, qu'ilz
appelloyent le grand party, en condition qu'il payeroit 5 % par foire jusques à 41 foires
et qu'il seroit quitte de tout. Car l'interest estoit 4 %, et le Roy, qui donnoit 5 %,
s'acquitoit 1 % par foire, lequel mont au bout des 41 foires 99 $\frac{6265338}{10000000}$ %, dont s'ensuyt

grösster Bedeutung, dass bei dieser Anleihe zum ersten Male das moderne Princip der öffentlichen Anleihe, der Subscriptionsanleihe, wie wir jetzt sagen, in einer grossen Monarchie zur Anwendung gelangte. Die mittelalterlichen Monti der italienischen Republiken waren auch öffentliche Anleihen gewesen, und desshalb bezeichnet ja, wie wir wissen, ein florentiner Chronist die neue französische Art der Börsenanleihen als „monte", wobei er ausdrücklich das Wesen desselben darin sah, dass der König „von Jedem Geld annahm, der ihm solches leihen wollte". Nördlich der Alpen war das nie zuvor geschehen, und die Zeitgenossen haben dies klar erkannt.

Rubys sagt: „Der König machte ein Finanzgeschäft in Lyon, „welches „le grand parti" genannt wurde, weil diese Anleihe für alle „Arten von Personen, für alle diejenigen, welche Seiner Majestät „Geld leihen wollten, offen war. Sie zahlten ihr Geld bei dem General-„einnehmer von Lyon ein und empfingen dagegen Obligationen in „aller Form. Für die Zahlung der Zinsen und Amortisationsraten „wurde ein besonderes Amt errichtet, der „Receveur du don gratuit", „der in jeder Messe die Gesammtsumme von der Finanzverwaltung „empfing und sie an die einzelnen Interessenten vertheilte. Gott weiss, „wie die Gier nach diesem übermässigen Gewinne der obendrein „durch die Bezeichnung „don gratuit" verschleiert wurde, die Men-„schen anreizte: Jedermann lief herbei, um sein Geld in dem „grand parti anzulegen, bis herunter zu den Dienstboten, „die ihre Ersparnisse hinbrachten. Die Frauen verkauften „ihren Schmuck, die Wittwen gaben ihre Renten hin, um „sich an dem grand parti zu betheiligen. Kurz, man lief „dorthin, als wenn das Feuer dort sei"[52].

------

que le Roy n'estoit pas acquité de tout et par consequent s'estoit ce au dommage des bancquiers de le donner quitte au terme susdit". Danach ist die Angabe Baerlocher's (Handbuch der Zinseszins-, Renten- etc. Rechnung. Zürich 1886. Einl. p. XXV), dass die ersten Zinseszins-Tabellen von dem Niederländer Simon Stevin Anfang des 17. Jahrhunderts aufgestellt worden seien, nicht zutreffend. Eine unvollkommene Art der Zinseszinsrechnung kannte man übrigens damals auch schon in Oberdeutschland. Vgl. Ehrenberg, Ein finanz- und socialpolitisches Projekt aus dem 16. Jahrhundert (Ztschr f. d. gesammte Staatswissenschaft 1890 p. 720). Wie günstig man den Amortisationsplan des „grand parti" beurtheilte, ersieht man aus der (zu spät datirten) Gesandtschaftsberichten bei Brown, Calendar VI. 956 und Alberi, Relàz. IV. 423. Es wird dort als sehr vortheilhaft für den König hervorgehoben, dass er für 100 Kronen Kapital im Ganzen an Kapital und Zinsen nur 204 Kronen in 41 Messen zurückzuzahlen brauche, während wenn er in dem ganzen Zeitraume auf das volle Kapital pro Messe 4 % Zinsen bezahlen müsste, dies zusammen 164 %, also mit dem Kapitale 264 % ausmachen würde, er profitire also 60 %.

[52]) Rubys, Histoire de Lyon p. 378.

Bodin spricht andererseits von den „Fürsten und Herren", welche Geld „à la banque de Lyon" anlegten; „denn nicht allein die „reichen schweizer Herren, die deutschen und anderen „Fürsten betheiligten sich dabei, sondern sogar die Paschas und „Kaufleute der Türkei thaten dies unter dem Namen ihrer „Faktoren mit mehr als 500000 Écus".

Jetzt wissen wir also ganz genau, was Bodin als „banque de Lyon" bezeichnete: eben den „grand parti" oder den „gemeinsamen Platz", wie die Oberdeutschen ihn wohl auch nannten. Stets liegt hier die Wahrnehmung zu Grunde, dass die Anleihe eine allgemein zugängliche war.

Wir erkennen nun ferner, woran es liegt, dass die Angaben betreffs der Einführung dieser grossen Neuerung so verschiedenartig und ungenau sind. Es handelte sich ja im Jahre 1555 nur um die Zusammenlegung und Vergrösserung von Anleihen, die theilweise bis zum Jahre 1551 zurückreichen, und bei denen das von uns geschilderte Verfahren allmählich immer consequenter, immer umfassender angewendet wurde. Der „grand parti" bildet auch noch keineswegs den Abschluss der ganzen Entwickelung. Diese ging zwar bis zur Finanzkrisis vom Jahre 1557 mehr in die Breite als in die Tiefe: es wurden weitere grosse Anleihen abgeschlossen; doch erfuhr das System selbst bis dahin keine wesentliche Ausgestaltung mehr; aber nach der Finanzkrisis von 1557 begann, wie wir sehen werden, in Lyon eine weitere Entwickelung, welche das dortige Finanzgeschäft für uns zu einem immer interessanteren Gegenstande machen wird.

Aus dem Jahre 1555 besitzen wir nur noch die Quittung von Martin de Troyes, der jetzt Generaleinnehmer des Königs in Lyon geworden war, über 99325 Écus, welche Pietro Salviati e Compagni in Lyon dem Könige vorgestreckt hatten. Die Quittung ist vom 7. October 1555 datirt, wird also wohl sich auf ein Geschäft beziehen, das nach dem „grand parti" abgeschlossen wurde[53]).

Die florentiner Flüchtlinge in Lyon suchten damals, wie wir wissen, Frankreich zu erneuten Kraftanstrengungen gegen den mit Spanien verbündeten Herzog Cosimo von Florenz fortzureissen. Die Strozzi und Altoviti standen an der Spitze dieser Bewegung. Am 12. Januar 1556 wird berichtet, die Florentiner liehen dem Könige 400000 Kronen zu 16% und wollten weitere 200000 zinslos hergeben, wenn der König sie gegen Florenz verwende. Am 27ten des-

---

[53]) Bibl. Coste, Lyon Ms. No. 6933.

selben Monats heisst es, Bindo Altoviti habe Namens der florentiner
Flüchtlinge einen Anleihevertrag von 300000 Kronen zu 16 % mit
den Vertretern des Königs abgeschlossen; doch sei die Sache noch
in der Schwebe, weil man die Schuldverschreibungen nicht als ge-
nügend befunden habe [54]).

Gegen Ende August brachte der Marschall Strozzi eine weitere
Anleihe zu Stande: der König liess dem Papste Paul IV. 300000
Kronen Subsidien durch florentiner Bankhäuser in Venedig auszahlen.
Davon gaben letztere 120000 her, während der Rest von 180000
Kronen durch deutsche Kaufleute unter den Namen von Israel
Minckel und Georg Obrecht übernommen wurde. Die Anleihe
sollte in zwei Jahresraten zurückgezahlt und mit 16 % verzinst werden;
sie kostete dem König aber thatsächlich über 20 %, da er (auf zwei
Jahre vertheilt) 6$^{1}/_{2}$ % Coursverlust für die Übermittelung des Geldes
nach Venedig zu tragen hatte, und da ferner Zins auf Zins berechnet
werden sollte.

Die Veranlassung der Betheiligung deutscher Kaufleute ersehen
wir aus einer Äusserung des Marschall Strozzi: die Florentiner
wollten das Risiko nicht allein tragen, und die Deutschen
waren nur zu bereit, ihnen einen Theil davon abzunehmen [55]). Sie
beurtheilten damals die Lage der französischen Finanzen wieder merkwürdig optimistisch, und es begann jenes blinde, sinnlose Gedränge
profitlüsterner Thoren, wie es seitdem in jeder derartigen Periode zu
Tage getreten ist. Vermuthlich werden die Florentiner es sich zur
Aufgabe gemacht haben, die Deutschen auf alle Weise anzulocken.

Als gegen Ende December Michel Imhof in Lyon dem Paulus
Behaim in Nürnberg meldete, er sei für ihn durch Vermittelung der
Welser bei dem Könige mit 1500 Kronen „eingekommen" und habe
sogar 2 % Kapitalnutzen herausgeschlagen, also nur 98 % bezahlt, da
freute sich Behaim über dieses schöne Geschäft, und auch Hans Imhof
schrieb aus Antwerpen, er habe gern davon gehört; „denn der
Ort ist richtig und der Interess ist gut, hat manchem guten
Gesellen in Sattel geholfen".

Das Geschäft, bei dem Behaim betheiligt wurde, war die von
den Deutschen so genannte „Salz-Partita". Am 1. November 1556
wird berichtet, man habe einen neuen Partito mit Georg Obrecht
abgeschlossen. der an der Spitze eines grossen Consortiums von

---

[54]) Brown, Calendar VI. 314, 330. Für das Folgende sind namentlich noch wichtig
das mehrerwähnte Bruchstück eines Handlungsbuches im Freiherrl. Ebner'schen Archive,
sowie die Behaim'sche Correspondenz im Germ. Museum.

[55]) Brown, Calendar VI. 904.

Deutschen und Italienern stehe; der Betrag dieser Anleihe wird mit 900000 Kronen, der Zins wieder mit 16% angegeben. Am 16. December wird gemeldet, weitere 300000 Kronen seien zu demselben Zinsfusse abgeschlossen worden[56]. Sind diese Meldungen richtig, so betheiligten sich die Deutschen nur mit einem Drittel an den erwähnten Anleihen; denn wie aus einer Ebnerschen Aufzeichnung ersichtlich ist, liehen Israel Minckel, Georg Obrecht und Genossen damals dem Könige nur 400000 Kronen, rückzahlbar innerhalb $5^{1}/_{2}$ Jahren in Vierteljahrsraten und verzinslich mit 4% pro Messe. Als Sicherheit wurden Anweisungen gegeben anf die Einkünfte der Salzabgabe (gabelle) in Nantes, Tours und Bourges; daher der Name „Salz-Partita".

Obwohl nun die Zahlung der Zinsen und Amortisationsraten in den folgenden Messen sehr langsam erfolgte, erwies sich das Vertrauen des grossen Publikums in die Zahlungsfähigkeit der französischen Krone doch einstweilen als unverwüstlich[57]. Anfang Mai 1557 schrieb Michel Imhof aus Lyon, er habe gar keine Sorge wegen der Schuld des französischen Königs; es wäre ihm lieb, wenn die Imhof von ihrer Forderung an die Stadt Antwerpen die Hälfte auch noch dem Könige geliehen hätten. In den ersten Messen des Jahres 1557 herrschte in Lyon ausserordentliche Geldfülle; der Marktzins fiel bis $1^{1}/_{3}$% pro Messe $= 5^{1}/_{3}$% p. a. Des Königs „Platz" (partito) galt 98—99% und zu diesen Coursen waren mehr Nehmer als Geber vorhanden.

Geschickt wusste der König diese günstige Stimmung zu unterhalten. Man verbreitete Nachrichten über grosse Reformen im Finanzwesen. Als man Anfang August 1557 erfuhr, der König von Spanien habe seine Zahlungen eingestellt, liess König Heinrich den Kaufleuten versichern, sie möchten seinetwegen unbesorgt sein; er werde seine Zusagen einlösen; er wisse, was die fürstliche Ehre gebiete. Darauf liehen ihm die deutschen Kaufleute, welche wenige Tage vorher schon 200000 Kronen hergegeben hatten, aufs neue 300000 zu 16%[58].

Kurze Zeit danach rühmte der König im Gespräche mit einem venetianischen Gesandten, dass die Kaufleute in Lyon mit einander

---

[56] Brown VI. 764, 869.

[57] Die Gläubiger der Krone müssen schon 1556 einige Mühe gehabt haben, ihre Interessen am Hofe zu vertreten; denn es hielten sich dort längere Zeit hindurch Deputirte der vier „Nationen" von Lyon auf, und für „allerley Unkost, so über die gross Partita ist gangen beim Kunig mit verschenken und Leut am Hof zu halten", wurde eine Umlage von $1^{1}/_{2}{}^{0}/_{00}$ auf die Betheiligung der einzelnen Nationen und Kaufleute erhoben.

[58] Brown VI. 1238, 1255.

in Geldanerbietungen wetteiferten; sie hätten ihm neuerdings 600000 Kronen geliehen, davon 100000 zinslos. „Um die Wahrheit zu sagen, fügte er hinzu, ich bin selbst erstaunt über soviel Freigebigkeit in solcher Lage; auch sind die deutschen Kaufleute nicht weniger bereit, mir zu dienen, als die anderen".

Die „Lage", von welcher der König hier sprach, war offenbar diejenige, in welche er durch die 10 Tage vorher erlittene Niederlage von St. Quentin gerathen war. In der That musste die blinde Vertrauensseligkeit der deutschen Kaufleute gerechten Anlass zum Erstaunen geben. Minckel, Obrecht und Genossen liehen damals u. a. dem Könige 400000 L. gegen Verpfändung der Zolleinkünfte von Lyon, obwohl diese Einkünfte schon vorher den Florentinern verpfändet worden waren, und was das Erstaunlichste ist: der Zins auf diese Anleihe betrug nur 12 % p. a.!

Kaum ein Vierteljahr nach jener feierlichen Zusicherung des Königs, nachdem er sich mit seiner Ehre für Erfüllung seiner Versprechungen verbürgt hatte, stellte er, dem spanischen Beispiele folgend, die Zahlung der Zinsen und Amortisationsraten für die lyonneser Schuld ein, die damals wahrscheinlich sich auf etwa 5 Millionen Kronen belief. Der Cours der königlichen Forderungen ging darauf sofort bis 85 % zurück, und trotzdem schrieb Michel Imhof am 26. November: „Wir (die Imhof's) sind wie du (Behaim) nicht gewillt, mit Schaden herauszugehen, obwohl es sich noch gar nicht zum Frieden schicken will, sondern zum Kriege; aber der König von Frankreich ist nicht also zu vertreiben, das Glück mag bald wieder umschlagen; Gott der Herr behüt' vor Schaden!"

Drittes Kapitel

Der Kapitalverkehr an den Weltbörsen des 16. Jahrhunderts.

Die äussere Entwickelung von Antwerpen und Lyon. Die Entwickelung der beiden Weltbörsen des 16. Jahrhunderts weist neben bedeutsamen gleichartigen Zügen auch gewisse Verschiedenheiten auf: beide Plätze verdanken nächst ihrer günstigen Lage viel der fördernden Thätigkeit ihrer Landesherren, welche durch Ertheilung grosser Privilegien den äusseren Anstoss zu ihrer Entwickelung gaben. Aber während Lyon ganz überwiegend ein Erzeugniss dieser Politik war, hat bei Antwerpen die natürliche Verkehrsentwickelung in höherem Grade mitgewirkt. Brügge's Rolle war ausgespielt; es konnte den Antwerpenern die Früchte der grossen überseeischen Entdeckungen nicht streitig machen. Dagegen hätten die Genfer Messen ohne das Eingreifen der französischen Krone zweifellos weiterblühen können, und die Entdeckungen hatten für Lyon überhaupt nur verhältnissmässig geringe Bedeutung.

Früher als die Habsburger erkannten die französischen Könige, welchen gewaltigen Machtzuwachs ein solcher Platz ihnen zuführte: sie machten aus Lyon geradezu ihr finanzielles Arsenal. Demgemäss hatte Lyon nicht einen derart internationalen Charakter, war nicht eine Weltbörse von so überragender Bedeutung wie Antwerpen. Doch auch Lyon erhielt sein geschäftliches Gepräge durch Fremde, hauptsächlich durch florentiner und oberdeutsche Kaufleute, während für Antwerpen neben letzteren namentlich Spanier, Portugiesen, Engländer und Genuesen, in zweiter Linie auch niederdeutsche Kaufleute die gleiche Rolle spielten. Hier wie dort wurden diese Fremden angezogen durch die thatsächlich so gut wie unbeschränkte Handels-

freiheit, welche die Weltbörsen des 16. Jahrhunderts von den immer
noch mehr oder weniger stark eingeschränkten mittelalterlichen Messen
und Börsen unterscheidet.

Diese weitgehende Handelsfreiheit hatte zur Folge, dass sich der
internationale wirthschaftliche Verkehr des grössten Theils Europas
und seiner Kolonien in Antwerpen und Lyon concentrirte. Aber
wiederum stossen wir hier auf einen Unterschied: in Antwerpen concentrirte sich vor allem ein gewaltiger Waarenverkehr, und erst ihm
folgend auch ein entsprechend grosser Wechsel- und Zahlungsverkehr,
welcher seinerseits dann wieder den Verkehr in flüssigen Geldkapitalien
hervorbrachte; dagegen war in Lyon der Wechsel- und Zahlungsverkehr von Anfang an das Hauptgeschäft, und vermuthlich hat sich
daraus dort auch früher als in Antwerpen ein wirklicher Kapitalmarkt entwickelt. Wie es hierbei im Einzelnen herging, davon nachher; zunächst nur noch einige Worte über den äusseren Umriss der
Entwickelung.

Wir wissen zur Genüge, durch welche Momente die europäischen
Fürsten, zumal diejenigen, welche Weltmachtspolitik trieben, seit Ende
des Mittelalters gezwungen wurden, Anleihen von steigendem Umfange aufzunehmen. Das war schon der Fall geraume Zeit ehe Antwerpen und Lyon für diese Anleihen entscheidende Bedeutung erlangten. Noch in den zwanziger und dreissiger, zum Theil selbst
noch in den vierziger Jahren des 16. Jahrhunderts wurden die grössten
internationalen Finanzgeschäfte wenigstens für den Kaiser nicht in
Antwerpen, sondern in Augsburg und Genua abgeschlossen; Lyon
erlangte für die französische Krone etwas früher maassgebenden Einfluss; aber es ist eine in die Augen fallende Thatsache, dass der
fiskalische Creditverkehr beider Weltbörsen erst etwa seit dem Jahre
1542 sich zu einem regelmässigen gestaltete, ein wirklicher grosser
Geschäftszweig wurde, es ist eine ebenso offenkundige Thatsache,
dass die Jahre 1551/52 für diesen ganzen Verkehr den Beginn einer
weiteren wichtigen Entwickelungsphase bedeuten: damals verloren
Augsburg, Genua und Florenz den Rest ihrer Bedeutung als Mittelpunkte der grossen internationalen Geldgeschäfte, die sich nunmehr
vollends an den Kapitalbörsen von Antwerpen und Lyon concentrirten;
es begann an beiden Börsen jener Credit-Taumel, der nach fünf Jahren
die erste grosse Finanzkrisis herbeiführte; abermals fünf Jahre später
traten Ereignisse ein, welche den Verfall beider Plätze unmittelbar
zur Folge hatten.

Die kurze Hochblüthe von Antwerpen und Lyon war jene Zeit,
als türkische Pascha's sich bei den Anleihen der französischen Krone

in Lyon betheiligten, als Heinrich von Rantzau, der holsteinische
Staatsmann und Mäcen, seine Kapitalien eifrig in antwerpener Finanzgeschäften umsetzte, als man die Gesammtsumme der an der antwerpener Börse jährlich abgeschlossenen Geldgeschäfte auf 40 Millionen
Dukaten schätzte. Wir müssen jetzt versuchen, etwas tiefer in das
Wesen der Vorgänge einzudringen, die so grosse Wirkungen her-
vorbrachten.

Messen und Börsen. Die Entwickelung der Weltbörsen des
16. Jahrhunderts ist nur ein Bruchstück jenes gewaltigen Kultur-
processes, der mit dem Tauschverkehre selbst entstanden ist und nur
mit ihm endigen kann, des Processes der örtlichen Verkehrs-Concen-
tration oder Marktbildung. Ein Markt entsteht dadurch, dass viele
Händler gleichzeitig an einem bestimmten Orte zusammenkommen,
um Güter auszutauschen, dass sie zu dem Zwecke mit einander unmittelbar concurriren. Indem sie dies thun, erfüllen sie eine pro-
duktive Aufgabe: sie besiegen die Hindernisse, welche für den
Tauschverkehr und somit auch für die Güterversorgung aus der Thatsache erwachsen, dass viele Güter nicht zu der Zeit und nicht an
dem Orte des Bedarfs verfügbar sind. Die Ursachen der letzteren
Thatsache haben wir hier nicht zu untersuchen, wohl aber die Hindernisse, welche die weitere Entwickelung der Marktbildung zu überwinden hat.

Die Marktbildung hat mit natürlichen und künstlichen Hindernissen zu kämpfen. Zu ersteren gehört vor allem die schwache Entwickelung des Tauschverkehrs selbst, sodann die Unvollkommenheit
seiner Werkzeuge: der Strassen wie der technischen Mittel des
Waaren- und Nachrichten-Transports. Daran reiht sich die Behin-
derung des Verkehrs durch Räubereien, durch die unaufhörlichen
Kriegszüge und Fehden, durch die zahllosen Zollstätten der älteren
Zeiten und Ähnliches. Ferner kommt hinzu die absichtliche Beschränkung der Concurrenz durch Maassnahmen der Staaten, Gemeinden, der Religions- und sonstigen Gemeinschaften, der Gilden u. s. w.
Solange der Tauschverkehr noch auf Schritt und Tritt mit so mächtigen Hindernissen zu kämpfen hat, muss auch die Marktbildung unvollkommen bleiben, am meisten und längsten bei Tauschgütern, die
nach dem Marktorte transportirt werden müssen, um tauschfähig zu
werden, wärend für die Güter, bei denen dies nicht nöthig ist, die
Marktbildung sich erheblich leichter gestaltet.

Gegenüber allen diesen Hindernissen gelang dem steten Drange
nach Verkehrsconcentration im Mittelalter, wie schon in unserer

Einleitung berührt, zuerst die Bildung von Jahrmärkten oder Messen
d. h. von selten (ein- bis höchstens viermal jährlich) wiederkehrenden
Märkten. Für sie genügte der Umfang des Verkehres, der Zustand
der Strassen und Transportmittel schon wenigstens bei vielen Waaren;
für sie wurde ferner dem Verkehre bereits ein gewisses Maass von
Freiheit bewilligt, Freiheit sowohl von Störung durch Gewalt (Markt-
frieden), wie von Beeinträchtigung durch die concurrenzfeindlichen
Rechtsnormen der Kirche, des Staats, der Gemeinden u. s. w. Darauf
im Wesentlichen beschränkte sich die Verkehrsconcentration des
Mittelalters bei solchen Tauschgütern, die nach dem Marktorte
transportirt werden mussten d. h. bei allen „Waaren" im engeren
Sinne; nur innerhalb der Marktorte kam es schon im Mittelalter
noch zur Entstehung von Kaufhäusern und ähnlichen Einrichtungen,
die indess mehr polizeilichen, als wirthschaftlichen Absichten dienten.
Dagegen entwickelte sich, wie wir in unserer Einleitung sahen, bei
Wechseln die Verkehrsconcentration stellenweise bereits im Mittelalter bis zur Bildung von Börsen weiter, und an den börsenmässigen
Wechselverkehr schloss sich alsbald ein Börsenverkehr in Leihkapitalien für kaufmännische Zwecke.

Die Entwickelung von der Messe zur Börse beim eigentlichen
Waarenverkehr können wir hier nicht im Einzelnen verfolgen,
müssen uns vielmehr einstweilen mit den im zweiten Excurse zur
Einleitung und im ersten Kapitel dieses Abschnittes gegebenen
Fingerzeigen begnügen. Genug, der Zunahme des Verkehrs, der
Besserung der Verkehrsmittel und der Gewährung völliger Verkehrs-
freiheit für einzelne Plätze verdankten diese es, dass in ihnen der
Waarenverkehr seit dem Ende des Mittelalters börsenartigen Charakter
erhielt, und die Messen allmählich ihre mittelalterliche Bedeutung verloren. Den Zeitgenossen erschien dies zuerst als bedenkliche Regel-
widrigkeit; aber bald gewöhnten sie sich daran, und schon Lodovico
Guicciardini meint, Antwerpen sei ja eine unaufhörliche Messe.

Etwas anders gestaltete sich die Entwickelung beim Zahlungs-
und Wechselverkehre. Seit Alters war es üblich gewesen, bei
grösseren Zahlungs-Verpflichtungen eine Messe als Zahlungstermin aus-
zubedingen und derartige ebenso wie die während der Messe eingegangenen Zahlungs-Verpflichtungen am Ende der Messe zusammen
zu erfüllen. Die Ursachen dieser Gewohnheit sind ganz analog denjenigen, welchen die Messen überhaupt ihre Entstehung und Ausbildung verdankten: Baargeld war knapp, daher ausserhalb der Messen
meist schwer zu erlangen; der Transport von Baargeld war schwierig
und gefährlich; desshalb suchte man, wenn irgend möglich, Baar-

zahlungen und Sendungen von Baargeld zu vermeiden und stattdessen möglichst viele Zahlungsverpflichtungen am Schlusse der
Messen gegen einander zu compensiren; auch war der Geldverkehr,
besonders der, wegen bodenloser Münzverschlechterung und zahlloser
Münzsorten völlig unentbehrliche Münzwechsel tiefgreifenden, lästigen
Beschränkungen unterworfen, die während der Messen fortfielen. Kurz,
die Messzahlung bürgerte sich im Mittelalter derart ein, dass sie bei
allen grösseren Zahlungen die Regel bildete; sie wurde ferner schon
im Mittelalter in erheblichem Unfange durch Compensation, also unter
Ersparung von Baargeld bewerkstelligt.

Diese Einrichtung beeinflusste ferner frühzeitig den Wechselverkehr. Gleich an leren Zahlungsverpflichtungen wurden auch die
Wechsel regelmässig am liebsten auf Messen eingelöst. Desshalb
waren solche Messwechsel stets am leichtesten zu kaufen und zu verkaufen; ebenso waren umgekehrt Wechsel auf irgendwelche Handelsplätze während der Messzahlungen am leichtesten zu erlangen und
abzusetzen. Hierdurch wurde die Verwendung von Baargeld im
interlokalen Verkehre ebenso eingeschränkt, wie im lokalen durch
die Compensationen der Messzahlungen; Vermittler waren hier wie
dort vorzugsweise die Wechsler.

Der ganze Apparat der mittelalterlichen Messzahlungen diente
nun weiterhin auch dem Creditverkehre und zwar zunächst dem
der Kaufleute: wir sahen ja bereits in der Einleitung, dass die
Italiener schon im 13. Jahrhundert es mitunter vortheilhafter fanden,
Wechsel auf eine grosse Messe zu ziehen, als ein Darlehn aufzunehmen; in den folgenden Jahrhunderten wurde der Wechsel immer
mehr ein Instrument des kaufmännischen Credites, der mit seiner
Hülfe erfolgreich das Wucherverbot zu umgehen begann. Indirect
d. h. durch Vermittelung von Kaufleuten kamen solche Operationen
sogar vereinzelt schon den fiskalischen Geldbedürfnissen der Fürsten
und Stände zu gute.

Man sollte nun meinen, dass gleich den Messen auch die Messzahlungen mit dem Ende des Mittelalters allmählich ihre Bedeutung
verloren haben müssten; aber das Umgekehrte war der Fall: sie gewannen verstärkte Bedeutung. Zwar nahm die Menge des umlaufenden Baargeldes gewaltig zu, aber mindestens in gleichem
Maasse auch das Bedürfniss nach Zahlungsmitteln; der Transport
von Baargeld war an sich nicht mehr so schwierig und gefährlich
wie im Mittelalter, aber er war es noch immer, und mit der Grösse
der Baarsendungen wuchs auch wieder ihre Unbequemlichkeit und
Gefährlichkeit; die obrigkeitlichen Beschränkungen des Münzwechsels,

die Strafen gegen das Überschreiten der officiellen Münzvalvationen
u. s. w. verloren fast ihre ganze Wirkung, aber die fürstliche Falschmünzerei war noch immer arg genug. Der Handelsstand wurde jetzt
noch viel empfindlicher gegen alle diese Missstände; er lernte namentlich immer mehr, sie unschädlich zu machen; zu dem Zwecke bildete
er vor allem die Geldsurrogate (Wechsel und Compensationszahlung)
noch feiner aus und schuf im engsten Zusammenhange damit unver-
änderliche, conventionelle Messwährungen. Hierbei spielte noch
eine späte Wirkung des Wucherverbots eine erhebliche Rolle: dieses
Verbot hatte zwar den grössten Theil seines Einflusses verloren; aber
der Handelsstand hielt es doch noch lange Zeit für nöthig, sich gegen
alle Chikanen durch eine einwandsfreie Form der verpönten Geschäfte
zu schützen; als solche Form wurde jetzt der Messwechsel allgemein anerkannt; für ihn errichtete die kanonistisch-handelsrechtliche
Theorie erst im 16. Jahrhundert ein gewaltiges Schutzdach fein ausgeklügelter Rechtfertigungen und Unterscheidungen[1]. Aber das
entscheidende Moment war und blieb das Bedürfniss nach höchster
Ausbildung der Verkehrsconcentration: während die Messen von Antwerpen und Lyon selbst schon im 16. Jahrhundert den grössten Theil
ihrer Bedeutung einbüssten, waren die Messzahlungen beider Plätze
in den ersten zwei Dritteln dieses Jahrhunderts, besonders im zweiten
Drittel gradezu die Clearinghäuser des ganzen europäischen Zahlungsverkehres.

Unterscheiden wir hier also genau: die antwerpener und lyonneser
Messzahlungen waren allgemein übliche Termine zur Erfüllung von
Zahlungsverpflichtungen; es war in der Regel sehr schwierig, ausserhalb der Messzahlungen grosse Geldkapitalien zu erlangen. Aber die
Geschäfte, auf Grund deren solches geschah, wurden jetzt bereits
meist ausserhalb der Messen abgeschlossen; in dieser Hinsicht
war die Entwickelung die nämliche wie beim Waarenverkehre;
je mehr der Geld- und Creditverkehr zunahmen, je mehr sich die
Verkehrsmittel besserten — und zwar handelt es sich hier um
den Nachrichten- nicht um den Güterverkehr —, je freier endlich dieser Verkehr sich an seinen Mittelpunkten auch ausserhalb der
Messen bewegen konnte, desto continuirlicher gestaltete er sich dort,
desto mehr nahm er den Charakter eines Börsenverkehres an.
Was darunter am letzten Ende zu verstehen ist, werden wir erst
später untersuchen können. Hier müssen wir zunächst uns noch mit

---

[1] Vgl. hier besonders Endemann, Studien I. 157 ff., 278 ff. Wir kommen gleich
darauf zurück.

der äusseren Gestalt beschäftigen, welche der Verkehr in Geldkapitalien unter dem Einflusse aller jener Momente an den Weltbörsen des 16. Jahrhunderts annahm.

Die Formen des kaufmännischen Kapitalverkehres. Diese
Formen haben wir in den vorhergehenden zwei Kapiteln so ausführlich geschildert, dass wir uns hier kurz fassen können. Wir wissen,
dass hauptsächlich zwei Formen zu Gebote standen, welche beide bestimmt waren, das Zinsdarlehen zu verhüllen, es mit dem Feigenblatte
eines wohlklingenden Namens zu bedecken: der Ricorsa-Wechsel und
das Depositum.

Der Ricorsa-Wechsel, ursprünglich als „recambium" ein Geschäft, das nur dem Regresse des Wechselinhabers an den Wechsel-
aussteller bei Nichtzahlung des Wechsels zu dienen bestimmt war,
wurde sicher erst im 16. Jahrhundert zur Verschleierung von Darlehen in erheblichem Umfange verwendet; und zwar geschah das
zunächst meist derart wie wir es für Antwerpen schon aus dem Gutachten der Pariser Juristenfakultät von 1530, für Lyon noch aus der
Beschreibung des Davanzati kennen gelernt haben. Aber dieser
„Ricorsa-Wechsel in zwei Akten" enthielt neben seiner Eigenschaft als
Creditwerkzeug noch ein stark spekulatives Element, da ja beim
ersten Akte Niemand vorhersehen konnte, wie der Coursstand beim
eigentlichen Rückwechse sein würde, und da es demgemäss nicht
nur auf Zins-, sondern auch auf Coursgewinn abgesehen war.

Die Ausscheidung dieses Elements, die Verschmelzung der zwei
Akte des Ricorsawechsels, erfolgte in der Hauptsache erst später,
auf den Genueser Wechselmessen; aber inzwischen wurde das gleiche
Resultat erreicht durch die zweite Hauptform, deren sich der kaufmännische Creditverkehr der beiden Weltbörsen bediente, durch das
börsenmässige Depositengeschäft[2]).

Das börsenmässige Depositum war im Grunde nichts anderes
wie ein Darlehen von Messe zu Messe, wie es auch schon im Mittelalter oft vorgekommen sein muss; seine Bezeichnung als „Depositum"
entstand aber erst im 16. Jahrhundert aus dem unabweislichen Bedürfnisse, vom kirchlichen Standpunkte aus eine Geschäftsart zu rechtfertigen, die vollkommen unentbehrlich geworden war, und diese
Unentbehrlichkeit wiederum wurzelte in der gewaltigen Entwickelung

---

[2]) Die Vorgeschichte des Ricorsawechsels gehört nicht hierher; über seine spätere
Entwickelung auf den Genueser Messen vergleiche man das letzte Kapitel des dritten Abschnittes, über den Unterschied des börsenmässigen und des Bank-Depositum oben Bd. I.
392 ff.

des Kapitalverkehres der beiden Weltbörsen. Sie brachte es zu Wege, dass Karl V. 1540 grade für derartige Geschäfte eine Zinstaxe erliess, womit nun auch die Staatsgewalt in die Mauer des mittelalterlichen Zinsverbotes eine breite Bresche legte.

Das börsenmässige Depositum bediente sich entweder der Wechselform oder — in den Niederlanden — der Inhaber-Obligation, die für diesen Zweck schon 1537 des strengen Formalrechtes theilhaft wurde, welche den ·Wechsel charakterisirt. Beide Geschäftsformen, Ricorsa wie Börsendepositum, waren also nur zwei verschiedene Arten des Messwechsels, dessen wirthschaftliche Bedeutung wir darin zu erblicken haben, dass er einwandsfreie Formen für die kaufmännischen Creditgeschäfte darbot, welche an den Weltbörsen des 16. Jahrhunderts abgeschlossen und in den Messzahlungen erfüllt wurden.

Wie es kam, dass dieser Verkehr in Leihkapitalien für kaufmännische Zwecke in Antwerpen und Lyon den Charakter eines regelmässigen Börsenverkehres annahm, davon werden wir nachher zu sprechen haben.

Die Bedeutung der Weltbörsen für den öffentlichen Credit. Die Weltbörsen des 16. Jahrhunderts förderten auf der einen Seite den Übergang der oberdeutschen und italienischen Kaufleute zu den Finanzgeschäften ebenso wesentlich, wie sie es auf der anderen Seite den Fürsten erleichterten, grosse verzinsliche Anleihen aufzunehmen. Was sich hier vollzog, war nur eine besondere Art Marktbildung.

In den ersten Jahrzehnten des 16. Jahrhunderts wurden die grossen Finanzgeschäfte noch ganz überwiegend in Augsburg, Genua und Florenz abgeschlossen, wo die Handelshäuser, welche über bedeutende freie Geldkapitalien verfügten, ihre Hauptniederlassungen hatten; sie wurden abgeschlossen nach Verhandlungen mit einzelnen Handelshäusern, ohne deren unmittelbare Concurrenz unter einander, also nicht marktmässig. Nur die aus solchen Geschäften hervorgehenden Zahlungen wurden bereits zum grossen Theile in Lyon und Antwerpen geleistet, weil alle Welt dort ohnehin Zahlungen zu leisten und zu empfangen hatte.

Zwar kam es auch schon in dieser Periode gelegentlich vor, dass Kaufleute in Lyon und Antwerpen einzelnen Fürsten Geld liehen, wenn sie solches bei einer Messzahlung übrig behielten, und sich Gelegenheit fand, es vortheilhaft bei einem grade in der Messe anwesenden Finanzbeamten bis zur nächsten Messe anzulegen. Aber das war noch kein regelmässiger Börsenverkehr, und noch weniger lässt sich dies sagen von den grösseren Anleihen, welche einzelne

Fürsten schon damals dann und wann, bei besonders dringendem Geldbedürfnisse in Lyon und Antwerpen aufnehmen liessen. Diese halb zwangsweise, unter Leistung von drei oder vier aufeinander gepfropften Bürgschaften, unter kümmerlicher Verpfändung von Kronjuwelen oder dergleichen, durch Aufbietung des persönlichen Einflusses der vornehmsten und mächtigsten Männer im Staate, durch Drohungen aller Art mühsam durchgesetzten Anleihen waren noch keine wirklichen Börsenanleihen; das geht auch aus der Thatsache hervor, dass ihr Zinsfuss binnen kurzer Zeit den enormsten Schwankungen unterworfen war.

Hierin trat zwar schon in den zwanziger und dreissiger Jahren des 16. Jahrhunderts eine ganz allmählige Wandlung ein dadurch dass namentlich die in Lyon ansässigen Florentiner und ebenso einzelne Oberdeutsche wie Hans Kleberg und Lazarus Tucher den steigenden Geldbedürfnissen der miteinander um die Weltherrschaft streitenden Mächte entgegenzukommen lernten; doch entscheidend für diese Entwickelung wurden erst die Jahre 1542/43 und 1551/52.

Es ist sehr bemerkenswerth, dass wir hier einmal ausnahmsweise eine wichtige Epoche der wirthschaftlichen Entwickelung zeitlich so genau begrenzen können; dies kommt daher, dass hier neben wirthschaftlichen auch politische Triebkräfte in hervorragendem Maasse thätig waren, und dass deren Wirken stets einen mehr stossartigen Charakter hat, während die rein wirthschaftlichen Kräfte und Interessen in der Regel langsam, unmerklich auf die Entwickelung einwirken.

Der erste Anstoss zu der hier in Betracht kommenden Marktbildung ging ohne Frage nicht vom Angebot aus, nicht von dem anlagesuchenden Kapitale, sondern von der Nachfrage, von den geldbedürftigen Fürsten. Das lässt sich wenigstens für Lyon schon daraus entnehmen, dass Franz I. selbst nach 1542 zunächst noch mehrfach indirecte Zwangsmaassregeln ergreifen musste, um Anleihen aufnehmen zu können. Der Krieg, der 1542 zwischen Karl V. und Franz I. ausbrach, erforderte Rüstungen von bis dahin unerhörtem Umfange. Der französische König sandte damals zwei Heere ins Feld, von denen das eine 80000 bis 100000 Mann stark gewesen sein soll; darunter befanden sich nicht allein Schweizer und Deutsche, sondern auch dänische und schwedische Soldtruppen, da Franz mit den Königen dieser Länder Bündnisse abgeschlossen hatte. Er hatte sich ferner mit den Türken verbündet und zwang hierdurch die habsburgischen Brüder, ebenfalls mehrere grosse Heere aufzustellen. Auch zur See wurden auf beiden Seiten bedeutende Streitkräfte aufgeboten.

Da König Heinrich VIII. von England gleichfalls rüstete, so starrte ganz Europa von Waffen.

Dies alles kostete derartige Geldsummen, dass die Fürsten den letzten Rest ihrer Scheu vor den schwebenden verzinslichen Anleihen fahren liessen, die erst seitdem für sie ein regelmässiges Mittel zur Deckung ausserordentlicher Geldbedürfnisse, bald auch zur Deckung gewöhnlicher, laufender Ausgaben wurden. So häufige und so grosse Anleihen konnten sie eben weder zwangsweise bei ihren Unterthanen, noch freiwillig bei jenen einzelnen Handelshäusern erlangen, die ihnen bis dahin ausgeholfen hatten. In dieser Noth waren es vor allem zwei Männer, welche den geeigneten Weg erkannten: in Antwerpen Gaspar Ducci, in Lyon der Kardinal von Tournon; sie wendeten sich nicht an einzelne Kaufleute, sondern an die Börsen.

Inzwischen hatte das Angebot von Geldkapitalien an beiden Börsenplätzen schon wesentlich zugenommen in Folge der uns zur Genüge bekannten grossen Veränderungen im Welthandel. Zahlreiche oberdeutsche und italienische Kaufleute hatten sich dauernd in Antwerpen und Lyon niedergelassen, wo sie wesentlich beitrugen, ihre Landsleute zur Betheiligung an den gewinnversprechenden und scheinbar so sicheren Finanzgeschäften zu veranlassen. Im gleichen Sinne waren die antwerpener und lyonneser Faktoren der grossen Handelshäuser thätig, welche sich bald nur zu willig mit fortreissen liessen, bis schliesslich jene Faktoren das Heft in Händen hatten, und die Faktoreien an den beiden Weltbörsen sich in Hauptniederlassungen verwandelten. Die Handelsgesellschaften zogen nun ihrerseits von kleineren Kapitalbesitzern aus allen Ecken und Enden freie Geldkapitalien heran, wofür sie erheblich geringere Zinsen bezahlten, als sie durch die Finanzgeschäfte erzielen konnten. Auch an den Börsenplätzen selbst nahmen die grossen Geldleute in steigendem Maasse fremde Kapitalien auf, die dort grade nicht anderweitig zu verwenden und daher verhältnissmässig billig zu haben waren.

Während sich also das Angebot flüssiger Geldkapitalien immer mehr in Antwerpen und Lyon concentrirte, versäumten die Fürsten und ihre Finanzleute nichts, um sie auf ihre Mühle zu leiten. Meisterhaft verstand man dies namentlich in Frankreich. Dort liess man öffentlich bekannt machen, wer sich an den Anleihen des Königs betheilige, solle weit höhere Zinsen erhalten, als sonst in Lyon auf Wechsel oder Depositen zu erzielen waren. Damit betrat man den Weg der öffentlichen Subscriptions-Anleihen, ein System, das dann in Lyon noch wesentlich ausgebaut wurde, wobei sich wiederum italienische und oberdeutsche Finanziers hervorthaten.

Auch in Antwerpen wurde bereits 1542 eine Subscriptions-An-
leihe aufgelegt; aber sie war zinslos und nur eine Gelegenheit zur
Bekundung von Loyalität angesichts des drohenden Einfalles der
Franzosen; ein System ist hieraus in Antwerpen nicht geworden.
Zwar musste auch Ducci, der dort damals im Finanzgeschäfte die
leitende Rolle spielte, bei den grossen Anleihen, die er für den
Kaiser und die niederländische Regierung aufnahm, einen über den
Marktzins wesentlich hinausgehenden Zinsfuss bezahlen, der aber
niedriger als vorher war, ein sicheres Zeichen, dass das Kapital-
angebot rascher zunahm als die Nachfrage. Dieser Eindruck verstärkt sich noch erheblich, wenn man sieht, dass auch die Stadt Antwerpen und der König von Portugal um dieselbe Zeit ausserordentlich erhöhte Ansprüche an den Geldmarkt stellten, und dass die
englische Krone sogar erst jetzt begann, in Antwerpen bedeutende
Anleihen aufzunehmen.

Gaspar Ducci erreichte seinen Zweck hauptsächlich durch Emission grosser Massen von Rentmeisterbriefen. Die Ursachen der
Gunst, welche die antwerpener Börse damals dieser, früher mit Recht
misstrauisch betrachteten Art Papiere zuwendete, bedürfen einer
näheren Untersuchung, die wir uns für nachher aufsparen müssen.
Wie Ducci eigentlich bei seinen Operationen zu Werke ging, können
wir nur undeutlich erkennen; aber mit Sicherheit dürfen wir annehmen, dass seine Absicht, Rentmeisterbriefe zu verkaufen, stets
an der antwerpener Börse sofort allgemein bekannt wurde, dass er
ferner mancherlei, oft nicht grade sehr schöne Kunstgriffe anwendete,
um den Erfolg seiner Emissionen zu erhöhen. Jedenfalls war der
Vertrieb der Rentmeisterbriefe ein marktmässiger: es fand unmittelbare Concurrenz bei der Nachfrage statt.

Das Streben nach Betheiligung an den antwerpener und lyonneser Finanzgeschäften ergriff nun rasch immer weitere Kreise, bis
schliesslich selbst die stärkste Steigerung der Nachfrage das Angebot
nicht mehr erreichte, und eine wirkliche „Manie", ein nicht mehr
durch Vernunftgründe ausreichend zu erklärendes leidenschaftliches
Verlangen nach dem Besitze der zauberhaften Pergamente, die man
an den Weltbörsen als „Königsbriefe", „Hofbriefe", „Rentmeisterbriefe" u. s. w. kannte, ganze Klassen der europäischen Bevölkerung
beherrschte.

Der letzte grosse Krieg, den Karl V. seit 1552 gegen Frankreich und dessen Verbündete zu führen hatte, und den nach seiner
Abdankung sein Sohn Philipp fortsetzen musste, stellte an die Börsen

Anforderungen, die bis dahin für undenkbar gehalten worden wären. Jetzt erst erlangte das Söldnerwesen seine höchste Ausbildung, wie wir das schon aus der Thatsache entnehmen können, dass es erst seit 1552 stehende Schweizer Regimenter im Dienste der französischen Krone gab, der sie unschätzbare Dienste geleistet haben[3]).

Im Jahre 1552 wurde Gaspar Schetz in Antwerpen von der niederländischen Regierung als erster eigentlicher Finanzfaktor angestellt, und gleichzeitig erschien als Vertreter der englischen Regierung bei ihren Finanzgeschäften Thomas Gresham an der antwerpener Börse. Das bezeichnet einen weiteren Fortschritt der ganzen Entwickelung. Zuerst hatten die Fürsten, wenn sie grössere Anleihen in Lyon oder Antwerpen aufnehmen wollten, ihre höchsten Finanzbeamten dorthin gesandt, dann hatten sie in steigendem Maasse die Vermittelung einzelner an den Börsenplätzen selbst wohnender Kaufleute und Makler in Anspruch genommen; diesen Agenten hatten sie anfangs nur Titel und Würden, darauf eine halbofficielle Stellung verliehen; jetzt verliehen sie ihnen geradezu Beamten-Eigenschaft, während in Lyon sogar der Generalgouverneur, der Statthalter des Königs, als dessen oberster Finanzagent fungirte.

So finden wir am Schlusse der Entwickelung auf der einen Seite officielle Vertreter der mächtigsten Monarchen Europa's dauernd bei den Weltbörsen accreditirt, und auf der anderen Seite bemerken wir die antwerpener und lyonneser Faktoren der grossen Geldmächte als deren eigentliche Leiter. Ein mehr in die Augen springender Beweis für den unwiderstehlichen Einfluss der Marktbildung lässt sich kaum denken.

Börsengemeinschaft und Börsenmeinung. Die Handelsfreiheit, welche in Antwerpen und Lyon herrschte, war im 16. Jahrhundert die bei weitem wichtigste Triebkraft der Verkehrsconcentration, eine erheblich wichtigere als die Verbesserung der Verkehrsmittel, der die gleiche Aufgabe erst im 19. Jahrhundert zugefallen ist. Die Handelsfreiheit entzog den mittelalterlichen Privilegien der einzelnen fremden „Nationen" den grössten Theil ihrer Bedeutung und verschmolz die nach den Mittelpunkten des Weltverkehrs strömenden Angehörigen dieser „Nationen" zu einer nach Recht und Pflicht ziemlich gleichartigen Kaufmannschaft. Sie war es ferner in erster Linie, welche eben hierdurch die Anfänge eines Commissionshandels ermöglichte

---

[3]) Max Jähns, Heeresverfassungen und Völkerleben 2. Aufl. (1885) p. 256 ff.

und damit den Kreis derjenigen, welche an den Vortheilen der Marktbildung theilnahmen, ungemein erweiterte. Sie war es endlich, welche
die strenge mittelalterliche Organisation des lokalen Handelsver-
kehres zerstört und die neuzeitliche Börse geschaffen hat. Diesem
letzterwähnten Processe müssen wir nunmehr unsere ganze Aufmerksamkeit zuwenden, wobei wir uns aber wiederum im Wesentlichen
auf den Kapitalverkehr zu beschränken haben.

Schon die mittelalterlichen Börsen, wie wir sie aus unserer Einleitung kennen, waren örtliche Vereinigungen von Kaufleuten, hauptsächlich zum Abschluss von Geschäften in Wechselbriefen und kaufmännischen Leihkapitalien. Der Abschluss solcher Geschäfte war der
gemeinsame Zweck, der Kaufleute verschiedener Art, die sonst nichts
mit einander zu thun hatten, zusammenführte. Die Börse veranlasste
diese verschiedenartigen Händler, mit einander bei Kauf und Verkauf
von Wechseln und kaufmännischen Leihkapitalien unmittelbar zu
concurriren. Weil aber im Mittelalter die Italiener diese Geschäfte
beherrschten, weil nur sie stets Wechsel und Leihkapitalien in hin-
reichenden Mengen zu begehren und anzubieten hatten, um einen
marktmässigen Verkehr zu ermöglichen, desshalb waren die mittelalterlichen Börsen im Wesentlichen nur ständige Versammlungen
italienischer Kaufleute, denen sich Angehörige anderer Nationen
nur dann anschlossen, wenn sie grade in Wechselbriefen, Leihkapitalien u. dergl. etwas zu thun hatten. Im übrigen blieben sie in
ihren Häusern und Speichern oder auf ihren besonderen Versamm-
lungsorten, wo aber ein eigentlicher Börsenverkehr nicht oder doch
nur ausnahmsweise zu Stande kam.

So waren die Verhältnisse selbst in Brügge, der mittelalterlichen
Fremdenstadt par excellence, noch um das Jahr 1500 beschaffen. Eine
weitere Annäherung der verschiedenen Nationen wurde dort durch
ihre eifersüchtig behüteten Sonderprivilegien und durch das Interesse
der Einheimischen verhindert, welche sich stets das Monopol gewisser
Vermittlerdienste (Wirthe, Makler u. dergl.) vorbehielten, auch wenn
sie nicht — wie sonst überall im Mittelalter geschah — jeden Handel
der „Gäste" unter einander verboten.

Indem Antwerpen eine Börse für die Kaufleute „aller Nationen"
errichtete, gab es deren Verkehr vollkommen frei, brachte sie mit
einander in tägliche, unmittelbare Berührung und schuf das, was bereits 1530 in dem Gutachten des Pariser Juristen die „Börsenge-
gemeinschaft" genannt wurde, d. h. eine Vereinigung von Geschäftsleuten verschiedener Nationen zum gleichen Zwecke, zum Abschluss von Handelsgeschäften bestimmter Art, eine Vereinigung,

deren Angehörige eben desshalb gewisse Interessen mit einander gemein hatten.

Der Zweck dieser Vereinigungen war der Abschluss von Handelsgeschäften bestimmter Art. Welcher Art sie waren, davon nachher; hier genügt es zu wissen, dass der Wechselhandel einstweilen nach wie vor den Hauptgegenstand des Börsenverkehres, den gemeinsamen Zweck bildete, der Kaufleute der verschiedensten Art täglich zusammenführte.

Innerhalb der Gemeinschaft von Börsenkaufleuten bildete sich nun das, was wir die „Börsenmeinung" nennen, d. h. eine aus den subjektiven Ansichten der einzelnen Börsenbesucher durch deren unmittelbare Berührung mit einander hervorgehende gemeinsame, öffentliche Meinung über gewisse wesentliche Bestandtheile des Börsenverkehres, eine Meinung, welche alsbald auf dessen ganze Gestaltung den mächtigsten Einfluss ausübte.

Die wesentlichen Bestandtheile des Börsenverkehres, die dem Einflusse der Börsenmeinung unterliegen, sind: der Credit der Börsenbesucher, die Qualität der Börsenwaaren und deren Preise.

Der nichtmarktmässige Tauschverkehr kennt überhaupt noch keine öffentliche Meinung über diese Dinge: jeder Käufer und Verkäufer ist gezwungen, sich seine Meinung selbständig zu bilden. Zwar hat er gewisse Anhaltspunkte an früheren ähnlichen Tauschakten, an den irgendwie von ihm in Erfahrung gebrachten individuellen Ansichten, welche andere Interessenten über jene Momente früher gehabt haben; aber welches diese Ansichten im Augenblicke des Tausches sind, entzieht sich seiner Kenntniss, und doch ist das, angesichts der überaus grossen Schwierigkeiten richtiger Beurtheilung jener Momente, das schliesslich Entscheidende, am meisten für den Handel, dessen Wesen es ist, dass er seine Operationen auf kurze Zeit einrichten muss.

Jede Marktbildung erzeugt eine Marktmeinung: es bildet sich unter den Händlern, welche den Markt besuchen, eine gemeinsame Anschauung über gewisse wesentliche Bestandtheile des Marktverkehres, und diese Marktmeinung erlangt sofort selbständige Bedeutung für den Zweck des Marktverkehres. Aber bei unvollkommener Marktbildung, als deren mittelalterlichen Typus wir die Messe kennen gelernt haben, kann sich auch die Bedeutung der Marktmeinung nur unvollkommen entwickeln, erstens weil der Kreis derjenigen, welche sie schaffen, noch ein beschränkter ist, und namentlich weil sie sich überhaupt nur zwei- bis dreimal jährlich bilden kann. Anders im täglichen Börsenverkehre; für diesen wird die Markt-, die Börsenmeinung ein Faktor von allergrösster Tragweite.

Hier ist der Ort, etwas näher auf die Bedeutung einzugehen, welche die Börsen seit ihrer Entstehung für den internationalen Nachrichtenverkehr gehabt haben[4]).

Lange Zeit, ehe die Diplomatie ihren Apparat ausreichend vervollkommnet hatte, um mit eigenen Mitteln sich die ihr nöthigen politischen Nachrichten zu verschaffen, strömten an den Mittelpunkten des Handels von diesen und anderen Nachrichten eine reiche Fülle zusammen. Von jeher musste der Kaufmann, um sein Gewerbe betreiben zu können, genau über den Lauf der Welt unterrichtet sein, von dem die Sicherheit der Strassen, der Preisgang der Waaren, die Creditwürdigkeit anderer Kaufleute und noch vieles andere in hohem Grade beeinflusst wurde. Desshalb enthielten die Kaufmannsbriefe der älteren Zeit regelmässig auch derartige Nachrichten oft in grosser Ausführlichkeit. Dies waren die ersten „Zeitungen" welche später von berufsmässigen Unternehmern zusammengestellt, dann bald auch gedruckt wurden, welche letztere Entwickelung indess erst gegen Ende des 16. Jahrhunderts begann.

Schon in den Messen des Mittelalters strömten mit den Kaufleuten selbst auch Nachrichten aller Art zusammen, die von ersteren ausgetauscht wurden und eine wesentliche Grundlage für die Marktmeinung bildeten. Wo sich bereits ein täglicher Börsenverkehr entwickelte, gestaltete sich auch der Nachrichtenmarkt zu einem immerwährendem; schon im Mittelalter war man in den Messen und an den Börsen über die Weltereignisse regelmässig am besten unterrichtet.

In noch weit höherem Grade gilt dies von den Weltbörsen des 16. Jahrhunderts. Um das zu erkennen, sehe man sich nur einmal die in den Tagebüchern des Marino Sannto gesammelten Depeschen der venetianer Gesandten oder die Berichte der diplomatischen Agenten Englands daraufhin an, was von ihren Nachrichten direct oder indirect von Antwerpen und Lyon herstammte; man wird erstaunen, in wie hohem Maasse selbst damals noch die Diplomatie dem Handel für seinen trefflichen Nachrichtendienst zu Danke verpflichtet sein musste. Wir haben ja auch schon darauf hingewiesen, dass es in erster Linie das Verdienst des Thomas Gresham und seines ebenso intimen wie bedeutsamen Verhältnisses zur antwerpener Börse war, wenn Königin Elisabeth von England und ihre Staatsmänner über

---

¹) Vgl. meine Abhandlung „Geschriebene Hamburger Zeitungen im 16. Jahrhundert" in den Mitth. d. Vereins f. Hambg. Geschichte Bd. VI. Heft 1 No 8. Wie die Nachrichten an der Börse ausgetauscht wurden, ersieht man aus den „Devis de la bourse" in der kleinen Schrift: Dialogues Flamen-François, recueilliz par Gerard de Vivre. Rotterdam 1607.

Alles, was in Europa vorging, regelmässig weit besser Bescheid
wussten, als irgend eine andere Regierung ihres Zeitalters.

Ohne Weiteres wird man erkennen, welchen Einfluss ein derartiger Nachrichtenverkehr für die Bildung und Bedeutung der Börsenmeinung an den Weltbörsen gewinnen musste. Es wird nunmehr
unsere nächste Aufgabe sein, dieser Bedeutung der Börsenmeinung
im einzelnen soweit nachzugehen, wie es unser Zweck erfordert. Ein
weites Gebiet lassen wir dabei wiederum bei Seite liegen, die Waarenspekulation und ihre Bedeutung für den Börsenverkehr des 16. Jahrhunderts; vielmehr beschränken wir uns nach wie vor auf den Verkehr mit Wechseln und Leihkapitalien.

**Die Börsenmeinung und der kaufmännische Creditverkehr.
Die „ditta di borsa".** Im individuellen, isolirten, kurz im nichtmarkt-
mässigen Creditverkehre muss jeder Creditgewährende sich selbständig eine Meinung über die Creditwürdigkeit desjenigen bilden,
dem er Credit gewährt, eine stets ungemein schwierige Aufgabe,
welche geradezu unlösbar wird, wenn es sich um Personen handelt,
die an weit entfernten, bei schlechten Communications-Mitteln nur
mühsam erreichbaren Orten wohnen. Desshalb dienten schon die
mittelalterlichen Messen für den internationalen Creditverkehr geradezu
als Messapparate der Creditwürdigkeit. Bereits im Anfange des
14. Jahrhunderts berichtet der florentiner Kaufmann Balduci Pego-
lotti von den Messen der Champagne· „Wer in der Messzahlung
seine Verpflichtungen nicht erfüllt, gilt als bankerott; damit hat er
seinen Credit vollständig verloren und darf sich auf der Messe nicht
mehr blicken lassen"[5]. Aber dieser internationale Messapparat des
Credites hatte den wesentlichen Mangel, dass er zu selten und namentlich auch zu spät funktionirte. Erst die Börse hat diesem Mangel
abgeholfen, soweit das überhaupt möglich ist. Die antwerpener Coutumes, diese codificirten Gewohnheitsrechte, enthalten Bestimmungen
hinsichtlich derjenigen Personen, welche „durch offenbares Börsen-
gerücht als insolvent verrufen" waren[6]. Aber selbst das war nur
ein negatives Kennzeichen, dessen wirthschaftliche Tragweite nicht
als eine sehr grosse angesehen werden kann. Die höchste Bedeutung
erlangte die Börse dagegen für den gesammten kaufmännischen Creditverkehr dadurch, dass die Börsenmeinung diesen mit dem positiven,

[5] (Pagnini), Della Decima e delle altre gravezze etc. IV. 239.

[6] „By openbaren gheruchte ter borsse voor insolvent befaemt", zuerst in den Coutumes, dites Impressae v. 1582 (Coutumes d'Anvers ed. Longé II. 412).

feststehenden, geschäftlich verwerthbaren Begriffe der „guten, solventen Börsenfirma", der „ditta di borsa" beschenkte.
Als „ditta" (dica, dicta v. dicere) bezeichnete die romanische Ge-
schäftssprache des Mittelalters ein kaufmännisches Zahlungsversprechen,
eine Bürgschaft, eine Sicherheit, sodann auch die über eine derartige
Verpflichtung ausgestellte Urkunde und die Unterschrift oder das
Handelszeichen, worauf ihre Rechtskraft beruhte. Vorzugsweise hiess
so die Bürgschaft, welche die romanischen, besonders die italienischen
Wechsler und Bankiers für die Zahlungsverpflichtungen ihrer Depo-
sitenkunden leisteten, und da diese Bürgschaften durch Buchung,
durch Überschreibung in den Büchern des Bankiers von einem Conto
auf das andere bewirkt wurden, bezeichnete man wohl auch solche
Buchungen mit dem gleichen Namen. Dagegen ist die neuzeitliche
italienische Bedeutung des Wortes im Sinne einer Handelsfirma vermuthlich erst im 16. Jahrhundert entstanden, und jedenfalls gilt dies
von der specifischen Bedeutung, die hier in Frage steht[7]).

---

[7]) Ältestes Vorkommen in aragonesischen und cathalonischen Urkunden, so schon
1283: Statuimus quod aliquis tenere non possit tabulam cambii vel operatorium argentarie,
donec in posse (?) curie assecuraverit idonee quod totum illud quod receperit vel sibi fuerit
comendatum vel quod alteri dicet aliqua ratione, illi cujus erit satisfaciat et esmendet;
ferner 1299: Quod omnis dica, quam campsor faciat vel dicat alicui qualicumque ratione,
quod inde teneatur sicut per depositum; und 1333: De quibus quantitatibus campsores
dicas faciant, ut eas tradant inquisitoribus (Du Cange, Glossarium; Procesos de las
antiguas cortes de Cataluña, Aragon y Valencia VIII. 159). Vgl. ferner das Brabanter
Privileg der Genuesen v. J. 1315 (Lib. jur. Gen. II. 466): Dummodo mercator litteras
habeat debitoris vel testimonium scabinorum vel aliorum virorum fide dignorum, vel tal-
liam sive dicam, per quam suum debitum probare possit — —; sodann in einem
venetianischen Handelsbriefe von 1375: Gli officiali delle male tole hanno avuto dai prov-
veditori che non togliano la ditta (Atti d. R. Acad. Lucchese XVI. 138). Endlich verwendet auch noch Luca Pacioli del Borgo in seinem 1494 erschienenen Trattato de'
computi e delle scritture (ed. Gritti 1878) das Wort im nämlichen Sinne, so p. 53/54, wo
unter den verschiedenen Arten von Kaufverträgen auch derjenige aufgeführt wird „per
assegnazione di ditta". (Der Venetianer Manzoni, der den Luca Pacioli benutzt hat,
sagt in seiner 1573 erschienenen Schrift „Libre mercantile" stattdessen: „a promessa d'altri",
ein Zeichen, dass diese ältere Bedeutung des Worts „ditta" damals verschwand.) Luca
Pacioli unterscheidet ferner (p. 84) zwischen der Bankbürgschaft und der Bankzahlung:
„Quando hai a fare pagamento a parte banco e ditta, fa che prima consegni la ditta
e poi per resto scrivi in banco per più sicurtà", sodann: „Facendoli — — debitrici la cassa
se ti dà contanti, debitrici le ditte se te le consigna in pagamento, e creditore il banco
se te le dà", ebenso p. 85: „Commissioni avute per altri banchi di scritta ovvero ditta".
Dagegen p. 98 „La ditta del Banco è come pubblico instumento" und dazu p. 99: „perchè
come è ditto, i libri del Banco sempre sono pubblici e autentici"; hier bedeutet das
Wort also dasselbe wie „Buchung", ebenso in der Verbindung „dittare le partite" bei Luca
Pacioli p. 52, 57, 66 u. s. f. Um dieselbe Zeit wird das Wort im Sinne einer „Bankbürgschaft" auch gebraucht bei Marino Sanuto, Diarii III. 1054, 1625 und bei Lattes,

Die oberdeutschen Handelscorrespondenzen des 16. Jahrhunderts verwenden ungemein häufig das Wort „ditta" im Sinne eines kaufmännischen Creditnehmers bei börsenmässigen Wechsel- und Depositengeschäften, und sie sprechen von „buone ditte", wenn sie solche Creditnehmer als creditwürdig bezeichnen wollen. Endlich ist auch gradezu von „ditte di borsa" die Rede, womit die Creditnehmer bezeichnet werden sollen, welche an der Börse allgemein für zahlungsfähig gehalten werden[8]).

Indem die Börsenmeinung der Weltbörsen des 16. Jahrhunderts eine Anzahl von Geschäftshäusern der verschiedenen Nationalitäten, deren Vertreter an der Börse täglich verkehrten und viel Credit in Anspruch nahmen, als zweifellos „gut" bezeichnete, ersparte sie den einzelnen Börsenbesuchern, die in die Lage kamen, diesen Geschäfts-

---

La libertà d. Banche à Venezia p. 232. Dagegen fand ich keine Erwähnung im Sinne von „Firma" vor dem Jahre 1523 (Lattes l. c. p. 81): „La ditta, in nome della quale si levasse il banco, sia ballottata et approbata". Bei Goldschmidt, Universalgeschichte d. Handelsrechts I. 243 ff. und bei Lastig, Markenrecht und Zeichenregister (1890) findet man auch einiges hierher Gehörige; doch fehlt noch eine abschliessende Untersuchung. Die ursprüngliche Rolle des Bankiers bei der „ditta" ist offenbar ganz die nämliche wie bei der „scritta" („banchi di scritta"), und wie sie für die Champagner Messen geschildert wird bei Bourquelot, II. 353: ursprünglich gab der Bankier ein mündliches Zahlungsversprechen oder auch ein Kerbholz (tallia), später einen Check.

[8]) Vgl. z. B. oben Bd. I. 240, II. 24 ff., 26, 79. Hier noch einige weitere Stellen aus oberdeutschen Handelsbriefen; so schon 1531 aus Lyon: Man findet im Wexel (auf der Börse) genug q^{tto} (Conto, hier = Gegenpartei, d. h. Geldgeber) für bona tites à 2 in 2$^{1}/_{2}$°/$_0$ bis auf nächste Messe; aber man findet nicht immer bona tites, die Verwendung dafür haben. Ferner heisst es 1576 in Lyon: Geld in deposito 2$^{1}/_2$—2$^{2}/_3$°/$_0$, je nachdem die dittas sind. Im Jahre 1584 gaben die Fugger ihrem venetianischen Faktor Befehl, Geld nach Piacenza in die Genueser Messe zu remittiren; dort solle es mit richtigen und guten ditas in deposito untergebracht werden u. s. f. Auch in dem mehrerwähnten Gutachten der pariser Juristen über antwerpener Börsengeschäfte (1530) kommt eine charakteristische Stelle vor und zwar da, wo berichtet wird, dass die Kaufleute, welche dem Kaiser Geld liehen, nicht immer die Obligationen der niederländischen Stände nehmen wollten, sondern dem „fiançero" des Kaisers sagten: „Señor, nos otros no queremos tener que hazer con los pueblos, pero sy vos nos dais buen dita abonada q̃ nos responda destos dineros dentro del año, somos contentos de dar luego los dineros". Hier könnte man zwar noch an die ältere Bedeutung des Worts (= Bürgschaft) denken; aber an einer anderen Stelle desselben Gutachtens heisst es geradezu, ein Kaufmann, der Geld nöthig habe, um Waaren zu kaufen, beim Verkäufer aber keinen Credit geniesse, gehe zu einem anderen „que es buena en la bolsa", und benutze dessen Credit. In einem Fuggerschen Berichte aus Antwerpen v. J. 1579 heisst es, an der dortigen Börse seien keine spanischen „ditas" von Bedeutung, mit denen zu handeln ist, mehr vorhanden, ausser Luis Perez. Auch noch Scaccia sagt in seinem 1618 erschienenen Tract. de commerciis et cambio § 1 Qu. 5 No. 53 ff.: Mercatores divites, quos negotiatores vocant „dette bone". Mit diesen Beispielen mag es genug sein; wir könnten sie aber noch stark vermehren.

häusern Credit zu gewähren, die schwierige Prüfung ihrer Creditwürdigkeit. Es liegt auf der Hand wie sehr hierdurch die Entwickelung eines regelmässigen und umfangreichen Börsenverkehrs in
Wechseln und kaufmännischen Leihkapitalien erleichtert wurde. Denn
bei diesem Verkehre enthielt jene Ermittelung der Creditfähigkeit
zugleich ein maasśgebendes Urtheil über die Qualität des Verkehrs-
objektes. Erst jetzt war fortwährend eine grosse Masse von, ihrer
Qualität nach gleichartigen, fungibeln kaufmännischen Forderungen vorhanden, welche Gegenstand eines regelmässigen Börsenverkehres werden konnten. Da die Creditwürdigkeit einer hierfür ausreichenden Zahl von Börsenfirmen als zweifellos angesehen wurde,
— auch wenn sie das vielleicht nicht war — konnten die Parteien,
unbekümmert um die schwierige Qualitätsfrage, ihre Thätigkeit auf
die Vereinbarung der Preise von Wechseln und Leihkapitalien concentriren, und diese Preise konnten sich zu wirklichen Börsen-
preisen gestalten.

Die Börsenmeinung und der öffentliche Credit. Was wir so-
eben vom kaufmännischen Credite gesagt haben, gilt auch vom öffentlichen Credite: auch bei ihm wirkte die Börsenmeinung ausgleichend,
fungibilisirend auf die Qualitätsunterschiede zwischen den einzelnen
Schuldforderungen; nur ergaben sich hier aus der besonderen Natur
des öffentlichen Credits in früherer Zeit gewisse Abweichungen.

Wie uns bekannt ist, besassen die meisten Fürsten im „Zeitalter
der Fugger" ursprünglich noch wenig Personalcredit; daher wurde
die Qualität einer fürstlichen Schuld zunächst regelmässig nicht in
erster Linie durch die Creditwürdigkeit des Schuldners bestimmt,
sondern durch die Art der Sicherheit, die er dem Gläubiger stellte,
also durch die Qualität der geleisteten Bürgschaft oder der verpfändeten Einkünfte. Diese Qualität war aber bei den einzelnen Schuldposten eine ungemein verschiedenartige.

Wie verschiedenartig war der innere Werth von Schuldverschreibungen eines und desselben Fürsten, je nachdem der Gläubiger
eine mehr oder minder grosse Verfügungsgewalt über die verpfändeten Einkünfte besass, je nach der Natur der letzteren, nach Ort
und Zeit ihrer Erhebung, nach der Willigkeit und Fähigkeit der
betr. Abgabepflichtigen zur Bezahlung der Abgaben, nach dem Ausfall der Ernte u. s. f., sodann aber auch je nach nach den politischen
und sonstigen allgemeinen Verhältnissen des Landes, dessen Fürst
die Anleihe aufnahm. Ebenso wenn es sich um eine durch Bürgschaft gesicherte Forderung handelte, wie sehr kam es dann auf die

persönlichen Eigenschaften und auf die Creditwürdigkeit des gestellten Bürgen an, darauf ob dieser oder jener hohe Adlige, ob die Stände oder einzelne Städte sich verbürgten. Wie verwickelt wurde das Verhältniss vollends, wenn mehrere Bürgen vorhanden waren, deren Zahlungsverpflichtungen nicht genau gegen einander abgegrenzt waren. Selbst die Formen der Schuldverschreibungen, die Unterschriften und Siegel, welche sie tragen sollten, einzelne Redewendungen im Texte der Obligationen und dergleichen wurden — gleichviel, ob mit Recht oder nicht — als wichtig für den inneren Werth der Forderungen betrachtet und gaben desshalb nicht selten Anlass zu langen Verhandlungen zwischen Schuldner und Gläubiger. Ganz zu schweigen von den Zeiten, wenn der fürstliche Schuldner alt oder krank war, und man befürchtete, seine Schulden würden von dem Thronfolger nicht anerkannt werden.

Es bedarf keines Beweises, dass bei derartigen Verschiedenheiten in der Qualität der einzelnen fürstlichen Schuldposten von eigentlichen Börsenanleihen nur ausnahmsweise die Rede sein konnte, dass vielmehr in der Regel nichtmarktmässige Anleihen bei einzelnen Handelshäusern abgeschlossen werden mussten. Und doch: wie schwierig war es grade für ein einzelnes Handelshaus, die Qualität der ihm gestellten Sicherheit zu beurtheilen! Selbst die grösste italienische oder oberdeutsche Handelsgesellschaft war nicht im Stande, den inneren Werth einer ihm angebotenen Anweisung auf irgendwelche spanische Einkünfte zuverlässig zu ermitteln; denn wenn sie selbst dauernde Vertreter in Spanien und fortwährende Fühlung mit den dortigen Verhältnissen unterhielt, wenn sie selbst bei der Auswahl ihres spanischen Hauptfaktors mit der grössten Vorsicht verfuhr und ihm dann weitgehende Vollmachten ertheilte, so musste doch die Entscheidung schliesslich in Italien oder Oberdeutschland getroffen werden: man musste in Genua oder Augsburg beurtheilen, wie gross der innere Werth einer Anweisung auf spanische Einkünfte war. Das war thatsächlich nicht möglich, und wäre es selbst möglich gewesen, so hatte man damit doch nur für den Augenblick ausgesorgt. Wie konnte man in Augsburg oder Genua voraussehen, ob nicht der König von Spanien sich durch irgendwelche ausserhalb des augenblicklichen Gesichtskreises liegende Erfordernisse oder Erwägungen eines Tages veranlasst sehen werde, jene Anweisung einfach aufzuheben! Wir werden im nächsten Abschnitte uns mit diesem oft genug eingetretenen Falle noch eingehend zu beschäftigen haben.

Während also auf der einen Seite die Ungleichartigkeit der einzelnen fürstlichen Schuldposten die Tendenz hatte, das fürstliche Anleihewesen auf der Stufe des isolirten, nicht marktmässigen Verkehrs festzuhalten, war dies doch auf die Dauer gar nicht möglich, weil die Aufgabe, den inneren Werth der einzelnen Schuldverschreibungen zu beurtheilen, selbst die Kraft der grössten isolirten Handelshäuser überstieg.

Diese Sachlage musste unaufhaltsam auf Fungibilisirung und börsenmässige Concentrirung des fürstlichen Anleiheverkehrs hindrängen, eine Entwickelung, deren Fortschreiten wir sowohl für Antwerpen wie für Lyon mit ausreichender Sicherheit verfolgen können.

In Antwerpen tritt sie am deutlichsten zu Tage in der wachsenden Beliebtheit der niederländischen Rentmeisterbriefe. Wie wir wissen, waren dies Privatobligationen, welche die Rentmeister für Rechnung der Regierung ausstellten. Da letztere keinerlei sonstige Sicherheit gewährte, wurde die Qualität der Rentmeisterbriefe ausschliesslich bestimmt durch die Zahlungsfähigkeit der Rentmeister d. h. von Beamten, welche ursprünglich wohl durchweg Kaufleute gewesen waren, und welche an der antwerpener Börse nach wie vor als solche betrachtet wurden: sie wurden von der Börsenmeinung als „ditte di borsa" behandelt, und die Meinung der Börse von ihrer Zahlungsfähigkeit war es, welche ihren Werth bestimmte.

Allerdings muss man hier wohl mehrere Phasen der Entwickelung unterscheiden. In der älteren Zeit d. h. bis etwa 1542 war die Meinung der Börse von den Rentmeisterbriefen keine günstige: man hatte sich noch nicht recht daran gewöhnt, ihre Qualität lediglich nach der kaufmännischen Zahlungsfähigkeit ihrer Aussteller zu beurtheilen; man verlangte daneben noch Schuldverschreibungen des Landesherrn, wenn möglich mit Specialunterpfand; man betrachtete die Haftbarkeit der Rentmeister noch nicht als vollgültigen Ersatz für solche anderweitige Sicherheiten. Aber seit 1542 begann Gaspar Ducci die grössten Summen lediglich gegen Rentmeisterbriefe an der antwerpener Börse aufzunehmen, ein deutliches Zeichen, dass sich deren Meinung über diese Papiere geändert hatte. Und wenn man nun fragt, wodurch ein solcher Umschwung veranlasst worden sein kann, so giebt es darauf nur eine Antwort: Ducci verstand es, die Börsenmeinung davon zu überzeugen, dass die Rentmeister „ditte di borsa" seien, und hierdurch erst wurden die Rentmeisterbriefe völlig fungible, ihrer Qualität nach von der Börsenmeinung für gleichartig erachtete Schuldverschreibungen, welche das Publikum ohne specielle Qualitätsprüfung kaufen konnte.

Die Börsenmeinung täuschte sich auch gar nicht in der Annahme, dass die Qualität der Rentmeisterbriefe eine gleichartige sei, sondern nur in der Qualitätsbestimmung selbst; denn die Rentmeister waren thatsächlich völlig ausser Stande, die von ihnen übernommenen ungeheuren Zahlungsverpflichtungen zu erfüllen; mit anderen Worten: die Qualität der Rentmeisterbriefe war nicht eine zweifellos gute, sondern eine sehr schlechte. Aber das stellte sich erst in der grossen Finanzkrisis von 1557 heraus; bis dahin waren die Rentmeisterbriefe der Hauptträger der gewaltigen Kapitalbewegung, welche sich in Antwerpen concentrirte, und sie verdankten diese Bedeutung in letzter Instanz ihrer vollkommenen Fungibilität. Sie war es, welche die Bildung einer Börsenmeinung über die Qualität der Rentmeisterbriefe und hierdurch die Entstehung eines regelmässigen Börsenverkehres ermöglichte.

Bei anderen für Antwerpen in Betracht kommenden Schuldverschreibungen von Fürsten und Städten, wie bei den „Hofbriefen", den Obligationen der englischen Krone, der portugiesischen Krone, der Stadt Antwerpen u. s. w. lässt sich die gleiche Entwickelung nachweisen, wenn auch nicht mit solcher Sicherheit auf ihre Ursachen zurückführen. Wir bemerken nur, dass auch bei ihnen mehr und mehr die Börsenmeinung der eigentliche qualitätsbestimmende Faktor wurde, dass die einzelnen Kapitalisten sich in ihren Anschauungen und in ihrem Verhalten schliesslich offenbar vorzugsweise von der Börsenmeinung leiten liessen, und dass nur Wenige sich diesem Einflusse einigermaassen zu entziehen vermochten.

Ähnlich war die Entwickelung in L y o n. Die Kapitalisten, welche durch Vermittelung der dortigen Börse ihr Geld der französischen Krone liehen, legten offenbar um des hohen Zinsfusses willen seit etwa 1542 nicht mehr den entschiedenen Werth auf Sicherung ihrer Forderung durch ein Specialunterpfand. Zwar wurde ein solches auch später noch meist bewilligt; aber schon mindestens seit etwa 1550 wurden die „Königsbriefe" an der lyonneser Börse als eine ihrer Qualität nach ziemlich gleichartige Kapitalanlage betrachtet, und vollends die als „grand parti" bekannte Verschmelzung der verschiedenen Börsenanleihen zu einem Ganzen war ein wichtiger Fortschritt der Fungibilisirung. Seitdem wurde das etwaige Specialunterpfand bei der Werthbestimmung von der Börsenmeinung kaum noch berücksichtigt. Vielmehr richtete sich letztere im Wesentlichen nur nach allgemeinen Erwägungen, deren Stoff sie hauptsächlich dem an der Börse concentrirten Nachrichtenverkehre entnahm. Doch das führt uns schon zu einem ganz neuen Momente, dessen Behandlung wir uns noch etwas aufsparen müssen.

Börsencourse und Börsenzinsfuss. „Der Preis, zu dem die Kaufleute in Wechseln handeln, nennen sie den Börsenpreis; denn Niemand schreibt sich selbst dessen Festsetzung zu, vielmehr nur der
Börsengemeinschaft d. h. der Gemeinschaft des Ortes, wo die Kaufleute sich versammeln." So definirt schon im Jahre 1530 die pariser
Juristenfakultät zutreffend die Funktion der Börse bei der Preisbildung
im Wechselverkehre. Diese Preisbildung hatte schon im Mittelalter
an manchen Plätzen einen börsenmässigen Charakter erhalten; aber
selbst in Brügge hatten die Italiener noch den Verkehr der Wechsel-
börse beherrscht, welche letztere ja nichts anderes war, wie die tägliche Börsenversammlung der italienischen Kaufleute; an sie mussten
sich Angehörige anderer Nationen in der Regel wenden, wenn sie
Wechsel kaufen oder verkaufen wollten.

Wir wissen, wie es kam, dass sich das in Antwerpen und ebenso
in Lyon änderte, dass die Italiener ihre Monopolstellung einbüssten.
Damit nahm der Wechselverkehr an beiden Plätzen den Charakter
eines Weltbörsenverkehres an d. h. es concentrirte sich dort Angebot
und Nachfrage des internationalen Wechselverkehrs in solchem Maasse,
dass ein täglicher directer Massenumsatz unter den Angehörigen der
verschiedenen Nationen ermöglicht wurde.

Zugleich machte die Fungibilisirung des kaufmännischen Credits
derartige Fortschritte, dass es in normalen Zeiten genug „ditte di
borsa", genug als zweifellos solvent angesehene Börsenfirmen gab,
um einen bedeutenden täglichen Börsenverkehr in solchen Wechseln
zu ermöglichen, deren Qualität als gleich gut angesehen wurde, daher
kaum noch geprüft zu werden brauchte.

Auf diesen Grundlagen vollzog sich nun die tägliche Preisbildung
im Wechselverkehre. Auch sie wird von dem pariser Gutachten genau
beschrieben, offenbar nach dem Berichte eines antwerpener Kaufmanns. Da heisst es: „Der Makler, welcher von einem Kaufmanne
Auftrag erhalten hat, einen Wechsel auf Spanien zu kaufen, sucht
an der Börse einen jener „reichen und mächtigen Kaufleute" auf,
welche sich nicht mehr regelmässig mit Waarenhandel, sondern mit
Geld- und Wechselgeschäften befassen; diesen fragt der Makler, ob
und wie er den Wechsel abgeben will; der Befragte antwortet mit
der Rückfrage: Wie ist der Börsencours? Ist er mit dem Course,
den der Makler darauf nennt, zufrieden, so kommt das Geschäft zu
Stande."

Der Hergang war natürlich oftmals ein anderer, wie er hier beschrieben wird; entscheidend ist nur, dass die Preisbildung nicht mehr
individuell erfolgte, sondern unter fortwährender Herrschaft der Bör-

senmeinung stand. Der Preis den diese für die von solventen Börsenfirmen ausgestellten Wechsel einer bestimmten Gattung täglich, unter
Umständen auch mehrere Male an jedem Börsentage als den richtigen,
angemessenen bezeichnete, — das war der Börsenpreis der fraglichen
Wechselart. Er wurde in den Handelsbriefen, dann in den Courszetteln nach auswärts gemeldet; nach ihm richteten sich die kleineren
Börsen; er bildete die Grundlage für die Wechselarbitrage unter den
verschiedenen Plätzen.

Thatsächlich können allerdings oftmals an der Börse Geschäfte
abgeschlossen worden sein, deren Course von den gleichzeitigen
Börsencoursen mehr oder weniger weit abwichen; aber dafür waren
stets besondere Verhältnisse bestimmend: höheres Risiko, Unerfahren-
heit einer Partei, Ungeschick des Maklers u. dergl. Dies waren dann
eben halb individuelle Preisbildungen inmitten des Börsenverkehres,
die sich indess dem Einflusse des Börsencourses für den „Standard-
Typus" der betr. Wechselart niemals ganz entziehen konnten.

Das „Conto", die officielle Coursliste, welche in Lyon während
jeder Messzahlung festgestellt wurde, war im Grunde nichts Anderes
wie das amtlich beglaubigte Resultat einer unter obrigkeitlicher Aufsicht viermal jährlich erfolgten Ermittelung der Börsenmeinung über
die Wechselcourse. Die Bedeutung des „Conto" war, wie im vorigen
Kapitel näher ausgeführt ist, vorzugsweise eine juristische, während
der Börsencours selbst eine wirthschaftliche Erscheinung von höchster
Bedeutung ist, was nachher noch Gegenstand besonderer Erörterung
sein wird.

Ganz ähnlich wie die Börsencourse der Wechsel bildete sich der
Börsenzinsfuss. Auch hier haben wir es mit einer Erscheinung zu
thun, deren Anfänge ziemlich weit ins Mittelalter zurückreichen. Wir
haben in der Einleitung nachgewiesen, dass schon im 13. Jahrhundert
auf den Messen der Champagne eine Art Marktzinsfuss vorhanden
gewesen sein muss, und dass die Italiener mindestens im 15. Jahrhundert bereits die Regeln, welche den Wechsel von Ebbe und Fluth
auf den Kapitalienmärkten hervorriefen, rein empirisch kennen gelernt
hatten. Diese Kenntnisse wurden im 16. Jahrhundert, mit der wach-
sendenden Praxis in marktmässigen An- und Ausleihen von Geldkapitalien, Gemeingut der betheiligten europäischen Kaufmannschaft.
Zugleich hatte die Fungibilisirung des kaufmännischen Credits hier
die gleiche Wirkung, wie beim Wechselverkehre. So kam es in
Antwerpen und Lyon zur Bildung eines Börsenzinsfusses für Anleihen
solventer Börsenfirmen von Messe zu Messe, eines Zinses, den die
weltliche Obrigkeit in den Niederlanden durch Bestimmung eines

Maximum von 12% sanktionirte, und welcher kirchlichen Anfechtungen gegenüber sich der durchsichtigen Hülle des „Depositum" bediente. Da der jeweilige Zinsfuss der börsenmässigen Depositen auch im Courszettel nach auswärts gemeldet wurde, ist die Parallele mit den Wechselcoursen eine vollkommene.

Der Börsenzinsfuss bezog sich indess nur auf „ditte di borsa" andere Schuldner bezahlten höhere Zinsen, und ganz besonders gilt dies von den fürstlichen Börsenanleihen, deren Zinsfuss regelmässig den Börsenzins erheblich überstieg; doch war das im Grunde nur scheinbar der Fall: nicht der Zinsfuss selbst war höher, sondern lediglich die Risikoprämie. Diese schwankte geraume Zeit ganz ungeheuerlich, mit anderen Worten: bei solchen fürstlichen Anleihen fand damals selbst an den Börsenplätzen noch isolirte Preisbildung statt; erst seit etwa 1542 erhielt sie einen börsenmässigen Charakter, und seitdem hielt sich der Zinsfuss der fürstlichen Börsenanleihen ziemlich parallel mit dem Börsenzinsfusse. Für jede Gattung fürstlicher und sonstiger öffentlicher Anleihen (Rentmeisterbriefe, Hofbriefe, Obligationen der englischen Krone u.s.f.) bestimmte die Börsenmeinung nun eine, ihrer jeweiligen Anschauung von der Qualität der einzelnen Anleiheart entsprechende Risikoprämie, deren Höhe nur noch in erträglichen Grenzen schwankte.

Dagegen begann jetzt eine andere, scheinbar grade entgegengesetzte Entwickelung, welche doch in letzter Linie auf die gleichen Ursachen zurückführt: es entstanden Coursschwankungen im Kapitalwerthe der bereits circulirenden fürstlichen Schuldverschreibungen.

Auch diese Erscheinung hat ihre tief ins Mittelalter hineinreichenden Wurzeln: schon die Antheile der altitalienischen Monti waren Coursschwankungen unterworfen. Aber für die Weltbörsen des 16. Jahrhunderts konnten wir die ersten, unscheinbaren Anfänge der seitdem für das Börsenwesen so charakteristisch gewordenen Coursschwankungen zeitlich annähernd feststellen: wir sahen, dass an der lyonneser Börse im Jahre 1550 beim Verkaufe von „Königsbriefen" ein kleines Disagio von $1/4$ bis $1\frac{1}{2}$% gezahlt wurde, das sich in den folgenden Jahren auf 4 bis 6%, gleich nach dem Staatsbankerotte von 1557 auf 15% vergrösserte und dann, wie im folgenden Abschnitte berichtet werden soll, noch erheblich weiter zunahm. Für Antwerpen konnten wir diese Entwickelung nicht verfolgen, wohl aber wissen wir, dass später auch dort Rentmeisterbriefe nur mit hohem Verluste verkauft werden konnten.

Es ist nun eine auf den ersten Blick auffallende, aber ganz zweifellose Thatsache, dass erst durch die Coursschwankungen sich ein regelmässiger Börsenverkehr in schon vorhandenen „Königsbriefen" entwickelte. Wir sagten, diese Thatsache sei zunächst auffallend; denn eigentlich sollte man meinen, dass Forderungen, deren Sicherheit in Zweifel gezogen wurde, weniger gehandelt werden mussten, als solche, welche die Börsenmeinung für unbedingt sicher ansah. Aber sieht man näher zu, so entdeckt man bald die Ursache der ganzen Erscheinung.

Solange der Credit der französischen Krone als zweifellos betrachtet wurde, behielten die ursprünglichen Gläubiger, welche die „Königsbriefe" um der hohen Zinsen willen erworben hatten, sie so lange wie möglich; Betheiligungslustige mussten sich desshalb, wenn sie derartige Papiere haben wollten, an die Agenten der französischen Finanzverwaltung wenden und neue Obligationen „al pari" nehmen. Aber im Jahre 1550 betrachteten manche gut unterrichtete Gläubiger der Krone deren Credit nicht mehr als ganz zweifellos; diese suchten ihre Forderungen zu veräussern, und wenn das nicht zum Nennwerthe möglich war, bewilligten sie einen kleinen Nachlass. Das ist der Anfang der **Baisseströmung** unserer heutigen Fondsbörsen. Nun verstärkte aber, wie wir auch ganz gut verfolgen konnten, jener Nachlass andererseits wieder in weiten Kreisen die Neigung zum Kauf von „Königsbriefen" und rief damit die Anfänge einer **Hausseströmung** hervor, aus deren Kampf mit der Baisse die Börsenmeinung über den Marktwerth der Königsbriefe, ihr **Börsencours**, hervorging. Dieser wurde bereits von manchen Börsenbesuchern ihren betheiligten auswärtigen Geschäftsfreunden gemeldet, während der „Courszettel" sich ihm erst sehr viel später geöffnet hat.

Spekulation und Arbitrage in Kapitalien. Wir wissen jetzt, dass die Bildung der Börsencourse und des Börsenzinsfusses stets ein Erzeugniss der Börsenmeinung ist, und es ist nun Zeit, diese selbst noch etwas näher zu untersuchen. Der Ausdruck „Meinung" könnte leicht irrige Anschauungen veranlassen, zumal wenn man gehört hat, dass der Börsenmeinung die Untersuchung der Qualität sowohl wie die Bestimmung der Preise gewisser Leihkapitalien, Wechsel u. s. w. obliegt, und dass sie sich hierbei auf den an der Börse concentrirten Nachrichtenverkehr stützt. Daraus entsteht leicht unwillkührlich die Anschauung, als ob es sich um einen auf Ermittelung der Wahrheit, des „wahren Preises" oder dergleichen gerichteten Wettbewerb handle. Die kanonistische Wucherlehre hat sich thatsächlich z. B. in ihrer Be-

urtheilung des Messwechsels stark von solchen Anschauungen beeinflussen lassen, die selbst in der Gegenwart noch keineswegs ganz
verschwunden, aber natürlich grundverkehrt sind.

Die Börsenmeinung bildet sich nicht, wie etwa die wissenschaftliche Meinung, im Dienste des Strebens nach Wahrheit, sondern im
Dienste des Erwerbstriebes. Die Börsenbesucher wollen Geld verdienen; das ist ihr privatwirthschaftlicher Zweck. Indem sie diesen
zu erreichen streben, bilden sie einen Markt und damit erfüllen sie
eine volkswirthschaftliche Aufgabe. Der Markt würde sich nicht
bilden, wenn die Börsenbesucher nicht Geld verdienen wollten. Dies
ist auch die nothwendige Voraussetzung für die Lösung jener speciellen Aufgaben, welche der Börsenmeinung gestellt sind, für die
Bestimmung der Börsenpreise u. s. w. Aber darum ist doch keineswegs die Leistung des volkswirthschaftlich Nothwendigen unbedingt
abhängig von der Erreichung jenes privatwirthschaftlichen Zweckes
oder umgekehrt; vielmehr lehrt die Erfahrung das Gegentheil. Hier
liegt eben eine besonders wichtige Folge unseres ganzen wirthschaftlichen Systems vor, das überall volkswirthschaftliche, also gemein-
nützige Funktionen dem vom Intellekt geleiteten Egoismus der Einzelnen überträgt, weil hierfür weder der Gemeinsinn, noch ein durch
blossen Zwang geleiteter Mechanismus ausreicht.

Der Erwerbstrieb, in dessen Dienste sich die Börsenmeinung
bildet, wird geleitet vom Intellekte. Die Börsenbesucher versuchen,
ehe sie Geschäfte abschliessen, über die der Erreichung ihres Er-
werbszweckes förderlichen und hinderlichen Momente Klarheit zu ge
winnen. Diese Momente sind nun aber nur zum kleinsten Theile
derart beschaffen, dass sich aus ihnen sichere, unmittelbar verwerth-
bare Schlüsse ziehen lassen; vielmehr sind sie meist nur geeignet,
Vermuthungen, Meinungen hervorzurufen, aus denen sich dann die
„Börsenmeinung" bildet. Auch das ist wiederum eine nothwendige
Folge unseres ganzen wirthschaftlichen Systems. Je mehr dasselbe
auf dem Tauschverkehre beruht, desto grösser wird dessen Unsicherheit; denn in immer höherem Grade wird dadurch der Einzelne bei
seiner Erwerbsthätigkeit abhängig von anderen, oft weit von ihm
entfernt wohnenden Individuen, von fremden Märkten, und immer
mehr muss er ferner auch die Zukunft in den Kreis seiner Erwägungen ziehen.

Damit haben wir den Standpunkt gewonnen, von dem aus wir
auf unsere concreten Verhältnisse zurückschauen können, und zwar
knüpfen wir zunächst wieder an bei dem, was wir vorhin gesagt
haben über die Schwierigkeiten, welche es den einzelnen Geldver-

leihern bei nichtmarktmässigem Creditverkehre bereitete, die Qualität irgendwelcher fürstlicher Schuldverschreibungen zu beurtheilen. Die Änderung, die sich hierin vollzog, als die Qualitätsschätzung Sache der Börsenmeinung wurde, bestand nicht in der Verringerung jener Schwierigkeiten, sondern in einer völligen Umwälzung des ganzen Verfahrens. Die Börsenmeinung bekümmerte sich überhaupt nicht mehr in erster Linie um die Qualität jener Spezialsicherheiten, welche den einzelnen Geldleihern so viel Kopfzerbrechen verursacht hatten; vielmehr legte sie das Hauptgewicht auf die allgemeine Zahlungsfähigkeit und auf den guten Willen des Schuldners, in der richtigen Erkenntniss, dass diese Momente in letzter Instanz auch beim Credite der Fürsten entscheidend waren. Die Börsenmeinung konnte gar nicht anders verfahren; denn die Nachrichten, welche massenhaft an den ·Börsen zusammenströmten, waren nicht geeignet, ein spezielles Urtheil über die Sicherheit einzelner fürstlicher Schuldverschreibungen zu erleichtern, wohl aber ein allgemeines Urtheil über die politische und wirthschaftliche Lage, über die Finanzen der Fürsten u. s. w. Diese allgemeinen Verhältnisse beurtheilte die Börsenmeinung besser als das einzelne Handelshaus, und besonders gilt das von den Schlüssen, welche sie aus jenen Nachrichten für die Zukunft zog. Die Börsen von Antwerpen und Lyon sahen den Ausbruch der grossen Finanzkrisen von 1557 rechtzeitig voraus, was aber die oberdeutschen Kaufleute nicht hinderte, den längst thatsächlich schon bankerotten Königen von Frankreich und Spanien noch bis zuletzt die grössten Kapitalien zu leihen.

Wir müssen hier einige Bemerkungen einschalten über den Ausdruck, mit dem man die auf Ausnutzung künftiger Ereignisse, besonders künftiger Preisveränderungen abzielende Erwerbsthätigkeit im 16. Jahrhundert bezeichnete[9]. Jetzt nennt man diese Thätigkeit bekanntlich „Spekulation", während man im 16. Jahrhundert diesen Begriff zusammenwarf mit dem der Arbitrage, d. h. der auf Ausnutzung gleichzeitiger Preisunterschiede zwischen mehreren Börsenplätzen gerichteten Handelsthätigkeit; und in der That liessen sich diese Begriffe noch gar nicht auseinanderhalten; denn eine Arbitrage, welche rasch wechselnde Preisunterschiede zwischen Plätzen wie etwa Antwerpen und Lyon benutzen wollte, zwischen Plätzen, deren Ver-

---

[9] Vgl. oben II. 22, sowie I. 221 ff., 315 ff., ferner meinen Artikel „Arbitrage" im „Handwörterbuch der Staatswissenschaften" und die dort angeführten Äusserungen von Scaccia und Peri, denen ich jetzt noch eine von Villalon (Tratado de cambios, 1542 cap. 10) hinzufügen möchte; er bezeichnet die Wechselarbitrage als „infernal contratacion", namentlich weil was der Eine dabei gewinne, ein Anderer verlieren müsse.

kehr untereinander hin und her über einen Monat beanspruchte, eine solche Arbitrage musste stets zugleich Spekulation sein. Peri hatte desshalb ganz Recht, wenn er sich noch im Jahre 1640 über den „arbitrio" folgendermaassen äusserte·

Gewinn, so sagt er, ist der Zweck alles Handels. Die hierauf gerichtete Thätigkeit ist dem Einflusse des Zufalls unterworfen, der jeder Berechnung spottet; doch bleibt immerhin noch ein weiter Raum für vernünftige Berechnung übrig, wobei man freilich die Möglichkeit des Eintritts widriger Zufälle nie ausser Acht lassen darf. Diese Geistesthätigkeit, gestellt in den Dienst des Erwerbstriebs, nennt man „arbitrio", welche Peri schliesslich definirt als „una discreta opinione di guadagno, posciache delle cose incerte dassi l'opinione e delle certe la scienza". Ausdrücklich will er darunter auch die Spekulation auf künftige Preisänderungen verstanden wissen und erwähnt durcheinander derartige und eigentliche Arbitrage-Geschäfte in Wechseln, Geldsorten, Geldkapitalien und Waaren.

Wir haben es hier nur zu thun mit den Arbitrage- und Spekulationsgeschäften in Wechseln und Leihkapitalien. Diejenigen Geschäftsleute, welche sich mit derartigen Operationen befassten, mussten zunächst das besitzen, was Peri die „scienza" nennt, d. h. die auf Erfahrungen oder zuverlässigen Mittheilungen beruhende Kenntniss derjenigen Momente, deren Einfluss auf die Börsencourse oder auf den Börsenzinsfuss sich mit Sicherheit oder doch mit einem hohen Grade von Wahrscheinlichkeit voraussehen liess. Wir wissen bereits, dass die Italiener schon im Mittelalter diese „Wissenschaft" erfolgreich kultivirt hatten; ihre Resultate theilten sich im 16. Jahrhundert mehr oder weniger vollkommen den Kaufleuten anderer Nationen mit; aber leider war dadurch nicht allzuviel gewonnen; denn schon im 16. Jahrhundert überwog im Börsenverkehre die Summe der nicht wissbaren Umstände ganz gewaltig die der wissbaren. Diese klaffende Lücke musste auf andere Weise nach Möglichkeit ausgefüllt werden, und hier stossen wir abermals auf die allgegenwärtige Wirksamkeit der Börsenmeinung.

Die Börsenmeinung zog aus den ihr unausgesetzt zufliessenden Materialien an Nachrichten jeder Art gewisse allgemeine Schlüsse für die künftige Entwickelung und berücksichtigte diese Schlüsse schon bei Bestimmung der gegenwärtigen Börsenpreise von Wechseln und Leihkapitalien, ein Vorgang, den die Börsensprache der Gegenwart als „escomptiren" künftiger Ereignisse bezeichnet.

Bei dieser Thätigkeit war die Börsenmeinung jederzeit erheblichen Irrthümern und auch absichtlicher Irreführung ausgesetzt.

Denn erstens waren die Preise von Wechseln und Leihkapitalien stets in besonders hohem Grade von unberechenbaren Momenten abhängig. Dahin gehören z. B. die häufigen Münzänderungen, welche nicht nur die Wechselcourse weitgehend beeinflussten, sondern auch, wenn man sie erwartete, allgemeine Geldfülle, und wenn sie eingetreten waren, ebensolche Geldknappheit verursachten. Dann denke man hier vor allem an das weite Gebiet der Politik, die im 16. Jahrhundert noch viel unberechenbarer war, als gegenwärtig. Das bedarf wohl kaum weiterer Erörterung.

Ferner war die Zahl der Spekulanten ohne Specialkenntnisse und eigenes Urtheil bei den hier in Betracht kommenden Handelsobjekten jederzeit eine besonders grosse; denn in Wechseln oder Leihkapitalien konnten die meisten Besitzer flüssiger Geldkapitalien, grosse wie kleine, direct oder indirect Geschäfte machen, und sie wurden hierzu offenbar in erheblichem Umfange von den mit Lyon und Antwerpen in Verbindung stehenden Kaufleuten ihrer Bekanntschaft animirt. Diese ganze Masse urtheilsunfähiger, den Dingen fernstehender Personen, die sich nur von dem Drange nach leichtem, mühelosem Gewinne leiten liessen, gewann einen verhängnissvollen Einfluss auf die Preisbildung der Wechsel wie namentlich der Leihkapitalien.

Endlich war auch die Versuchung zur absichtlichen Irreführung der Börsenmeinung für geschickte, gewissenlose Börsenleute eine besonders grosse. Auf der einen Seite die Gefahr fortwährender Verluste in Folge der Unberechenbarkeit des künftigen Preisganges, auf der anderen Seite die Urtheilsunfähigkeit der meisten Spekulanten, vor allem aber die Aussicht nicht nur auf gewaltige Gewinne, sondern auch auf hohe Ehrenbezeugungen, Titel und Würden, wenn es gelang, die verfügbaren Kapitalienmassen für die politischen Zwecke eines mächtigen Monarchen einzufangen — die Versuchung war in der That zu gross für Leute vom Schlage eines Gaspar Ducci!

Vollends als seit etwa 1552 in ganz Europa eine wahre Raserei, eine „Manie" nach Betheiligung an den Börsenanleihen von Antwerpen und Lyon sich der weitesten Kreise bemächtigte, da ging der letzte Rest jener „Wissenschaft", welche bei allen Spekulationen vorhanden sein sollte, über Bord, und ungezügelt, wie ein wildgewordener Renner tobte die Gewinnsucht durch die reichsten Gebiete alter mühsamer Kapitalansammlungen, der unabwendbaren Krisis entgegen.

Soll damit nun unser Endurtheil über die Weltbörsen des 16. Jahrhunderts gefällt sein? Gewiss nicht; wir behalten uns das Endurtheil vor bis an den Schluss dieses Kapitels. Vorher aber müssen wir noch eines Moments gedenken, das von anderer Seite in den Vordergrund der auf die Börse bezüglichen Erörterungen gestellt worden ist, während wir ihm eine etwas bescheidenere Rolle zuweisen müssen; wir meinen das, was man „Mobilisirung" zu nennen pflegt.

Die Mobilisirung der Leihkapitalien.

Als „Mobilisirung" im weitesten Sinne des Wortes hat man zu betrachten die Erleichterung der Veräusserung wirthschaftlicher Güter aller Art durch die Schaffung und Ausbildung circulationsfähiger „Werthpapiere". Die deutsche Volkswirthschaftslehre pflegt den Ausdruck „Mobilisirung", soweit sie ihn überhaupt verwendet, auf das Grundeigenthum zu beschränken. Aber bei allen anderen „fixen Kapitalien" ist der Vorgang völlig derselbe, wie beim Grundeigenthum, und auch bei den „umlaufenden Kapitalien", einschliesslich aller Gebrauchsgüter, bleibt die Natur der Mobilisirung die nämliche: stets ist es ihr Wesen, dass sie eine Werthcirculation schafft, nur dass diese bei den fixen Kapitalien die einzig mögliche Art der Circulation ist, während sie bei den umlaufenden Kapitalien neben der Gütercirculation hergeht.

Ein Landgut wird mobilisirt durch Ausgabe von Hypothekenbriefen, eine Hypothekarforderung durch Ausgabe von Inhaber-Pfandbriefen, eine Staatsanleihe durch Ausgabe von Partial-Obligationen, ein gewerbliches oder commercielles Unternehmen durch Umwandlung in eine Actien-Gesellschaft und Ausgabe von Actien, eine Schiffsladung Waaren durch Verpfändung des Connossements, eine im Speicher lagernde Waarenparthie durch Ausgabe von Warrants, ein Bankguthaben durch Ausgabe von Checks, der Baarschatz einer Notenbank durch Ausgabe von Banknoten, ein auswärtiges kaufmännisches Guthaben durch Ausstellung eines Wechsels, ein Wechsel durch dessen Indossirung u. s. f. Stets wird hier der Werth eines wirthschaftlichen Gutes in Circulation gesetzt, indem man ihn einem „Papiere" einverleibt, oder dieses Papier erhält durch einen Zusatz bezw. durch Ausgabe neuer Papiere mehr Circulationsfähigkeit.

Das ist zwar in der Regel nicht die ursprüngliche Bestimmung solcher Papiere, die vielmehr Anfangs meist nur als Beweis- oder Legitimationsurkunden dienen sollen; aber das allgemein verbreitete Bedürfniss nach Mobilisirung verwandelte sie allmählich in Mittel der Werthcirculation, in „Werthpapiere".

Wir können uns indess hier nicht weiter in die Natur und Bedeutung der Werthcirculation im Allgemeinen vertiefen, sondern müssen jetzt unsere Aufmerksamkeit auf die Mobilisirung der Leihkapitalien concentriren.

Wie schon der Name sagt, gehören die Leihkapitalien zu dem grossen Kreise von Complexen wirthschaftlicher Güter, welche nicht als „Gebrauchsgüter" der unmittelbaren Befriedigung menschlicher Bedürfnisse, sondern der Erzeugung neuer Güter dienen sollen, und deren Gesammtheit privatwirthschaftlich als „Rentenquellen", volkswirthschaftlich als „Kapital" (im weitesten Sinne dieses Wortes) bezeichnet wird.

Die Leihkapitalien müssen, um eine Rente zu tragen, ausgeliehen, also Gegenstand eines Tauschaktes werden, wozu sie vermöge ihrer Natur als Geldkapitalien hervorragend geeignet sind. Ehe der Tauschakt vollzogen ist, sind sie „flüssig" oder „verfügbar" zum Ausleihen für beliebige Zwecke; nachher aber büssen sie ihre Verfügbarkeit für den Tauschverkehr zunächst theilweise ein: Forderungen sind bei weitem nicht so tauschfähig wie Geldkapitalien. Der Grad ihrer Tauschfähigkeit hängt von gewissen Voraussetzungen ab, die in sehr verschiedenem Maasse gegeben sein können. Die zwei wichtigsten dieser Voraussetzungen haben wir schon kennen gelernt: es sind die wirthschaftliche Natur, die Fungibilität der Forderungen und die wirthschaftliche Organisation des Verkehrs, der in ihnen stattfindet. Als drittes Moment ist nun noch zu erwähnen: die äussere Gestalt, die Form der Forderungen und eng damit zusammenhängend, die für den Tauschverkehr in Forderungen bestehende Rechtsordnung.

Formen und Rechtssätze, welche die Veräusserung von Forderungen erleichtern, sind zweifellos von grosser Bedeutung für die Entwickelung dieses Verkehrs. Letzterer wird sich indess stets auf die eine oder andere Weise solche Formen und Rechtssätze schaffen, wenn er ihrer dringend bedarf. Dagegen können umgekehrt noch so verkehrsfreundliche Formen und Rechtssätze keinen hochentwickelten Tauschverkehr in Leihkapitalien hervorrufen, wenn die sonstigen Voraussetzungen dafür nicht vorhanden sind. Dies lässt sich besonders deutlich für die Weltbörsen des 16. Jahrhunderts nachweisen.

Beginnen wir mit dem Inhaberpapiere. Die Inhaberklausel ist bekanntlich sehr alt; aber im Mittelalter sollte sie noch nicht die Veräusserung, sondern nur die Geltendmachung von Forderungen durch einen Vertreter erleichtern; dies schliesst natürlich keineswegs aus, dass gelegentlich schon damals solche Papiere cedirt wurden; aber ein Handelsverkehr mit Inhaberpapieren hat im Mittelalter ganz bestimmt noch nicht stattgefunden; sonst hätten die vielen eindringenden Untersuchungen über diese Papiere doch mindestens eine Spur davon ans Tageslicht bringen müssen [10]).

Dagegen ist es ebenso gewiss, dass in Antwerpen schon in den ersten Jahrzehnten des 16. Jahrhunderts ein regelmässiger Handelsverkehr mit Inhaber-Schuldscheinen stattfand. Wir ersehen dies aus der oft citirten Verordnung Karls V. vom 7. März 1536 [37], welche ausdrücklich besagt, die Waaren würden in den antwerpener Messen gegen Inhaber-Schuldscheine verkauft, welche vor Verfall ohne besondere Cession an Dritte in Zahlung gegeben würden; dies veranlasse die Aussteller oft, bei Verfall Zahlung zu verweigern, was viele Processe zur Folge habe. Hieraus ersehen wir ferner, dass jene Gewohnheit, die Schuldscheine in Zahlung zu geben, sich erst seit Kurzem eingebürgert hatte, da sonst jedenfalls schon längst entweder die aus dem Verhalten des Schuldner erwachsende Rechtsunsicherheit beseitigt worden wäre, oder das Bezahlen mit Inhaber-Schuldscheinen aufgehört haben würde. Aber letzteres geschah nicht, und erst die Ordonnanz Karls V. erklärte den Inhaber-Schuldschein für eine Formalobligation nach Art des Wechsels [11]).

Auch blieb der regelmässige Handelsverkehr mit Inhaberpapieren zunächst auf die Niederlande beschränkt, während sich in England stattdessen allmählich das Orderpapier, in Frankreich zunächst das Blankopapier als Mittel der Mobilisirung von Forderungen einbürgerte [12]) [13]).

---

[10]) Die ausgedehnte Literatur über das Inhaberpapier ist so gut wie ausschliesslich juristischer Natur. Sie ist aufgeführt und ihre Resultate sind zusammengefasst bei Goldschmidt, Universalgeschichte des Handelsrechts I. 390 ff. Der von Brunner in d. Ztschr. f. Handelsrecht XXII. 41 ff. erwähnte Brügger Inhaber-Schuldschein vom Jahre 1469 wurde cedirt; aber die Cession erscheint hier noch als ein aussergewöhnliches Mittel, um Baargeld zu erlangen.

[11]) Plac. de Brabant I. 515. In den antwerpener „Gebodboecken" (Bulletin des archives d'Anvers vol. I) beginnen die Aufgebote verloren gegangener Inhaber-Schuldscheine erst 1556, wohl auch ein Zeichen, dass sie erst damals sehr stark umliefen; besonders charakteristische Fälle z. B. p. 276 (1563), p. 326 (1576), p. 344 (1579) u. s. f.

[12]) Vgl. für England Malynes, Lex Mercatoria (1622) ch. 11 u. 12, Child, A new discourse of trade (1693) p. 7, 106 ff. Beide beklagten, dass sich in England ein Handelsverkehr mit Inhaberpapieren nicht einbürgern wolle; aber Child machte dazu die treffende Bemerkung, es käme weniger darauf an, das englische Recht, als vielmehr darauf, die geschäftliche Praxis zu ändern, welche nun einmal vom Inhaberpapiere nichts wissen wolle. Und doch war dieses schon im 13. Jahrhundert verbreitet gewesen (Goldschmidt p. 391), Child konnte dafür bereits auf die weite Verbreitung der Orderpapiere hinweisen, des Wechsels und des Checks, welche damals schon ebenso leicht zu veräussern waren, wie ein Inhaberpapier, der Wechsel seit Einführung des Indossements im Laufe des 17. Jahrhunderts, der Check seit seiner Entstehung um die Mitte desselben Jahrhunderts.

In Antwerpen wurde der Inhaber-Schuldschein, wie wir wissen, auch beim börsenmässigen Depositogeschäft verwendet, und gleichviel, welches seine Entstehungsursache war, jedenfalls konnte er vor Verfall verpfändet oder auch mit Discontabzug veräussert werden. Der Inhaber-Schuldschein war höchst wahrscheinlich die erste Form von Schuldverschreibungen, welche im regelmässigen Tauschverkehre mit Discontabzug von Hand zu Hand gingen[14]).

Das Inhaberpapier wurde also jedenfalls erst im 16. Jahrhundert ein Mittel der Mobilisirung von Leihkapitalien. Dagegen verharrte der Wechsel immer noch in mittelalterlicher Unbeweglichkeit. Die ersten Spuren des Wechselindossements und des Wechseldisconts zeigten sich nicht vor dem Ende des 16. Jahrhunderts, und erst im folgenden erhielt Beides seine allmähliche Ausbildung. Hier ist nicht der Ort, die wirthschaftlichen Ursachen dieser, bisher ebenfalls nur von Juristen behandelten Entwickelung nachzugehen. Genug, während der ganzen Blüthezeit der Weltbörsen des 16. Jahrhunderts war das Bedürfniss nach Mobilisirung der Wechselforderungen noch nicht stark genug, um entsprechende äussere Formen hervorzubringen. Als in Antwerpen das Bedürfniss nach Mobilisirung kaufmännischer Forderungen im Anfange des 16. Jahrhunderts sich zuerst stärker regte, benutzte man hierfür ganz naturgemäss die längst vertraute Form der Inhaberobligation, während der Wechsel einstweilen seine ebenfalls altgewohnte Form beibehielt.

Ebenso deutlich lässt sich die Richtigkeit unserer Auffassung beim fiskalischen Creditverkehre nachweisen. Alle niederländischen Obligationen solcher Art, die mir aus dem 16. Jahrhundert vor Augen

---

[13]) In Frankreich, wo die Inhaberklausel ebenfalls schon im Mittelalter verwendet wurde, fand doch selbst an der lyonneser Börse im 16. Jahrhundert kein Tauschverkehr mit Inhaberpapieren statt; dagegen versahen dort die „billets en blanc" offenbar die gleiche Aufgabe; erste Erwähnung 1601 in den Docum. histor. inédits vol. IV. p. XXIV. Weiteres Einschreiten der Gesetzgebung 1611, 1624 u. s. f., worauf sich allmählich das Inhaberpapier einbürgerte. Vgl. Goldschmidt l. c. p. 397. Dass die „billets en blanc" thatsächlich schon einem ausgedehnten regelmässigen Verkehre unterworfen waren, ersieht man am besten aus dem Edikt vom Mai 1716, das die älteren Vorgänge seit 1604 ausführlich rekapitulirt.

[14]) Wenn bei Forderungen aus Waarengeschäften der Schuldner selbst vor Verfall bezahlen wollte, wurde ihm schon früher ein Rabatt bewilligt; vgl. z. B. Tartaglia, Trattato di numeri e misure (1556) I. 193 ff. Erste Erwähnung der „Discontes ou Rabats" von blossen Geldschulden bei Michel Cognet, Livre d'arithmétique, Antw. 1573. Als allgemeinen Geschäftsgebrauch behandelt das Rabattiren der Inhaberschuldscheine Passch er Goesseus in seiner Arithmetica (Hamburg 1601). Den lyonneser „escompte" des 17. Jahrhunderts beschreibt Cleirac, Usance du négoce ou commerce de la banque et des lettres de change (1656) p. 153; doch war auch dort die ganze Sache schon früher entwickelt.

gekommen sind, enthalten die Inhaberklausel. Trotzdem wechselten diese Obligationen, vielleicht abgesehen von den Rentmeisterbriefen, nicht entfernt so häufig den Inhaber, wie diejenigen der französischen Krone, welche sämmtlich nicht nur der Inhaberklausel entbehrten, sondern deren Cession, wie aus den noch in oberdeutschen Patricierarchiven vorhandenen zahlreichen Urkunden hervorgeht, sogar mit fast unglaublich umständlichen Formalitäten verknüpft war[15]).

Die französischen „Transporte" waren langathmige, in einem alterthümlichen, schwer verständlichen Kanzleistyle, in Gegenwart der Parteien vor Notar und Zeugen aufgenommenen Urkunden. Sie enthielten ein vollständiges Protokoll, in dessen Text der Wortlaut der Originalobligation eingefügt wurde. Letztere selbst blieb, sofern nicht die ganze Forderung cedirt wurde, in den Händen des nominell einzigen Gläubigers zurück, und alle Cessionen sollten in dorso auf ihr vermerkt werden. Die Originalobligation pflegte in duplo ausgestellt zu werden; zu jeder gehörten in der Regel eine ganze Reihe von Transporten, deren einige Kapital und rückständige Zinsen, andere Kapital ohne Zinsen oder nur mit einem Theile der Zinsen, wieder andere lediglich Zinsen betrafen.

Dies alles hinderte nicht, dass die „Königsbriefe" in Lyon seit etwa 1550 lebhaft umgesetzt, dass sie geradezu Gegenstand eines bedeutenden, regelmässigen Börsenverkehrs wurden. Der Verkehr half sich, indem er oftmals zunächst auf die Ausstellung von Transporten verzichtete und sich mit brieflichen oder sonstigen halb formlosen Beurkundungen begnügte, bis vielleicht der fünfte oder zehnte Käufer die nöthigen Formalitäten erfüllte. Natürlich gab das Anlass zu manchen Streitigkeiten; aber der Börsenverkehr selbst nahm seinen Fortgang, bis die Vernichtung der Handelsblüthe Lyons ihm ein Ende machte.

Schlussbetrachtung. Eine Untersuchung, wie wir sie hier betreiben, gleicht der Besteigung eines sich terrassenförmig aufbauenden Berges. Wieder haben wir jetzt eine Stufe erklommen und halten Umschau, doch nur für einen Augenblick; denn noch ist es weit bis zum Gipfel.

Die mittelalterlichen Anfänge der Kapitalbörsen hatten im Wesentlichen nur dazu gedient, den Kapitalverkehr der Kaufleute an den einzelnen Plätzen zu erleichtern; eine grosse selbständige Anziehungskraft auf die in aller Welt verstreuten Kapitälien hatten sie nicht

---

[15]) Vgl. z. B. die Bestände der vom German. Museum aufbewahrten Scheuerl'schen und Behaim'schen Familien-Archivalien.

ausgeübt. Diese Kapitalien waren vielmehr, soweit sie überhaupt zinstragende Anlage suchten, theils direct einzelnen Fürsten geliehen worden, theils hatten sie — ebenfalls direct — ihren Weg in die Kassen zahlreicher Städte gefunden, oder sie waren endlich in bescheidenem Maasse italienischen Handelshäusern zugeströmt, welche Gelegenheit hatten, sie mit hohem Nutzen zu verwerthen.

In tausend kleinen Kanälen waren auf solche Weise Kapitaltheilchen durch die eng umgrenzten Wirthschaftsgebiete des Mittelalters geflossen, befruchtend oder auch bald wieder im Sande verrinnend. Nur einzelne etwas stärkere Wasserläufe hatten sich gebildet; aber zur Entstehung grosser centraler Wasserbecken war es nicht gekommen, und doch wissen wir, dass das Bedürfniss nach solchen concentrirten Kapitalmassen in raschem Wachsen begriffen war.

Wir haben ferner gesehen, dass dieses Bedürfniss im „Zeitalter der Fugger" zunächst durch grosse Geldmächte befriedigt wurde, welche sich bei Lösung ihrer Aufgabe anfangs vorzugsweise ihrer eigenen Kräfte bedienten und erst allmählich in steigendem Maasse fremde Kapitalien zur Hülfe nahmen.

Inzwischen hatte sich der internationale Waaren- und Wechselverkehr Europas mit grosser Schnelligkeit in Antwerpen und Lyon concentrirt, an welchen beiden Plätzen hierdurch bedeutende Kapitalmassen zusammenströmten, und ein Marktzinsfuss für beste kaufmännische Forderungen (ditte di borsa) sich bildete, dessen mässige Höhe es den grossen Geldmächten ermöglichte, ihre Creditbedürfnisse ausgiebig und billig zu befriedigen.

Die geldbedürftigen Fürsten hatten ihrerseits auch schon frühzeitig versucht, an den Weltbörsen Anleihen aufzunehmen; aber sie hatten zunächst die Erfahrung machen müssen, dass es nicht so leicht war, die flüssigen Kapitalmassen ohne Weiteres für ihre Zwecke einzusammeln. Sie mussten anfangs Zinsen von ausserordentlicher Höhe bezahlen und konnten selbst zu solchen Zinsen nur mässige Beträge mit grosser Mühe erlangen. Geraume Zeit mussten sie daher versuchen, ihre ausserordentlichen Creditbedürfnisse noch auf andere Weise zu befriedigen, was indess nur unvollkommen gelang.

Dies änderte sich erst, als hervorragende Finanztechniker in ihrem Dienste begannen, die Kapitalien von allen Seiten für ihre Börsenanleihen heranzuziehen und die ohnehin in weiten Kreisen wachsende Neigung nach mühélosem hohem Zinsertrage der vorhandenen Kapitalien mit Bewusstsein zu nähren und auszubeuten.

Die jetzt beginnende Blüthezeit des Kapitalverkehrs an den beiden Weltbörsen hatte ohne Frage einen ungesunden, fieberhaften

Charakter. Ihre Ursachen waren sittlich wie volkswirthschaftlich gleich bedenklich. Das Nämliche gilt auch von ihren unmittelbaren Wirkungen, welche wir schon am Schlusse unseres ersten Bandes zusammenfassend geschildert haben, und auf die wir im folgenden Abschnitte zurückkommen werden.

Dennoch umschliesst dieser Kapitalverkehr der Weltbörsen des 16. Jahrhunderts einen Kulturfortschritt von unermesslicher Bedeutung. Zum ersten Male hatte der Erwerbstrieb an einzelnen Plätzen aus aller Welt Kapitalien von einem Umfange zusammengeführt, dass sie selbst den höchsten Ansprüchen der mächtigsten Fürsten genügten, und dass der Zinsfuss für deren Anleihen auf die Hälfte herabgedrückt wurde.

Erst damit ergab sich die Möglichkeit, für alle Kulturfortschritte der neuzeitlichen Entwickelung und für alle nationalpolitischen Ansprüche der Völker reichliche Kapitalmassen gegen mässige Verzinsung verfügbar zu machen.

Erst damit war auch der Weg beschritten, um die Bedeutung einzelner Geldmächte in erträglichen Grenzen zu halten. Mochten diese Geldmächte immerhin die Vortheile der Weltbörsen mit dem grössten Erfolge für sich nutzbar machen und hierdurch ihre Kraft zunächst noch verstärken, so haben die Weltbörsen doch schliesslich das Meiste beigetragen, um einen Zustand, wie er im „Zeitalter der Fugger" herrschte, unmöglich zu machen: seit ihrer Ausbildung war es selbst der gewaltigsten einzelnen Geldmacht nicht mehr möglich, den Gang der Weltgeschichte zu bestimmen.

Dritter Abschnitt.

Die Zeit der internationalen Finanzkrisen.

Erstes Kapitel

Die Zeit der ersten Krisen (1557—1566).

Wenn man von dem Höhepunkte ausgehend, welche die An-
spannung des Credites in den Jahren 1552 bis 1557 erreichte, die
Entwickelung zurückverfolgt bis zur Kaiserwahl Karls V., so ergiebt
sich, dass sowohl dieser, wie sein Gegner Franz I. das Übel, welches
unter ihren Nachfolgern so folgenschwere Katastrophen veranlasste,
bereits zum grossen Theile verschuldet haben; und zwar hat Karl V.,
obwohl ein weit besserer Haushalter als Franz I., doch schon weil
er länger regierte, viel mehr zur Zerrüttung der Finanzen seines
Reiches beigetragen.

Die spanisch-niederländische Finanzpolitik. Karl V, hatte bei
seinem Regierungsantritte die niederländischen Finanzen in leidlich
gutem, diejenigen Spaniens in schlechtem Zustande übernommen[1]).

---

[1]) Will man die finanzielle Lage eines Fürsten des 16. Jahrhunderts beurtheilen, so
muss man vor allem sich hüten, die in die Öffentlichkeit gelangten Aufstellungen seiner
Einkünfte und Ausgaben, oder die Berichte fremder Gesandten über dieselben für baare
Münze zu nehmen, wie es die Historiker bisher oft gethan haben. Jene Aufstellungen
waren selbstverständlich stets rosig gefärbt, und die Gesandten wurden ebenfalls häufig
hinter das Licht geführt. Ferner war die ganze Finanzverwaltung, angesichts der oben
Bd. I. 25 ff. geschilderten Verhältnisse, eine vollständig unübersehbare; in der Regel kannten
die Finanzbeamten nicht einmal selbst die Höhe der Lasten, mit denen die einzelnen Einkünfte beschwert waren, und ebensowenig die Höhe der letzteren, die ja zum grossen
Theile an die Gläubiger direct abgeführt wurden. Sogar die Comptes de la récette générale der Niederlande enthalten nicht die Schulden, welche die einzelnen Provinzen und
Städte für Rechnung der Regierung aufnahmen; dennoch bieten sie, weil ohne die Absicht zu täuschen aufgestellt, eine verhältnissmässig gute Grundlage zur Beurtheilung der
finanziellen Entwickelung dar, wie sie uns für die anderen Länder meist noch fehlt; bei
diesen muss man sich im Wesentlichen nach Symptomen richten. Baumgarten, Geschichte

Die Kaiserwahl hatte ihn dann gezwungen, gewaltige schwebende Anleihen aufzunehmen, und da das heilige Römische Reich auch in der Folgezeit sehr viel Geld kostete, dagegen nichts einbrachte, so mussten jene, ebenso wie die späteren Anleihen für Kriegszwecke aus den Einkünften Spaniens, Italiens und der Niederlande verzinst und getilgt werden. Italien erforderte gleichfalls bald weit mehr, als es einbrachte, nachdem dasjenige, was Neapel liefern konnte, durch schonungslosen Raubbau und massenhafte Domänenverkäufe rasch aufgezehrt worden war. Daher fiel die durch hohe Zinsen lawinenartig anschwellende Last bald fast ausschliesslich auf Spanien und die Niederlande, von denen ersteres, abgesehen von den Kolonien, selbst arm und mit immerwährendem Defizit seiner gesammten Zahlungsbilanz behaftet war, während die Niederlande allerdings viel leisten konnten, aber keineswegs geneigt waren, sich beliebig schröpfen zu lassen. Nun warfen zwar die spanischen Kolonien steigende Erträge ab; doch ehe diese erhebliche Bedeutung erlangten, dauerte es geraume Zeit, und sodann wehrten sich auch die Spanier aufs äusserste gegen schrankenlose Ausbeutung durch die Grossmachtspolitik ihres Herrschers.

Karl nahm nach der furchtbaren Lehre, welche ihm der Aufstand des spanischen Bürgerstands ertheilt hatte, lange Zeit hindurch nach Möglichkeit Rücksicht auf den Widerwillen der Spanier gegen die Ausfuhr grosser Baarsummen. Ebenso sorgte seine Schwester Margaretha, die Statthalterin der Niederlande, in Gemeinschaft mit ihren Räthen dafür, dass die Ansprüche an die ihrer Obhut anvertrauten Provinzen ein erträgliches Mass nicht überschritten. Freilich war es dem Kaiser nicht einmal möglich, die schwebenden Anleihen zurückzuzahlen, sein Credit war ein sehr beschränkter, und seine Politik litt auf Schritt und Tritt unter dem Mangel an Baargeld. Aber abgesehen von Spanien und Neapel, war seine Finanzlage damals innerlich noch eine ganz gesunde. In den kurzen Friedenspausen gelangte wenigstens das niederländische Budget alsbald wieder ins Gleichgewicht und ergab sogar zeitweilig namhafte Überschüsse

---

Karls V. Th. II. p. 107 ff. schildert die niederländische Finanzlage zu ungünstig, dagegen l. c. I. p. 64 ff. diejenige Spaniens bei Beginn der Regierung Karls V. vielleicht noch nicht ungünstig genug; ein richtigeres Bild erhält man für Spanien durch Häbler, Die wirthschaftl. Blüthe Spaniens im 16. Jahrh. p. 108 ff. Aber keiner dieser Autoren unterscheidet zwischen der Finanzpolitik Karls im ersten und derjenigen im letzten Theile seiner Regierung; auch Häbler urtheilt in seiner Abhandlung über „Die Finanzdekrete Philipps II. und die Fugger" (Deutsche Zeitschr. f. Geschichtswissenschaft XI. Heft 2 p. 276 ff.) m. E. zu günstig über Karls Finanzpolitik.

der laufenden Einnahmen. Als ferner der Friede von Cambrai 1529 auf einige Jahre Ruhe schaffte, und der Kaiser auf Grund dieses Friedens von Frankreich ausserordentlich grosse Geldsummen erhielt, konnte er sogar daran denken, alle seine Schulden abzuzahlen. Doch blieb es bei dem Vorsatze, da Karl, mochte er wollen oder nicht, zu neuen Kriegen gegen Frankreich gezwungen wurde, und da er auch seine Absicht, die deutschen Ketzer zu züchtigen, nicht aufgab. Die Jahre 1536, 1542, 1547 und 1552 bedeuteten für ihn Etappen auf dem Wege gewaltig steigender Verschuldung, wobei seine ganze Finanzpolitik allmählich ein anderes Gepräge annahm.

Karls Charakter änderte sich unter dem Einflusse von Alter und Kränklichkeit, sowie unter dem schwer lastenden Drucke der Aufgaben, welche er sich gestellt hatte. Dies wirkte auch auf seine Finanzpolitik: er liess nicht mehr die frühere Schonung gegenüber den Völkern walten; er verlangte auf jede Weise Geld zur Durchführung seiner Kriege. Wir sahen schon, dass der im Jahre 1542 begonnene Krieg mit Frankreich allein in den Niederlanden binnen zwei Jahren 3½ Millionen Pfund (von 40 gr.) verschlang. Für Spanien besitzen wir ein nicht für die Öffentlichkeit bestimmtes Budget vom Jahre 1543, wonach die auf Spanien entfallenden Kriegsausgaben allein in diesem Jahre über eine Million Dukaten betrugen und ein Deficit von 700000 Dukaten veranlassten[2]). Solche ausserordentliche Erfordernisse mussten vorzugweise durch schwebende Anleihen gedeckt werden, für welche sich, dank der Thätigkeit des Gaspar Ducci, namentlich die antwerpener Börse als sehr aufnahmefähig erwies. Wir wissen, welche bedenklichen Mittel Ducci zu dem Zwecke anwendete; aber sie waren doch wenigstens bestimmt, den Credit des Kaisers zu erhöhen und sie entsprachen dieser Absicht auch einstweilen im reichsten Maasse. Dagegen entstand in der nächsten Umgebung des Kaisers eine Art Finanzpolitik, die ganz andere Zwecke verfolgte; ihr Hauptträger war Francesco Erasso.

Wir sind dieser düsteren Gestalt bereits wiederholt begegnet und müssen jetzt versuchen, in ihr Wesen etwas tiefer einzudringen. Im Dienste von Juan Vasquez, kaiserlichem Sekretär für spanische Angelegenheiten, emporgekommen, erwarb sich Erasso grosse Geschäftskenntniss, wurde Amtsnachfolger seines früheren Dienstherrn und erlangte namentlich im Finanzwesen des Kaisers etwa seit dem Schmal-

---

[2]) Brit. Mus. Eg. Mss. 2084 fol. 117. Dieses Budget wurde auf Befehl des Kaisers bei seiner Abreise aus Spanien im Mai 1543 durch den Sekretär Juan Vasquez für den obersten Finanzrath aufgestellt und darf daher als verhältnissmässig richtig angesehen werden; dagegen haben die beigefügten Voranschläge für 1544 und 1545 keinen Werth.

kaldischen Kriege entscheidenden Einfluss. Bald mit unergründlicher Hinterlist, bald mit harter Brutalität verfahrend, stets aber bösartig und habgierig, war er ein würdiger Genosse der Alba und Granvella; doch gerieth er mit letzterem später in tödtliche Feindschaft. Er vertraute Niemandem ausser seinen Creaturen, einigen spanischen Wucherern, die gänzlich von ihm abhingen. Die oberdeutschen und italienischen Handelshäuser suchte er auf jede Weise zu schröpfen und liess sich hiervon selbst durch die reichen Bestechungen, die er rechts und links annahm, nicht abhalten. Sicherlich hat er den Credit des Kaisers ebenso wie später den Philipps II. durch sein Gebahren schwer geschädigt, während er selbst grosse Reichthümer zu sammeln wusste, bis ihn schliesslich die gerechte Strafe ereilte: er wurde wegen arger Unterschleife verurtheilt und seines Amtes entsetzt[3]).

Was die Thätigkeit des Erasso ausserdem noch besonders charakterisirt, ist das stete Bestreben, die Entnahme von Geld aus Spanien für den Finanzbedarf des Kaisers zu verhindern; wenn es nicht anders ging, ertheilte er wohl Anweisungen auf spanische Einkünfte; aber jedes Mittel war ihm recht, um deren wirkliche Auszahlung an die Gläubiger der Krone und den Export von Geld aus Spanien zu hintertreiben. Hierin befand er sich im Einklange mit einem der sehnlichsten Wünsche des spanischen Volkes, der seit dem Aufstande der Comuneros namentlich wieder auf der Tagung der Cortes von 1548 eindringlichst der Krone vorgetragen wurde. Thatsächlich sah sich diese 1552 veranlasst, den Geldexport nochmals streng zu verbieten; aber grade damals begann der Massenexport von spanisch-amerikanischem Silber für fiskalische Zwecke, weil der Kaiser und ebenso sein Sohn Philipp sich gezwungen sahen, zur Erfüllung ihrer dringendsten Verpflichtungen Licenzen für die Ausfuhr von Edelmetall zu ertheilen, und weil ferner die ausländischen Handelshäuser, deren Vermögen grösstentheils in Spanien steckte, ebenfalls um ihrer Existenz und ihres Credites wegen genöthigt waren, offen oder heimlich gewaltige Baarsummen aus Spanien zu ziehen[4]).

Jetzt kam die Zeit, da das amerikanische Silber nach Ankunft einer Flotte in Sevilla wie Wasser durch das Land hindurchfloss, nicht befruchtend, sondern im Gegentheil verwüstend und immer ärgere Geldknappheit zurücklassend. Als Karl V. abdankte, war sein

---

[3]) Papiers d'Etat du Card. de Granvelle IV. 298, V. 683, Corresp. du Card. de Granvelle I. 25, 230, 236. Vgl. auch oben I. 156 ff., 203 ff., II. 60, 63 ff.

[4]) Häbler, D. wirthschaftl. Blüthe Spaniens im 16. Jahrh. und ihr Verfall p. 53. Mem. de la Real Acad. de la histor. VI. 277. Über den Anfang des Edelmetallschmuggels vgl. weiter unten; Klagen darüber schon in den Cortes v. 1559 Pet. 26.

Finanzwesen schon hoffnungslos zerrüttet, und Philipp II. hatte ganz Recht, wenn er später meinte, es sei ihm schlechterdings unmöglich gewesen, die väterlichen Schulden zu bezahlen; das wäre selbst im Frieden und bei der besten Finanzverwaltung nicht gegangen; aber obendrein musste jahraus jahrein Krieg geführt werden, und die Finanzverwaltung wurde, trotz aller büreaukratischen Versuche, Ordnung zu schaffen, immer unverständiger, immer unehrlicher, der auf den Völkern lastende Steuerdruck immer schwerer, ihre Unzufriedenheit mit der Regierung, ihr Hass gegen die meist ausländischen Staatsgläubiger immer grösser.

Um einen Begriff von der Art zu geben, wie damals das spanisch-niederländische Finanzwesen gehandhabt wurde, wollen wir hier ein einziges grösseres Geldgeschäft etliche Jahre hindurch auf Grund der niederländischen Finanzrechnungen verfolgen [5]).

1. Als Kaiser Karl V. im Herbste des Jahres 1552 nach dem Passauer Vertrage sich zum Kriege gegen König Heinrich II. von Frankreich, der Metz, Toul und Verdun besetzt hatte, rüsten musste, beauftragte er die niederländische Regierung, zur Deckung der Kosten in dem Zeitraume December 1552 bis März 1553 zusammen 971 980 L. zu 40 gr. auszuzahlen, deren Gegenwerth in Spanien mit 600000 Dukaten gedeckt werden sollte. Auf Grund kaiserlicher Specialvollmacht sandte darauf die niederländische Regierung im Jahre 1553 den Balthasar Schetz nach Spanien, um die 600000 Dukaten einzukassiren.

2. Schetz erhielt aber vom Prinzen Philipp in Spanien nur 58666 $^2/_3$ Dukaten baar, für den ganzen Rest dagegen lediglich Anweisungen, nämlich:

a) 400000 Dukaten auf das erste aus „Indien" zu erwartende Edelmetall, jedoch erst nach Auszahlung von 100000 Dukaten, welche den Fuggern darauf bereits in dem Vertrage von Villach angewiesen worden waren, sowie nach Auszahlung ferner 50000 Dukaten, welche man den im Indiahause zu Sevilla von Privaten deponirten Beträgen als Zwangsanleihe entnommen hatte;

---

[5]) Chambre des comptes de Lille, B. 2522, fol. 200/209. Auf 20 engbeschriebenen Folioseiten wird dort die Geschichte dieses Geschäftes mit peinlichster Genauigkeit und unerträglicher Weitschweifigkeit für die Jahre 1553/57 dargestellt. Erst nach langen Bemühungen ist es mir gelungen, den Sinn der Beschreibung zu erfassen, welche werth wäre, als Muster eines büreaukratischen Systems aufbewahrt zu werden, als abschreckendes Beispiel für alle Diejenigen, welche glauben, allein durch formelle Ordnung, durch kalkulatorische Genauigkeit und Häufung der Controlen ein solides, ehrliches und wirthschaftliches Finanzwesen schaffen zu können.

b) 122000 Dukaten auf die Pacht der Maestrazgos pro 1555/58
c) 199333 1/3 Dukaten auf die Pacht der päpstlichen Cruzadabulle für die Zeit 1555/57, jedoch auch erst nach Bezahlung verschiedener schon darauf angewiesener Beträge.

Zuzüglich der baar empfangenen 58666 2/3 Dukaten waren dies 700000 Dukaten, also 100000 mehr als das einzukassirende Kapital betrug; der Überschuss war zur Deckung der Zinsen bis zum völligen Eingange des Kapitals bestimmt.

3. Auf Grund der Anweisung von 400000 Dukaten auf das aus „Indien" erwartete Edelmetall (2a) wurden in den Niederlanden nach der Rückkehr von Balthasar Schetz zwei Wechsel von zusammen 350000 Dukaten zu Gunsten der Fugger, des Agostino Gentili und des Silvestro Cattaneo, sämmtlich Gläubiger des Kaisers, ausgestellt, und zwar zum Course von 62 gr. pro Dukaten. Den Kaufleuten wurde für das Geld Ausfuhrlicenz zugesichert, oder falls letztere doch nicht bewilligt werden würde, als Ersatz eine Prämie von 6% des Kapitals. Sollte aber bis Mai 1555 kein Edelmetall aus „Indien" ankommen oder dasselbe für andere Zwecke verwendet werden (!), so wird den Kaufleuten versprochen, ihnen den Gegenwerth der 350000 Dukaten in den Niederlanden in der Pfingstmesse 1555 zum Course von 70 gr. pro Dukaten, also mit Zuschlag von 8 gr. oder etwa 13% zu bezahlen. Hierfür sollte die Firma Schetz haften. Nun kamen zwar in den Jahren 1554 und 1555 mehrere Flotten mit Silber in Spanien an; aber dasselbe wurde anderweitig verwendet, und die Anweisung wurde nicht eingelöst, bis auf eine kleine Abschlagszahlung von 40000 Dukaten, die endlich im December 1556 herausgeholt wurde. Für den ganzen Rest sollten die Kaufleute spanische Juros annehmen, was sie aber verweigerten. Vielmehr machten sie ihren Regressanspruch an die Schetz geltend, und letztere verlangten nun ihrerseits von der niederländischen Regierung Ersatz.

4. Die niederländische Regierung brauchte das Geld selbst dringend zur Fortsetzung des noch immer wüthenden Krieges. Baar konnte sie nur einen kleinen Betrag zahlen. Da aber ihr Faktor Gaspar Schetz vor dem Ruine stand, wenn dessen Firma nicht Deckung erhielt, so gab sie einstweilen für einen Theil der nothleidenden Forderung gute Anweisungen in Zahlung, für den Rest später fällige Obligationen der Staaten von Brabant und von Holland, sowie Rentmeisterbriefe, wogegen Gaspar Schetz sich verpflichtete, sobald er in Spanien Deckung erhalten würde, der niederländischen Regierung einen entsprechenden Betrag zurückzuzahlen. Da in Spanien nichts zu erlangen war, vielmehr dort der allgemeine Staatsbankerott ein-

trat, verlangte die niederländische Regierung selbst Ersatz von Spanien, wo man abermals Anweisungen „auf das erste Gold und Silber aus Indien" ertheilte. Das Spiel begann also von neuem. Ob die Anweisungen jetzt honorirt wurden, ist zweifelhaft, ebenso ob es den Schetz gelang, die in Zahlung empfangenen Rentmeisterbriefe und sonstigen Papiere zu versilbern, ehe auch sie den grössten Theil ihres Werthes verloren.

5. Auf Grund der anderen von Balthasar Schetz 1553 in Spanien erlangten Anweisungen (2 b und 2 c) wurden die folgenden Wechsel in den Niederlanden ausgestellt:

a) ein Wechsel von 15 691 $^4/_5$ Dukaten zu 66 gr., bestimmt zur Deckung eines auf Lichtmess 1553 fälligen Rentmeisterbriefes von 25 875 L.;

b) ein Wechsel von 121 578 $^2/_3$ Dukaten zu 64 gr. zur Deckung eines in der Pfingstmesse 1553 fälligen Rentmeisterbriefes von 192 500 L.;

c) ein Wechsel von 240 000 Dukaten, wovon aber 77 260 $^1/_2$ Dukaten zur Theildeckung einer anderen Schuld bestimmt wurden, sodass nur 162 739 $^1/_2$ Dukaten für das vorliegende Geschäft übrig blieben; diese wurden bestimmt zur Deckung eines Vorschusses der Stadt Augsburg in Höhe von 120 000 L.

Das waren zusammen 300 000 Dukaten. Zur Bezahlung dieser Wechsel lieferte Balthasar Schetz zunächst den Kaufleuten, mit denen die niederländische Regierung das Geschäft gemacht hatte, die baar in Spanien empfangenen 58 666 $^2/_3$ Dukaten aus, nebst den unter 2 b und 2 c aufgeführten langfristigen Anweisungen. Aber letztere wurden später nicht eingelöst, vielmehr vom Staatsbankerotte betroffen; ebensowenig wurden die für den gleich vorgesehenen Fall der Nichtzahlung ertheilten Anweisungen bezahlt, und Balthasar Schetz, der hier persönlich regresspflichtig gemacht wurde, gerieth in die ärgste Klemme, welche wahrscheinlich schliesslich viel zu seinem Bankerotte beigetragen hat.

So sehen wir denn, dass es geradezu schwindelhafte Kunstgriffe waren, wie sie sonst kaum bankerotte Kaufleute in höchster Noth anwenden, wodurch die spanisch-niederländische Finanzverwaltung nach der Abdankung Karls V. das Unvermeidliche noch einige Jahre lang mühsam hinausschob. Die schliessliche Katastrophe wurde auf solche Weise natürlich nur verschlimmert.

Der spanische Staatsbankerott von 1557. Es scheint, dass schon in den letzten Regierungsjahren Karls V. der Gedanke auftauchte,

sich aller schwebenden Zahlungsverpflichtungen mit einem Schlage
zu entledigen, dass dies aber noch nicht für unbedingt nöthig oder
für zu bedenklich gehalten wurde[6]). Wenn Philipp II. sich anders
entschied, so mögen auf ihn die Vorstellungen seines alten Erziehers,
des Kardinals Silico, und anderer Theologen von Einfluss gewesen sein,
wonach der König auf Grund der heiligen Schrift vollkommen berechtigt war, den Kaufleuten das Ihrige zu nehmen. Aber dahinter
verbarg sich ein weit triftigeres Motiv: die eiserne Nothwendigkeit.
Mit den 600000 Dukaten, welche der spanische Clerus im Frühjahr
1557 anbot, mit einzelnen Anleihen, die man noch in Antwerpen auf
allen möglichen krummen Wegen aufnehmen konnte, war der Krieg
gegen Frankreich nicht zu führen. Man schritt sowohl in Spanien
wie in den Niederlanden zu massenhaften Domänenverkäufen; dies
war ja meist das letzte Verzweiflungsmittel der damaligen Finanz-
künstler. Aber wäre vielleicht auch auf solche Weise der Zusammenbruch noch etwas hinauszuschieben gewesen, so war es sicherlich
weit bequemer, mit einem Federstriche sich sogleich aus aller Noth
zu befreien. Der spanische Faktor der Fugger, der von jener fiskalischen Bibelexegese berichtet, fügt hinzu, die wahre Ursache sei,
dass „die Gesetze dahingingen, wohin die Könige es wünschten; Gott
besser's und schicke uns bald seinen Frieden!"; und der antwerpener
Faktor der Fugger bezeichnet als treibende Kraft in dieser Krisis
den Francesco Erasso, der die Fugger verdrängen und womöglich
ruiniren wollte, um seine Landsleute und Creaturen, vor allem den
Burgalesen Juan de Curiel della Torre, an ihre Stelle zu setzen, ein
fein ausgeklügelter Plan, der fast geglückt wäre. König Philipp
selbst aber erklärte dem antwerpener Faktor der Fugger, „er thue
es so ungern, als er je eine Sache gethan, doch die grosse Noth
dringe ihn dazu, damit er mit dem Kriegsvolk nicht zu Schanden
werde".

Nach längeren Erwägungen wurden durch ein im Juni 1557 zu
Valladolid erlassenes Decret allen Gläubigern der spanischen Krone
die ihnen ertheilten Anweisungen auf Kroneinkünfte entzogen, und

---

[6]) Häbler, Die Finanzdekrete Philipps II. und die Fugger in der Deutschen Ztschr.
f. Geschichtswissenschaft XI. 277. Hier ist der spanische Staatsbankerott zum ersten Male
etwas ausführlicher, wenn auch nicht durchweg ganz richtig dargestellt. Cabrera erwähnt
ihn kurz, bei Prescott, Ranke u. A. habe ich vergebens irgendwelche Erwähnung gesucht. Ich folge in meiner Darstellung hauptsächlich der Fuggerschen Handlungscorre-
spondenz, sodann den bei R. Brown, Calendar of State Papers vol. VI. veröffentlichten
diplomatischen Berichten, sowie den Comptes de la récette générale des Pays-Bas im
Dep.-Archive von Lille.

stattdessen fünfprocentige spanische Staatsrenten (juros) angeboten.
Das war „das erste Decret", wie man es später kurzweg zum Unterschiede von den Decreten für die Staatsbankerotte von 1575, 1607
u. s. w. genannt hat. Scheinbar hatte es nur den Charakter einer
Zwangsconsolidirung der schwebenden Staatsschuld; thatsächlich aber
enthielt das Decret eine noch weit schlimmere Schädigung der von
ihm betroffenen Gläubiger, weil die Juros damals, wenn überhaupt,
so jedenfalls nur mit grossem Verluste zu verwerthen waren, und
da dies für die Kaufleute, die ihr Geld vor allem aus Spanien herausziehen mussten, um ihren bedrohten Credit zu retten, eine dringende
Nothwendigkeit war.

Bis dahin waren die spanischen Staatsrenten, welche meist 5 oder
7 1/7 % Zinsen brachten (20 al millar, 14 al millar), regelmässig al pari
oder doch nur mit geringem Nachlasse zu verkaufen gewesen; jetzt
aber stieg das Disagio rasch auf 15 bis 25 %, zumal als der Credit
der Krore durch eine neue Gewaltmaassregel noch ärgerer Art abermals aufs tiefste erschüttert wurde: die Fugger waren für einige kurz
vor dem Bankerotte der Krone bewilligten grossen Vorschüsse auf
„das erste Gold und Silber aus Indien" angewiesen worden und
hatten die Erlaubniss erhalten, die ihnen auf solche Weise auszu-
zahlenden Baarsummen aus Spanien zu exportiren; dies war für sie
das einzige Motiv jener Darlehen gewesen. Nun kam am 1. Juli 1557
in Sevilla eine reich beladene Silberflotte an, am 26. September desselben Jahres eine weitere Armada. Die Fugger erhielten auch ungefähr 570000 Dukaten ausgezahlt, die sie nach den Niederlanden
sandten; dort aber wurden sie auf königlichen Befehl mit Beschlag
belegt und für den Krieg gegen Frankreich verwendet. Zugleich
wurde die bisher in den Händen der Fugger befindliche einträgliche
Pacht der Maestrazgos dem Juan de Curiel della Torre übertragen.

Die Fugger hatten jetzt zusammen von dem Könige·allein in
Spanien, abgesehen von den ihnen auf andere Länder ertheilten Anweisungen, weit über 2 Millionen Dukaten zu fordern, die Genuesen
wahrscheinlich ungefähr denselben Betrag, sonstige Kaufleute weitere
2 Millionen; die Gesammtsumme der schwebenden Schuld wird mit
7 Millionen beziffert. Die beschlagnahmten Anweisungen vertheilten
sich freilich auf eine Reihe von Jahren; immerhin sollte man meinen,
dass der König mit den jetzt sofort in seine Kasse, statt in die seiner
Gläubiger fliessenden Einkünften aus seinen Nöthen hätte befreit sein
müssen, zumal auch die kurz zuvor entdeckten Silberminen von Guadalcanal grade damals ganz bedeutende Erträge für die Krone ab-

warfen[7]). Aber jetzt zeigte sich so recht, wie nothwendig der Credit selbst für die laufende Finanzverwaltung der Krone war: die Suspension der Anweisungen hatten diesen Credit überall ruinirt, und auch der am 10. August 1557 über die Franzosen erfochtene glänzende Sieg von St. Quentin vermochte ihn nicht wiederherzustellen, wie Mathäus Oertel, der antwerpener Faktor der Fugger, hoffte.

Im Anfange des Jahres 1558 wird wieder über die völlige Ebbe im Staatsschatze geklagt, mit dem charakteristischen Hinzufügen, der König von Frankreich — der doch auch kurz zuvor seine Zahlungen eingestellt hatte — könne viel leichter Geld von den Kaufleuten erlangen. König Philipp bat die niederländischen Stände dringend, ihm zu helfen, was auch geschah: ihre Bewilligungen wurden sofort verpfändet; aber nur unter den drückendsten Bedingungen gelang es, darauf Geld geliehen zu erhalten. Der Credit der Regierung sei so schlecht, schrieb damals der spanische Faktor der Fugger, dass sie, um 3 zu bekommen, 10 und mehr verschreiben und noch obendrein viel bitten müsse[8]). Vor allem hatten die niederländischen Stände bei der Bewilligung jener Extrasteuer die berühmte Forderung nach Entfernung der spanischen Truppen erhoben, wesshalb die Regierung in den nächsten Jahren nichts mehr fürchtete, als eine neue Berufung der Stände.

Die spanischen Cortes klagten, die Beschlagnahme von privatem Silber habe den Edelmetallverkehr mit den Kolonien vollständig zum Stocken gebracht. Es entwickelte sich jetzt ein ausgedehnter Schmuggel in amerikanischem Silber, das schon in den Azoren ausgeladen und nach Lissabon statt nach Sevilla geschafft wurde, sodass die Krone hiervon gar keine Abgaben erhielt. Baargeld war überhaupt nicht aufzutreiben. Selbst im Privatverkehre erklärten die Schuldner, nur mit Forderungen an die Krone bezahlen zu können, darauf wollten sie gerne 10% verlieren. In den Niederlanden und in Oberdeutsch-

---

[7]) Die Ausbeute betrug allein vom 12..August 1557 bis zum 12. April 1558: 361000 Dukaten. Über diese fast in Vergessenheit gerathenen Bergwerke unterrichtet am besten Tomás Gonzalez, Noticia histor. docum. de las célebres minas de Guadalcanal 2 voll. Madrid 1831.

[8]) Vgl. auch schon den Bericht von 1557 bei Albéri VIII. 297 über die hohen Zinsen der Kronanleihen, womit indess oben I. 164, II. 67 zu vergleichen ist; der ausserordent¹ lich hohe Zinsfuss, von dem jener Bericht spricht (14% in Spanien, 24% in Antwerpen „dandole i mercanti la metà ovvero un terzo di roba), ist entweder, wenigstens für Antwerpen, gewaltig übertrieben oder er bezieht sich nur auf die letzte Zeit kurz vor dem Staatsbankerotte, sowie auf die demselben unmittelbar folgende Zeit: Ende des Jahres 1558 wurde freilich sogar der Versuch gemacht, das spanische Kriegsvolk mit Barchent zu bezahlen.

land machten sich die Folgen des spanischen Staatsbankerottes ebenfalls allmählich im Handel schwer fühlbar, wie nachher noch im Einzelnen zu erweisen sein wird. Vor allem aber stellte sich schliesslich
die Unmöglichkeit heraus, unter solchen Umständen den Krieg weiter
zu führen: der im Herbste des Jahres 1558 abgeschlossene Waffenstillstand, dem bald der Frieden von Cateau Cambresis folgte, ist bekanntlich in erster Linie durch die Geldnoth der kriegführenden
Parteien veranlasst worden. Doch selbst dann blieb die ganze Lage
für die spanische Finanzverwaltung so drückend, dass sie auf Wiederherstellung ihres Credits bedacht sein musste.

Besonders in den Niederlanden wuchs die Unzufriedenheit mit
den steigenden Lasten, welche die Regierung dem Lande aufbürdete,
in solchem Maasse, dass Granvella besorgt wurde. Man rechnete ihm
vor, dass noch im Jahre 1551 die niederländische Finanzverwaltung
einen Überschuss von 173 500 L. ergeben, dass dieser sich aber seitdem in ein Deficit von mehr als 400000 L. verwandelt habe, dass
allein die auf den Niederlanden lastende schwebende Schuld über
8 Millionen Gulden betrage [8a]. Die Stände waren daher um so weniger
geneigt, ihre Rechte hinsichtlich der Bewilligung und Verwaltung
der Steuern sich einschränken zu lassen, was die Regierung nöthigte,
zur Bestreitung der laufenden Ausgaben, sowie zur Verzinsung der
älteren Schulden abermals den Weg des Credits zu beschreiten.

In Spanien sah es noch ärger aus. Im September 1560 stellte
Philipp, der sich jetzt selbst um die Finanzverwaltung eingehend zu
kümmern begann, eine Übersicht über die spanischen Finanzen auf,
die er an Granvella nach den Niederlanden einsandte. Darin heisst
es, alle ordentlichen Einnahmen seien verpfändet, und um sie auszu-
lösen, seien fast 20 Millionen Dukaten erforderlich. An Schulden
führte der König nur die folgenden auf, deren er sich grade augenblicklich erinnerte:

[8a]) Kgl. Staatsarchiv zu Brüssel, Chambres des comptes No. 434, Aufstellung vom
11. Juli 1559. Vgl. damit Papiers d'Etat de Granvelle V. 593, 597, 604, 608, VI. 26,
156 ff., 179 ff., 437, 544 ff. Um den Werth solcher vertraulichen und den Unwerth der
veröffentlichten oder den fremden Gesandten mitgetheilten Finanzausweise festzustellen, ist
es nützlich, mit den im Texte erwähnten Aufstellungen die gleichzeitigen venetianischen
Gesandtschaftsberichte aus Spanien zu vergleichen z. B. einen in'der Münchener Bibliothek
Cod. No. 832 fol. 642 ff. Danach hätten die Einkünfte des Königs im Ganzen 5 Millionen
Kronen oder Dukaten betragen ($\frac{1}{2}$ Mill. aus Spanien, $\frac{1}{2}$ aus Indien, 1 aus Neapel, 1 aus
Mailand, 1 aus Sicilien, 1 aus den Niederlanden), die Ausgaben 6 Millionen.

in Spanien durch die dortige Faktorei[9]),
sowie an die Kaufleute in den Messen 2 Mill. Duk.
an die Fugger über $2^{1}/_{2}$ „ „
an die niederländische Faktorei und an die
dortigen Kaufleute 1 „ „
den Kaufleuten und anderen Privaten in
Sevilla, Zwangsanleihe von ihrem aus
Indien erhaltenen Silber, verwiesen auf
Juros $1^{1}/_{2}$ „ „

zusammen 7 Mill. Duk.

dazu den Galeeren des Doria und den
spanischen Galeeren 1 „ „ „

zusammen also 8 Mill. Duk.

Die laufenden Ausgaben,· wie es scheint ohne die Schuldzinsen,
werden auf 3 Millionen, die freien Einkünfte auf nur $1^{1}/_{3}$ Millionen
beziffert. Eine trostlose Lage!

Ein Jahr später erklärte der König, ebenfalls in seiner vertraulichen Correspondenz mit Granvella, dass die Finanzlage sich noch
immer nicht gebessert habe, und dass der Credit sich nicht wieder-
einstellen wolle. Der Handel mit „Indien" stocke andauernd, Neapel
dürfe man nichts Aussergewöhnliches zumuthen, Sicilien und Mailand
könnten sich nicht einmal aus eigenen Mitteln erhalten.

Der durch den Bankerott zerstörte Credit war augenscheinlich
nur allmählich herzustellen, und die erste Voraussetzung hierfür war
die Regulirung der älteren Schulden; denn wenn Erasso geglaubt
hatte, die Creditbedürfnisse der Krone mit seinen spanischen Helfers-
helfern allein decken zu können, so hatte sich das längst als ein
verhängnissvoller Irrthum herausgestellt, ganz abgesehen davon, dass
die Spanier der Krone weit drückendere Bedingungen auferlegten, als
die Genuesen und Deutschen. Auf diese musste zurückgegriffen
werden, was wiederum nur möglich war, wenn man sich mit ihnen
über ihre älteren Forderungen verständigte. Umgekehrt hatten aber
auch die Genuesen und Deutschen ein lebhaftes Interesse an einer
solchen Regulirung, weil ihr eigener Credit durch den Staatsbankerott
nachgrade schwer erschüttert wurde.

Nun hatten die Staatsgläubiger jenes Anerbieten der Krone, für
ihre innerhalb weniger Monate oder längstens Jahre zurückzuzahlen-

---

[9]) Wenn in der Fuggerschen Correspondenz dieser Jahre von „dem Faktor" die
Rede ist, so ist stets der Faktor der spanischen Finanzverwaltung gemeint; 1559 war es
Juan Lopez Gallo.

den, mit 10—14% verzinslichen Forderungen fünfprocentige „ewige" Staatsrenten, die kaum 75—85% werth waren, zu liefern, zunächst sämmtlich abgelehnt. Aber schon im Frühjahre 1558 liessen sich die mit 130000 Dukaten betheiligten Welser, ferner die Schetz, und wie es scheint auch bereits einige Genuesen bestimmen, Juros in Zahlung zu nehmen [10]. Die Hauptmasse der Gläubiger beschritt in den folgenden Jahren den gleichen Weg: sie unterwarfen sich dem „Decrete" und liessen sich sogar zu neuen bedeutenden Darlehen bereit finden; so müssen sie alsbald einen grossen Theil ihrer älteren Forderungen einbekommen haben. Das auf solche Weise namentlich mit den Genuesen erzielte Einverständniss wurde durch ein neues Decret vom 14. November 1560 sanktionirt. Nur die Fugger weigerten sich andauernd, auf ihre ursprünglichen Contracte zu verzichten. Sie hatten dies bald sehr zu bereuen; denn zwei Jahre später mussten sie unter dem Drucke der sich immer mehr verschärfenden Krisis, welche die Existenz ihres Hauses in Frage stellte, ein Separatabkommen mit der Krone treffen, bei dem sie viel schlechter .uhren als die Genuesen. Diesen hatte man an den bis zur Regulirung aufgelaufenen Zinsen nichts gekürzt, während man solche den Fuggern stark beschnitt; ausserdem waren die in Zahlung gegebenen Juros inzwischen ganz bedeutend weiter im Course gefallen, sodass die Fugger an ihnen 40—50% verloren. Endlich mussten sie die Pacht der Maestrazgos zu einem derart theuren Preise übernehmen, dass kaum noch etwas daran zu verdienen war [11]). Aus der ersten Stelle im spanischen Finanzwesen waren sie jetzt durch die Genuesen verdrängt und mussten dennoch, um ihre älteren Engagements zu retten, nach wie vor ihre Kapitalien und die ihrer Freunde in das Danaidenfass dieses Finanzwesens schöpfen.

Der französische Staatsbankerott von 1557. Ein venetianischer Gesandter machte im Jahre 1559 die treffende Bemerkung, der König von Spanien habe zwar in seinen Landen gewaltige Handelsplätze,

---

[10]) Betr. der Genuesen vgl. gegenüber der Darstellung Häblers: Brown, Calendar VI. 1486 mit VII. 142, sowie einen venetianischen Gesandtschaftsbericht der Münchener Bibl. v. 1559, wonach den Centurioni bereits 1558 a conto ihrer Forderungen spanische Einkünfte angewiesen wurden. Hält man damit zusammen die Äusserung des Fugger'schen Faktors in seinem Briefe vom 21. Januar 1576, so empfängt man den Eindruck, dass das Decret v. 1560 nur eine allmählich durch Separatabkommen mit den einzelnen Gläubigern geschaffene Lage allgemein sanktioniren sollte.

[11]) Vgl. gegenüber der Darstellung Häblers den Brief des Fugger'schen Faktors in Spanien vom 1. Aug. 1576. Einzelheiten oben I. 172.

wie vor allem Antwerpen und Genua (!), Silberbergwerke mit enormen
Erträgen und viel reichere Unterthanen, als der französische König;
dafür aber seien die des letzteren in weit höherem Grade bereit, ihm
zu dienen. Wenn Philipp II. denjenigen seiner Unterthanen, welche
das Unglück hatten, zugleich Gläubiger der Krone zu sein, Theile
ihres Vermögens einfach confiscirte, so war dies, trotz aller theolo-
gischen Spitzfindigkeiten, ein brutaler Rechtsbruch; in Frankreich
dagegen hiess es von Rechtswegen: „Der König zahlt Alles, der
König nimmt Alles"[12]).

Im Jahre 1553 verbot der König den Notaren, keine Renten-
verträge zwischen Privatleuten in Höhe von mehr als 100 fr. aufzu-
setzen; ferner substituirte sich die Krone als Schuldnerin für alle zur
Rückzahlung bestimmten Renten auf Privatgrundstücke, indem sie
das Kapital selbst einzog und nur eine Rente auszahlte. Die durch
Vermittlung der Städte seit 1522 entstandene „ewige" Staatsrenten-
schuld wuchs rasch an, wobei die Städte die Summen, welche der
König von ihnen forderte, ihrerseits auf die wohlhabenden Bürger
umlegten; das wurde bald ein gut funktionirender Apparat[13]). Für
die schwebende Schuld diente demselben Zwecke die lyonneser
Börse, mittels deren die Krone, wie wir wissen, erfolgreich bestrebt
war, anlagesuchende Kapitalien von allen Seiten ihren Anleihen zu-
zuführen. Wir haben gesehen, welchen erstaunlichen Umfang diese
in den letzten Jahren des Königs Franz I. begonnene Entwickelung
unter seinem Nachfolger Heinrich II. annahm, und wir werden hierauf
nachher zurückkommen. Einstweilen nehmen wir den Faden unserer
Darstellung dort wieder auf, wo wir ihn im vorigen Abschnitte gelassen haben.

Selbst nach der Schlacht von St. Quentin war der Credit des
geschlagenen französischen Königs ein guter geblieben, während der
des siegreichen Philipps in Folge des kurz zuvor erfolgten Staatsbankerottes bereits vernichtet worden war. Dies war die Hauptursache
für die Nichtausnutzung des grossen Sieges durch die spanische
Heeresleitung: die mangelhaft bezahlten deutschen Landsknechte
gingen in Massen zu den Franzosen über, deren Herrscher sein könig-

---

[12]) „Il re paga tutto, il re prende tutto" bei Albéri, Relaz. VIII. 420, vgl. damit
VIII. 375 und Vührer, Hist. de la dette publ. I. 24.

[13]) Ausser Vührer, Forbonnais, Wolff und anderen Historikern der französischen Rente ist hier immer noch Bodin zu vergleichen (Ausg. 1583 VI. 2), der in sehr
interessanter Weise unterscheidet zwischen den Renten, und den schwebenden Anleihen:
„Plusieurs n'achettoyent pas les rentes à prix d'argent, ains ils vouloyent l'usure pure
et simple, et à la charge de retirer le sort" etc.

liches Wort dafür verpfändete, dass er das schlechte Beispiel seines
Gegners nicht nachahmen werde, und der hierdurch die ihm blind
vertrauenden oberdeutschen Kaufleute veranlasste, ihm abermals eine
grosse Geldsumme zu leihen, mit der er jenen Überläufern Handgeld
geben konnte. Die „Königsbriefe" wurden damals in Lyon noch ungefähr al pari gehandelt, trotzdem die in der Ostermesszahlung, welche
im Juli stattfand, fälligen Zinsen und Amortisationsraten der älteren
Schulden bereits bis zur Augustmesszahlung hatten gestundet werden
müssen.

Aber auch die französischen Finanzen waren jetzt gänzlich er-
schöpft. Als die Zahlung der Augustmesse herankam, die bereits im
September stattfinden sollte, aber bis Anfang November verschoben
wurde, mussten die Finanzagenten des Königs den Kaufleuten der
betheiligten „Nationen", der Deutschen, Florentiner, Lucchesen und
Portugiesen erklären, dass die fälligen Zinsen und Amortisationsraten
in Höhe von über 200000 Écus nicht bezahlt werden könnten, dass
vielmehr der König eine neue Anleihe aufnehmen müsse. Dies war
eine harte Zumuthung, und wie Michel Imhof schreibt, es wurde „viel
darüber geredet"; „des Königs Platz" fiel im Course bis auf 85 %;
aber um grössere Übel zu vermeiden, erklärten sich die Nationen mit
allem einverstanden: die fälligen Zinsen und Amortisationsraten wurden zum Schuldkapitale geschlagen, und die Nationen liehen dem König
aufs neue 100000 Écus, wovon auf die Deutschen 32500 entfielen[14].

Die Krone legte ihren Gläubigern in Frankreich nicht wie in
Spanien die Zwangsconsolidation ihrer Forderungen auf, sondern sie
stellte einfach ihre Zahlungen ein; denn auch in den folgenden Messen
wurden weder Zinsen noch Amortisationsraten bezahlt. Das war der
Staatsbankerott ohne die schön klingenden Phrasen, aber auch ohne
die Pauken und Trompeten, wie sie in Spanien beliebt worden waren.
Schliesslich kam es so ziemlich auf dasselbe hinaus. Der Credit der
Krone bei den fremden Kaufleuten war damit einstweilen natürlich
aufs tiefste erschüttert: als einige Monate darauf der König von ihnen
neue Vorschüsse verlangte, schlugen sie dies zunächst rundweg ab,
sodass man sich an die Inländer zur Deckung der drängenden Kriegskosten wenden musste. Auch hier genügte sowenig wie in Spanien
die Einziehung der für die schwebende Schuld zu zahlenden Beträge,
um den Kriegsausgaben gerecht zu werden.

---

[14] Ausser dem Berichte des Michel Imhof vom 26. November (im German Museum)
ist besonders der venetianische Bericht bei Brown, Calendar VI. 1365 zu vergleichen.
Diese Berichte sind hier stets vollkommen zuverlässig; sie beruhen auf Kaufmannsbriefen
aus Lyon.

Die Krone wendete sich also in ihrer Noth an ihre Unterthanen um Hülfe, die denn auch nicht versagt wurde, wobei freilich mit etwas Zwang nachgeholfen werden musste. Die Vertreter des Bürgerstands stellten zunächst Gut und Blut dem Könige gegen den Landesfeind zur Verfügung und fertigten eine Liste von 2000 wohlhabenden Bürgern an, deren jeder 1000 Livres beisteuern sollte; das waren 2 Millionen; der Clerus sollte ferner eine Million aufbringen. Darauf forderte der Kardinal von Lothringen im Namen des Königs die reichsten pariser Bürger auf. zur Deckung des dringendsten Bedarfs einstweilen 120000 Écus zusammenzuschiessen. Er selbst stellte sich mit 10000 Écus an die Spitze der Subscription, worauf sich alle betheiligten und zwar die meisten mit Beträgen von 4000 Écus und darüber. Aber entweder waren nachher die gezeichneten Summen nicht einzukassiren oder sie genügten nicht; kurz, die Königin Catharina von Medici, welche in Abwesenheit des Königs im folgenden Jahre diese Sache zu ordnen hätte, erklärte, Alle weigerten sich unter nichtigen Vorwänden, zu zahlen; sie werde den Leuten aber schon den Kopf zurecht setzen[15]). Ferner wird berichtet, die Stadt Lyon habe die von den fremden Kaufleuten abgeschlagene Anleihe von 500000 Livres zu 14% gegen Verpfändung des Seidenzolles bewilligt.

Nun besitzen wir aber zwei unanfechtbare Nachrichten, welche besagen, dass die deutschen Kaufleute noch vor Ende des Jahres 1557 unter Führung von Israel Minckel dem Könige abermals auf den Seiden- und den Specereizoll 400000 L. zu 14% vorstreckten, obwohl diese Zölle noch den Florentinern verpfändet waren. Ferner liehen die Deutschen im Januar oder Februar 1558 dem Könige weitere 164000 L. auf den Alaunzoll zu 12% Zinsen[16]). Berücksichtigt man bei diesen beiden Anleihen den fallenden Zinsfuss, so kommt man zu der Annahme, dass damals bereits der Credit des Königs sich wieder ganz erheblich aufgebessert hatte. Damit stimmen andere Nachrichten überein.

Michel Imhof schreibt am 16. Februar 1558: „Des Königs Platz „ist eine Weile auf 70% gewesen, da gut zu kaufen gewesen wäre. „Diejenigen, welche damals herauskommen (verkaufen) wollten, waren „meist Portugiesen, die es thun mussten, weil sie auf dem Platze „keinen Glauben hatten; jetzt ist der Preis aber schon wieder 78% „und wird täglich steigen". Wie ging das zu? In der Allerheiligen-

---

[15]) „Je leur chanteray bien leur leçon." (Lettres de Cath. de Médicis ed. Ferrière I, 561.) Vgl. auch Picot, Hist. des Etats Généraux II. 5 ff.; Brown, Calendar VI. 1375, 1423.

[16]) Freiherrl. v. Ebner'sches Archiv und Geheimbuch von Ulrich Link, Anton Haug und Mitverwandte.

Messzahlung, die am 6. Februar 1558, statt Ende December 1557 abgehalten wurde, zahlte der König eine ganz geringfügige Quote der rückständigen Zinsen und Obligationsraten ab. Deputirte der fremden „Nationen" waren an den Hof geritten — für die Deutschen betheiligten sich hierbei Franz Spengler und Hans Herwart —, wo man sie fleissig mit freundlichen Worten tractirt zu haben scheint. Kurz, die Kaufleute glaubten, guten Willen zu bemerken und hofften wieder das Beste. Aber bald sollten sie enttäuscht werden.

Am 30. April berichtet Michel Imhof, die Gesandten der Nationen hätten nicht viel ausgerichtet. Es sei ihnen zwar versprochen worden, 400000 fr. in 3 Messen abzuzahlen, ob dies aber geschehen werde, sei zweifelhaft. „In Summa, es ist kein Geld vorhanden, so kein „Wunder ist bei dem langen und grossen Krieg. Des Königs Platz „ist jetzt 71%. Ich begehre nicht heraus, so wenig wie die Imhof. „Was gute Dittas sind, begehren mit solchem Verluste nicht heraus, „es hat, mit Gottes Hülfe keine Noth, Frankreich ginge denn ganz „zu Grunde, wozu es aber mit Gottes Hülfe nicht kommen wird".

In der That wurde nur ein Theil der versprochenen 400000 L. bezahlt und zwar erst fast ein halbes Jahr nach dem Fälligkeitstermin der ersten Rate; so lange — von Ende März bis Ende August — wurde die ganze „Parisoner-Messzahlung" (apparition des rois) im Interesse der Krone verschoben; dann war wieder alles still. Willibald Imhof schreibt am 14. October 1558, die Nationen wollten im künftigen Monate von neuem Deputirte an den König senden, um zu sollicitiren. Aber es sei wenig Aussicht vorhanden, ehe Frieden werde, und schon entständen in Deutschland neue Unruhen (Beginn der Grumbach'schen Händel): „Der von Weimar wird nicht feiern, und wie es scheint in „Deutschland nicht Ruhe noch Frieden werden, bis alle Sachen wieder „in den alten Stand kommen, wie vor dem Schmalkaldischen Kriege, „und die Sächsische Kur wieder an den rechten Stamm gebracht ist; „Gott gebe, dass ich mich irre und behüte uns in Deutschland vor „weiterer Unruhe". Ein recht interessantes Streiflicht wirft diese Äusserung auf die Stimmung des protestantischen deutschen Kaufmanns in der dumpfen Zeit nach dem Augsburger Religionsfrieden.

Die Königsbriefe waren damals immer noch etwa zu 70% zu haben. Willibald Imhof meint, der niedrige Cours sei nicht so sehr durch den Zweifel daran, ob der König sein Wort halten werde, veranlasst, sondern dadurch, „dass sich etliche schwache Geschäfts-„leute über ihre Kraft eingelassen haben, dem Könige zu „16% zu leihen, in der Erwartung, das Geld auf dem Platze „von Messe zu Messe um einige Procent niedriger aufzu-

„nehmen, die dann aber aus Mangel an Credit ihre Briefe „haben verkaufen müssen. Ich vertraue gänzlich, es wird mit der „Zeit wieder gut Geld werden und nur an den Zinsen etwas verloren „gehen".

Am 28. November 1558 wird berichtet, die deutschen Kaufleute wollten gegen Verpfändung der vom Clerus bewilligten Abgabe der geistlichen Güter ein neues Darlehn gewähren, und thatsächlich wurde bald darauf unter dem Namen von Israel Minckel und Genossen eine „Partita" abgeschlossen, wonach die Deutschen dem Könige in fünf Monatsterminen vom 1. März bis zum 1. September 1559: 900000 fr. leihen sollten, gegen ganz kurzfristige Rückzahlung des Kapitals und Pauschalirung der Zinsen mit 84000 fr.

Die deutschen Kaufleute hatten somit seit der Zahlungseinstellung im September 1557 d. h. seit etwa 1½ Jahren dem Könige aufs neue ungefähr 1½ Millionen Livres oder Franken geliehen; sie erhielten darauf ebensowenig, wie auf die alte Schuld die zugesicherten Zinsen und Amortisationsraten..

Inzwischen wurde. Waffenstillstand geschlossen; aber die Staatsgläubiger hatten davon keinen Nutzen. Trotzdem hörten sie nicht auf zu hoffen. Am 18. Februar 1559 schreibt Willibald Imhof, es liesse sich jetzt wegen der Finanz besser an: „Man hofft, dass nichts verloren geht, sondern dass man nur 2—3 Jahre lang die Forderung zinslos weiter stunden muss". Immerhin dämmert in den deutschen Kaufleuten jetzt allmählich die Erkenntniss auf, dass man einer ungeheuren Selbsttäuschung zum Opfer gefallen war; denn Imhof fügt hinzu, man müsse die erwartete Gelegenheit benutzen um die französische Forderung abzustossen, sich künftig mit geringerem Interesse begnügen und die schwere Erfahrung überhaupt sich zur Warnung dienen lassen. „Wer das Genäsch haben will, muss auch der Schläge gewarten, und was liebt, muss sauer werden".

Die Deutschen sollten bald erkennen, dass dieser Galgenhumor noch viel zu viel Optimismus enthielt. Zwar wurde im März 1559 wieder eine kleine Abzahlung geleistet (jedenfalls mit Hülfe der eben erst dem Könige geliehenen 900000 fr.); ferner war man jetzt sicher, dass bald Frieden werden würde. Unter solchen Umständen ist es begreiflich, dass der Cours der Königsbriefe wieder auf 83 % stieg. Damals liess sich einer der jungen Tucher in Lyon bereden, 4000 Kronen der wieder so schönen Nutzen versprechenden französischen Anleihen an der Börse zu kaufen, in der Hoffnung, sie bald wieder höher verkaufen zu können. Sein Vater war über dieses Geschäft sehr wenig erbaut, und es ist charakteristisch, dass bei demselben, ebenso wie bei anderen Käufen französischer Anleihen durch deutsche Kaufleute, vielfach Italiener als Verkäufer erscheinen: die erfahreneren Leute trauten eben der vorübergehenden Besserung nicht, und sie hätten sicherlich auch dann Recht behalten, wenn nicht der Tod Heinrichs II. den endgültigen Zusammenbruch beschleunigt hätte: drei Monate nach dem so lange ersehnten Friedensschlusse traf den König im Tourniere der tödtliche Lanzenstoss.

Heinrich II. hinterliess eine Schuldenlast, deren Höhe mit 36 bis 44 Millionen Livres beziffert wird; davon entfielen etwa 7 Millionen auf die fundirte Schuld als Kapital von ungefähr 500000 L. 8$^1/_3$% Rente, ferner 16—17 Millionen auf die verzinsliche schwebende Schuld, 15 Millionen auf Verpfändung von Domänentheilen und Einkünften an Städte, Korporationen und Privatleute u. s. f.[17]). Fast diese ganze Schuld war erst unter Heinrich II. entstanden. Sie erregte bei den im Jahre 1560 zum ersten Male wieder seit 76 Jahren versammelten Nationalständen wahres Entsetzen. Dieselben erklärten, das könne nicht mit rechten Dingen zugegangen sein; man müsse die Finanzbeamten zur Rechenschaft ziehen. Nun waren sicherlich auch in Frankreich bei der Finanzverwaltung schon damals viele Unterschleife an der Tagesordnung; aber wahrscheinlich fielen die enormen Summen, welche Diana von Poitiers, die Geliebte des Königs, erhalten hatte, mehr ins Gewicht, noch mehr sein sonstiger Luxus, bestand doch der königliche Haushalt allein aus 600 Personen; das Meiste hatte natürlich der Krieg verschlungen; was konnte dabei eine nachträgliche Untersuchung helfen? Überdies hatten die mächtigen Guise ein lebhaftes Interesse daran, eine Untersuchung zu verhindern, da sie selbst jedenfalls sich auch stark auf Kosten des Staates bereichert hatten und jetzt überdies hofften, die Erbschaft der Diana von Poitiers an sich zu reissen. So concentrirte sich denn die Debatte immer mehr auf die Frage, ob und event. wie die Schulden des verstorbenen Königs bezahlt werden könnten.

Die Gläubiger drängten heftig auf Befriedigung. Die Deutschen entsandten schon im Herbste 1559 den Dr. Georg Roggenbach nebst Jobst Lochner und Christof Scheuerl an den königlichen Hof; von den Florentinern wissen wir, dass sie um dieselbe Zeit ihre Forderungen durch Leonardo Spino geltend machen liessen[18]). Es wurde lange und

---

[17]) Die Angaben differiren ziemlich stark, vgl.: Bodin VI. 2; Picot II. 223; Bailly I. 258; Ranke II. 49; Forbonnais I. 81.

[18]) Über die deutsche Gesandtschaft sind Nachrichten in den Archiven der Scheuerl, Imhof und Tucher enthalten, betr. der Florentiner vgl. Desjardins, Négociations diplomatiques de la France avec la Toscane III. 406.

viel verhandelt; den Gläubigern entstanden dadurch erhebliche Unkosten; aber einstweilen wurde noch nichts ausgerichtet. Man gab
allen gute Worte, sodass die Deutschen hofften, vor den anderen befriedigt zu werden; doch erlangten sie zunächst nicht einmal ein festes
Anerbieten,

Im Frühjahre 1560 ging eine neue Gesandtschaft der Deutschen
an den französischen Hof, wo sie den Sommer hindurch blieb. Sie
bestand aus Andreas Welser, Sebastian Fütterer, Hans Hartlieb, Hieronymus Imhof und Dr. Joh. Lobetius, denen sich Dr. Roggenbach
wiederum anschloss [19]. Aber sie richteten nicht viel mehr aus, als
ihre Vorgänger. Den König bekamen sie nur einmal zu sehen; dann
zogen sie geraume Zeit hinter ihm her, ohne eine neue Audienz zu
erlangen. Der Kardinal von Lothringen hielt sie „mit hohlen, vergeblichen Worten" hin; er wusste es zu erreichen, dass sie ihm persönlich 50000 Livres ohne Sicherheit vorstreckten, wogegen er versprach, ihre Interessen zu fördern; natürlich wurde dies Darlehen
niemals zurückgezahlt, und was schliesslich erreicht wurde, war nur
ein neues Abkommen von sehr windigem Charakter: die Forderung
der Deutschen in Gesammthöhe von 1 878 743 Écus sollte mit den
bis zur Allerheiligen-Messe 1558 aufgelaufenen rückständigen Zinsen
in eine neue mit $8\frac{1}{3}\%$ jährlich verzinsliche Schuld umgewandelt
werden, für deren Zinsen sich die Stadt Lyon verbürgen sollte,
während die Rückzahlung des Kapitals ganz dem freien Ermessen
des Königs vorbehalten blieb, und die Zinsen für die Zeit 1558 bis
1560 überhaupt ausfallen sollten. Dies wäre also in der That eine
Zwangsconsolidation nach spanischer Art gewesen. Eine andere
Nachricht besagt, der König habe doch eine Rückzahlung mit jährlich 400000 Écus und Anweisung auf die vom Clerus bewilligte Abgabe angeboten. Thatsächlich wurde jedenfalls nichts zurückgezahlt;
vielmehr mussten die Deutschen am 1. Januar 1561 dem Könige alle
fälligen Zinsen und wie es scheint sogar Baargeld dazu, insgesammt
1 097 506 Livres aufs neue leihen, wofür ihnen 10% Zinsen zugesichert
wurden. Augenscheinlich waren sie zum Gespött der französischen
Finanzverwaltung geworden. Das einzige wirkliche Resultat ihrer

---

[19] Über diese zweite Gesandtschaft vgl. Hans Hartliebs Tagebuch (im Besitze der
Familie von Hartlieb; ich benutzte die von Herrn Landgerichtsrath Adolf von Hartlieb
angefertigte Abschrift). Die Notizen bei v. Stetten, Gesch. v. Augsburg I. 536, 541 und
bei Falke, Geschichte d. deutschen Handels II. 41 sind unbrauchbar.

Bemühungen waren die Unkosten, welche sich zusammen anf nicht weniger als $4^1/_2\,\%$ des ausständigen Kapitals beliefen[20]).

Für die Befriedigung der deutschen Gläubiger brauchte die Krone also einstweilen nicht zu sorgen. Dringender war dies bei

[20]) Nach dem Freiherrl. von Ebner'schen Archive und nach den Behaim'schen Papieren im. German. Museum. Am letzteren Orte befindet sich auch ein Verzeichniss der damaligen deutschen Interessenten, ein anderes im Imhof-Archive. Es waren betheiligt:

Name.	Wohnort.	Grand parti.			Rent (?) parti.		
		Écus	s.	d.	Écus	s.	d.
Israel Minckel & Co.	Strassburg	138679.	17.	5	41338.	10.	0
Michel Seiler	Augsburg	64017.	29.	3	18197.	40.	2
Endres Imhof & Gebrüder	Nürnberg	19742.	43.	11	5381.	28.	7
Jeron. Fütterer & Co.	do.	24216.	21.	2	5606.	43.	6
Philipp Welser	?	13238.	14.	9	3733.	11.	10
Ulrich Link & Co.	Augsburg	17124.	31.	2	4004.	11.	0
Jeron. Imhof & Co.	do.	87974.	41.	9	24208.	8.	0
Lienh. Tucher & Co.	Nürnberg	7509.	7.	0	315.	11.	6
Lucas Rem	Augsburg	49446.	3.	6	13478.	25.	6
Jobst Schorer & Gebrüder	do.	6937.	14.	10	3534.	17.	9
Endres Ligsalz, Thomas Fleckamer	München	25816.	11.	8	4585.	40.	0
Matheus Pflaum	Augsburg	52294.	28.	11	14118.	40.	0
Marx Ulstett & Gebrüder	do.	385.	19.	6	105.	17.	9
Jeron. u. David Zangmeister	do.	963.	35.	2	246.	39.	0
Jörg u. Philipp Ingold	Strassburg	4818.	28.	1	912.	32.	9
Chr. Harsdorfer	Nürnberg	614.	28.	7	182.	41.	2
Casp. u. Chr. Fischer	Nürnberg	27858.	7.	4	10520.	26.	4
Augustin Fürnberger	} do.	13384.	21.	0	3370.	40.	10
Ambrosy Bösch & Co.							
Niclaus ..... & Gebrüder	?	87053.	15.	8	21887.	2.	4
Sebast. Christ. u. Casp. Fleckamer	München	4681.	30.	10	967.	3.	1
Jorg Weikmann	Ulm	46871.	45.	10	12965.	9.	2
Christ. Crafft	Augsburg	87421.	26.	7	28790.	12.	5
Christ. Ebner sel. Erben	Nürnberg	289.	5.	8	71.	45.	4
Hans Lonser	Lyon ?	14033.	20.	7	3800.	10.	0
Joach. Höchstetter	Augsburg?	595.	25.	4	149.	30.	0
		813612.	39.	6	225999.	38.	2

Die „Rent partida", anderweitig auch „Reuters partita" genannt, muss einen integrirenden Theil des „grand parti" gebildet haben; sie war auf die Stadt Lyon angewiesen worden, vielleicht als Rente, woher jener Name kommen mag. Jedenfalls werden die bisher aufgeführten Beträge gesondert von den dann folgenden „Partitas particulares, so man Herrn Jorgen Obrecht und den Teutschen schuldig ist"; bei diesen werden die einzelnen Interessenten nicht genannt; es sind 6 Posten von zusammen 1930000 L. oder 839130 Écus 20 s. Die Gesammtsumme stellt sich danach auf 1878743 Écus. Vergleicht man das Verzeichniss der Theilhaber beim „grand parti" mit dem oben II. 99 abgedruckten Verzeichnisse von deutschen Gläubigern der französischen Krone aus dem Jahre 1553, so fällt zunächst das Ausscheiden der Schweizer auf, sodann das Verschwinden der grossen Neidhartschen Forderungen, die vermuthlich jetzt unter anderem Namen mitenthalten sind, vielleicht bei Michel Seiler und Israel Minckel; die grosse Betheiligung des Letzteren ist wohl nur scheinbar neu. Überhaupt enthalten die aufgeführten Namen offenbar zahlreiche Unterbetheiligungen.

den Italienern und Schweizern. Zwar dass die Genucsen, wie ein venetianischer Gesandter berichtet, schon im April 1560 zusammen mit den Rucellai, die hier als römische Bankiers bezeichnet werden, es durch geschickte Aufopferung von 70000 Écus erreicht hätten, für ihre ganze Restforderung von 470000 Écus die ausgezeichnete Sicherheit der Abgabe des Clerus, zahlbar innerhalb 18 Monaten, zu erlangen, ist kaum glaublich. Allerdings würde es sehr gut übereinstimmen mit der Politik, welche die Genucsen bei dem spanischen Staatsbankerotte verfolgten; doch nirgends erfahren wir sonst, dass sie überhaupt an den französischen Anleihen betheiligt waren, und warum hätte die Krone grade sie so besonders gut behandeln sollen? Indess, ganz unmöglich ist es ja nicht, dass sie unter dem Namen der Rucellai handelten [21]).

Als die dringendste Forderung wird wiederholt die der Schweizer bezeichnet, auf die man aus politischen Gründen Rücksicht nehmen musste, wesshalb man sie vorweg zu befriedigen wünschte. Ausserdem hatte sich für einen Theil der schweizer Forderungen und derjenigen anderer fremden Kaufleute die Stadt Lyon auf Befehl des Königs Heinrich II. verbürgt. Als 1560 die Gläubiger von der Stadt Bezahlung forderten, weigerte der Stadtmagistrat solche unter der Motivirung, dass er gar nicht berechtigt gewesen sei, die Stadt ohne Einberufung einer allgemeinen Bürgerversammlung zu verpflichten; auch sei der Zinsfuss von 16% wucherisch und ungesetzlich. Die Gläubiger möchten sich an den König wenden. Als nun die fremden Kaufleute drohten, die Stadt zu verlassen, sandte diese selbst eine Botschaft an den König mit der Bitte, die Gläubiger zu befriedigen. Dies geschah darauf mit einem Theile der schweizer und der florentiner Forderungen. Über den Accord mit den Schweizern wissen wir nichts Näheres, ausser dass er abgeschlossen wurde, und hinsichtlich der Florentiner hören wir auch nur, dass sie sich 1561 bereit erklärten, wenn man die Hälfte ihrer Forderung in fünf Jahresraten bezahle, dann die andere Hälfte mit 5% Zinsen noch länger zu stunden.

Nun war es der Krone nach vieler Mühe gelungen, von den Ständen Bewilligungen im Gesammtbetrage von 24 Millionen Livres zur Bezahlung der drückendsten Schulden zu erlangen. Der Staatsschatz war allerdings so leer, dass man sogar in Antwerpen und

---

[21]) Brown, Calendar VII. 191. Wegen des Folgenden vgl. Lettres de Catherine de Medicis I. 571, 580, 594 ff.; Clerjon, Histoire de Lyon VI. 10; Albéri, Relaz. VIII. 424; Kervyn de Lettenhove, Rélat. polit. des Pays Bas et de l'Angleterre II. 476, III. 111, 125.

Genua Anleihen aufzunehmen suchte; aber obwohl dies nicht gelungen zu sein scheint, müssen die Schweizer und die Italiener doch schliesslich theilweise mit Hülfe jener Bewilligungen befriedigt worden sein, und nur die Deutschen, welche doch gehofft hatten, vor den Anderen befriedigt zu werden, gingen einstweilen ganz leer aus. Zwar wurde auch mit ihnen 1562 unter Obrechts und Minckels Namen ein neues Abkommen getroffen: mehrere ihrer Forderungen wurden mit einander vereinigt zu der sogenannten „neuen Salzpartida" von 2 142 088 Livres; die Zinsen wurden ermässigt; dagegen sollte die Rückzahlung innerhalb 4 Jahren aus den Erträgen der Gabelle erfolgen; doch wurde auch dieses Versprechei wieder nicht eingehalten.

Sonstige Finanzverhältnisse. Die maasslose Überspannung des Credits war nicht auf Spanien und Frankreich beschränkt; andere Länder waren gleichfalls weit vom Wege der Solidität abgewichen. Wohl am meisten gilt dies von Portugal, dessen Schuldverschreibungen in Antwerpen fast wie die Rentmeisterbriefe gehandelt wurden. Bereits 1552 war die portugiesische Schuld in Antwerpen auf drei Millionen Dukaten, und das jährliche Zinserforderniss auf 300 000 Dukaten angewachsen. In den folgenden Jahren wurde es damit immer ärger. Dennoch blieb der Credit des Königs so gut, dass er noch im Jahre 1559 einen Vorschuss von 900 000 Kronen auf Lieferungen von Waaren, vermuthlich von Gewürzen erlangte; diese Gewürzcontracte waren längst zu blossen Finanzgeschäften geworden. Erst im Jahre 1560 stellte auch die portugiesische Krone ihre Zahlungen ein. Betheiligt waren namentlich die Genuesen, sodann aber auch Oberdeutsche wie die Fugger die Haug u. A., ferner Antwerpener wie die Schetz und Lazarus Tucher, endlich portugiesische Unterthanen, welche auf Deposito ihrem Könige etwa eine Million Kronen geliehen hatten. Auch hier breitete die Theologie ihren Mantel schützend über den Wortbruch: der König erklärte, er könne nicht mehr als 5 % Zinsen bezahlen, da die Theologen ihm die höheren Zinsen als Sünde vorwürfen; er müsse sein Gewissen entlasten. Dies tnat er denn so gründlich, dass z. B. die Fugger und die Haug noch 1575 über 15 Millionen Reïs von ihm zu fordern hatten[22]).

König Ferdinand, der spätere Kaiser, hatte in dem Zeitraum 1547 bis 1555 für etwa 2⅓ Millionen Gulden schwebende Anleihen aufgenommen; hierzu kamen in den folgenden Jahren weitere Schulden,

---

[22]) Ausser den Handelspapieren dieser Firmen vgl. Brown, Calendar VII. 133; Guicciardini, Descritt. d. Paesi Bassi p. 116.

welche der fortdauernde Türkenkrieg nöthig machte; dabei hielt es
Ferdinand für geboten, gleichzeitig sieben glänzende Hofhaltungen
zu führen. Seit 1557 hatte er ausserhalb Österreichs nur noch wenig
Credit, obwohl er seine Zahlungen zwar langsam leistete, aber wenigstens
nicht einstellte. Die oberdeutschen Kaufleute, welche ihm das Meiste
geliehen hatten, scheinen nach und nach befriedigt worden zu sein;
doch trug es z. B. unzweifelhaft zum Ruin der Haug's bei, dass sie
mit ihrer Forderung von über 200000 fl. auf die Erträge der un-
garischen Kupfer-Gruben verwiesen wurden, was sie in weitausschau-
ende Bergwerksgeschäfte verwickelte, die schliesslich über ihre Kräfte
hinausgingen [23]).

Die Städte Nürnberg und Augsburg hatten dem Kaiser in
den Jahren 1552 und 1553 grosse Geldsummen leihen müssen, Nürnberg über 100000, Augsburg über 30000 fl., welche Schulden, weil sie
vorzugsweise Spanien und die Niederlande angingen, von König Philipp
übernommen, aber lange Zeit trotz vielfältigem Mahnen nicht berich-
tigt wurden. Nürnberg wurde ausserdem durch den Markgrafenkrieg
gezwungen, namentlich während der Jahre 1553 bis 1557 ganz bedeutende Anleihen zu Hause, wie in Frankfurt a. M., Strassburg,
Antwerpen und anderwärts durch Vermittelung der Imhof aufzunehmen
wobei sie zeitweilig 10°/₀ Zinsen bezahlen musste. Daran hat kein
Mensch etwas verloren; aber einstweilen vergrösserten diese Anleihen
jedenfalls die Spannung im Geldmarkte [24]). Andere deutsche Städte
hatten in derselben Zeit ebenfalls viel Geld aufnehmen müssen oder
waren noch vom Schmalkaldischen Kriege her überschuldet, was wir
z. B. von Hamburg wissen. Noch mehr gilt dies von den deutschen
Fürsten. Die sächsischen Ernestiner z. B. hatten noch 1554 eine
Schuldenlast von 192000 fl. zu tragen, obwohl durch die Wittenberger
Capitulation 200000 fl. auf die Albertiner Linie abgewälzt, und 150000 fl.
vom Landtage zur Rückzahlung übernommen worden waren. Nach
1562 konnten die Ernestiner ausserordentliche Geldbedürfnisse wieder-

---

[23]) Vgl. über die Finanzen Ferdinands: Oberleitner im Archiv f. Kunde österr.
Gesch.-Quellen XXII. und Thorsch, Materialien zu einer Geschichte d. österr. Staatsschulden vor d. 18. Jahrh. p. 43 ff.

[24]) Über die Forderung Augsburgs an den Kaiser bezw. an Spanien vgl. Augsbg. StA.
Handelssachen 26 (8), über diejenige Nürnbergs die Behaimschen Correspondenzen im German. Museum. Für Augsburg vermittelte Hans Jakob Fugger die Vorstellungen um Befriedigung, für Nürnberg übernahmen dies die Imhofs, welche wieder den frankfurter Juden
Joseph verwendeten. Nürnberg scheint mittels 2000 Kronen „Verehrung" an Erasso und
einem Nachlasse von 10000 Kronen bald Befriedigung erlangt zu haben, während Augsburg damit bis 1566 warten musste. Wegen der Anleihen Nürnbergs vgl. oben I. 241 ff.

holt nur durch Zwangsanleihen oder Vermittlung ihrer Diener und selbst dann nur höchst unvollständig decken[25]).

Von sonstigen kleineren Fürsten sei hier noch der Herzog Cosimo von Toscana erwähnt, der bei oberdeutschen Kaufleuten wiederholt grössere Anleihen aufnahm, sich aber später auch als säumiger Zahler erwies; wenigstens mussten die Neidhardt's mehrfach vergeblich bei ihm um Berichtigung einer aus dem Jahre 1553 herrührenden Forderung von 3700 Kronen nachsuchen.

Wenden wir uns nun nochmals nach den Niederlanden, so war dort, auch abgesehen von den spanischen und portugiesischen Schulden, eine gewaltige Überspannung des Credits eingetreten. Vor allem die Rentmeisterbriefe, sodann aber auch die Obligationen des Brüsseler Hofes, der Stände einzelner Provinzen, der Stadt Antwerpen waren in enormen Beträgen ausgegeben worden. Wie viele Millionen es waren, lässt sich einstweilen nicht einmal annähernd bestimmen. Nothleidend wurden zunächst die Rentmeisterbriefe und die ebenfalls meist für Rechnung der Regierung emittirten Obligationen der flämischen Städte. Die Rentmeister stellten schon im Jahre 1557 ihre Zahlungen ein, die flämischen Städte, wie es scheint, bald danach. Allein die Fugger hatten auf Rentmeisterbriefe damals 95000 Pfund flämisch, auf Obligationen der flämischen Städte 30000 Pfund zu fordern, zusammen über eine halbe Million Gulden, wovon bei weitem der grösste Theil rettungslos verloren war. Dagegen wurde die Stadt Antwerpen, obwohl auch stark überschuldet, zunächst allen ihren schwebenden Verpflichtungen gerecht, zu welchem Zwecke sie freilich viel Grundeigenthum und sodann auch grosse Beträge Renten verkaufen musste. Sie gab bei schwebenden Anleihen meist 10—12% Zinsen, bei ewiger Rente 6¼%, bei Leibrente 12½%[26]).

Unter den grossen europäischen Ländern erwarb damals nur England sich den wohlverdienten Ruf, ein geordnetes, verständig und ehrlich geleitetes Finanzwesen zu besitzen; dies verdankte es vorzugsweise der Klugheit und der rastlosen Thätigkeit des Thomas Gresham. Wir haben uns hierüber schon ausgesprochen; aber es ist wichtig, noch etwas genauer festzustellen, wie es dabei herging.

---

[25]) Kius, das Finanzwesen des Ernestinischen Hauses Sachsen im 16. Jahrh. p. 92, 109 ff., 118 ff. Auf Grund der allgemeinen Überschuldung der deutschen Fürsten und Städte entwarf damals Berthold Holzschuher einen merkwürdigen Plan von Zwangsanleihen mit socialpolitischer Tendenz. Vgl. Ehrenberg, Ein finanz- und socialpolitisches Projekt aus dem 16. Jahrh. in der Ztschr. f. d. gesammte Staatswiss. 1890, p. 717 ff.

[26]) Verachter, Inventaire No. 597; Stadsprotokollen ed. Pauwels I. 147 ff.; Guicciardini, Descritt. p. 102.

Bemerkenswerth ist vor allem auch hier der Unterschied zwischen Elisabeth und ihrer Vorgängerin.

Königin Maria die Katholische, deren antinationale Politik den Widerwillen ihres Volkes erregte, hatte auch im Finanzwesen keine glückliche Hand. Obwohl sie nach einer Unterbrechung im Anfange ihrer Regierung die Besorgung ihrer Geldgeschäfte dem Gresham anvertrauen musste, so besass dieser doch wenig Einfluss. In Folge der vielen, oft ganz plötzlich an ihn herantretenden Aufforderungen, Geld zu beschaffen, war er nicht im Stande, sein Geschick in der Behandlung dieser Geschäfte consequent zu bethätigen. Das zeigte sich namentlich gegen Ende der Regierung Maria's in der Höhe des Zinsfusses, den er bei seinen antwerpener Anleihen bezahlen musste. Im Frühjahre 1557 wird berichtet, die Königin sei in grosser Geldverlegenheit; ihr fortwährendes Drängen um Zwangsanleihen und Steuern mache sie beim Volke um so verhasster, als die Gläubiger nichts destoweniger unbezahlt blieben[27]. In der folgenden Zeit musste Gresham immer häufiger für die Königin den antwerpener Geldmarkt in Anspruch nehmen, obwohl dies durch das seit dem spanischen Staatsbankerotte herrschende Misstrauen gegen alle fürstlichen Anleihen zunächst immer schwieriger wurde. Selbst zu 14% konnte Gresham oft nichts bekommen.

Als Königin Maria starb, schuldete sie in Antwerpen 65000 L., wovon sie sich derart bedrückt gefühlt hatte, dass von den zwei Bedingungen, an welche sie die Thronfolge der Elisabeth knüpfte, die eine sich auf Bewahrung der alten Religion, die andere auf Bezahlung der schwebenden Schulden bezog[28]. Gresham reiste denn auch sofort nach Antwerpen, wo er den Gläubigern Maria's versprach, dass die neue Königin ihre Forderungen anerkennen werde. Diese Ehrlichkeit war schon nichts Geringes, angesichts des im englischen Volke herrschenden Hasses gegen Maria und ihren Gemahl Philipp von Spanien, sowie in einem Augenblicke, da die Könige von Spanien und Frankreich nicht einmal die von ihnen selbst unter feierlicher Verpfändung ihres Königswortes übernommenen Zahlungsverpflichtungen einhielten. Freilich hatte England auch keine langjährigen Kriege zu führen gehabt. Die Krone hatte ferner dort erst die grossen Vasallengeschlechter, dann die reiche Kirche theilweise beerbt. Die Tudors waren sparsame Monarchen, und selbst Heinrich VIII.

---

[27] Brown, Calendar VI. 1057. Wegen des Folgenden vgl. Turnbull, Calendar, Queen Mary; Burgon, Life and times of Thomas Gresham; Kervyn de Lettenhove, Rélat. polit. des Pays Bas et de l'Angleterre.

[28] Kervyn I. 277, II. 542.

war weit entfernt von der Prunksucht der Valois, von dem Pompe, mit dem sich die Habsburger umgaben. Eine fundirte Schuld hatte England damals überhaupt noch nicht, und die schwebende Schuld der Krone war unvergleichlich kleiner als diejenige der anderen Grossmächte [29]. Dafür war das Land aber auch noch verhältnissmässig sehr kapitalarm; seine Regierung verfügte weder über die Silberschätze Amerika's, noch hatte sie eine derartige Macht über die Börsen ihrer Unterthanen wie diejenige Frankreichs. Gewiss waren die Tudors mächtige Monarchen; doch ihre Zwangsanleihen riefen wiederholt gefährliche Gährungen im Volke hervor, und erst Elisabeth konnte in ihrer späteren Zeit vom Parlamente nothwendige Bewilligungen leicht erlangen, konnte, wenn das Parlament nicht tagte, Zwangsanleihen ausschreiben, ohne dass das Volk murrte; das verdankte sie eben der Weisheit und Volksthümlichkeit ihrer Herrschaft. Im Anfange ihrer Regierung, vollends unter Maria der Katholischen, war die Möglichkeit, im Inlande Anleihen aufzunehmen noch eng begrenzt, und ebensowenig stand der Regierung der ganze Credit solcher Welthäuser zur Verfügung, wie den Kronen von Spanien und Frankreich. Fast durchweg musste sie ihre Anleihen noch im Auslande, in Antwerpen aufnehmen.

So beschaffte Gresham denn auch in dem halben Jahre, das auf Elisabeths Thronbesteigung folgte, in Antwerpen über 120000 £, wovon er etwa die Hälfte zur Abzahlung älterer Schulden verwendete, sodass die Schuld in Wirklichkeit sich nicht vermehrte; aber bis zum März 1560 wuchs sie auf 95000 £ an, und trotzdem gelang es Gresham, den Zinsfuss auf 12% herabzudrücken. Mit Recht nannte ihn der englische Gesandte in Brüssel damals „ein Juwel von Treue, Klugheit und Eifer". Man lese nur einmal die fein ausgedachten Rathschläge, die er im Marz 1559 dem Minister Cecil für ein grosses, halb zwangsweise mit den Merchant Adventurers abzuschliessendes Wechselgeschäft ertheilte, durch welches er den englischen Wechselcours in Antwerpen zu steigern und zugleich der Königin eine billige Anleihe zu verschaffen hoffte, oder die jedenfalls auch von ihm selbst verfasste Instruktion, die er Ende August nach Antwerpen mitnahm [30].

Wenn Gresham hier und auch sonst mehrfach selbst der Regierung rieth, bei Geldgeschäften Zwang gegen seine Landsleute und

---

[29] Die verzinsliche schwebende englische Schuld betrug 65000 £ oder etwa 240000 Kronen = 210000 Dukaten d. h. nur etwa den 28. Theil der französischen, nur den 35. Theil der verzinslichen schwebenden Schuld Spaniens, welche beide ausserdem noch gewaltige fundirte Schulden' hatten.

[30] Burgon I. 257 ff.; Kervyn II. 6 ff.

Berufsgenossen anzuwenden, so verfolgte er dabei nicht bloss fiskalische, sondern ganz vorzugsweise auch allgemein volkswirthschaftliche Zwecke. Es war eine völlig andere Art des Zwanges, wie sie von der französischen oder gar von der spanischen Regierung, wie sie gelegentlich auch von der englischen Krone im ausschliesslich fiskalischen Interesse angewendet wurde. Gresham trieb schon moderne „merkantilistische" Finanzpolitik, während die finanziellen Rathgeber Philipps II. und auch die französischen Könige noch von dem Geiste des brutalen und kurzsichtigen mittelalterlichen Fiskalismus erfüllt waren, mochten auch einzelne Staatsmänner und Publicisten, wie der Kanzler Michel L'Hôpital und der grosse Jean Bodin als Söhne des fortschreitenden Bürgerstandes schon von dem Hauche einer neuen Zeit berührt sein. Was diese kaum zu empfehlen und zu versuchen wagten, das that die englische Regierung unter Gresham's Anleitung; darauf beruhte in letzter Linie ihre Stärke und ihr Credit im Inlande wie im Auslande.

Gresham drang auch bereits 1560 auf Beseitigung des staatlichen Zinsverbotes mit der Motivirung, dann werde die Königin in ihrem Lande genug Geld anleihen können. Diesen Rath wiederholte er acht Jahre später, als es sich darum handelte, eine der ersten grösseren Anleihen im Inlande zu bewerkstelligen.. Thatsächlich erfolgte im Jahre 1571 eine wesentliche Milderung des Wucherverbots: nur Darlehen mit höheren Zinsen als 10% blieben einstweilen noch ungesetzlich[30a]).

Wirkungen der Krisis auf Credit und Geldmarkt. Wir sind hier wieder zunächst fast nur auf Berichte aus Antwerpen angewiesen. Nach dem Bekanntwerden des Staatsbankerottes in Spanien und Frankreich, sowie nach der gleichzeitigen Zahlungseinstellung der niederländischen Rentmeister wurde der Geldstand in Antwerpen für Anlagen; die man als zweifellos sicher betrachtete, wieder etwas flüssiger. Zwar musste die Stadt Antwerpen nach wie vor für schwebende Anleihen auf 1—2 Messen 12% Jahreszins zahlen, ja wie ein Behaim berichtet, hätte man sogar vielleicht von der Stadt 13% erhalten können; aber weil dies die landesherrliche Zinstaxe überschritten hätte, wäre es erforderlich gewesen, besondere Erlaubniss von der Regierung auszuwirken, wollte man nicht Strafe gewärtigen;

[30a]) Kervyn II. 395; Burgon II. 343; Ashley, Introd. to english economic history and theory II. 466. Diesem sonst so kenntnissreichen Autor scheint Gresham's centrale Bedeutung entgangen zu sein.

desshalb begnügte man sich lieber mit 12 %. Auf „gute Dittas und
deutsche Briefe" war dagegen nicht mehr als 10—11 % zu erlangen;
so nahmen die Fugger und sonstige erste Häuser viel Geld auf, das
sie an anderen Orten gebrauchten. Dagegen konnte König Philipp
freilich trotz aller persönlichen Bemühungen ohne Bürgschaft der
Stände oder Städte überhaupt kein Geld mehr bekommen, und Königin
Maria von England musste 14 % bezahlen.

Dieser Zustand dauerte geraume Zeit. Im Frühjahr 1559 wurde
der Geldstand für beste „Dittas" noch flüssiger. „Ein Jeder trachtet
nach der Fugger Brief, nachdem man gemerkt, dass sie über
4 1/2 % (pro Halbjahr) und letzlich über 4 % nicht geben wollten, bekommen sie es bei dem Einen nicht, bekommen sie es bei dem Anderen, besonders da sonst wenig richtige (solvente) Nehmer
vorhanden sind". Im Sommer bewilligten Firmen zweiten Ranges
wie die Fleckamer 10 - 10 1/2 %. Dagegen wurde gegen Ende des
Jahres das Geld wieder so flüssig, dass man sich bei „richtigen Dittas"
mit 8 %, bei den Fuggern sogar mit 7 % begnügen musste, dass auch
die Stadt Antwerpen nur noch 9 % bezahlen wollte und überdies
verlangte, man solle ihr zu diesem Zinsfusse das Geld auf ein volles
Jahr leihen. Die Fugger und Weiser erklärten sich hiermit einverstanden, weshalb die anderen Gläubiger es auch thun mussten.

Aber im Frühjahr (1560) wurde der Geldstand wieder knapper,
weil Gresham damals fast 130000 £ aufgenommen hatte, und auch
der Brüsseler Hof wieder Geld suchte, um sein Kriegsvolk abdanken
zu können. „Gute Briefe" wurden an der Börse zu 3 % pro Messe
(12 % p. a.) angeboten. „Wer sein Geld behalten hat, kann es jetzt
gut anbringen; aber ein Jeder hat sich beeilt, sonderlich bei
Ständen und Städten, aus Sorge nicht unterzukommen". Wie
Gresham berichtet, herrschte wegen der durch ihn verursachten Geldknappheit solche Aufregung, dass er sich scheute, ausse· zur Börsenzeit auszugehen. Er zahlte dann aber 40000 £ älterer Schulden ab
„was die Börse nicht wenig erquickte" [31]).

In der That gestaltete sich jetzt der Geldstand wieder leichter. Im
Sommer 1560 wollten die Fugger nur 8 % Zinsen bezahlen, sonst
wurden 9—10 % bewilligt. Im October schreibt Paulus Behaim, es
sei eher Geldüberfluss als Knappheit zu erwarten; „denn bei den sorg-
lichen Borgsläuften suchen Manche das Ihrige durh Wechsel hinauf (nach

---

[31]) Kervyn II. 240/241 ff., 258. Damit stimmen die Behaimschen Briefe im Germ.
Museum überein., Die niederländische Regierung suchte Gresham an der Ausfuhr des
mehr aufgenommenen als abbezahlten Geldes zu hindern.

Oberdeutschland) zu schaffen, wo sie es zur Abzahlung von Schulden brauchen, wie ich denn vernehme, dass man in Augsburg täglich viel Geld kündigt, sodass hier für Wechsel mehr Geld als richtige Dittas vorhanden sind". Hier haben wir das erste deutliche Zeichen des bevorstehenden Sturmes vor Augen. Die oberdeutschen Handelshäuser, welche in der Heimath viel fremdes Geld aufgenommen und es in Lyon und Antwerpen auf unsolide Finanzgeschäfte verwendet hatten, mussten jetzt auf alle Weise versuchen, das Geld wieder heimzubekommen, um die ängstlich gewordenen Gläubiger zu befriedigen. Wir wissen schon, dass zu diesen Handelshäusern ganz vorzugsweise auch die Fugger gehörten.

Damals — es war der 22. Juni 1561 — schrieb der alte Lienhard Tucher in Nürnberg an seinen Vetter Lazarus Tucher in Antwerpen: „Dieweil die schweren Kriege nun viele Jahre lang gewährt, „und die grossen Potentaten grosse Summen Geldes auf hohe Inter-„essen von allen Nationen, in Italien, Frankreich, Deutschland und „Niederland aufgenommen haben, hat sich ein Jeder mit den „grossen Interessen bereichern wollen, sowohl die grossen „Hansen wie die Unvermöglichen; so hat denn ein Jeder gegen Unter-„pfand oder auf Wechsel aufgenommen, was er hat bekommen „könnnen, und hat nicht bedacht, in welche Schwierigkeiten „er gelangen würde, wenn die Fürsten ihre Versprechungen „nicht hielten, wie denn jetzt schon vor Augen ist, dass bei den „grossen Potentaten kein Glauben mehr will gehalten werden, und „solches einer von dem anderen lernt".

Anfang September berichtet Gresham aus Antwerpen schon von grossen Bankerotten der besten Handelshäuser, die täglich vorfielen, weil die Könige von Spanien, Frankreich und Portugal mehr schuldig seien, als sie selbst besässen. Sogar wegen der Fugger hätte man grosse Angst. Wie wir wissen, war die geschäftliche Lage der Fugger in der That damals eine kritische, sodass es ihnen nur mit verzweifelten Mitteln gelang, allen Verpflichtungen gerecht zu werden. Andere weniger kräftige Häuser mussten schon damals ihre Zahlungen einstellen, und zwar werden aus den Jahren 1561 bis 1565 die folgenden Bankerotte oberdeutscher Kaufleute gemeldet [32]):

Eins der frühesten Opfer der Krisis war Franz Tucher, der Bruder von Lazarus Tucher. Er war von jeher ein schlechter Haus-

---

[32]) Bisherige einzige Quelle für die Geschichte dieser Bankerotte ist das Wenige, was von Stetten, Geschichte von Augsburg I. 551, 564, 590, 602, 608 darüber mittheilt. Desshalb hat auch Falke in seiner sonst nach manchen Richtungen ganz vortrefflichen Geschichte des deutschen Handels die Tragweite der Krisis und überhaupt den Zu-

halter gewesen und hatte seinem Bruder schon viel Geld gekostet. Dieser hatte ihm auch jüngst wieder die Rentmeisterbriefe abgenommen, die ihm Wolff Poschinger aufgehängt hatte. Aber damit war ihm noch nicht geholfen; bereits im Frühjahr oder Sommer 1561 musste Franz, der wie es scheint mit einem gewissen Lienhard Thomas associirt war, seine Zahlungen einstellen. Der reiche Bruder musste abermals helfen, und es wurde mit den Gläubigern ein Accord geschlossen, wonach ein Drittel der Forderungen baar gezahlt, und weitere Zahlungen bis zu 50°/₀ der Passiva innerhalb 3 bis 4 Jahren versprochen wurden; „doch nicht Gewissheit oder Bürgschaft vorhanden ist". Im Ganzen betrugen die Passiva nur etwa 50000 fl. in 41 Posten von 400 bis 4500 fl.

Bedeutender war das Falliment von Jeronimus und David Zangmeister Gebrüder. Diese hatten sich, wie den Gläubigern vorgetragen wurde, „mit Wechsel-Geben und -Nehmen zuviel unbedachtsam eingelassen, vornehmlich aber mit Versteckung des Geldes hinter der Krone Frankreich ihr eigen Verderben gesucht". Da die französischen Ausstände unbezahlt blieben und nicht einmal Zinsen brachten, während sie selbst für ihre grosse Schulden hohe Zinsen bezahlen mussten, so hatten sie zur Erhaltung ihres Credits „zum öfteren auf des Königs Plätzen grössere Summen mit schwerem Schaden verkaufen müssen, sind also durch mehrerlei Verluste und Widerwärtigkeiten des Glückes in Abfall von Ehr und Gut gerathen".

Auch die Zahlungsschwierigkeiten des ehemaligen Bürgermeisters Jakob Herbrot in Augsburg begannen schon 1562, sodass ihm damals bereits ein Theil seiner Gold- und Silbersachen verganтet werden musste. Hans und Marquard Rosenberger, sowie Christoff Krafft fallirten mit je etwa 200000 fl. Passiven, Hans Jakob Fugger musste wegen seiner Schulden im Betrage von etwa einer Million Gulden aus der Stadt Augsburg entweichen und bald darauf seinen Gläubigern alle seine Güter abtreten, Marx Ulstatt und Gebrüder stellten im Frühjahre 1563 ihre Zahlungen ein mit 300000 fl. Passiven. An sonstigen Fallimenten werden bis 1564 noch erwähnt die von Bernhard Meuting, Hans Weyer, den Fleckamern und den Ligsalz

---

sammenhang zwischen den Geldgeschäften der oberdeutschen Kaufleute und dem Niedergange ihres Handels nicht begriffen. Eine genaue aktenmässige Darstellung des augsburger Krachs von 1560 ff. fehlt noch; ich habe mich hier auch mit dem, was die Handelspapiere der Gesellschaften selbst enthalten, sowie mit einigen ergänzenden Nachrichten des augsburger Stadtarchives begnügen müssen.

aus München, Lucas Rem in Augsburg, Christof Harstorfer in Nürnberg. Es folgten 1565 die Paumgartner in Augsburg und noch mehrere Andere. Dann trat zunächst eine Pause von 6—8 Jahren ein, während welcher das Verderben langsamere Fortschritte machte. Die schwächsten Hände waren ausgeschieden, die übrigen hielten es länger aus, bis neues Unheil hinzukam.

Immerhin müssen die Gesammtpassiven der in dieser ersten Zeit gestürzten oberdeutschen Häuser schon 2 bis 3 Millionen Gulden betragen haben, und die sämmtlichen damals schon erlittenen Verluste waren natürlich noch viel grösser. Bei den Bankerotten der Krone von Spanien, Frankreich und Portugal, sowie bei der Zahlungseinstellung der niederländischen Rentmeister betrugen die Forderungen der Kaufleute aller Nationen mindestens 20 Millionen Dukaten oder 200 Millionen Mark heutiger deutscher Währung, wahrscheinlich noch etliche Millionen mehr. Dieser Betrag wurde damals allerdings noch nicht als verloren angesehen, war es aber thatsächlich zum grössten Theile. Von seiner Bedeutung machen wir uns am besten eine Vorstellung wenn wir damit zusammenhalten die Schätzung Soetbeer's für die Edelmetallproduktion der Welt während des Zeitraums 1521 bis 1560: sie hatte nach Soetbeer einen Werth von 115 Millionen Mark heutiger deutscher Währung. Mit anderen Worten: alle die viel bewunderten Gold- und Silbermengen, welche seit der Kaiserwahl Karl V. ans Tageslicht befördert worden waren, und ausserdem noch viele weitere Millionen wurden auf die eine oder andere Weise den Fürsten Europa's geliehen, mussten grösstentheils als „nervus belli" dienen, um schliesslich von dem Höllenrachen der Krisis verschlungen zu werden.

Wirkungen der ersten französischen Religionskämpfe. Leider versiegt für die Zeit nach 1562 zunächst unser Material an oberdeutschen Handelsbriefen gänzlich, und die Berichte, welche Thomas Gresham und sein Faktor Richard Clough aus Antwerpen der englischen Regierung erstatteten, bieten dafür nur unzureichenden Ersatz, weil dabei der englisch-politische Standpunkt dominirt. Es kam jetzt die Zeit, in der die religiösen Kämpfe, welche zuerst in Frankreich, dann in den Niederlanden entbrannten, wie auf das ganze Leben der europäischen Völker, so auch auf die Börsen entscheidenden Einfluss gewannen. Wir erfahren aber über diese höchst interessanten Beziehungen einstweilen nur grade genug, um unsere Begierde nach mehr Mittheilungen anzufachen.

Der erste französische Religionskrieg, der vom Frühjahre 1562 bis zum Frühjahre 1563 wüthete, und an dem sich auch spanische Truppen betheiligten, während auf der anderen Seite England den Hugenotten den Rücken stärkte, rief an der ohnehin aufgeregten und geschwächten antwerpener Börse die Befürchtung hervor, dieser Kampf könnte schon den drohenden Weltbrand entzünden. Beide Parteien litten die äusserste Geldnoth, die im August ihren Höhepunkt erreichte. Der Hof suchte in Paris eine Zwangsanleihe anfzunehmen; er verpfändete den Rucellai Kronjuwelen und sandte solche auch nach Antwerpen, wo die Bonvisi und einige andere Italiener 20000 L. darauf liehen, die sie selbst sich erst verschaffen mussten. Hierdurch wurde die Geldknappheit an der Börse derart gesteigert, dass sonst nichts zu irgendwelchem Zinsfusse zu haben war. Am 1. August schrieb Gresham, die Besorgniss, dass die Katholiken siegen könnten, habe den Credit der englischen Krone schwer erschüttert. Acht Tage darauf rieth er der Regierung dringend, den Hugenotten beizustehen; dass dies noch nicht geschehen sei, habe den Credit der Königin an der Börse sehr geschädigt. Wiederum eine Woche später hiess es, die Fugger und die anderen Geldleute scheuten sich, mit der Königin Geldgeschäfte zu machen, weil die verworrene Weltlage sie mit Angst erfülle; man fürchte nach dem Siege der Guises einen allgemeinen Angriff der katholischen Mächte gegen England.

Auch der spanische Hof suchte vergebens überall Geld zu erlangen. Gegen Ende des Monats wurde die Geldknappheit so arg, dess Gresham auf eine kleine Anleihe von 24000 L. keinen Pfennig Baargeld, sondern nur Anweisungen bekommen konnte. Er meinte, diese 24000 L. würden die Börse mehr bedrücken, als früher 300000 L. Granvella passte dem englischen Faktor scharf auf die Finger, suchte den Credit der Königin an der Börse zu untergraben und die Ausfuhr von Geld auf jede Weise zu hindern. Gresham musste zu den schlauesten Kniffen greifen, um seinen Zweck zu erreichen. In der That war das Geld bestimmt, um deutsche Söldner zu werben, welche den Hugenotten zu Hülfe ziehen sollten[38]).

Lyon befand sich damals in den Händen der Hugenotten, wesshalb die Guises alle Kaufleute aufforderten, nach Dijon überzusiedeln, was nur die Deutschen, wie es scheint, nicht thun wollten; aber das ganze Geschäft stockte. Weder der Hof noch die Gegenpartei konnte dort Geld erlangen: die Stadt Lyon selbst musste bei dem glaubens-

<hr>

[38]) Desjardins III. 493; Kervyn III. 99, 110 ff., 125; Burgon II. 10—16.

verwandten Genf Anleihen in verhältnissmässig geringen Beträgen aufnehmen [34]).

Auch dem Hofe misslangen alle Versuche, ausreichende Geld· mittel zu schaffen. Nach einander pochte er an alle Thüren, aber im Januar 1563 musste die Königin-Mutter Katharina von Medici ge· stehen, dass das Heer fast Hungers sterbe; die deutschen „Reytres" drohten auseinanderzulaufen, die Festungen konnten nicht ausgebessert noch mit Proviant versehen werden. Auf dringendes Bitten Katha· rina's lieh ihr der Herzog Cosimo von Florenz, ihr Vetter, 100 000 Dukaten. Aber ihre Klagen über das Fehlen des „nervus belli" hörten nicht auf, bis im März 1563 der Friede von Amboise ge· schlossen wurde, augenscheinlich unter der wesentlichen Mitwirkung dieser finanziellen Entkräftung [35]).

Die deutschen Kaufleute hatten durch den Krieg schwere Ver· luste erlitten. Man hatte ihnen Waaren fortgenommen. Vor allem aber bezahlte ihnen der Hof trotz aller Zusicherungen einstweilen weder Kapital noch Zinsen ihrer Forderungen. Und dennoch waren sie augenscheinlich die einzigen Kaufleute, welche der bankerotten Krone ohne Faustpfand noch Geld zu leihen wagten. Es ist sogar keine Frage, dass Georg Obrecht damals für sie einen grösseren Betrag hergab, der zur theilweisen Befriedigung der drängenden schweizer Gläubiger verwendet wurde, und zugleich weitere Beträge für andere Zwecke, dass der König neue Versprechungen hinsichtlich der alten Forderungen ertheilte, dass er den Interessenten 20 000 L. als „Verehrung" zusicherte, wogegen sie freilich wieder in eine Re· duktion der Zinsen willigen mussten [36]). Dies in einem Zeitpunkte, da der Hof nicht über soviel Baargeld verfügte, um 21 000 L. drin· gende Schulden zu bezahlen!

Durch jenes von Obrecht für sie abgeschlossene Geschäft zur Befriedigung der schweizer Gläubiger kamen die deutschen Kaufleute sogar in Streit mit der Stadt Lyon, weil der König dieser die ihr verpfändete lyonneser Douane entzog und die Deutschen darauf an·

---

[34]) Monfalcon, Hist. monum. de Lyon II. 167, 292; Roger, Histoire de Génève VI. 253, 297.

[35]) Lettres de Cathérine de Medicis I. 423, 433, 473, 477, 483, 509, 518; Galuzzi, Istoria di Toscana II. 259.

[36]) Die etwas unklare Darstellung bei Clerjon VI. 10 wird durch den Inhalt von Notizen im Welser- und im Ebner-Archive nur in einem Punkte klargestellt: Thatsächlich schloss Obrecht mit der Finanzverwaltung eine Anleihe von 400000 L. ab zur theilweisen Befriedigung der Schweizer; jedoch wurden darauf, wie es scheint, nur 80438 fr. baar bezahlt. Die sonstigen gleichzeitigen Abmachungen bedürfen noch weiterer Aufklärung. Vgl. auch Lettres de Cath. de Médicis I. 529, 547.

wies, was zugleich dem schon durch den Hugenottenkrieg erschütterten
Handel von Lyon einen weiteren Stoss versetzte; denn die Zölle, ursprünglich mässig und von der Stadt liberal verwaltet, wurden jetzt
mehr und mehr zu einer ergiebigen·Einnahmequelle für den Fiskus,
was sich freilich erst in den folgenden Jahrzehnten schwer fühlbar
machte.

Die werthvollen Dienste der oberdeutschen Kaufleute müssen
wohl schliesslich die französische Finanzverwaltung bestimmt haben,
sie besser zu behandeln. Freilich mussten noch viel Kosten und Bemühungen aufgewendet werden; aber endlich wurde am 7. August
1564 zwischen dem Könige und den Vertretern der Reichsstädte
Augsburg, Nürnberg und Ulm, an deren Spitze wir den Dr. Lobetius
wiederfinden, ein Vertrag abgeschlossen, der den vielgeprüften
deutschen Gläubigern nicht nur ihre gänzliche Befriedigung verhiess,
sondern ihnen auch wenigstens einige Befriedigung thatsächlich ver-
schafft hat.

Der Vertrag bezog sich nur auf den „grand parti" von 1555, da
hinsichtlich der „Particular-Partien" schon vorher Abkommen geschlossen, aber freilich bisher nicht eingehalten worden waren. Die
Betheiligung der Deutschen am „grand parti" wurde einschliesslich
der Zinsen bis 1559 (von 1559 bis 1564 durften überhaupt keine
Zinsen berechnet werden), auf 976362 Écus oder 2245633 Livres
festgestellt, welche Summe fortan mit ·5 % verzinst und in 16 Halb-
jahrsraten, also binnen 8 Jahren getilgt werden sollte, zu welchem
Zwecke Anweisungen auf den Weinzoll, sowie auf den Zehnten des
Klerus in der Diöcese Lyon ertheilt wurden. Ausserdem „verehrte"
der König wieder „der ganzen Masse" 50000 L. als Ersatz für die
(freilich viel höheren) Kosten und Zinsverluste [37]).

Darauf erfolgte sowohl an die Interessenten des „grand parti",
wie an diejenigen der „Salz Partida", der „Alaun Partida" u. s. w. bis
zum Anfange des Jahres 1567 eine Anzahl Rückzahlungen, die freilich weder in der Höhe, noch der Zeit nach, den stipulirten Raten
entsprachen; auch mussten oftmals den Finanzbeamten in Lyon gehörige „Verehrungen" gespendet werden; ferner wurden ansehnliche
Abzüge gemacht für Provision und Verluste bei den Wechselcoursen.
Immerhin erhielten z. B. die Manlich auf eine Forderung von
627780 L. Rückzahlungen von zusammen etwa 200000 L., Paulus

---

[37]) Abschrift des Vertrages nebst Amortisationstafel im German. Museum (Behaim-
Archiv), Auszüge im Ebner- und im Welser-Archive, auch im Neidhartschen Handlungs-
buche (Augsburger St.-A.).

Behaim auf eine Forderung von 5176 L. zusammen 1454 L. u. s. f. Auf alle Forderungen der Deutschen im Gesammtbetrage von über 4 Millionen Livres müssen bis Anfang des Jahres 1567 mindestens 800000 L. gezahlt worden sein, vielleicht auch noch etwa 100000 L. mehr; davon kommt ungefähr der vierte Theil auf die stark reducirten laufenden Zinsen (5% p. a.), der Rest ist Kapitalrückzahlung.

Dadurch wurde der schwer erschütterte Credit so manches oberdeutschen Hauses, das den ersten Sturm überdauert hatte, wieder etwas aufgebessert, und da schon vorher die Regulirung des spanischen Decretes in derselben Richtung gewirkt hatte, so mochte die Handelswelt glauben, jetzt das Schlimmste überstanden zu haben. Sie sollte bald enttäuscht werden.

Zweites Kapitel

Religionswirren und Finanzkrisen (1566—1577).

Die ersten Finanzkrisen bedeuten nur eine kurze Pause auf dem Wege steigender Überschuldung, den die europäischen Staaten unaufhaltsam verfolgten. Wurde auch ein Theil der schwebenden Schulden durch die Staatsbankerotte gewaltsam getilgt, so nahmen dafür gleichzeitig die fundirten Schulden zu, endigte doch in Spanien der Staatsbankerott gradezu in einer Zwangsconsolidation, während in Frankreich das Versiegen des Credites bei den fremden Kaufleuten die Regierung nöthigte, um so eifriger den Rentenverkauf durch Vermittlung der Städte, vor allem der Stadt Paris, zu pflegen.

Das jährliche Erforderniss der fundirten spanischen Schuld wurde 1563 mit 2 100 000 Dukaten angegeben, was auf ein Kapital von 25 bis 30 Millionen schliessen lässt. Zwei Jahre später wurde das Gesammterforderniss der Schulden Philipps II. in Spanien, den Niederlanden und Italien mit 15 Millionen Dukaten jährlich beziffert und danach das ganze Schuldkapital mit über 60 Millionen veranschlagt. Die Zahlen sind keineswegs zuverlässig; aber wenn man die sonst noch vorliegenden Nachrichten damit vergleicht, so ist doch ersichtlich, dass die Schuldzinsen damals, vor dem Ausbruche der niederländischen Wirren, schon wieder einen grossen Theil der Einkünfte verschlangen, obwohl letztere durch schärfstes Anziehen der Steuerschraube ganz bedeutend erhöht worden waren [1]). Die Cortes klagten

---

[1]) Albéri XIII. 37 ff., 88; Häbler, Die wirthschaftliche Blüthe Spaniens im 16. Jahrh. und ihr Verfall p. 120 ff., 130 ff. Es giebt noch andere Budgets aus diesen Jahren z. B. im Brit. Mus. Cott. Mss. Vespasian C. VI. 208. Aber dieses so wenig wie das bei

1563, dass das wachsende Deficit durch Rentenverkäufe gedeckt werden müsste, wodurch viele Leute veranlasst würden, ihre Gewerbthätigkeit, Landbau und Viehzucht aufzugeben, um Rentiers zu werden. Von anderer Seite wird berichtet, dass die Juros damals mit 50 % Verlust zu haben wären. Im Jahre 1569 waren sie sogar auf 43 bis 44 % gefallen und blieben dann so mehrere Jahre lang im Preise stehen. Zu diesen Coursen wurden sie in den spanischen Messen überaus stark gehandelt.

In Frankreich stieg das jährliche Erforderniss der Rentenschuld beim Hôtel de ville von Paris unter Carl IX. (1560—1574) von 543000 L. auf 1800000 L., nach einer anderen Nachricht sogar auf 2300000 L.[2]). Schon kurz nach dem Tode Heinrichs II. hatte der Kanzler Michel L'Hôpital geklagt, die vielen Rentenverkäufe minderten den Betrieb des produktiven Waarenhandels. Am Schlusse des Zeitraumes sprach sich Bodinus noch ungünstiger über die Renten aus. Gegenüber ihren Vertheidigern, welche meinten, dass der Bürgerstand durch sie in eine engere Interessengemeinschaft mit der Krone gebracht werde, hob er hervor, dass noch nie soviele Empörungen im Königreiche stattgefunden hätten, wie seit dem Beginne der Rentenschuld. Indess unterliegt es wohl keinem Zweifel, dass wenigstens die Bürger von Paris in ihrer damaligen Königstreue wesentlich durch ihren Rentenbesitz gestärkt wurden, ganz abgesehen davon, dass die Krone sogar die zu ihr übertretenden Hugenotten mit Renten belohnte.

Bald begannen auch die schwebenden Schulden in beiden Ländern wieder zuzunehmen. An Stelle der äusseren Kriege traten die um der Religion willen geführten Bürgerkriege, die noch weit grössere Summen als jene verschlangen und dazu für den Wohlstand der Völker noch viel verderblicher waren.

Niederländische und französische Wirren. Grade ein Jahrhundert lang, von 1547 bis 1648 hat die Religion des Mittelalters in blutigen Kriegen ihre Herrschaft gegen die der Neuzeit zu behaupten versucht. Der Kampf begann in Deutschland, wurde dann nach Frankreich verpflanzt, und jetzt wurden die Niederlande sein Hauptschauplatz. Innere Unruhen von solcher Tragweite und Gewaltsam-

---

Häbler l. c. mitgetheilte v. 1566 macht einen halbwegs glaubhaften Eindruck. Dagegen scheinen mir ebenso wie dem genannten Autor die Zahlen Tiepolos von 1563 der Wahrheit näher zu kommen; schwerlich sündigen sie durch zu düstere Färbung.

[2]) Die Angaben bei Forbonnais I. 81 und Vührer I. 31 stimmen nicht überein. Vgl. auch wegen des Folgenden Oenores de Michel L'Hospital I. 356; Bodin VI. 2.

keit haben stets den Handel verscheucht, so auch hier: mit dem Bildersturme und namentlich mit Alba's Einzug, also in den Jahren 1566
und 1567 begann die Massenflucht der Kaufleute aus Antwerpen,
dessen glänzende Blüthe seitdem rascher Vernichtung anheimfällt[3]).
Im Spätsommer 1566, also unmittelbar nach dem Bildersturme,
reiste Gresham nach Antwerpen, um die fälligen Schulden der
Königin zu reguliren. Er fand dort Alles in Angst und Schrecken
vor. Das Geld verkroch sich. Gresham verhandelte nach einander
mit allen „Geldleuten", mit denen er gewohnt war, Geschäfte zu
machen; aber er konnte keinen Pfennig von ihnen erlangen, „weil
sie sich mit ihrem Landesfürsten zu tief eingelassen haben und hier
derart in Schulden stecken, dass sie selbst nach Kräften Geld schaffen
müssen, um ihren Credit zu erhalten". Endlich gelang es ihm, eine
Anleihe mit dem Faktor der Welser abzuschliessen und damit einige
ältere Schulden zu tilgen; die anderen wurden prolongirt. Gresham
brauchte sogar nur 6% Zinsen auf 6 Monate zu bezahlen, aber ausserdem 1% Courtage, sodass der Jahreszins sich auf 14% stellte. Bald
wurde die Geldknappheit noch ärger: im September waren die besten
Börsenfirmen bereit, 20% Zinsen zu bezahlen, in Wechseln auf Spanien
waren gar bis 30% zu erzielen, weil die Genuesen versprochen
hatten, dem spanischen Hofe eine grössere Geldsumme in den Niederlanden zu liefern, die sie dort selbst erst durch Tratten auf Spanien
sich beschaffen mussten.
Dies ist der Beginn der gewaltigen Geldgeschäfte, welche die
spanische Krone seitdem mehr als 40 Jahre lang fast jährlich machen
musste, um die Mittel zur Bekämpfung des niederländischen Aufstandes zu erlangen, der sogenannten „Asientos". Wir werden uns
mit ihnen nachher eingehend zu beschäftigen haben. Es waren Geschäfte, wie sie die spanische Krone auch früher schon häufig abgeschlossen hätte: sie nahm bei den Kaufleuten grosse schwebende
Anleihen auf, welche in den Niederlanden oder auch in Italien ausgezahlt und dagegen in Spanien nach kürzerer oder längerer Zeit
zurückbezahlt wurden oder doch zurückbezahlt werden sollten. Wie
König Philipp Anfang 1572 selbst mittheilte, hatte Herzog Alba
bis dahin schon 8 Millionen Gulden auf solche Weise zur Bewälti-
gung des Aufstandes empfangen[4]). Dann wuchsen die Anforderungen

---

[3]) Burgon II. 153 ff.; Kervyn, Rélat. polit. IV. 307 ff. Auch hier sind wir
wieder auf die Berichte der englischen Kaufleute angewiesen; sie sind schätzbar, aber für
unsere Zwecke nicht ausreichend und hören überdies bald auf.
[4]) Corresp. de Granvelle 1572 12/2. Dagegen ist die Angabe eines englischen Gesandten aus dem Jahre 1575 bei Kervyn VII. 435 sicher übertrieben. Weiteres vgl. unten.

derart weiter, dass schliesslich das spanische Finanzwesen dadurch von Krisis zu Krisis getrieben wurde. Anfangs konnte man noch Antwerpen zur Beschaffung dieser Geldmassen benutzen; aber sehr bald, mit dem weiteren Verfalle des dortigen Verkehres, mussten andere Plätze herangezogen werden, und wir werden sehen, welchen weitreichenden Einfluss dies auf die Gestaltung des ganzen Kapitalverkehres ausgeübt hat.

Eine wichtige Folge, welche der Niedergang Antwerpens hatte, haben wir bereits im vorigen Abschnitte erwähnt: die englische Krone sah sich dadurch mehr und mehr gezwungen, ihre Anleihen bei den eigenen Unterthanen aufzunehmen. Längst hatte Gresham hierauf hingearbeitet. Im Jahre 1569, als die Königin in Antwerpen kein Geld mehr erlangen konnte, stellte er in einem uns schon bekannten Berichte gradezu ein finanzpolitisches Programm auf, dessen Inhalt die finanzielle Emancipation Englands vom Auslande bildete. In den folgenden Jahren wurde dieses Programm, wenn auch unter mannichfachen Schwierigkeiten, schliesslich vollkommen durchgeführt: Seit 1572 oder 1573 war die Königin in Antwerpen kein Geld mehr schuldig; dann kam noch eine kurze Periode, in der sie in Köln, vielleicht auch in einigen anderen deutschen Plätzen Anleihen aufnahm, und noch eine weitere Übergangszeit, in welcher sie sich der finanziellen Hülfe einiger in London wohnenden Genuesen Horatio Pallavicino, Baptista Spinola) bediente, aber seit den achtziger Jahren des 16. Jahrhunderts konnte die englische Krone bei ihren Anleihen sich auf die Kapitalien ihrer Unterthanen beschränken. Ging es dabei auch nicht immer ohne Zwang ab, die Unabhängigkeit vom Auslande war jedenfalls gewonnen[5]).

Inzwischen hatten die Religionskämpfe auch in Frankreich wieder begonnen. Schon im Anfang des Jahres 1567, als der Ausbruch der niederländischen Wirren die Nachbarländer erregte, stellte der französische Hof, jedenfalls um die Kosten seiner damaligen Truppenwerbungen zu decken, die versprochenen Zahlungen auf den „grand parti" und die übrigen schwebenden Schulden aus älterer Zeit ein, was die Gläubiger hinnehmen mussten. Ein späteres nürnberger Aktenstück besagt, man habe damals die Forderung dem Könige

---

[5]) Letzte Anleihen in Antwerpen Kervyn VI. 435, 518 (zu 15%); Green, Calendar 1547/80 p. 438; Anleihen in Deutschland: Crosby, Calendar 1575/77 No. 653, 812; Green l. c. p. 406, nebst Addenda 1566/79 p. 280 ff., 290, 297 ff. Hierbei sind aber die Anleihen bei Ausländern zu scheiden von denen, welche die Krone bei den damals nach Hamburg übergesiedelten englischen Kaufleuten aufnahm, so schon 1569 vgl. La Mothe Fénélon, Corresp. dipl. II. 238, 407, 1570: III. 74.

„in seinen troubles" eine Zeit lang weiter gegen 5% Zinsen gestundet; thatsächlich sind aber die Zahlungen nie wieder aufgenommen
worden.

Unter solchen Umständen ist es begreiflich, dass ein venetianischer
Gesandter 1569 berichten konnte, der König habe bei den fremden
Kaufleuten jeden Credit verloren und könne im Auslande nicht einen
Scudo ohne Pfand aufnehmen, „woraus man am besten ersieht, dass
es nichts Schädlicheres für einen Fürsten giebt, als sein Wort zu
brechen"[6].

Nun bewilligte allerdings der Papst 1568 der Regierung zum
Kampfe gegen die Hugenotten das Recht, geistliche Güter bezw.
Renten auf dieselben zu veräussern; aber dies Finanzmittel wirkte
nicht rasch genug, wesshalb die Regierung den Versuch machen
musste, wieder in Lyon Anleihen aufzunehmen. Sie befahl im Jahre
1569 dem Herrn de Mandelot, Gouverneur der Provinz Lyonnais,
300000 Livres gegen Anweisung auf die „rente du clergé" zu schaffen,
sei es von den einzelnen Kaufleuten, sei es von den „Nationen",
deren Consuln er zu dem Zwecke berufen und ihnen einen angemessenen Zins versprechen solle; auch möge er die Obligation von
Marcel, dem Prêvot des marchands de la ville de Paris, der den Erlös
jener Renten einzukassiren hatte, zusichern. Allenfalls möge man den
Nationen Anweisung auf die Stadt Paris ertheilen. Wollten sie nicht
darauf eingehen, so solle man drohen, eine Zwangscontribution von
ihnen zu erheben.

Die Nationen weigerten sich in der That standhaft, dem wort-
brüchigen Könige noch etwas zu leihen, worauf dieser erklärte, er
wolle sich auch mit weniger begnügen, wenn die Hülfe nur rasch
geleistet werde. Die Florentiner möchten 40000 L. geben, die
Lucchesen 30000 L., die Mailänder, die Genfer und die Deutschen
je 20000 L. Die Genfer möge man nöthigenfalls zwingen, die
Deutschen aber „avec les plus honnestes moyens" behandeln, ohne Strenge anzuwenden. Nur rasch müsse es geschehen,
sonst möge Mandelot das Fehlende von den ersten besten lyonneser
Kaufleuten zwangsweise erheben.

Aber die Nationen bezeigten auch jetzt noch das äusserste Miss-
trauen, das der König vergeblich zu beseitigen suchte; Himmel und
Hölle wurden in Bewegung gesetzt, um die im Verhältniss zu früheren
Zeiten sehr geringfügige Anleihe durchzusetzen; zwar ist es zweifel-

---

[6] Albéri XII. 197. Wegen des Folgenden vgl. Monfalcon, Hist. monum. de
Lyon II. 336 ff.

haft, ob dies schliesslich gelang; aber jedenfalls wurden die Bemühungen, in Lyon Geld aufzunehmen, auch in den folgenden Jahren unaufhörlich fortgesetzt. Im Jahre 1570, gleich nach dem für die Hugenotten so günstigen Frieden von St. Germain, erhielt Mandelot sogar vom Hofe den Auftrag, die eben so wüthend bekämpften Ketzer um Vorstreckung von 300000 L. zu ersuchen, wofür sich verbürgen möge, wer dazu bereit wäre, etwa die Prinzen und Adligen von calvinistischem Glauben; vielleicht könnte man die deutschen Kaufleute u. s. w. oder sonst Jemand veranlassen, das Geld den Hugenotten zu leihen, damit diese es dann den protestantischen „Reystres" bezahlten, die sonst nicht aus dem Königreiche weichen wollten. So schrieb damals dieselbe Catharina von Medici, die zwei Jahre später die Bartholomäusnacht anstiftete.

Wunderbar waren in dieser Zeit die Wege, auf denen die kämpfenden Parteien sich die Mittel verschafften, um den Krieg fortzusetzen. Vor dem Friedensschlusse hatten die Hugenotten u. a. auch die Königin Elisabeth von England um Bewilligung von Subsidien gebeten. Nun hatte Elisabeth damals 5 spanische Schiffe mit Silber auf ihrer Fahrt nach den Niederlanden, als sie Zuflucht vor Piraten in England suchten, aufhalten lassen. Das Silber gehörte meist Genuesen, welche sich schliesslich bereit erklären mussten, es der Königin unter Garantie der Stadt London und des Sir Thomas Gresham zu leihen, worauf die Königin dieses gut katholische, ursprünglich für Herzog Alba bestimmte Silber ihrerseits den Hugenotten lieh! Sie erleichterte ferner insgeheim der Königin von Navarra die Beschaffung von Geld in London unter Verpfändung von Juwelen [)].

Die französische Regierung hörte nicht auf, die Kaufleute in Lyon um Darlehen zu plagen; doch wurde sie in ihren Anforderungen nothgedrungen immer bescheidener. Im Jahre 1572 sollte Mandelot 80000 bis 100000 L. zum Marktzinsfusse aufnehmen, 1575 und 1576 handelte es sich stets nur noch um wenige tausend Livres; aber selbst diese waren damals nicht mehr zu haben; denn gleich Antwerpen war auch Lyon in unaufhaltsamem Verfalle begriffen.

[)] De La Mothe Fénélon, Corresp. dipl. III. 47, 117, II. 98, 150, 239, 358. Der lyonneser Topograph Nicolay, der 1573 seine Description générale de la ville de Lyon schrieb, macht folgende interessante Bemerkung: „S'il se dresse quelque guerre entre deux princes, ceux mesmes qui habitent le pais de l'un ayderont l'autre, auquel ilz sont plus affectez et soubstrairont toute la finance de celluy, soubz lequel ils habitent, par le moyen de leurs changes". Das bezog sich wohl auf solche Vorgänge, wie wir sie von Gaspar Ducci und von vielen Oberdeutschen kennen gelernt haben.

Der Verfall Antwerpens und Lyons. Alle Welt kennt den tragischen Untergang der gewaltigen brabanter Handelsmetropole zur Zeit der niederländischen Wirren. Dagegen ist es weit weniger bekannt, dass auch Lyon um dieselbe Zeit dem gleichen Schicksale anheimfiel. Ferner sind die Ursachen dieser Doppelkatastrophe bisher noch nicht genau untersucht worden; man hat sich hinsichtlich Antwerpens mit Feststellung der offen zu Tage liegenden Wirkungen der Religionskämpfe begnügt und dabei ganz übersehen, dass noch andere, verstecktere Ursachen des Verfalles vorhanden waren, die bei Lyon deutlicher hervortreten, weil sie hier nicht in dem Grade wie bei Antwerpen durch die blutigen Gräuel des Krieges überschattet werden.

Beide Plätze sind unmittelbar vor dem Beginne ihres offenen raschen Verfalles von Meistern der Feder beschrieben worden, Antwerpen von Lodovico Guicciardini (1566), Lyon von Nicolay (1573). In diesen Beschreibungen ist kaum eine Spur von Vorahnung des unmittelbar bevorstehenden Verderbens zu finden, das damals doch schon im Stillen aus den längst gelegten Keimen üppig emporgewachsen war. In der That enthielten schon die Wurzeln der erstaunlich raschen Entwickelung beider Plätze auch wesentliche Keime ihres Verfalles.

Wir sahen, dass die Entwickelung von Antwerpen und Lyon zu Weltbörsen nicht allein dem Waarenhandel zu verdanken war, sondern zum grossen Theil der gewaltigen Concentration flüssiger Geldkapitalien, welche sich in ihnen vollzog, dass besonders der fiskalische Creditverkehr diese Concentration zu Wege brachte und dann den regelmässigen Waarenhandel, sowie den kaufmännischen Creditverkehr bald überwucherte. Die hieraus hervorgehende enorme Zunahme des Verkehrs der beiden Weltbörsen hatte ohne Zweifel schon einen ungesunden, schwindelhaften Charakter, der um so bedenklicher war, als der Waarenhandel geradezu von dem fiskalischen Creditverkehre abhängig wurde.

Beide Theile des Verkehres waren an denselben Plätzen vereinigt, wurden zum grossen Theile noch von den nämlichen Geschäftshäusern betrieben; vor allem aber war von grösster Bedeutung die Thatsache, dass sie beide für ihren Zahlungsverkehr auf die Messzahlungen angewiesen waren, dass der Waarenhandel sowenig wie der fiskalische Creditverkehr ausserhalb der Messzahlungen genügende Mittel beschaffen konnte, um seinen eigenen Zahlungsverpflichtungen gerecht zu werden. Die schwere Gefahr, welche in dieser Abhängigkeit lag, wurde schon in der letzten Zeit vor den grossen Staatsbankerotten dadurch offenbar, dass die thatsächlich bereits insolventen Finanzverwaltungen von Frankreich und Spanien in ihrem Interesse die Messzahlungen maasslos verzögerten, wodurch der gesammte Handel aufs tiefste in Mitleidenschaft gezogen wurde [8]). Nach den Staatsbankerotten vollends musste aus alledem nicht nur für den fiskalischen Creditverkehr, sondern ebenso auch für den Waarenhandel eine furchtbare Krisis hervorgehen, welche die Bedeutung der beiden Weltbörsen selbst ohne den Hinzutritt weiterer Momente unter allen Umständen schon ganz wesentlich hätte schwächen müssen; freilich wäre dann schliesslich nach der Krisis nur das Übermaass des Kapitelverkehres verloren gegangen, während das solide Geschäft sich in engeren Grenzen von neuem hätte gedeihlich entwickeln können. Aber jene schwindelhaften Auswüchse bildeten eben einen bedeutenden Theil des riesenhaften Gesammtverkehres. Überdies enthielt dieser, im Gegensatz zu dem späteren Verkehre Amsterdams und Londons nur wenig Eigenhandel der Landesbewohner, und konnte sich auch nur auf eine wesentlich schwächere inländische Exportindustrie stützen, als etwa derjenige Brügge's im Mittelalter. Er besass daher bei weitem nicht die gleiche Widerstandskraft und Zähigkeit gegenüber Schicksalsschlägen, wie sie jetzt in rascher Folge über beide Weltbörsen hereinbrachen.

In Antwerpen war es vorzugsweise der religiöse Fanatismus, in Lyon noch mehr der Fiskalismus der Krone, wodurch der Handel mit Gewalt vernichtet und vertrieben wurde.

Beide Städte waren Mittelpunkte der kirchenreformatorischen Bewegung, und Lyon wurde, wie wir sahen, schon 1562 von den Hugenotten vorübergehend beherrscht; auch später wurde in den Strassen der Stadt noch wiederholt gekämpft; die während der dreissigjährigen Religionskriege in Frankreich herrschende Unsicherheit wirkte naturgemäss sehr schädlich auf dessen grösste Handelsstadt. Aber in Antwerpen hausten die religiösen Gegensätze doch noch ganz anders: zuerst der Bildersturm, dann Alba's Blutgericht, dann der Bau eines Zwingforts bei der Stadt, die von dort aus in der „spanischen Furie" grauenhafter Verwüstung durch die meuternde Soldateska preisgegeben wurde, eine zweijährige Belagerung, endigend mit der Einnahme durch die Spanier, gefolgt von neuen Verbannungen und Bluturtheilen; dazwischen der freilich nicht allein durch die reli-

---

[8]) Die Handelscorrespondenzen enthalten schon seit etwa 1555 viele Klagen über die Prolongation der Messzahlungen; für die spätere Zeit betr. Lyon vgl. Monfalcon l. c. II. 369/70, 379 (1571—1579).

giösen, sondern auch durch wirthschaftliche Gegensätze veranlasste Conflict mit England, der die englischen Kaufleute zwang, Antwerpen zu verlassen. Zwar fehlte es daneben nicht an schweren fiskalischen Bedrückungen aller Art; aber gegenüber dem gehäuften Unglücke, welches der Religionskampf im Gefolge hatte, kamen sie erst in zweiter Linie in Betracht.

Grade umgekehrt war das Verhältniss in Lyon. Der Verkehr dieser Stadt war von der Krone mit klugem Bedacht durch Händels- und Abgabenfreiheit gross gezogen worden. Er wurde jetzt von derselben Krone durch fiskalische Bedrückungen wieder zu Grunde gerichtet. Die erpressungsartigen Quälereien, mit denen der Gouverneur Mandelot auf Befehl der Krone die Kaufleute fortwährend heimsuchen musste, haben wir schon kennen gelernt. Noch schlimmer waren die auch schon berührten gewaltigen Zollerhöhungen, welche die fiskalische Ausnutzung der lyonneser Douane zur Folge hatte, und sonstige Abgaben, mit denen man den dortigen Handel belegte[9]. Sie werden in erster Linie für den Verfall Lyons verantwortlich gemacht; doch gab es daneben noch Ursachen anderer Art, so die Pest, welche seit 1576 jahrzehntelang die unglückliche Stadt heimsuchte, sodann unheilbare Unordnung im Münzwesen.

Das Ende war hier wie dort dasselbe: der Handel verliess die ungastlichen Stätten und suchte andere Plätze auf. Antwerpen war schon 1572 derart heruntergekommen, dass man dort Hungers starb. Grosse unverkäufliche Waarenverkäufe waren vorhanden, dagegen weder Geld noch Credit. Das Herz der Stadt, die Börse, war leer, das Geschäft stockte. In Lyon heisst es fünf Jahre später, die dortige Börse, die „place des Changes" gleiche einem Dorfplatze am Wochentage, schon sehe man dort das Gras emporwachsen[10]. Zeitweilig nahm dann der Verkehr freilich wieder einen Aufschwung. Aber 1579 gab es in Antwerpen nur noch ein creditwürdiges spanisches Handlungshaus von Bedeutung, sowie 4 Luccheser, 5 Genueser, 14 sonstige Italiener und 10 portugiesische Firmen, mit denen mar Ge-

---

[9]) Clerjon, Hist. de Lyon VI. 13 ff.; Rubys, Histoire de Lyon p. 403; Monfalcon II. 379, 408; Péricaud, Notes de documents pour servir à l'histoire de Lyon sous Henry IV. p. 142, 175. Nach Beendigung der Bürgerkriege erbat Lyon die Aufhebung der Zölle, die aber Sully, der nicht gut auf die Stadt zu sprechen war, anfangs verweigerte; dabei wird nochmals ausdrücklich wiederholt, dass Lyon, „l'œil des Gaules", durch die Zölle ruinirt worden sei.

[10]) Corresp. de Granvelle IV. 153 ff., 316; Archives curieuses de l'histoire de France I. ser. IX. 251. Für die spätere Zeit (1579—1590) liefern die Fugger-Correspondenzen reichliches Material hinsichtlich des Verfalles von Lyon und Antwerpen.

schäfte von etlichen Tausenden machen konnte. In Lyon gar existirte
1591 nur noch ein einziges florentiner Bankhaus. Das war das Ende
der Weltbörsen des 16. Jahrhunderts. Lyon wurde zwar im folgenden Jahrhundert wieder ein ansehnlicher Handelsplatz; aber seine
frühere Bedeutung hat es nie wiedererlangt. Antwerpen vollends
musste fast drei Jahrhunderte warten, ehe es überhaupt aufs neue in
die Reihe der ansehnlichen Handelsstädte eintreten konnte.

Die spanischen Messen. Um diese Zeit tritt auf eine kurze
Weile ein Verkehrscentrum in den Vordergrund, das wir bisher nur
ganz gelegentlich zu erwähnen brauchten, weil es von den beiden
Weltbörsen völlig in den Schatten gestellt worden war, das aber jetzt
eine Zeit scheinbarer Blüthe erlebte. Freilich war es eben nur eine
scheinbare Blüthe. Man hat die anscheinend hohen Umsatz-Ziffern,
welche damals in den spanischen Messen erzielt wurden, benutzen
wollen, um die angebliche wirthschaftliche Blüthe, deren sich Spanien
damals noch erfreut haben soll, zu erweisen[11]). Wir theilen diese Ansicht nicht; vielmehr glauben wir, dass jenen hohen Umsatz-Ziffern
ganz andere Ursachen zuzuschreiben sind; aber wir gestehen gern,
dass die Sache noch weiterer Einzeluntersuchung bedarf.

Die Anfänge der castilischen Messen, wenigstens derjenigen von
Medina del Campo und Villalon, nicht auch der von Medina de
Rioseco, die erst später entstand, reichen weit ins 15. Jahrhundert
zurück; doch erlangten sie höhere wirthschaftliche Bedeutung, gleich
ganz Castilien, keinesfalls vor der Entdeckung Amerikas, und auch
dann lag diese Bedeutung weniger im Waarenhandel, als in der Vermittelung von Geld- und Wechselumsätzen. Das berichtet schon 1525
der Venetianer Navagero nach einem Besuche von Medina del Campo,
und sein Bericht stimmt überein mit allen sonstigen Nachrichten.

---

[11]) Häbler, Die wirthschaftl. Blüthe Spaniens im 16. Jahrh. und ihr Verfall p. 52.
68 ff. Meine Quellen sind namentlich: Docum. ined. t. XVII. 541 ff.; Codigos Españoles
IV. 452, IX. 197; Colmeiro, Histor. de la econom. polit. en España II. 2, 297 ff.;
Vadillo, Discursos economico-politicos p. 262; Memor. de la Real. Acad. de la histor.
VI. 249; Escritto que los dottores de Paris embiaron a los señores de la nacion espanola
residentes en la villa de Emberes sobre ciertas deudas etc. (das mehrerwähnte Gutachten
von 1530, Mss. de Münch. Bibl. Hisp. 30); Burgon, Thomas Gresham I. 154 ff., 473;
Turnbull, Calendar, Queen Mary No. 135 ff., 297; Mercado, Tratos y contratos de
mercaderes (1569), sowie die Fugger-Correspondenzen. Auch bei Meder, Handelbuch
(1558) findet man interessante Mittheilungen über die spanischen Messen, ebenso bei
Villalon, Tratado de cambios y contrataciones de mercaderes (1542) und in manchen
anderen Büchern ähnlicher Art. Über die Zahlungen der Assekuranzgelder in den Messen
vgl. noch Reatz, Geschichte d. europ. Seeversicherungsrechtes I. 243, 261.

Wir sahen, dass auch in Antwerpen und Lyon das Geldgeschäft ausserordentlich grosse Bedeutung erlangte; aber wir glauben uns nicht zu täuschen, wenn wir hier folgende Entwickelung bemerken: in Antwerpen bildete der gewaltige Waarenhandel zunächst die feste Grundlage des gesammten Verkehrs und wurde erst allmählich von den Geldgeschäften überwuchert. In Lyon überwogen diese von Anfang an; doch war auch der internationale Waarenhandel immer noch sehr bedeutend. Auf den spanischen Messen trat der Waarenhandel noch mehr hinter den Geldgeschäften zurück: er war wohl hauptsächlich spanischer Binnenhandel. Der letzte Schritt, die gänzliche Ausmerzung der Waarengeschäfte, erfolgte dann auf den Genueser Wechselmessen.

Sowohl in den internationalen Handelscorrespondenzen, wie in den technisch-kaufmännischen Handbüchern, wie endlich auch — was freilich selbstverständlich ist — in der kanonistischen Literatur des 16. Jahrhunderts werden die spanischen Messen fast ausschliesslich als Mittelpunkt des Zahlungs- und Creditwesens erwähnt. In dem Meder'schen „Handelbuche", das erst 1558 erschien, aber auf dem Zustande fusst, wie er um 1528 bestand, wird der Ricorsa-Wechselverkehr zwischen Lyon und den spanischen Messen geschildert. Man wechselte damals aus der im Februar/März stattfindenden Zahlung der Dreikönigsmesse von Lyon („Bartzionermess") auf die bis Ostern dauernde Zahlung der Fastenmesse von Villalon, aus dieser auf die lyonneser Ostermesse, deren Zahlungen im Mai stattfanden, aus der lyonneser Ostermesse wiederum auf die Maimesse von Medina del Campo, wo die Bezahlung damals noch im Juni aufhörte, während sie sich später meist bis August und noch länger hinzog. So ging es weiter. Nur für die lyonneser Allerheiligenmesse, deren Zahlung im December stattfand, gab es noch keine unmittelbar vorhergehende castilische Messe; zur Ausfüllung dieser Lücke wurde dann die Messe von Rioseco begründet, deren Zahlungen im September/October abgehalten wurden. Ganz ebenso wie mit Lyon spielte sich auch der Ricorsaverkehr mit Antwerpen ab, was schon aus dem ofterwähnten Gutachten der pariser Juristenfakultät von 1530 hervorgeht und durch ein kaufmännisches Handbuch von 1553 bestätigt wird. Hier dienten die spanischen Messen nur dem Darlehnsverkehre der beiden Weltbörsen als ein bequemes Mittel zur Umgehung des Wucherverbotes. Für den grossen internationalen Geldverkehr hatten sie sonst damals noch keine sehr erhebliche Bedeutung, wohl aber für den inneren spanischen Geldverkehr: sie vermittelten und concentrirten in sich den spanischen Zahlungsprozess in einem Grade, wie es Antwerpen und Lyon für ihre freilich weit grösseren Verkehrsgebiete nie zu thun vermochten.

Mit Recht sagte man, die Messen seien der Anfang und der Schlussstein des ganzen spanischen Zahlungswesens, dort würden die Zahlungsverpflichtungen übernommen und schliesslich auch die Zahlungen auf die eine oder andere Weise geregelt. Diese centrale Rolle verdankten die spanischen Messen der frühzeitigen hohen Entwickelung ihres Girobankwesens und Clearingverfahrens. Leider können wir hier uns nicht tief auf die Schilderung des höchst interessanten spanischen Zahlungsverfahrens einlassen; aber eine kurze Darstellung ist nothwendig, um den späteren Zusammenbruch des ganzen Systems verständlich zu machen.

Schon im Mittelalter war die Banküberweisung sowohl in Aragonien wie in Castilien ein weit verbreitetes Zahlungsmittel. Im 16. Jahrhundert unterschied man drei Arten von Bankiers: die städtischen, unter denen die von Sevilla die wichtigsten waren, die Messbankiers und die Hofbankiers. Die letzerwähnten betrieben vorzugsweise Wechsel- und Darlehnsgeschäfte; dagegen waren die Hauptfunktionen der beiden ersten Arten die Vermittelung von Zahlungen und die Annahme von Depositen. Sowohl die städtischen wie die Messbankiers bedurften einer obrigkeitlichen Concession und mussten Caution stellen, was sich freilich nur als eine schwache Schutzwehr gegen unsolide Geschäftsführung erwies.

Die Bankiers von Sevilla nahmen nach Ankunft einer Silberflotte aus Amerika von den Ladungseigenthümern das edle Metall in Empfang, um es nach deren Anweisungen früher oder später zu verwenden. Dafür berechneten sie nichts; aber sie benutzten die ihnen anvertrauten grossen Geldsummen zu gewinnversprechenden, weitausschauenden und oftmals sehr gewagten Unternehmungen, unter denen namentlich in späterer Zeit Darlehen an die Krone eine verhängnissvolle Rolle spielten. Ausser den Depositen benutzten sie auch den Ricorsa-Wechselverkehr mit den Messen, um ihre verfügbaren Mittel zu vermehren, wobei sie schon gradezu Strohmänner in den Messen unterhielten und aus dem Ricorsawechsel in zwei Acten einen solchen in einem Acte bildeten. Trotz dieses äusserst bedenklichen Gebahrens hatten doch die Kanonisten dagegen wenig zu erinnern; vielmehr fanden sie, dass die Bankiers von Sevilla höchst ehrenwerthe Geschäfte betrieben, weil sie dem Publikum kostenlos dienten, während die Messbankiers, welche sich ihre Dienste bezahlen liessen, desshalb hart getadelt wurden.

Die Hauptfunktion der Messbankiers war die gleiche, welche schon im Mittelalter die der meisten Bankiers gewesen war, zumal in den Messen der Champagne, deren Technik in den spanischen Messen sich weit folgerichtiger weiter entwickelte, als in denjenigen Lyons, ganz zu schweigen von Antwerpen, wo das Zahlungswesen eine völlig andere Ausbildung erhielt. Die spanischen Messen übernahmen Bürgschaft für die Zahlungsverpflichtungen ihrer Kunden, welche bei ihnen Baargeld deponirt, oder denen sie Credit eröffnet hatten. Dafür ertheilten sie Anweisungen (libranzas) auf die Messzahlungen, die am Ende jeder Messe abgehalten wurden, und wobei fast alles ohne Baarzahlung durch blosse Scontration ausgeglichen wurde.

Die Messen waren nun aber nur die Spitze einer ganz ähnlich organisirten Pyramide. Wer in Spanien Waaren auf Credit kaufte, pflegte eine Anweisung auf seinen Bankier zu ertheilen; so bezahlte der Consument den Detailhändler und dieser den Grosshändler; die Bankiers ihrerseits glichen ihre Zahlungsverpflichtungen in der Messe aus, wo dann die gewaltigsten Summen ohne Baargeld umgesetzt werden konnten. In den Messen mussten auch die Assecuranzgelder bezahlt werden; dort concentrirte sich der gesammte spanische Wechselverkehr mit dem In- wie mit dem Auslande; dort lieferten die Pächter und Verwalter der Königlichen Einkünfte ihre Zahlungen ab und ebenso erhielten die Staatsgläubiger der schwebenden, wie der fundirten Schuld, für Zinsen und Kapital Anweisungen auf die Messen.

Diese strenge Centralisation des Zahlungsprocesses wurde von den Spaniern als höchst zweckmässig gelobt, und sie hat ja auch viel Bestechendes. Aber thatsächlich war sie ganz überwiegend ein Erzeugniss der bitteren Noth: Spanien, die Herrin der unerschöpflichen Silberschätze Peru's, hatte mit erschrecklichem, immerfort steigendem Mangel an Baargeld zu kämpfen, das in Folge der passiven Zahlungsbilanz des Landes rascher und rascher wieder ins Ausland abfloss, trotz der uns schon bekannten mit den härtesten Strafen unterstützten Versuche der Staatsgewalt, dies zu verhindern. Mit wahrer Gier wartete alle Welt, warteten namentlich die Staatsgläubiger, auf die Ankunft jeder Silberflotte, die doch nur für einen Augenblick den ausgedörrten Boden erquickte. Das geldsparende Bank- und Clearingwesen war also eine Nothwendigkeit; es enthielt aber zugleich, weil ausschliesslich auf Credit erbaut, in diesem stets halbbankerotten Lande, eine Gefahr, deren Grösse sich bald genug zeigen sollte.

Überdies behandelte der Staat die Messen mit ausserordentlichem Mangel an Verständniss für ihre wirthschaftliche Bedeutung, und zwar war es nicht die Regierung, sondern das Volk, welches stets die Staatsgewalt gegen die Messen mobil zu machen suchte. Schon 1528 beschwerten sich die Cortes darüber, dass die Fremden und Andere zu Anfang der Messen alles Baargeld an sich zögen und sich dann von den Geldbedürftigen doppelte Zinsen bezahlen liessen; man verlangte ein Gebot der wucherlichen Rückwechsel. Die Cortes von 1534 forderten ein Verbot der über 10% hinausgehenden Zinsen bei Wechselgeschäften. Ähnlich sprachen sich auch die Cortes von 1548 aus. Im Jahre 1552 wurden thatsächlich die Wechsel von einer Messe zur anderen verboten, bei Strafe der Confiscation des dargeliehenen Geldes, das den Schuldnern (!) zufallen sollte.

Dieses Gesetz blieb ebenso wie manche andere ähnliche Art ohne erhebliche Wirkung. Bedenklicher war es schon, dass die Messen in immer grössere Abhängigkeit von den Finanznöthen der Krone geriethen. Nirgends wurden die Messzahlungen maassloser und willkürlicher verschoben als in Spanien, was hier noch viel weitertragende Folgen für den ganzen Zahlungsprocess hatte, als in Antwerpen und Lyon. So ist es denn nicht zu verwundern, dass das stets vorhandene Agio des Baargeldes gegen Bankzahlung allmählich immer grösser wurde [12]).

Wenn nun grade für die Zeit, als der erste spanische Staatsbankerott eben mühsam regulirt worden war, aber das Land sichtlich bereits einer noch schlimmeren Katastrophe entgegentrieb, anscheinend sehr hohe Umsatzziffern der castilischen Messen berichtet werden, so muss es wohl mit diesen Ziffern eine ganz besondere Bewandniss haben. Eine Angabe muss man von vornherein als offenbar auf einem Irrthum beruhend ausser Betracht lassen: unmöglich können 1563 in einer einzigen Messe 53000 Cuentos oder Millionen, d. h. etwa 140 Millionen Dukaten durch 5 Banken umgesetzt worden sein, wie der uns schon bekannte Juan Ortega de la Torre, nach dem im Jahre 1600 schreibenden Luis Valle de la Cerda, gesagt haben soll; in jener Ziffer befinden sich sicherlich mindestens zwei, wahrscheinlich drei Nullen zuviel [13]). Dagegen haben die sonstigen Angaben gar

---

[12]) Anfangs betrug dies Agio 5 pro Mille, dann geraume Zeit 6 pro Mille; doch war dies nur das nominelle, usanzmässige Agio, woneben dann noch privatim oft viel höhere Vergütungen für Baarzahlung bewilligt wurden.

[13]) Desempeño del patrimonio real fol. 36; vgl. damit fol. 100, dann wird der Irrthum augenscheinlich, ferner: Mem. de la Real. Acad. de la hist. VI. 269; Colmeiro II. 307 ff.; Alběri, Relaz. XIV. 362. Auch hier wird berichtet, dass fast kein Baargeld

nichts Unwahrscheinliches; sie beziehen sich freilich nur auf die Zahlungen bezw. Compensationen — denn Baargeld wurde ja fast gar nicht verwendet —, welche für Rechnung der Krone erfolgten; aber diese bildeter wie ausdrücklich berichtet wird, damals bereits den grössten Theil der Gesammtumsätze. Sie sollen 1564 in einer Messe 310 Cuentos, d. h. etwa 800000 Dukaten betragen haben; und 1573 berichtet ein venetianischer Gesandter, dass 4 bis 5 grosse Geschäftshäuser, welche aber wieder Unterbetheiligte hätten, mit dem Könige jährlich in den Messen 4 bis 5 Millionen Dukaten umsetzten, also in jeder Messe ungefähr eine Million oder etwas mehr. Das entspricht ungefähr der Million, welche die Krone damals — später wurde es viel mehr — jährlich für die Bekämpfung des niederländischen Aufstands gebrauchte, und von der sie etwa die Hälfte in jedem Jahre baar aus „Indien" erhielt, ohne dass jedoch diese Comptanten die Messe berührten; sie wanderten von Sevilla aus grösstentheils direct in die Kassen der Staatsgläubiger, unter denen die Genuesen damals schon den ersten Rang einnahmen, zum Theil auch in die Taschen ungetreuer Beamter.

So wird die angebliche Blüthe der spanischen Messen beschaffen gewesen sein. Als im Jahre 1606 die über den völligen Verfall ihrer Messen verzweifelte Stadt Medina del Campo jener Zeit gedachte, da mochte sie ihr freilich in glänzendem Lichte erscheinen. Aber so wenig sie damals die tieferen Ursachen des Verfalls erkannte, den sie der Habgier der geldexportirenden Fremden zuschrieb, statt dem unwirthschaftlichen Sinne des eigenen Volkes, der Kriegslust, der Brutalität, der Beschränktheit und der Unehrlichkeit der eigenen Regierung, — so hat sie sich auch offenbar getäuscht über den Zustand der Messen in der Zeit, welche ihr nur desshalb als eine goldene erschien, weil inzwischen für Spanien das kupferne Zeitalter in des Worts verwegenster Bedeutung hereingebrochen war.

Spanische Zustände 1571/75. Mit dem Jahre 1571 beginnt unsere beste Quelle, die oberdeutsche Handelscorrespondenz, wieder reichlicher zu fliessen. Besonders die Berichte der Fuggerschen Factoren in Spanien sind für die folgende Zeit eine wahre Schatzgrube

zum Vorschein kam: „Chi considera bene il fondamento di quella fiera, non vede altre che rivolgimento di polizze (nur Papier!) da una mano nell'altra ed un imprestito continuo di danari ai ministri di S. M. che per questo fine nella fiera si trovano". Das war die Zeit, als der Waarenhandel der Messen vollends zu verfallen begann, als die grossen Geldmächte „un nuevo genero de contratacion sin mezcla de mercaderia, que consistia en solo el dinero" aufbrachten (Docum. ineditos XVII. 553).

der werthvollsten Mitteilungen, von denen bisher noch wenig bekannt geworden ist[14]). Diese Factoren waren zum Theil weltkundige, trefflich gebildete Leute; ihre Briefe sind keine blossen Handelsbriefe; sie enthalten eine Menge kulturgeschichtlich und politisch wichtiger Nachrichten aller Art; dabei zeichnen sie sich aus durch kräftige, geschmackvolle und bilderreiche Sprache; nicht selten trifft man auf einen kernigen Witz, hier und da wohl auch auf Citate aus klassischen Schriftstellern, die aber zum Unterschiede von der Schreibweise der gelehrten Stände niemals ungebührlich in den Vordergrund treten. Kurz, die Briefe wären werth, im Zusammenhange herausgegeben zu werden.

Nicht mehr die Fugger, sondern die Genuesen waren damals, wie wir schon wissen, die wichtigsten Geldgeber der spanischen Krone. Zwar wurden auch jene noch öfters gezwungen, neue Vorschüsse zu machen; aber nur mühsam liessen sie sich zu solchen bewegen, und dann waren es höchstens einige hunderttausend Dukaten, während die Genuesen durchschnittlich in jedem Jahre eine Million und mehr vorstreckten, freilich nicht in bar, sondern in „Papier", das aber einstweilen denselben Dienst that wie Baargeld. So berichtet der Fuggersche Factor im April 1571 aus Medina del Campo, obwohl die Messzahlung noch nicht beendigt sei, habe man die Kaufleute gezwungen, den Platz zu verlassen; aber dann hätten Lorenzo Spinola, Juan de Curiel della Torre und die Espinosas dem Könige 600000 Dukaten geliehen, worauf die Genuesen wieder nach Medina gekommen wären, um ihre Zahlungsverpflichtungen vollends gegen einander auszugleichen. Wenn der Geldstand damals als „ziemlich largo bei so schmalem Credito" bezeichnet wird, so bedeutet dies, dass alle Welt bestrebt war, Geld gegen Wechsel ins Ausland zu remittiren, dass es aber an solventen „Nehmern" fehlte: im übrigen war Baargeld keineswegs reichlich; denn es bedang gegenüber Bankzahlung 2 % Agio.

In den folgenden Jahren wurde es damit immer ärger; auch in Antwerpen war 1572 das Geld so knapp, dass die Fugger fürchteten, dort auf Deposito nichts bekommen zu können, wie sie denn überhaupt es viel weniger verstanden als die Genuesen, mit Credit zu

---

[14]) Besonders kommen hier die No. 2, 5, 12 und 2, 5, 13 des Fürstl. Fuggerschen Familien-Archives in Betracht. Häbler hat Manches daraus benutzt (Deutsche Ztschr. f. Geschichtswiss. XI. 280 ff.), und seine Mittheilungen sind schätzbar, bedürfen aber einerseits noch hier und da der materiellen Ergänzung und enthalten andererseits etwas zu viel Entrüstung über „das nichtswürdige Treiben der grossen Geldmänner", das sicherlich nicht so arg war, wie das der Finanzbeamten, mit denen sie täglich zu thun hatten.

operiren; freilich hatte der Credit der Oberdeutschen einen zu harten
Stoss erlitten, von dem sich selbst die Fugger nicht wieder erholt
hatten.

Ehe wir· weitergehen, müssen wir noch einen Blick werfen auf
die damalige Organisation der spanischen Finanzverwaltung, wobei
uns ein venetianischer Gesandtschaftsbericht zu statten kommt [15]). Die
Finanzverwaltung lag nominell in den Händen zweier Körperschaften,
des Consejo de Hacienda und des Consejo de Contaduria. Ihre Com-
petenz war genau abgegrenzt, und es fehlte nicht an zahlreichen
langen Instruktionen, wonach sie die Geschäfte führen sollten. Thatsächlich aber lag deren Leitung in den Händen weniger Personen,
woneben dann freilich noch andere uncontrolirbare Einflüsse hinter
den Coulissen thätig waren.

Nach Absetzung· des Francesco Erasso scheint zunächst Ruy
Gomez die Hauptleitung des Finanzwesens geführt zu haben; als er
1572 starb, erbte Antonio Perez nur seinen Einfluss auf die auswärtige Politik, nicht auf die Finanzen, die vielmehr dann der Sekretär
Escovedo mehrere Jahre lang leitete. Neben ihm hatten der Contador Garnice, sowie die Tesoreros Herrera und Espinosa nur
verhältnissmässig wenig zu sagen, aber noch genug Gelegenheit sich
zu bereichern.

Die Finanzverwaltung wurde in dieser Zeit mit derselben brutalen
Kurzsichtigkeit geführt, die wir schon aus der Zeit des Erasso kennen.
Die Krone lebte nach wie vor von der Hand in den Mund; solange
es ging, half man sich mit hochverzinslichen schwebenden Anleihen
(socorros), mit Wechseln und Asientos, mit Rentenverkäufen u. dergl.
Versiegten diese Hülfsmittel, so griff man unbedenklich zur Confiscation des in Sevilla von Privatleuten deponirten Silbers, wogegen
man entwerthete Staatsrenten anwies. Espinosa betheiligte sich ganz
offen an den Darlehen, welche seine Verwandten, die ein Bankhaus
in Sevilla hatten, und die Genuesen der Krone jahraus jahrein gewährten. Garnica, der ehrlichste und einsichtigste unter diesen zweifel-
haften Ehrenmännern, hielt es doch mit seinen Amtspflichten für ver-
einbar, von den Fuggern häufig ansehnliche „Verehrungen" entgegen-
zunehmen. Dafür förderte er ihre durch Escovedo und námentlich
durch Espinosa, der die Genuesen begünstigte, schwer bedrohten Interessen, gab ihnen Kunde von den gegen sie geplanten Anschlägen
und hintertrieb, soweit er es konnte, die Ausführung der ihnen nach-

---

[15]) Albéri XIV. 373 ff. (datirt v. J. 1573, aber schon niedergeschrieben vor 1572.)
Vgl. auch Morel-Fatio, L'Espagne au XVI. und XVII. siècle p. 208 ff.

theiligen Beschlüsse. Auch sonst war damals in Spanien ein Bestechungswesen allgemein üblich, das selbst für jene Zeit als unerhört bezeichnet werden muss. Wollten die Fugger irgend etwas erreichen, so mussten sie bald diese, bald jene einflussreichen Leute bestechen, bis zu den Beichtvätern des Königs, denen sie z. B. 1574 je 3000 bis 4000 Dukaten versprachen, um Bezahlung einer Forderung an die Krone durchzusetzen [16]). Äusserst verderblich war ferner die Thatsache, dass die meisten Einkünfte gar nicht oder nur zum kleinsten Theile in die Staatskassen, sondern direct in die der Staatsgläubiger flossen, und dass ihre Höhe sich hierdurch der Controle der Finanzverwaltung vollkommen entzog.

Die Cortes beriethen in jeder Tagung, wie der König aus seinen Schulden zu befreien wäre; doch gelangten sie nie zu einem ausführbaren Beschlusse. Der ganze spanische Verkehr stand, wie der Fuggersche Faktor 1573 mit Recht sagte „allerwegen auf dem Spitz", d. h. er hing von der Ankunft der Silberflotte ab; fiel diese reichlich aus, brachte sie etwa, wie es im August jenes Jahres geschah, für den König $1/2$ Millionen, für Privatleute eine Million Comptanten, nebst Waaren im Werthe von über 300000 Dukaten, so ging das Geschäft flott, und die Staatsgläubiger athmeten auf; wurde die Flotte dagegen von Seeräubern beraubt, so entstand eine allgemeine Geschäftsstockung, und die Staatsgläubiger liessen die Hoffnung auf Befriedigung fahren. Fiel eine Flotte nicht so gut aus, wie man erwartet hatte, so entstand allgemeine Enttäuschung, „als wenn einer mit grossem Verlangen gehofft, sein Weib werde ihm einen Sohn gebären, und doch zuletzt eine Tocher daraus wird". Schon die wechselnden Nachrichten über die Ergiebigkeit der amerikanischen Bergwerke, über die Fortschritte der Verhüttungstechnik des Silbers mit Quecksilber, über den Absatz der nach der neuen Welt gesandten Waaren u. s. w. wurden in Spanien mit eifrigstem Interesse verfolgt und hatten sichtlich Einfluss auf den Geschäftsgang.

Gegen Ende September 1573 wird berichtet, Espinosa habe auf die Cruzada 750000 Dukaten socorrit und für weitere 250000 Credit gegeben; Stefano Lomellino gab damals 300000 her, Constantin Gentili 450000, Agostino Spinola 400000 Dukaten. Anfangs hatte man nicht ganz soviel gebraucht; aber Herzog Alba musste „auf sein hoch Anhalten, so er täglich thut", aufs neue grosse Summen haben; mit

---

[16]) Aus etwas späterer Zeit enthält das Fugger-Archiv förmliche Abrechnungen und lange Listen solcher Verehrungen, so für die Zeit 1581 bis 1585 in Höhe von $6^3/_4$ Millionen, 1592 in Höhe von $5^1/_2$ Millionen Maravedis.

400000 bis 500000 Dukaten war da nichts zu helfen, weil man dem Kriegsvolke zu viel schuldete. Schliesslich fehlte doch noch fast eine Million zur Abzahlung der in damaliger Messzahlung fälligen schwebenden Schuld; hierfür sollten die Gläubiger vertröstet werden. Nachdem die Messzahlung lange gedauert, vermuthete man Anfang October, da nunmehr fast nur die Tractanten vom Hof, meist Genueser, in Medina del Campo anwesend waren, man würde die Messe und die Verhandlung über die noch abzuschliessenden „Asientos" nach Madrid an den Hof verlegen. Thatsächlich wurde im Laufe des Monats ein Alcalde nach Medina geschickt, um die Kaufleute „auszutreiben", damit sie die Messzahlung in Madrid beenden möchten, ein keineswegs neuer Vorgang, der aber dadurch doppelt schlimm wirkte, dass der König den „Cambios" d. h. den Girobankiers, einen grossen Betrag — man sprach von 600000 bis 700000 Dukaten — schuldig bleiben musste; „ist fürwahr eine grosse Unordnung, nimmt männiglichen Wunder".

Im Frühjahre 1574 wird gemeldet, Espinosa, der erst kurz vorher zum königlichen Schatzmeister ernannt worden war, habe in 4 Messen zusammen Asientos in Höhe von 1700000 für Flandern und Italien mit der Krone abgeschlossen und dagegen auf die Messen 700000, den Rest auf das in den Jahren 1575 und 1576 zu erwartende amerikanische Edelmetall angewiesen erhalten; er habe diese enormen Umsätze freilich nur mit Hülfe der Genuesen machen können, die den Hauptvortheil einheimsten. Dabei war selbst im Mai die Octobermesse vom Vorjahre noch nicht zu Ende geführt. Für Baargeld wurde 4 bis 4½% Agio vergeblich geboten. Auf die Maimesse war zu keinem Preise Geld zu bekommen; „denn wie die Ferias in so grosser Unordnung bleiben, will keiner nichts darin handeln". Die Finanzverwaltung versprach zwar, man wolle die Maimesse nach Ankunft der Schiffe aus Indien halten lassen. Aber man glaubte ihr nicht; denn da der König neue Kriegsrüstungen beabsichtigte, fürchtete man, er werde das aus Indien kommende Gold und Silber für sich allein nehmen. Geschehe das, so werde „solches Agravio den spanischen Ferias den Boden gar ausstossen, und solange sich der König der spanischen Ferias bedient, werden sie in keiner rechten Ordnung bleiben".

In dieser Noth war es die Römische Curie, welche wie in Frankreich so auch in Spanien die Staatsgewalt gegenüber den Ketzern finanziell unterstützte, indem sie der Krone gestattete, aus den geistlichen Gütern Renten zu verkaufen bis zur Höhe von 40000 Dukaten Jahresrente, woraus man einen Kapitalerlös von

2 Millionen (!) erhoffte. Thatsächlich rissen sich die Genuesen um die Anweisungen auf diese Renten, ja sie hätten sich, wie der Fuggersche Faktor schreibt, im Hause des Contador Garnica beinahe darum gerauft. Überdies hatten die Bewohner der Ortschaften, aus welchen die Einkünfte verkauft werden sollten, hiervor mit Recht grosse Angst, sodass der König sie ihnen selbst hoch verkaufen oder doch mit der Drohung, sie an andere zu verkaufen, viel Geld aus ihnen herauspressen konnte; „das sind ihre meisterlichen Künste oder Griffe, um Geld zu erlangen"[17]). Unter solchen Umständen gelang es trotz der geringfügigen Silberladung, welche die im August 1574 ankommende Flotte aus Peru mitbrachte, sowohl den niederländischen Statthalter Requesens, wie den Prinzen Don Juan d'Austria, der die Flotte in den sicilischen Gewässern befehligte, mit Geld zu versehen. Juan Curiel de la Torre machte einen Asiento von 300000 Dukaten für Flandern, Fernando d'Espinosa einen solchen von 400000 Dukaten, die Genuesen weitere von 800000 Dukaten für Sicilien. Überdies kam bald darauf doch noch eine reiche Silberflotte aus Mexico an, worauf augenblicklicher Geldüberfluss in Spanien entstand, und da alle Welt nach den Niederlanden Rimessen machen wollte, der Wechselcours auf Antwerpen plötzlich hinaufschnellte. Aber der König hatte von diesem „Rausch", wie unser oberdeutscher Gewährsmann die Wirkung einer solchen Silberflotte treffend bezeichnete, geringen Nutzen; die 600000 Dukaten, die er mit der Flotte erhielt, bedeuteten wenig gegenüber der schwebenden Schuldenlast von vielen Millionen, die jetzt fällig war und prolongirt werden musste. Dazu brauchte man abermals Geld für Flandern. Juan de Curiel unterhandelte wegen eines Asiento von 500000 Dukaten, der aber nicht zu Stande kam, „weil er gar zu vortheilige Ränk gesucht: es haben also die vom Finanzrath bei den Genuesen, die doch gar für Trockenscheerer gehalten werden, mehr Willen und Vortheil gefunden"[18]). Sowohl Nicolo Grimaldi, wie Lorenzo Spinola, Estevan Lomellino, Estevan Grillo und die anderen Genuesen erklärten sich im November nicht nur mit der Prolongirung ihrer alten Forderungen einverstanden, sondern gaben sogar aufs neue grosse Geldsummen her, die sich, wie es

---

[17]) Am 18. Sept. 1574 schreibt Thomas Müller, der Fuggersche Faktor, namentlich der Gerichtszwang der geistlichen Flecken sei eine Einnahmequelle, um die sich alle Welt risse, „da man doch im Anfang vermeint, es würde sich mancher Bedenken halben Niemand darum annehmen; aber sobald man diesen Heuchlern und Gleissnern die geringste Hoffnung auf Gewinn zeigt und hinwirft, so lassen sie ihre Maske fallen".

[18]) Bald darauf heisst es, „dass der König noch allwegen mehr Tugend an den Genuesern als bei seinen Spaniern findet".

scheint auf etwa eine Million beliefen, Grimaldi allein 300000 Dukaten. Dabei erhielten die Genuesen nur für die neuen, nicht für die alten Forderungen Consignationen auf bestimmte Einkünfte, soweit sie solche nicht schon besassen.

Im Anfange des folgenden Jahres (1575) schloss Nicolo Grimaldi abermals einen Asiento von einer Million ab, 700000 für Sicilien und 300000 für Flandern; er erhielt dafür 12 % Zinsen und für jeden Escudo, den er draussen bezahlte, in Spanien 404 Maravedis Anweisung auf die als „Alcabala" bekannte grosse Einnahmequelle der Krone; dieser Wechselcours von 404 überstieg den damaligen Börsencours um 30 bis 40 Maravedis; aber freilich waren für solche Summen keine „richtigen Nehmer" aufzutreiben, sodass Grimaldi schliesslich am Wechselcourse sogar noch etwas einbüsste.

Ende März 1575 sollte in Medina del Campo die Maimesse vom Jahre 1572 abgehalten werden, die also bereits um volle 3 Jahre durch die Krone verschoben worden war. Jetzt hatte sich zwar der königliche Tesorero Espinosa eingefunden, aber es waren noch keine Tractanten angekommen, trotzdem man ihnen bei Strafe befohlen hatte sich einzustellen. Die Fugger versuchten damals einen geringfügigen Betrag (14000 Dukaten), den sie baar liegen hatten, ins Ausland zu remittiren, was aber nicht möglich war, weil es an richtigen Nehmern fehlte.

.Ende April hatte man in der That begonnen, die Maimesse von 1572 zu verrichten; aber es war immer erst ein Theil der Kaufleute angekommen, nur solche vom Hofe, nicht von Burgos und anderen Orten „und gehet also die Verrichtung langsam und verdrossen genug zu". Baargeld war kaum aufzutreiben; gegen Bancozahlung bot man vergebens 13 bis 14 % Agio. „Ist also mit den castilianischen Ferias ein misslich und verdriesslich Ding, und je länger je weniger darin zu verrichten".

Einen Monat später waren endlich auf Betreiben des Tesorero die Kaufleute meist versammelt. Der Tesorero wollte die Messe innerhalb eines weiteren Monats beenden, was aber nicht für möglich gehalten wurde, weil diejenigen, „so um Kaufmannschaft schuldig, theilweise noch immer nicht angekommen sind und doch zur Vollendung der Feria nicht wenig helfen; zudem kann man ohne diese mit dem Liberiren und Einschreiben in Banco nicht wohl zu Ende kommen". Thatsächlich war die Messe auch Ende Juli noch nicht beendet, weil die Bankiers nicht bezahlen konnten; den Tractanten, die noch in Medina waren, wurde darauf geboten, „dass ein Jeder dasjenige, so ihm der Banco schuldig, in Reales (d. h. in baar) einbringen möge", was eben nicht möglich war. In Sevilla konnte man damals, „nachdem weder aus den Indias noch aus anderen Orten eine Zeit lang Gold oder Silber gekommen war",. überhaupt keine Baarschaft erlangen. Im August wurde die bevorstehende Ankunft der Flotten aus Neuspanien und Terra Firma angekündigt; es hiess, der König werde etwa 1 Million empfangen; sei dies wahr, „so mag er, wenn er will, alles dasjenige, was er darauf angewiesen hat, wohl bezahlen". Thatsächlich empfing er fast eine Million und für Privatleute enthielten die Flotten fast $2^1/_2$ Millionen Comptanten; doch jetzt wurde das als zu wenig angesehen, und man fürchtete, der König werde nicht alle Verweisungen auf die Flotte einlösen. Das war gegen Ende August. Eingeweihte wussten damals bereits, dass die Suspension aller Consignationen unmittelbar bevorstand.

Die Finanzverwaltung wollte in diesem Sommer dem niederländischen Statthalter Requesens 700000 Escudos schicken. Da man mit Genuesen und Spaniern nichts ausrichten konnte, wandten sich, als der Fuggersche Faktor grade wegen einer anderen Sache mit dem Finanzrathe verhandelte, dessen beide Faktionen gegen Mitte Juli an den Faktor mit dem Ersuchen, 300000 Escudos in Flandern auszahlen zu lassen gegen Verweisung in Spanien. Espinosa, der die Verhandlung hauptsächlich führte, versprach, der Gegenwerth solle in Spanien 6 Monate früher geliefert werden, als die Zahlung in Flandern erfolgen würde. Aber der Faktor weigerte sich standhaft und liess sich weder durch Versprechungen, noch durch Drohungen irremachen. Als man ihm vorwarf, die Fugger hätten nie socorrirt, antwortete er, sie hätten im December 1573 300000 Dukaten in Flandern und Spanien vorgestreckt und ferner seit $3^1/_2$ Jahren dem Könige mit soviel Quecksilber aus den von ihnen gepachteten Bergwerken von Almaden gedient, dass in Amerika damit für $1^1/_4$ Millionen Dukaten Silber verhüttet werden konnte. Ausserdem hätten sie in der gegenwärtigen Messe dem Könige 400000 Dukaten zu 12 % anstehen lassen, was gegenüber den Zinsen der Genuesen und anderen Gläubiger für den König einen Vortheil von über 60000 Dukaten bedeute. Nächste Messe werde er ihnen sogar über 800000 Dukaten schuldig sein, das Meiste davon ohne bestimmte Consignationen. Hierdurch wurden die Finanzleute etwas besänftigt; doch ging ihr Drängen fort; schliesslich wollten sie sich mit 100000 Dukaten begnügen; aber der Faktor blieb standhaft bei seiner Weigerung. Endlich wurde stattdessen mit Juan de Curiel ein Asiento von 600000 Escudos zu 16 % Zinsen für Flandern abgeschlossen; auch dann noch wünschten etliche Finanzräthe dringend, die Fugger möchten sich mit 300000 Dukaten an dem Geschäfte betheiligen; das wäre aber, wie ihr Faktor meinte, nichts anderes gewesen, als dass sie dem Curiel die Hälfte seines Geschäftes sammt dem Gewinne versichert hätten. Es war ihr Glück, dass der Faktor nicht darauf einging; denn einige Wochen später erfolgte der Staatsbankerott, der damals schon offenbar beschlossene Sache war. Dem Nicolo Grimaldi lockten die königlichen Finanzräthe um dieselbe Zeit noch 200000 Dukaten auf gradezu betrügerische Art ab, indem sie sich von ihm einen Wechsel ausstellen liessen, unter der falschen Vorspiegelung, derselbe sollte nur zur Sicherung drängender Gläubiger dienen, während er thatsächlich ohne Grimaldi's Wissen verwerthet wurde.

Der spanische Staatsbankerott von 1575. Durch ein vom 1. September 1575 datirtes Decret, das aber erst 14 Tage später veröffentlicht wurde, suspendirte der König alle, seinen Gläubigern ertheilten Consigationen auf Kroneneinkünfte, mit einzelnen, später zu erwähnenden Ausnahmen[19]. Die Einleitung des Decrets enthält folgende Motivirung:

Erstens, heisst es, seien alle Einkünfte verpfändet; die Kaufleute wollten nichts mehr leihen, und es sei daher eine gefährliche Stockung der ganzen Staatsmaschinerie zu befürchten. Dies war jedenfalls der Hauptgrund. Die damalige Schuldenlast der Krone wird anderweitig mit 37 Millionen Dukaten beziffert, wovon 22 Millionen auf die fundirte, 15 Millionen (nach anderer Angabe 18) auf die schwebende Schuld entfielen; letztere setzte sich zusammen hauptsächlich aus folgenden Forderungen:

Nicolo Grimaldi, Principe de Salerno	5 000 000	Dukaten
Tesorero Espinosa	2 000 000	,,
Juan de Curiel de la Torre	1 500 000	,,
Stefano Lomellino	1 500 000	,,
Agostino Spinola	1 500 000	,,
Stefano Grillo	600 000	,,
Constantino Gentili's Erben	600 000	,,
Burgoleser	700 000	,,
Sevillaner	900 000	,,

[19]) Ranke hat, ebenso wie andere Historiker seit Thuanus und Cabrera den Staatsbankerott von 1575 behandelt, jedoch ohne Würdigung seiner wirthschaftlichen Bedeutung; den Hergang hat neuerdings Häbler gut geschildert, hauptsächlich auf Grund der Fuggerbriefe, die auch meine wichtigste Quelle bilden; indess habe ich ihnen noch mehr wirthschaftlich bedeutsame Einzelheiten entnommen; auch benutzte ich etliche Mss. des Brit. Museum, welche Häbler bei Abfassung seiner Abhandlung noch nicht bekannt waren. Den Wortlaut des Decrets entnahm ich: Brit. Mus. Cott. Mss. Vespasian C. VI. 142 ff.

Die Forderungen der Fugger und des Lorenzo Spinola, die nicht mit ins Decret einbezogen wurden, betrugen weitere 3 bis 4 Millionen [20]. Für die ganze Schuldenlast wären an Zinsen und Amortisationsraten ohne Frage jährlich mehr zu bezahlen gewesen, als das gesammte Einkommen der Krone betrug. Überdies brauchte diese aber alle Jahre aufs neue etwa 2 Millionen für Flandern und für die Flotte. Der Staatsbankerott war also in der That ganz unvermeidlich, noch unvermeidlicher als 1557, wo die Passiven nicht halb so gross gewesen waren. Doch fühlte man noch mehr als damals das Bedürfniss, ihn durch weitere Erwägungen zu rechtfertigen.

Das Decret wies daher ferner hin auf den Verfall der castilischen Messen, auf die dringenden Bitten der Cortes, darauf dass der Wucher dem göttlichen wie dem weltlichen Gesetze zuwiderlaufe, endlich auf die unausgesetzte Geldausfuhr. Dass einzelne dieser Momente bei Erlass des Decrets eine Rolle gespielt haben, ist gewiss; doch ist es schwer, sich von ihrer Wirkung ein klares Bild zu machen.

Gleich nach dem Decrete liess der König den Prokuratoren der Cortes sagen, sie wüssten sich gewiss zu erinnern, wie dringend sie in allen ihren Sessionen um ein solches Decret nachgesucht hätten, das er nun endlich „ihnen und dem Königreich zu willfahren" erlassen habe; er wolle aber Niemand berauben, sondern nur der Beraubung seiner Finanzen ein Ende machen. Etwas später liess er den Cortes vorhalten, die eigentliche Veranlassung des Decrets sei gewesen, über-

---

[20]) Die in der Fuggercorrespondenz angegebene Kapitalziffer der schwebenden Schuld von 18 Millionen enthält ohne Frage diese beiden Posten mit, während die Angaben von 15 Millionen bei Albéri XIII. 243 und in dem citirten Ms. d. Brit. Museum fol. 133 (wo auch die Ziffer der fundirten Schuld) wohl nur das vom Decret betroffene Kapital umfasst. Nach Brit. Mus. Add. Mss. 28359 fol. 192 hatten die Fugger 2 ½ Millionen zu fordern, Lorenzo Spinola 1 ½ Millionen. Die auf die Fugger bezügliche Angabe stimmt nicht ganz überein mit den Zahlen der Fuggerschen Handlungsbücher; danach hatten sie, wenn man die Gegenforderungen der Krone aus der Pacht der Maestrazgos berücksichtigt, zur Zeit des Decrets höchstens 2 Millionen Dukaten zu fordern. Die Zinslast der schwebenden Schuld wird einschliesslich der Coursverluste u. s. w. mit 22 % beziffert; das wären 4 Millionen, wohl etwas zu hoch; aber mindestens 3 Millionen muss sie jährlich betragen haben. Die fundirte Schuld verschlang schon 1563 jährlich über 2 Millionen; wäre ihr Kapital allerdings 1575 wirklich nur 22 Millionen gewesen, so hätte ihr jährliches Erforderniss nicht einmal so hoch sein können, wie 1563; aber die Kapitalziffer von 22 Millionen ist unwahrscheinlich zu niedrig, wenn man bedenkt, dass die Renten meist fünf- und siebenprocentige waren; es ist sehr schwierig, hier die Wahrheit zu ermitteln, weil man nicht weiss, wieviel von den Juros nur für schwebende Schulden verpfändet waren (Juros de resguardo), und ebensowenig, wieviel Amortisationsraten das jährliche Erforderniss der Schuld enthielt, da ja auch die Renten zum Theil ablösbare (al quitar) waren.

flüssige und ungerechte Zinsen abzustellen. Namentlich wurden die sogenannten „Juros de resguardo" als ein verabscheuungswerther Missbrauch der Geldleute betrachtet. Es handelte sich dabei für letztere hauptsächlich um ein Mittel, ihre Forderungen an die Krone wieder zu verwerthen. Sie liessen sich, angeblich zur Sicherung (en resguardo) dieser Forderungen, Staatsrenten anweisen, mit dem Rechte, solche bei Bedarf weiterzuverkaufen, und mit der Verpflichtung, sie selbst oder einen entsprechenden Betrag anderer Renten bei Rückzahlung ihrer Vorschüsse ebenfalls zurückzugeben [21]. Sie verkauften nun die Juros de resguardo sofort weiter und kauften später, wenn ihre Forderungen eingingen, andere Renten, wobei sie anscheinend am Course derselben oftmals stark verdienten, aber wohl auch nicht selten Geld verloren. Jedenfalls wurde das Aufkaufen der Juros unter pari schon an sich als ein besonders arger Wucher angesehen. Wirthschaftlicher Unverstand, Hass gegen die Fremden, Entrüstung über die fortwährende Geldausfuhr, kirchlicher Widerwillen gegen das Zinsnehmen — Alles das wirkte mit, um den Staatsbankerott populär zu machen, und wurde von der Krone benutzt, um ihn zu rechtfertigen. Auf Seiten der Cortes und als Rathgeber der Krone war in dieser Richtung besonders der Licenciat Francesco Bravo thätig, der später auch die Vertheidigung des Decretes übernahm; aber selbst aus seinen Denkschriften geht hervor, dass die eiserne Nothwendigkeit jetzt wie 1557 das entscheidende Moment bildete.

Die vom Decrete betroffenen Gläubiger der Krone d. h. die Genuesen, Juan de Curiel de la Torre und die beiden Tesoreros, welche letztere ebenfalls vom Decrete überrascht, und da sie zugleich Gläubiger waren, auch geschädigt wurden, „stiessen nun — wie der Fuggersche Faktor sich ausdrückt — die Köpfe zusammen", hielten viele Versammlungen ab und beauftragten zwei aus ihrer Mitte, beim Könige Audienz nachzusuchen. Aber dieser liess Niemanden vor und wies sie an die Finanzbeamten, denen sie darauf eine lange Vorstellung gegen das Decret unterbreiteten [22]. Darin führen sie Folgendes aus.

---

[21] Die beste Erklärung dieser Juros steht in den Documentos ineditos XVII. p. 558, ihre Vertheidigung durch die Genuesen in ihrer nachher zu erwähnenden Denkschrift. Den Kauf der Juros zu niedrigen Coursen fand selbst der Fuggersche Faktor tadelnswerth; nur meinte er, der König müsste die so gekauften Juros nicht einfach anulliren, sondern die Käufer zwingen, den Verkäufern ihren Verlust zu vergüten.

[22] Memorial que los Ginoveses y otras personas dieron al Rey de España respondiendo al decreto etc. (Brit. Mus. Cott. diss. Vesp. C. VI). Vgl. damit den Brief des Fuggerschen Faktors vom 17. Sept. 1575.

Zwei Gründe, so meinen sie, könnten den König veranlasst haben, ihnen die Consignationen wegzunehmen. Entweder habe er es aus Noth gethan; aber dann werde er seinen Zweck, der Noth abzuhelfen, nicht erreichen. Denn nur durch den Credit könne er von einem seiner Länder nach den anderen auf so weite Entfernungen die nöthigen Geldmittel schaffen, und den Credit brauche er desshalb, weil eben seine gegenwärtigen Einkünfte zur Deckung des dringenden Finanzbedarfs nicht ausreichten. Der Credit aber werde vernichtet durch Änderung dessen, was versprochen und bestätigt worden sei mit des Königs Wort und Handschrift. Der König von Frankreich habe schon schwer empfinden müssen, was es bedeute, den Credit zu verlieren.

Die Schuld des Königs, heisst es weiter, ist so gross, dass sie nicht nur das ganze Vermögen seiner unmittelbaren Gläubiger, sondern geradezu aller Kaufleute seiner Länder und vieler Nichtkaufleute, Wittwen und Waisen umfasst. Dies alles ist verloren, wenn man den Credit vernichtet und den Handel verscheucht; dann nützen auch alle Zollerhöhungen nichts, die Geldabgaben müssen zurückgehen, und die Naturalabgaben können nicht verwerthet werden. Will der König alles das nicht beachten, will er sich der Intelligenz und des Credits der Kaufleute nicht bedienen, sondern versuchen, die Heere und Beamte in Flandern und Italien mit Baargeld zu unterhalten, so wird er bald erkennen, dass dies unmöglich ist; denn Spanien selbst hat nur wenig Baargeld, und das amerikanische Silber gehört meist Privatleuten; das Übrige reicht bei weitem nicht aus, um die Bedürfnisse der Krone zu decken.

Ist aber der König zu dem Decrete veranlasst worden durch den Glauben, dass seine Gläubiger ihn übervortheilt hätten, so möge er zunächst hinsichtlich der Juros de resguardo bedenken, dass diese eben nicht allein als Sicherheit hingegeben worden sind, sondern als ein Mittel, die Forderungen an den König zu verwerthen und ihm dann aufs neue dienen zu können, wie das ja auch der Wortlaut der Asientos ausweist. Was sodann die Höhe der Zinsen anbetrifft, so ist zu erwägen, wie viel Arbeit, Intelligenz und Credit die Kaufleute anwandten, dass sie selbst ihren Credit bis aufs äusserste anspannen und oft höhere Zinsen zahlen mussten, als sie erhalten haben.

Confiscirt jetzt der König das Vermögen seiner Gläubiger und will er diese nöthigen, ihre Gläubiger ebenso zu behandeln, so wird dies nicht gehen, weil die letzteren grösstentheils ausserhalb Spaniens leben, wo da Decret nicht als Gesetz betrachtet wird, und weil

ferner Kaufleute jedes Versprechen unbedingt halten müssen, soll
ihr Credit und damit ihre Existenz nicht unrettbar vernichtet werden.
Geschieht dies aber, so hat der König Niemand, der ihm in seinen
Finanznöthen helfen kann. —

Diese im Ganzen sehr richtige Vorstellung hatte doch nicht die
geringste Wirkung, und nicht viel mehr erreichte Nicolo Grimaldi,
der Fürst von Salerno, durch jene merkwürdige, dramatische An-
sprache an den König, von der wir schon früher berichtet haben.
Es bedurfte erst Erfahrungen bitterer Natur, um die Krone allmählich
wieder zu besserer Behandlung der Kaufleute zu veranlassen. Ehe
wir aber darauf eingehen, müssen wir einer Denkschrift erwähnen,
welche Francesco Bravo später dem Könige einreichte zur Vertheidigung des Decrets gegen mannichfache Angriffe und Beschwerden.
Er erklärt es darin geradezu für die denkbar „christlichste und ge-
rechteste" Maassregel. Nun hatten freilich damals sowohl der Papst
wie der Kaiser, nicht minder auch die Herzöge von Savoyen und
Florenz sich über das Decret beim Könige beschwert. Darauf antwortet Bravo, der Papst habe solches gethan auf Antrieb einiger
den Genuesen befreundeten Kardinäle, der Kaiser auf Bitten der
Fugger, die Herzöge von Savoyen und Florenz aber seien selbst bei
den vom Decrete Betroffenen mit grossen Summen interessirt. Das
mag richtig sein, ausser dem, was sich auf die Fugger bezieht; denn
diese hatten keinen Anlass, sich über das Decret zu beschweren.
Bravo sucht sodann dem Könige die Überzeugung beizubringen, dass
er die Genuesen sehr wohl entbehren könnte, dass sie dem Lande Schaden brächten. Er wirft ihnen vor, sie hätten nie Waarenhandel getrieben, ihre Geldgeschäfte seien nichts wie „arbitrios y artificios";
sie arbeiteten nicht mit eigenem Kapitale, sondern nur mit Credit,
den sie ihren Geschäften mit· dem Könige verdankten. — Soweit
dies richtig war, sprach es nicht für, sondern gegen das Decret; die
letzte Entscheidung konnte aber nur die Erfahrung geben.

Die Wirkung des Staatsbankerottes auf den Handel, auf den
Geldmarkt, auf die Finanzen der Krone waren überaus weittragende;
sie verdienen unser ganzes Interesse.

Sofort nach dem Bekanntwerden des Decrets entstand zunächst
in Spanien, wo man die Verhältnisse am besten übersah, ein allgemeines Misstrauen gegen die Gläubiger der Krone; es machte
ihnen, wie Thomas Müller berichtet, „ein bös Geschrei, so dass ihnen
Niemand vertraut, noch zu Wechsel geben will, und also stockt das
Einbringen aller Forderungen; der eine verweist auf den anderen,
und Niemand weiss, was daraus werden soll". Die Gläubiger der

Krone waren gezwungen, einstweilen ebenfalls ihre Zahlungen einzustellen, und von den Genuesen thaten dies selbst diejenigen, die gar
nichts mit dem Könige zu thun hatten. In Sevilla waren grade zwei
grosse Silberflotten angekommen; trotzdem erwartete man auch dort
sofort unerhörte Geldknappheit, die denn auch thatsächlich bald eintrat. Im December wird aus Sevilla berichtet, dass die $3\frac{1}{3}$ Millionen
Comptanten, die im August „registrirt" angekommen seien — un-
registrirt d. h. geschmuggelt war auch viel angekommen —, „nicht
mehr viel Schein von sich geben, und dieweil die Genuesen, die
früher immer beschuldigt worden sind, dass sie das Geld ausführen,
dieses Jahr gar nichts einnehmen, kann man wohl erkennen, dass
die Spanier selbst dies Handwerk stets getrieben haben".

In Antwerpen wurde der Staatsbankerott im November bekannt. Den Fuggern wurde von dort berichtet: „Es ist der Credito
ganz allgemein durch diese Neuerung darniedergelegt, und bei keiner
Nation Baargeld zu bekommen, weder auf Deposito noch gegen
Wechsel ausser auf Lyon". Von andererer Seite wird berichtet,
Nicolo Grimaldi und die meisten anderen Bankiers seien bankerott;
Genua müsse zu Grunde gehen; als dann viele Wechsel aus Spanien
mit Protest zurückkamen, wuchs die Aufregung in Antwerpen immer
mehr, und er wären dort sofort mehrere Bankerotte erfolgt, hätte
die Regierung nicht ein Moratorium von sechs Wochen gewährt;
mittlerweile beruhigten sich die Gemüther etwas[23]).

In Genua hatte die Überspannung des Credits schon seit mehreren Jahren Opfer gefordert; es waren einige Häuser gestürzt, und
kurz vor dem Decrete wird aus der damals in Chambéry abgehaltenen Genueser Wechselmesse berichtet, dort herrsche grosse Geldknappheit; hätte sich nicht der eine immer für den anderen verschrieben, so wären viele Bankerotte erfolgt. Diese traten dann nach
dem Decrete ein, das besonders den Credit der hauptsächlich betheiligten Nobili vecchi gänzlich zerstörte und den politischen Wirren
zwischen diesen und den Nobili nuovi ein Ende machte, ja sogar eine
Verfassungsrevision veranlasste, welche charakteristischerweise „in
banchi", der genueser Börse, am 17. März 1576 feierlich proklamirt
wurde. Der Fürst von Salerno schaffte sofort seinen glänzenden
Haushalt ab und richtete sich wieder so einfach ein, wie früher. Bei
alledem kam es nicht zu der Anfangs gefürchteten vollständigen

---

[23]) Kervyn de Lettenhove, Rélat. polit. VIII: 36, 40, 150, 233. Diese Nachrichten enthalten aber bedenkliche Irrthümer. Wegen des Folgenden vgl. Spinola, Com-
mentarii d. cose successe a Genovesi dal 1572 sino al 1576 ed. Alizeri, Genova 1838.

Vernichtung des genueser Wohlstandes; die grossen Häuser stellten
ihre Zahlungen ein und konnten zunächst keine Geschäfte mehr
machen; doch geriethen sie nicht in Concurs, wie die oberdeutschen
Handelshäuser in einer ganz analogen Lage nach der Krisis von
1557. Vielmehr wartete und drängte Alles auf baldige Regulirung
des Decretes.

Die Fugger wurden, wie wir schon wissen, unmittelbar vom
Decrete ebensowenig betroffen wie Lorenzo Spinola. Sie hatten nie
mit Juros de resguardo zu thun gehabt, auch erheblich geringere
Zinsen berechnet, als die Genuesen und Spanier; ihr Hauptgeschäft
war die Maestrazgos-Pacht, die ihnen zur allmählichen Abzahlung
ihrer alten Forderungen übertragen worden war. Doch hätte dies
allein sie schwerlich gerettet. Wichtiger war schon ihre theuer er-
kaufte Freundschaft mit dem Contador Garnica, dessen Einfluss im
Finanzwesen jetzt sichtlich stieg. Aber das entscheidende Moment,
das zu Gunsten der Fugger sprach, war augenscheinlich die Nothwendigkeit, irgendeine grosse Geldmacht für die Geschäfte der Krone
zu reserviren, nachdem man alle anderen ausgesogen hatte und sie
jetzt wegwerfen wollte. Gleich in seinem ersten Berichte über das
Decret schrieb Thomas Müller, der König werde den Fuggern die
gute Behandlung, welche er ihnen zu Theil werden lasse, gewiss hoch
anschlagen und erwarten, dass sie ihm künftig wieder mit Anleihen
dienen würden. Diese Voraussetzung ging rasch in Erfüllung; denn
schon wenige Wochen danach musste der Faktor 100000 Escudos
hergeben; wir werden sehen, dass es dabei nicht geblieben ist. Die
Fugger thaten auch das Möglichste, um ihren Credit aufrecht zu
halten; so ordneten sie an, dass ihre Faktoren in Antwerpen und
Spanien kein Geld aufnehmen sollten. Thatsächlich blieb ihr Credit
unangefochten, trotzdem auch sie indirect durch die Krisis grosse
Verluste erlitten.

Warum man den Lorenzo Spinola vom Decrete ausnahm, ist bereits früher von uns mitgetheilt worden. Seine Ausnahmestellung
und die der Fugger wurde natürlich von den „Decretirten" lebhaft
angegriffen; diese wollten,, wie der Fuggersche Faktor am 2. Januar
1576 schreibt, „vor Neid zerschellen". Sie lagen dem König und den
Finanzräthen fortwährend in den Ohren, man möchte das Decret auf
die Fugger ausdehnen. Francesco Bravo bearbeitete den König in
demselben Sinne, wobei er es besonders auf Lorenzo Spinola abgesehen hatte; er meinte, die Einziehung seiner Forderung von $1\frac{1}{2}$
Millionen sei mehr werth, als alle Dienste, die man von ihm oder
anderen Genuesen jemals noch erwarten könne; Lorenzo Spinola sei

ausserdem geschäftlich eng mit Nicolo Grimaldi verbunden; seine Asientos seien ebenso wucherlich und schädlich wie die anderen. Das Gleiche behauptete er auch von den Vorschüssen der Fugger. Diese sowenig wie jener könnten dem Könige erhebliche Dienste leisten. Wir werden nachher sehen, inwieweit das zutreffend war.

Die schlimmsten Wirkungen des Decrets machten sich in Spanien selbst fühlbar: im März 1576 mussten die beiden grössten Banken von Sevilla, die der Espinosas und die der Morgas, ihre Zahlungen einstellen; ihre Passiva werden zusammen mit $2^{1}/_{2}$ Millionen Dukaten beziffert. „Diese beiden Bankerotte, schreibt Thomas Müller, thun schier soviel Schaden wie ein halbes Decret; denn dadurch wird die Handlung auf (West-)Indien, die bisher alle anderen unterhalten hat, ganz zerstört". Die Espinosas hatten durch ihren Vetter, den königlichen Schatzmeister, grosse Geldgeschäfte mit der Krone gemacht, woraus ein schmutziger Process zwischen den Verwandten entstand, über den wir schon kurz berichtet haben; auch den Morgas war der König eine bedeutende Summe schuldig. Das war um so bedenklicher, als den Sevillaner Banken seit einiger Zeit für ihre Giroüberweisungen eine Art Zwangscours beigelegt worden war: „Weil die Bancos vor der Obrigkeit Bürgschaft leisten, muss man annehmen, was durch sie überwiesen wird, man mag wollen oder nicht; man kann aber von ihnen keine Baarzahlung verlangen, sondern muss warten, bis man selbst durch sie einem anderen überweisen kann; vor Jahren ist es anders gewesen; damals haben sie sofort baar gezahlt".

Die Bank der Espinosas stürzte zuerst, wodurch auch die Morgas in ein „bös Geschrei" kamen, und ein „run" ihrer Gläubiger erfolgte, der ihren Fall sofort herbeiführte. Nun entstand in Sevilla allgemeines Misstrauen. Die Flotte, welche im Mai nach Neuspanien fahren sollte, konnte nicht beladen werden, „weil die Cargadores weder Geld noch Credit haben; denn sie können jetzt das, was man ihnen auf Credit an Waaren liefert, nicht mehr auf die Banken verweisen"; desshalb waren auch keine Comptantsendungen aus Amerika zu erwarten. Das Wechselgeschäft und überhaupt der ganze Handel stockte. Die Schifffahrt mit „Indien" kam erst wieder nach Regulirung des Decrets in Gang[24]).

---

[24]) Die interessanten Versuche, welche man damals machte, um das Bankwesen von Sevilla nach dem Muster desjenigen von Barcelona und Saragossa zu reconstruiren — man wollte statt der Privatbankiers mit Cautionsstellung und Concessionszwang eine öffentliche Stadtbank errichten — können wir hier nicht weiter verfolgen, da das in eine Geschichte des Bankwesens gehört.

Auf die bedeutenden Verschiebungen im internationalen Wechselverkehre, welche das Decret zur Folge hatte, werden wir gleich zurückkommen. Wie stand es denn nun aber mit dessen Wirkungen
auf die Finanzlage der Krone? Bei Erlass des Decretes hoffte
man, der König werde jetzt im ersten Jahre zwei Millionen und in
jedem der folgenden drei Jahre vier Millionen Escudos für die Nieder-
werfung des Aufstandes in Flandern zur Verfügung haben. Diese
Erwartungen sollten bald gründlich enttäuscht werden. Der König
besass zwar in der ersten Zeit nach dem Decrete genug Baargeld,
aber er verfügte über keine Schiffe, um dies Baargeld sicher nach
den Niederlanden zu schaffen, deren Zugänge von den Aufständischen
beherrscht wurden. Vielmehr musste man sich Wechselbriefe geben
lassen, und auch das war überaus schwierig, weil es fast gar keine
solventen Geschäftshäuser mehr gab, mit denen man solche Umsätze
machen konnte. Zunächst wendete sich der Contador Garnica an den
Fuggerschen Faktor mit der Bitte, 50000 Escudos durch Wechsel
nach Antwerpen zu schaffen. Der Faktor lehnte dies ab mit der
Motivirung, die Fugger würden seine Tratte in Antwerpen nicht bezahlen können, es sei denn, dass er, der Faktor, selbst das Geld in
baar dorthin schicken würde; darauf sicherte der Contador ihm hierfür die Ausfuhrlicenz zu; aber der Faktor wollte das Risiko des
Transportes nicht übernehmen, und auf Antwerpen zu trassiren hatten
ihm seine Chefs streng verboten. Doch als Garnica drohte, man werde
die Fugger, wenn sie sich weigerten dem Könige zu dienen, dem
Decrete unterwerfen, sah der Faktor sich gezwungen nachzugeben;
er fand Auswege, dies zu thun, ohne seine Instruktionen zu ver-
letzen.

In Lissabon gab es jüdische Kaufleute, deren Geschäft darin
bestand, das Geld zur Ausrüstung der Schiffe vorzustrecken, die
jährlich von dort nach Ostindien fuhren; ihnen lag damals sehr
daran, baares Silbergeld zu beschaffen, womit sie viel verdienen
konnten; der Faktor liess, um die anderen Kaufleute, mit denen
Garnica wegen ähnlicher Geschäfte verhandelte, nicht auf die Spur
zu führen, ganz geheim in Lissabon anfragen, wie dort gegen Baargeld eine Summe nach Flandern zu wechseln sei. Als nun der Contador ihn immer mehr drängte und sich schliesslich bereit erklärte,
einstweilen mit 6000 Escudos zufrieden zu sein, da ihm diese geringe
Summe zur Completirung von 150000 fehlte, die er durch Wechsel
nach den Niederlanden schaffen musste, so sagte der Faktor die
6000 Escudos zu; die übrigen 144000 waren schliesslich mit einigen
nicht vom Decrete betroffenen Spaniern abgeschlossen worden; weil

aber der König keinem seiner Unterthanen mehr traute, verlangte er
Bürgschaft für das, was er ihnen gegen ihre Wechsel in Spanien
auszahlte, und ferner wurde angeordnet, dass der Gegenwerth in Antwerpen zunächst an die Fugger bezahlt werden solle, um zu verhindern, dass die Trassaten ihn etwa als willkommene Abschlagszahlung
auf Forderungen · an die Krone einbehielten.

Garnica fragte gleichzeitig den Faktor, ob die Fugger nicht Gelegenheit hätten, 100000 Escudos in Gold, die der König auf seinen
Galeeren nach Italien schicke, von dort nach den Niederlanden zu
remittiren, womit dem Könige sehr gedient sein würde. Der Faktor
antwortete, die Fugger hätten den besten Willen, dem Könige zu
dienen; aber ein so riskantes Geschäft würden sie nur allenfalls auf
Gefahr des Königs machen können. Damit bezeigte sich der Contador ganz zufrieden, und der König ·liess dem Faktor sogar nochmals ausdrücklich sagen, er werde diesen Dienst „zu grossen Gnaden
aufnehmen". So schwierig war es damals, vier Monate nach dem
Decrete, derart geringfügige Beträge nach den Niederlanden zu
schaffen.

Der Faktor gab sich nun zunächst alle Mühe, noch weitere neue
Wege zu dem Zwecke ausfindig zu machen: er remittirte kleine
Beträge nach Lyon; ferner schrieben ihm die Vertreter der Welser
in Saragossa, sie könnten dort „mit ganz richtigen Dittas" 15000 bis
20000 Escudos auf Lyon unterbringen, wo Wechsel auf Antwerpen
von solventen Häusern zu kaufen waren; zunächst aber musste der
Faktor das Baargeld auf Grund seiner Ausfuhrlicenz nach Saragossa
schicken. Auch über Florenz, wohin spanische Wolle ging, konnte
man mit deren Verkäufern etliche Wechselgeschäfte machen.

Vor allem aber nahmen jene Umsätze via Lissabon ihren Anfang.
Der Contador selbst sagte dem Faktor, mit welchen guten Lissa-
bonner Häusern er sich einlassen könne, und verlangte nun, dass
100000 Escudos auf diesem Wege hinausgeschafft werden sollten;
als der Faktor sich noch immer sperrte, begann jener „wilde Karten
auszuwerfen", indem er sagte, wenn der Faktor dies abschlage, so
beweise er damit aufs bündigste, dass die Fugger keine Lust hätten,
dem Könige zu dienen, und allein dem unmässigen Gewinne nach-
gingen, gleich den Anderen. „Ich sehe selbst, schreibt Thomas Müller an seinen antwerpener Collegen Mundtpradt, wie die Sachen beschaffen sind, wie man den Herren den Brand schüret. Wenn man
das Geschäft abschlägt, ist man nicht' der Sorge und Gefahr ledig,
sondern es muss Einer bedenken, dass die Herren noch fast mit
3 Millionen Goldes hinter dem Könige stecken". Kurz, nach langem

Feilschen und Zanken musste er es übernehmen, 70000 Escudos nach Antwerpen zu wechseln und zwar zu einem Wechselcourse, der sich für den König verhältnissmässig günstig stellte; dieser war darüber sehr erfreut, „und nachdem er jetzt auf gar kleine Gewinne und Ersparnisse sieht, vermeint er, er habe schier Flandern gewonnen"[25]. Seinen Principalen, die ihn wegen des schlechten Geschäftes Vorwürfe machten, erwiderte der Faktor, er hätte allerdings leicht 11—12% daran verdienen können; aber ihm sei mehr daran gelegen, die Gunst des Königs zu gewinnen; die anderen Geldleute seien ganz wild darüber, dass er dem Könige so billig gedient habe. Der Contador zahlte ihm die 70000 Escudos sofort baar aus und gab ihm auch eine besonders bündige Licenz zur Ausfuhr des Baargeldes nach Lissabon; denn in Castilien selbst waren eben keine guten Wechselnehmer aufzutreiben, wesshalb bis zum nächsten ausländischen Wechselplatze auf den Baartransport zurückgegriffen werden musste; die Geldkisten wurden, um jeden Anstand an der Grenze zu verhüten, mit dem königlichen Siegel verschlossen. Trotzdem war es die grösste Sorge des Faktors, nunmehr möge der König ihn mit weiteren solchen Anforderungen verschonen. Thatsächlich liess dieser im April 1576 650000 Dukaten von Barcelona aus in baar nach Italien schicken. Zugleich verhandelte er mit einem spanischen Adeligen wegen einer grossen Anleihe, die aber nicht zu Stande kam, wesshalb man sich wieder an die Fugger wenden musste.

Im Mai 1576 sah sich Thomas Müller gezwungen, abermals ein Wechselgeschäft von 100000 Escudos zu machen, die er über Florenz und Lyon mühsam im Laufe von etwa 4 Wochen hinausbrachte. „Man muss dem Könige mit Wechseln weiter dienen, denn es ist besser, die vom Decret beweinen ihre verflossene Handlung, von der doch die Kinder auf den Gassen die Reime, so man über sie gemacht, auswendig zu sagen wissen, allein und unter einander, als dass man ihnen den Trost giebt, ihnen dabei Gesellschaft zu leisten — —; es ist besser, sie neiden Eure Gnaden, als dass sie ein Mitleiden mit Ihnen tragen".

Im Sommer 1567 wurde es etwas leichter, mit den „neuen Plätzen" Wechselgeschäfte zu machen; jetzt rückten auch die Genueser Wechselmessen in den Vordergrund, worauf nachher näher einzu-

---

[25]) Am 1. August 1576 schreibt der Faktor, der König wolle einen achteckigen Tisch besorgt haben; er feilsche darum „mehr als der ärmste Pelado am Hof" und ein Jahr später: „Keiner kann ihm einen grösseren Verdruss anthun, als wenn man Geld von ihm begehrt, es sei halt so wenig als es wolle".

gehen sein wird. Bis zum 1. August hatte Thomas Müller im ganzen 230000 Escudos hinausgewechselt, 30000 mehr als die Fugger in Antwerpen für den König hatten bezahlen müssen; mit Recht bezeichnet er dies seinen Chefs gegenüber als eine für damalige Zeit bedeutende Leistung; obendrein hatte man schliesslich am Course ganz tüchtig verdient. Dennoch machte dem treuen Faktor die Geschäftslage schwere Sorge: „Wenn ich sehe, was Euer Gnaden darauf stehet, vornehmlich weil Sie noch nicht aus ihren Schulden gekommen sind, schlafe ich mehr Nächte mit Unruhe, als Euer Gnaden vielleicht meinen; denn es ist jetzt keine Zeit, mit dergleichen Sachen zu scherzen, zumal bei diesem Volke, das nichts anderes vor Augen hat, als seine Lust und Muthwillen; denn sobald man ihnen den nicht erfüllt, ist es ärger, als wenn man thut, was sie wollen, nämlich ihnen mit dem Wechseln zu dienen. Wie man mit den Anderen umspringt, sieht ein Jeder, und sie machten wohl gern auch solche Geschäfte, wenn man ihnen nur vertraute". — „Dies ist ein Volk, das zu Zeiten aus Unverstand und weil sie die Sachen nicht recht bedenken, bis der Schaden geschehen ist, also aus Muthwillen so beschwerliche und schädliche Sachen vornehmen. Dazu kommt, dass sie sich von Herrschgier und Eigennutz leiten lassen, gleichviel ob des Königs Sachen unter oder über sich gehen". Aus solcher Feder gewiss ein bemerkenswerthes Urtheil über die Spanier des 16. Jahrhunderts!

Im Juli begannen die grossen Meutereien des spanischen Kriegsvolkes in den Niederlanden. Wir haben bereits im ersten Abschnitte geschildert, nach welchen dramatischen Auftritten der Fuggersche Faktor sich schliesslich abermals bereit erklären musste, 200000 Escudos nach Flandern zu schaffen, was ihm denn auch in der That auf den jetzt schon vertrauteren Umwegen über die „neuen Plätze" gelang. Hier aber müssen wir einen kurzen Halt machen: die Meutereien der Soldaten, die zu der furchtbaren Plünderung Antwerpens führten, sind zweifellos als Folgen des Staatsbankerottes von 1575 anzusehen. Früher hatte die Krone ein bis zwei Millionen jährlich nach den Niederlanden gesandt; jetzt gelang es ihr mit Mühe und Noth, vielleicht $1/4 — 1/2$ Millionen dorthin zu schaffen. Da war es nicht zu verwundern, dass die Soldateska sich schliesslich selbst bezahlt machte. In der That, der Fuggersche Faktor hatte nur zu Recht, wenn er kurz vor dem Bekanntwerden jener Meutereien den Unverstand und den Muthwillen der Spanier anklagte, welche die Folgen ihrer Handlungsweise nicht eher bedächten, bis der Schaden geschehen sei!

Was war nun inzwischen aus dem Decrete und den „Decretirten"
geworden? Bereits im Anfange des Jahres 1576 war die Finanzverwaltung in eine umfassende Untersuchung aller Geldgeschäfte eingetreten, welche die „Decretirten" mit der Krone seit dem Jahre 1560
gemacht hatten. Man suchte für jedes Geschäft zu ermitteln, wieviel
ungerechtfertigter Gewinn dabei gemacht worden war; zu dem Zwecke
mussten alle Kaufleute und Makler ihre Bücher einreichen, aus denen
man die Wechselcourse für den ganzen Zeitraum ermittelte. Wenn
nun z. B. Nicolo Grimaldi vor dem Decrete bei einem Asiento 404
Maravedis für den Escudo erhalten, also gegenüber dem damaligen
Börsencourse von 370 anscheinend 34 Maravedis verdient hatte, so
wollte man ihm diese Differenz wieder kürzen, obwohl er wegen der
Grösse des Umsatzes, wie wir sahen, selbst noch etwas mehr hatte
zahlen müssen als 404.

Es folgten lange Verhandlungen zwischen der Finanzverwaltung und den Decretirten. Der König wollte nur dann auf eine
Regulirung sich einlassen, wenn seine Gläubiger sich verpflichteten,
Flandern und Italien mit Geld zu versehen. Darauf erboten sie sich,
in den nächsten 2 Jahren „draussen" mit 4 Millionen zu dienen; sie
wollten die Gefahr der Dittas (das Delcredere) übernehmen, auch die
des Versendens, ebenso die Unkosten und Mühe; dagegen sollte der
König das Risiko des Wechselcourses tragen und das Geld in Spanien
im Voraus erlegen. Mit diesem äusserst entgegenkommenden Anerbieten wollten die Decretirten dem Könige wohl beweisen, wie
wenig ihnen an den angeblich so grossen Wechselcours-Gewinnen lag.
Der Fuggersche Faktor zweifelte, ob sie im Stande sein würden, ihre
Zusicherungen zu erfüllen. Auch ergaben sich alsbald weitere Schwierigkeiten.

Die Finanzverwaltung wollte, wie bei dem ersten Staatsbankerotte,
eine Zwangsconsolidation vornehmen, d. h. an Stelle der in kurzen
Fristen zu bezahlenden schwebenden Schuld 5 und 7 $\frac{1}{7}$ % Staatsrenten geben, was zugleich eine bedeutende Herabsetzung der Schuld
und ihrer Zinslast bedeutete. Einige der Gläubiger, die wie vor
allem Nicolo Grimaldi, dann auch Lucian Centurioni, Constantino
Gentili und Juan de Curiel della Torre schon seit 1561 angefangen
hatten zu „saugen" und desshalb Zeit genug gehabt hätten, sich zu
„ersättigen", d. h. deren Vermögen durch die langjährigen hohen
Verdienste schon stark angewachsen war, erklärten sich mit einem
Accord auf solcher Grundlage einverstanden; aber diejenigen, welche
später erst angefangen hatten, Geschäfte mit der Krone zu machen,
wollten nicht darauf eingehen.

So gingen denn die Verhandlungen weiter. Mehrere Vorschläge wurden gemacht und wieder verworfen. Erst im September 1577, zwei Jahre nach dem Decrete, gelangte man zu einer Verständigung auf folgender Grundlage[26]): Zunächst wurden die Forderungen der Decretirten nach den ursprünglichen Asientos berechnet; danach betrugen dieselben 5694 Cuentos oder rund 15 $\frac{1}{5}$ Millionen Dukaten, einschliesslich der Zinsen bis Ende des Jahres 1575; hiervon aber war ein Theil schon früher gedeckt durch Juros de resguardo und Juros situirt auf die Casa de Contratacion in Sevilla; erstere wurden, obwohl thatsächlich zum Theil 7 $\frac{1}{2}$ procentig, doch sämmtlich als fünfprocentig angerechnet, was eine Reduktion der Restforderung bedeutete; die Juros auf die Casa de contratation wurden mit 55 % in Anrechnung gebracht, was auch höher war, als solche faktisch hatten verwerthet werden können. Dann blieben noch 1802 Cuentos oder fast 5 Millionen Dukaten übrig; davon wurde $\frac{1}{3}$ auf Renten aus Kirchengütern, $\frac{2}{3}$ auf Renten aus den fiskalischen Salinen angewiesen, wobei vermuthlich ebenfalls ein Theil der Forderungen in Folge der niedrigen Verkaufspreise dieser Renten verloren ging; ebenso mussten die Zinsen für einen Theil der Zeit nach dem Decrete ausfallen. Endlich verpflichteten sich die Decretirten, dem Könige auf sein Verlangen innerhalb 5 Jahren mit 5 Millionen Dukaten in Italien und Flandern gegen Rückzahlung in Spanien zu dienen, und zwar verpflichteten sie sich hierzu in 4 Gruppen:

1) Nicolo Grimaldi und sein Schwiegersohn Stefano Lomellino nebst ihren Consorten mit   2 $\frac{2}{3}$ Millionen,

2) Juan de Curiel de la Torre, Lucian Centurioni, Agostino Spinola nebst ihren Consorten mit   1 $\frac{4}{10}$ „

3) Stefano Grillo, Baldassare Cattaneo nebst Consorten mit ca. $\frac{1}{2}$ „

4) Domingo Lercaro, Bernabe Centurioni, Vincento Gentili und Consorten mit ca. $\frac{1}{4}$ „

Lorenzo Spinola war schliesslich doch dem Decrete unterworfen worden; er protestirte dagegen und wollte sich auch dem Accord nicht anschliessen, ebensowenig der Tesorero Espinosa; doch werden sie wohl Beide zuletzt gezwungen gewesen sein, nachzugeben.

Die Decretirten erhielten das Recht, ihre Unterbetheiligten ebenso zu bezahlen, wie der König es ihnen gegenüber that; nur Depositen

---

[26]) Das Regulirungsdecret ist erst vom 5. December 1577 datirt (deutsche Übersetzung im Fugger-Archive 2, 5, 1); doch war man schon im September einig. In der Einleitung des Decrets wird u. A. auch Bezug genommen auf die Intervention der Republik Genua, worüber Näheres bei Häbler p. 293.

und sonstige unverzinsliche Guthaben mussten sie voll befriedigen. Gleich den Decretirten mussten auch die Unterbetheiligten sich wohl oder übel fügen, mochten sie sich anfangs noch so sehr dagegen sperren; thatsächlich waren sie viel übler daran als die grossen Häuser, die ihnen natürlich nicht so hohe Gewinne hatten zufliessen lassen, als sie selbst bezogen, und die es jetzt umgekehrt verstanden, sie bei der Regulirung mit geringwerthigen Verweisungen abzuspeisen, während sie den besten Theil derselben für sich behielten. Der Fuggersche Faktor, der dies mit Recht als sehr unbillig bezeichnete, meinte, die Decretirten seien innerlich über den Ausgang der Sache „fröhlich und wohl zufrieden, obwohl sie das Gegentheil sagen". Ein genueser Chronist aber sagt, der erlittene Schaden habe einigen der reichsten Familien seiner Vaterstadt schon einen Stoss versetzt, von dem sie sich nicht mehr erholt hätten [27].

In der letzten Zeit vor der Regulirung des Decrets hatte die Finanzverwaltung sich bei ihren Wechselgeschäften neben den Fuggern namentlich der Burgaleser Malvendas bedient, die im Mai 1577 200000 Escudos und im October 130000 hinauszuschaffen übernahmen. Die Fugger lieferten der Krone fortgesetzt grosse Mengen Quecksilber, für die sie keine Bezahlung erlangen konnte. Der Faktor klagte: „Es sind verdrossene langweilige Sachen; weil aber diese Leute auch mit allen anderen Sachen, bei denen es sich nicht um Geldausgaben handelt, so überlangsam umgehen, dass es keiner glaubt, der es nicht gesehen hat, so ist solches nicht zu verwundern".

Selbst in dieser Zeit noch wurden die Intriguen der Decretirten gegen die Fugger fortgesetzt; sie behaupteten jetzt, die mit diesem seit dem Decrete gemachten Wechselgeschäfte seien für den König nicht so vortheihaft, wie er meine. Darauf erbat sich der Faktor Audienz beim Könige, dem er vorstellte, wie die Fugger ihm seit dem Decrete mit so grossen Summen gedient hätten; sie hätten dies nicht auf den gewöhnlichen Wegen thun können, sondern neue Verbindungen mit viel Gefahr und Unkosten aufsuchen müssen, trotz des geringen Credites, der allerorten vorhanden gewesen sei; an 40000 Dukaten Wechsel hätten sie protestirt zurückbekommen, Gott allein wüsste, wenn sie bezahlt werden würden. Auch hätte der Fuggersche Faktor lediglich wegen dieser Wechsel während der Plünderung Antwerpens dort bleiben müssen und sei um eine grosse Summe gebrandschatzt worden. Endlich seien noch kürzlich, als man gemeint habe, aus aller Noth zu sein, wieder 35000 Dukaten Wechsel auf

[27] Casoni, Annali di Genova. Lib. 8.

Antwerpen protestirt aus Lissabon zurückgekommen. — Der König hörte ihn gnädig an, und thatsächlich blieben die Fugger ja vom Decrete ausgenommen; aber ihre Forderungen wurden nicht baar bezahlt, sondern sie erhielten auch nur Verweisungen auf Einkünfte, die langsam eingingen; „denn wenn der König gleich gerne mit baarem Gelde bezahlen wollte, so steht es nicht in seiner Macht, und wäre dies selbst der Fall, so hat er doch am Gelde eine zu grosse Lieb gewonnen und wird die täglich mehren". Der Faktor dachte viel darüber nach, wie die Fugger aus den Schulden kommen könnten; er schlug zu dem Zwecke sogar neue Bergwerksunternehmungen vor: „wer weiss, wo das Glück liegt?" Indess wusste er schliesslich durch geschickte Wechseloperationen über die „neuen Plätze", namentlich über die Genueser Wechselmessen sehr grosse Geldsummen hinauszubefördern, wodurch es den Fuggern gelang, ihre antwerpener Schulden abzuzahlen; dem Könige schlug der Faktor seit der Regulirung des Decrets consequent alle Wechselgeschäfte ab, und man konnte seine Hülfe jetzt entbehren, da die Genuesen mit ihrer noch weit grösseren Geschicklichkeit in der Benutzung des Credits wieder zur Verfügung standen; wir werden sehen, welchen erstaunlichen Mechanismus sie erfanden, um die unausgesetzten Anforderungen der spanischen Finanzverwaltung zu befriedigen.

Die spanische Volkswirthschaft war nach diesen schrecklichen zwei Jahren nur noch ein wüster Trümmerhaufe. Keine Messe hatte man inzwischen abgehalten, keine Flotte war aus „Indien" angekommen. Im September 1577 kamen dafür freilich zwei ausnehmend reiche Flotten an; sie brachten ungefähr fünf Millionen Dukaten Comptanten mit, davon für den König 1³/₄ Millionen. Auch suspendirte die Krone jetzt alle Licenzen für die Geldausfuhr. Man versuchte ferner die Messen zu reconstruiren, und in der That gelang es, mit Hülfe des Juan Ortega de la Torre und der Brüder Vittoria, die als Bankiers für die Messen concessionirt wurden, diese mühsam wieder etwas in Gang zu bringen; aber ihre Bedeutung hatten sie unwiderbringlich eingebüsst, und die Verhältnisse, die ihren Verfall herbeigeführt hatten, waren nicht besser, sondern nur noch schlimmer geworden.

Allerdings versuchte man auch Ordnung in das verlotterte spanische Finanzwesen zu bringen. Der Contador Garnica wies eindringlich darauf hin, wie nachtheilig es für das Finanzwesen gewesen war, dass dessen Leitung in einer einzigen Hand ruhte. Ferner hatte man die Decentralisation der Finanzen als einen schweren Missstand kennen gelernt. Daher wurde eine Tesoreria general eingerichtet, eine Hauptstaatskasse, in welche alle Einkünfte fliessen, und aus der alle Ausgaben bestritten werden sollten. Drei Schlüssel wurden für diese Kasse angefertigt; den ersten erhielt der Tesorero general Espinosa, den zweiten der Contador Garnica und den dritten der Secretär Delgado; nur alle drei zusammen waren im Stande, die Kasse zu öffnen. Aber was nützten die besten Verordnungen, wenn der Geist sich nicht änderte, der in der Finanzverwaltung herrschte, wenn der niederländische Aufstand weiter am Marke des Landes und seiner Colonien zehrte, wenn die spanische Krone Grossmachtspolitik trieb, statt den Wohlstand des Landes zu heben? Und wie wäre dies möglich gewesen, wie hätte sich der in der Finanzverwaltung herrschende Geist ändern können, solange das spanische Volk selbst nicht von Grund auf ein anderes geworden wäre? Noch weit rascher als vor dem zweiten Staatsbankerotte trieb Spanien und mit ihm das Finanzwesen seiner Krone dem völligen Ruin entgegen.

Drittes Kapitel.

Die Genueser und Frankfurter Messen.

Das „Zeitalter der Fugger" näherte sich seinem Ende; aber grade jetzt brachte es als letzte Blüthe noch die vollkommenste Organisation des internationalen Geld- und Creditverkehres hervor, welche die Welt jemals gesehen hat, eine Organisation, welche bis zur Gegenwart noch nicht übertroffen worden ist. Mit Unrecht hat die National-ökonomie es bisher der Rechtsgeschichte überlassen, sich mit dem merkwürdigen Mechanismus zu beschäftigen, der als „Genueser Wechselmessen" eine kurze, aber bedeutsame Existenz geführt hat. Die Bedeutung dieser Messen liegt allerdings zum grossen Theile zu-nächst auf dem Gebiete des Zahlungswesens; aber indem sie den Zahlungsprocess erstaunlich concentrirten und verbesserten, ermög-lichten sie zugleich Umsätze in Leihkapitalien von früher unerhörter Grösse und zwar — was wohl das Wunderbarste ist — Umsätze zu Gunsten der jetzt bereits zweimal bankerotten spanischen Krone. Wir müssen die eigenthümlichen Umstände, durch welche die Entwickelung auf diesen Weg gedrängt wurde, zunächst etwas schärfer als bisher geschehen, ins Auge fassen.

Die spanischen Asientos. Bereits vielfach haben wir darauf hingewiesen, dass die unausgesetzten Anleihebedürfnisse Karls V., dann ebenso diejenigen Philipps II. grösstentheils entstanden aus den weiten ,Entfernungen, welche ihre einzelnen Länder von einander trennten. Wenn die Truppen in den Niederlanden oder in Italien hüngerten oder keinen Sold erhielten, so nützte es der Finanzverwal-tung gar nichts, dass gleichzeitig in den Bergwerken Peru's das edle Metall in noch so grossen Mengen gewonnen wurde; ja auch die

Ankunft reicher Silberflotten in Sevilla diente an sich noch nicht unmittelbar, sondern nur indirect, durch Steigerung des Credites der Krone, ihren politischen Zwecken. Sie konnte das Silber, selbst wenn es ausreichte, die augenblicklichen Bedürfnisse zu befriedigen, doch bei weitem nicht so rasch, wie diese es erheischten, in natura nach den Niederlanden und Italien schaffen lassen, was oft z. B. wenn es an Transportschiffen fehlte oder auch an Kriegsschiffen, um den Schatz sicher zu geleiten, überhaupt unmöglich war, nahm doch schon der Transport des Silbers von Amerika nach Spanien jahraus, jahrein ganze Geschwader von Kriegsschiffen in Anspruch, die trotzdem nicht selten von Seeräubern und Kapern mit Erfolg angegriffen wurden. Desshalb bedurfte die spanische Finanzverwaltung der Hülfe von leistungsfähigen Handlungshäusern mit internationalen Verbindungen, welche es ihnen ermöglichten, die nöthigen grossen Zahlungen ohne Zeitverlust in den Niederlanden, in Italien u. s. w. auf eigene Rechnung und Gefahr zu leisten, während ihnen der Gegenwerth in Spanien entweder sogleich ausgezahlt oder auf spätere Einkünfte angewiesen wurde.

Diese Geschäfte nannte man schlechtweg „Asientos", Verträge, und die Kaufleute, welche sich gewerbsmässig mit ihnen befassten, hiessen „Asentistas". In der Zeit, von der wir hier sprechen, waren es fast ausschliesslich Genuesen[1]).

Dabei handelte es sich um ganz ausserordentliche Beträge. Die Bekämpfung des niederländischen Aufstandes hatte die Krone anfangs durchschnittlich eine Million Dukaten im Jahre gekostet. Schon in der letzten Zeit vor dem Staatsbankerotte von 1575 hatte dieses Erforderniss sich ungefähr verdoppelt; in den folgenden Jahrzehnten

---

[1]) Die beste mir bekannte Schilderung der Asientos ist enthalten im ersten Theile des Werkes „Il negoziante" von Peri c. 17 und 18. Das Buch wurde um 1637 geschrieben und erschien zuerst 1638 ff., dann noch in vielen weiteren Auflagen. Was hier von den Asientos gesagt wird, gilt aber auch schon für die frühere Zeit mindestens seit ca. 1575, ausser den Umsatzziffern, die natürlich nicht immer die gleichen blieben. Vgl. oben I. 351, sodann Documentos ineditos XXXVI. 509 ff., für die spätere Zeit ausser Peri noch Carranza, Ajustamiento i proporcion de las monedas de oro, plata y cobre. Madrid 1629 p. 312. Ferner vgl. das Budget eines spanischen Armeecorps in Italien bei Morel Fatio, L'Espagne au XVI. und XVII. siècle p. 218 ff. Es kosteten zu unterhalten: 5000 Spanier, 4000 (!) Pioniere und 20 Stück Artillerie auf 4 Monate, sowie 6000 Deutsche, 4000 Spanier und 71 (!) Transportschiffe auf 7 Monate, also wohl alles auf eine Campagne, rund 1200000 Duk., wovon auf den Sold allein über $\frac{1}{2}$ Million entfiel, der Rest auf Munition, Proviant und Transportkosten. Auch die Handelsrechtslehrer Azorius, Raphael de Turri und Scaccia haben sich mit den Asientos beschäftigt. Endlich dienten mir zur Ergänzung aller dieser Nachrichten die Fugger'schen Correspondenzen.

stieg es auf durchschnittlich 3½ Millionen und hielt sich so bis zum Waffenstillstand von 1609, um später, als die Niederlande in den dreissigjährigen Krieg verwickelt wurden, abermals bis auf 6 Millionen und darüber anzuwachsen. Dazu kamen dann noch die Unterhaltungskosten der Truppen in Italien und der Flotte, die häufigen Subsidien an die kaiserliche Linie der Habsburger und so manches Andere. Kurz, die Gesammtsumme der jährlichen Asientos war in dem Zeitraume 1575 bis 1650 selten unter 5 Millionen, stieg aber oft auf 10 Millionen und mehr.

Es kam vor, dass die Krone den vollen Jahresbedarf in einem einzigen Asiento deckte; so schloss sie z. B. einmal einen solchen von 10 Millionen Escudos mit Octavio Centurioni ab, wohl das grösste Geschäft, das ein Genuese damals gemacht hat. Aber meist waren jährlich mehrere Asientos mit verschiedenen Finanzconsortien erforderlich. In jedem Falle hatten die nominellen Geldgeber, mit denen die Asientos abgeschlossen wurden, stets Unterbetheiligte, worauf nachher zurückzukommen ist.

Die spanische Finanzverwaltung pflegte die Asientos seit 1557 regelmässig nicht mehr in den Messen von Medina del Campo und Villalon, sondern in Madrid abzuschliessen, wo sich desshalb Vertreter der grossen Geschäftshäuser ständig aufhielten.

Mochte nun der Gegenwerth der im Auslande, durch die Asientos zu leistenden Zahlungen ihnen in Spanien sofort oder — was häufiger der Fall war — erst später ausgefolgt werden, stets erhielten sie dafür Ausfuhrlicenzen; diese waren ungesetzlicherweise übertragbar und galten für einen längeren Zeitraum; die Asentisten konnten sie anderen Personen verkaufen, wobei sie tüchtig verdienten. Ferner erhielten sie höhere Wechselcourse, als sie selbst bezahlten, dann die üblichen Zinsen, endlich Verleihungen von Lehnsgutern, Pfründen, Titel und dergleichen. Aber was hätte ihnen das Alles geholfen, wenn ihr Kapital unausgesetzt in dringendster Gefahr gewesen wäre, auf Nimmerwiedersehen in einem neuen Staatsbankerotte zu verschwinden? Und wie ermöglichten sie es überhaupt, Umsätze von solcher Grösse während einer Zeit zu bewerkstelligen, die aus einer Krisis in die andere fiel?

Hier haben wir uns zunächst der Thatsache zu erinnern, dass die Genuesen von jeher weit weniger mit eigenen, als mit fremden Kapitalien, mit Credit, mit „Papier" wie man es schon damals nannte, zu arbeiten pflegten. Die eigentlichen Unterbetheiligten, von denen eben die Rede war, bildeten bereits ein Mittel, um von Anfang an einen Theil des Risikos abzuwälzen und fremde Kapitalien heranzuziehen; aber die Assentisten pflegten den Kreis der directen Unterbetheiligten nicht allzuweit auszudehnen, weil dadurch auch ihr Gewinn zu sehr geschmälert worden wäre[2]). Ein besseres und dabei billigeres Mittel, um den gleichen Zweck zu erreichen, bildete der Verkauf der Betheiligungen, sobald der Rahm abgeschöpft oder gar Gefahr im Verzuge war[3]). Doch die Hauptmasse des „Papiers", mit dem namentlich die Genuesen arbeiteten, um ihr Geschäft überhaupt betreiben zu können, und das sie ausserdem benutzten, um ihr Risiko auf ein Minimum zu verringern, ohne von ihrem Gewinne allzu viel abgeben zu müssen, bestand aus Ricorsawechseln. Hierbei, bedurften sie der Messen und zwar ihrer eigenen, der Genueser Messen, mit denen wir uns daher jetzt eingehend zu beschäftigen haben.

Die äussere Entwickelung der Genueser Messen[4]). An früheren Stellen unserer Untersuchungen haben wir bereits erzählt, wie lange und eifrig Kaiser Karl V. bestrebt war, den lyonneser Messen Abbruch zu thun, wie er dann seine Bemühungen darauf concentrirte, die Genuesen zu sich herüberzuziehen, wie er, nachdem das gelungen war, ihnen den Besuch Lyons ganz verbot und in Besancon Concurrenzmessen begründete[5]). Es dauerte aber noch lange, ehe diese erhebliche Bedeutung erlangten. Ihre wichtigsten Entwickelungsstadien bildeten: die deutsch- bezw. spanisch-französischen Kriege der Jahre 1552—1559, der Verfall Lyons und Antwerpens, endlich der spanische Staatsbankerott von 1575 und der Verfall der spanischen Messen.

In einer aus dem Jahre 1622 herrührenden amtlichen Denkschrift des Genueser Messvorstandes heisst es, die Messen beständen seit etwa 70 Jahren, also seit 1552; das ist nicht richtig; aber geblüht

---

[2]) Dass die Unterbetheiligten, wenn das Geschäft gut ablief, nicht den ihnen gebührenden Gewinnantheil, im entgegengesetzten Falle aber einen zu hohen Verlustantheil erhielten, ist gewiss nicht selten vorgekommen. Bei einem solchen Geschäfte aus den Jahren 1623/24 waren die Fugger die leidende Theil: obwohl sie Hauptbetheiligte waren, wurden sie doch von den schwächer Betheiligten, welche aber das Geschäft im eigenen Namen abschlossen und leiteten, auf's Schmählichste betrogen (vgl. Fugger-Archiv 47, 7). Aber schwerlich wäre es möglich gewesen, jahraus jahrein immer wieder Unterbetheiligte zu finden, wenn jenes Verfahren die Regel gebildet hätte.

[3]) Welche Schwierigkeiten hieraus für das Rechtsverhältniss unter den Interessenten erwachsen konnten, schildert Scaccia, Tract. de comm. et camb. § 2 Gl. 5 No. 269 ff.

[4]) Die bisher ausführlichste und beste Schilderung der genueser Messen hat Endemann geliefert: Studien in der roman. kanonist. Wirthschafts- und Rechtslehre I. 158 ff., 174 ff.

[5]) Vgl. oben I. 336 ff., 341 ff., II. 73 ff.

haben sie sicherlich erst seit diesem Zeitpunkte. In den oberdeutschen Handelspapieren des Jahres 1551 werden sie noch nicht genannt. Als aber im Anfange des folgenden Jahres der letzte Krieg zwischen Karl V. und Frankreich ausbrach, traten die Genuesen als Geldgeber des Kaisers zum ersten Male in die vorderste Reihe der grossen Geldmächte, was es ihnen unmöglich machte, mit Lyon weiter zu verkehren. Zugleich wurden die kräftigsten Bemühungen gemacht, möglichst viel von dem lyonneser Verkehre nach Besancon zu übertragen. Besonders charakteristisch hierfür sind die damaligen Berichte aus Neapel und Sicilien. Dort wurde, wie in Spanien, den Niederlanden und den anderen Ländern des Kaisers, jeder Verkehr mit Lyon verboten und stattdessen zunächst angeordnet, Augsburg als Wechselplatz zu benutzen. Hiergegen protestirten die Genuesen und es wurde auch bald als undurchführbar erkannt, angeblich besonders wegen der Sprachschwierigkeiten, wesshalb der Vicekönig nunmehr den Verkehr mit Besançon ausschliesslich freigab. Aber schwerlich hätte dies viel geholfen, hätten die Genuesen nicht um ihrer Finanzgeschäfte willen selbst ein lebhaftes Interesse daran gehabt, die Messen von Besançon zu heben.

Aus dem Jahre 1554 besitzen wir schon eine von dem genueser Augustinermönche Fabiano herrührende Beschreibung und kanonistische Kritik der Messen von Besançon, die danach um diese Zeit noch eine getreue Copie der lyonneser Messen gewesen sein müssen, mit der einen, freilich sehr wesentlichen Ausnahme, dass in ihnen gar kein Waarenhandel, sondern ausschliesslich Geld- und Wechselgeschäft getrieben wurde[6]). Sie dienten augenscheinlich den Genuesen schon als Clearinghaus und auch zur Geldbeschaffung. Ende des Jahres· 1556 dachte sogar die spanische Finanzverwaltung bereits daran, nach jeder Wechselmesse einen Vertreter zu schicken, um dort leichter und billiger als in Antwerpen und Spanien Geld aufnehmen zu können. Aber es ist jedenfalls bei der blossen Absicht geblieben, hat doch die spanische Krone auch später niemals direct auf den Messen Anleihen abschliessen können; vollends in der Zeit, von der

---

[6]) Endemann (I. 165) kennt eine viel spätere lateinische Ausgabe der Schrift des Fabiano, die er in die Zeit um 1540 versetzt, unter dem Titel „De cambiis". Ich besitze eine 1561 in Mailand gedruckte Ausgabe, welche den Titel führt: „Trattato del cambio di Lione o di Bisenzone". Aus dem 7. Capitel geht hervor, dass die Schrift 1554 verfasst wurde und zwar — wie aus der Einleitung ersichtlich ist —. auf Anordnung des Erzbischofs von Genua, gelegentlich einer „per la salute dell' anime ad instantia de' nostri signori cittadiui Genovesi" angestellten Untersuchung der Frage,. „se il cambio di Lione o di Bisenzone senza scropolo ô carico di conscientia si potesse celebrare".

wir hier sprechen, hatten die Messen überhaupt noch keine internationale Bedeutung, wie schon daraus hervorgeht, dass sie in den
oberdeutschen Handelscorrespondenzen immer noch nicht erwähnt
werden, und dass auch der florentiner Kaufmann Davanzati in dem
um 1560 (eher später als früher) geschriebenen ersten Theile seines
Tractats „Dei cambi" der Genueser Messen noch nicht gedenkt,
während der um 1580 geschriebene zweite Theil, wie wir nachher
sehen werden, ausschliesslich von ihnen handelt[7]). Vorher aber,
nämlich bereits im Jahre 1573 besprach sie Davanzati's Landsmann,
der Geistliche Buoninsegni in seinem trefflichen Tractate gleichen
Namens, indem er berichtet, vor 50 bis 60 Jahren (!) seien die Genuesen durch den Krieg gezwungen worden, ihre Wechselgeschäfte
von Lyon nach Besançon zu verlegen; aber dort sei kein Waarenhandel; vielmehr kämen nur die Kaufleute von Genua, Mailand etc.
einige Tage vor dem Zahltage dorthin, um mit einander abzurechnen
und von Messe zu Messe Wechselgeschäfte zu machen.

Nun fanden aber damals die Messen schon gar nicht mehr in
Besançon statt, sondern die Genuesen hatten sich, wie ein Bericht
aus späterer Zeit besagt, „wegen der Kriegsunruhen und anderer
Beschwerlichkeiten" bereits veranlasst gesehen, sie zu verlegen[8]), und
zwar lässt sich ganz genau verfolgen, wie sie langsam immer weiter
südwärts wanderten, zuerst nach Poligny im Jura, dann nach
Chambéry in Savoyen, hart an der französischen Grenze und schon
in den Alpen; dort blieben sie mehrere Jahre, machten indess 1576
den Sprung ultra montes: man hielt einzelne Messen in Rivoli,
Jvrea, Asti und noch an anderen Orten ab. Im Jahre 1579 wurde
zum ersten Male Piacenza im Herzogthum Parma als Messort erwählt und blieb dies dann ungefähr vier Jahrzehnte. Dabei sprach
man aber immer noch von den „Messen von Besançon"; dieser
Name erhielt sich bis zum Verfall der Messen im folgenden Jahrhundert.

Dass die Genueser Messen in Folge der Religionswirren, welche
Frankreich und die Niederlande zerrütteten, viel Geschäft an sich
zogen, beweisen die lebhaften Klagen, die dies 1571 in Lyon veranlasste; König Carl IX von Frankreich wies den lyonneser Gouverneur
Mandelot damals an, Gegenmaassregeln zu ergreifen, um dem weiteren
Verfalle Lyons Einhalt zu thun. Wir wissen, dass dies nicht gelang.

---

[7]) Vgl. oben II. 79 ff.

[8]) Révue historique I. 113 nach einem Berichte von 1609, erstattet durch Jean de
Bâle und Pierre Varin, Bankiers von Besançon.

Vielmehr wurden die Genueser Messen grade in der folgenden Zeit durch die uns schon bekannten Ereignisse in Spanien und den Niederlanden auf den Höhepunkt ihrer Entwickelung gehoben. Aus der Fuggerschen Correspondenz, sowie aus den ältesten Statuten der Genueser Messen, die ich in Piacenza aufgefunden habe, gewinnt man folgendes Bild von dem damaligen Hergange[9]):

Der spanische Staatsbankerott von 1575, der den Credit der Genuesen momentan vernichtete, wirkte zunächst natürlich auch unheilvoll auf ihre Messen; sie scheinen in den nächsten $1\frac{1}{2}$ Jahren überhaupt nur ganz unregelmässig abgehalten worden zu sein; soweit sich aus den Fuggerschen Briefen ersehen lässt, waren es damals neben einigen noch nicht ganz erschütterten Genuesen namentlich etliche Mailänder und Toskaner, unter denen die Litta und die Bonvisi die bedeutendsten gewesen zu sein scheinen, welche die Messen nothdürftig erhielten. Aber im Frühjahre 1577, als sich begründete Aussicht auf baldige Regulirung der spanischen Forderungen eröffnete, thaten sich 30 Bankiers, unter ihnen nur 4 Nichtgenuesen (Lucio Litta, Francesco Capponi, Alfonso e Lorenzo Strozzi, sowie die Bonvisi), zusammen, um die Messen wieder gehörig in Gang zu bringen. Sie beschlossen, im Mai 1577 gleich drei Messen abzuhalten, die nächste dann im August u. s. f. Ferner sollten alle Messen künftig in Chambéry abgehalten werden, und unter keinen Umständen sollte noch eine Verlängerung der festgesetzen Zahlungstermine stattfinden. Endlich wurden die Geschäftsgebräuche gesammelt, aufgezeichnet, gründlich revidirt und der Signorie von Genua zur Bestätigung vorgelegt, welche letztere durch Decret vom 20. Mai 1577 erfolgte. Doch waren hierbei die Interessen der Nichtgenuesen ungenügend berücksichtigt worden; auch erwies sich Chambéry nicht als ein brauchbarer Messort, und es ergaben sich noch manche andere Übelstände. Kurz, neue Revisionen und Bestimmungen wurden erforderlich, die erst durch Verlegung der Messen nach Piacenza ihren vorläufigen Abschluss fanden. Wir werden auf den Inhalt dieser Verhandlungen nachher eingehen.

Als im Jahre 1581 der Florentiner Davanzati sich im zweiten Theile seines mehrfach citirten Tractats über die Genueser Messen

---

[9]) In der Stadtbibliothek von Piacenza befindet sich ein Sammelband mit dem Titel: Capitoli e Ordini delle fiere de' cambi. Darin stehen die ältesten hdschr. Statuten von 1577 nebst zahlreichen späteren Bestimmungen. Gedruckt wurden sie in wesentlich abgeänderter Gestalt erst 1594 (ein solches Exemplar befindet sich auf der Münchener Staatsbibl.), dann 1612, 1622 u. s. f. bis 1685, stets mit neuen Zusätzen. Danach sind die Angaben bei Endemann I. 163 zu berichtigen.

aussprach. that er dies noch mit folgenden aus Spott, Bewunderung und Neid merkwürdig gemischten Worten: „Die Genuesen, so schrieb er, haben eine neue Art Wechselgeschäfte erfunden, welche sie „Messen von Besançon" nennen, weil diese dort ihren Ursprung genommen haben; heute aber finden sie statt in Savoyen, in Piemont, in der Lombardei, im Trento, vor den Thoren Genua's oder wo man sonst will, sodass man sie besser „Utopia" d. h. Messen ohne Ort nennen kann. Zwar haben sie die Namen der lyonneser Messen, aber in ihnen findet kein Waarenhandel statt, sondern es kommen nur 50 oder 60 Bankiers (soviel waren es also schon geworden) zusammen, jeder mit einem kleinen Papierbuche, um die Wechselgeschäfte von fast ganz Europa zu reguliren und sie durch Rückwechsel zu den unter einander vereinbarten Zinsen zu erneuern, wobei sie sich nur durch die eine Rücksicht leiten lassen, diesem Spiele möglichst lange Dauer zu gewährleisten. Daran verdienen sie jäurlich allein an Provision 250000 Scudi". Da die Provision $^1/_3$ $^0/_0$ von beiden Parteien betrug, müsste der Jahresumsatz hiernach $37^1/_2$ Millionen Scudi betragen haben.

Die Blüthezeit der Messen dauerte etwa ein halbes Jahrhundert. Peri schrieb von ihr später, als der Verfall schon begonnen hatte, der Umsatz hätte in einzelnen Messen bis zu 12 Millionen betragen, also 48 Millionen im Jahre, was darauf schliessen lässt, dass jene Angabe von Davanzati zu hoch gegriffen war; denn inzwischen war die Zahl der Messbankiers auf 110 und mehr gestiegen, hatte sich also seit Davanzati's Zeit grade verdoppelt [10]). Peri widmet den Genueser Messen einen Dithryambus, der den Eindruck starker Übertreibung macht, thatsächlich aber sich keineswegs weit von der Wirklichkeit entfernt haben wird: „Die Wechselmessen, sagt er, sind das Herz, welches dem geheimnissvollen Körper der Politik Nahrung, Bewegung und Leben giebt". Das war nur eine zeitgemässige Variation über das uns wohlbekannte Thema „Pecunia nervus belli". Peri fährt fort: „Die Messen bilden den Mittelpunkt, in dem sich die Wege aller der verschiedenen und von einander geschiedenen Nationen vereinigen. Sie sind der Ocean, von dem alle Gewässer des Geschäftslebens ausgehen, und zu dem sie auch sämmtlich wieder zurückkehren. In

---

[10]) Nach einer Notiz bei Poggioni, Mem. stor. di Piacenza vol. X. betrug der Umsatz der ersten in Piacenza 1579 abgehaltenen Messe 1700000 Scudi, was die Angabe Davanzati's auch als stark übertrieben erscheinen lässt.

ihnen kommen entweder selbst oder durch Vertreter fast alle Kaufleute Europa's zusammen"[11]).
Freilich blieb dieser Zustand nicht ungestört: es kam mehrfach
zu heftigen Streitigkeiten zwischen den Genuesen und den anderen
Messbankiers. Die Kirche griff wiederholt mit rauher Hand in das
feine Getriebe des Messverkehres ein. Vor allem aber wurde dasselbe,
trotz aller Schlauheit seiner Erfinder, von den spanischen Staatsbankerotten bedroht, die sich allmählich zu einer Art chronischer
Krankheit entwickelten: die Krisen von 1595 und 1607 überstanden
die Messen mit bewundernswürdiger Elasticität; aber durch diejenige
des Jahres 1627 erhielten sie einen Stoss, von dem sie sich nicht mehr
erholt haben. Schon vorher hatte man sich durch üble Erfahrungen,
die man in Piacenza machte, veranlasst gesehen, einzelne Messen an
anderen Orten abzuhalten; dann hatte der genueser Senat 1621
beschlossen, die Messen nach Novi auf sein Gebiet zu verlegen,
wohin aber die anderen Nationen nicht folgten; vielmehr entstanden
Concurrenzmessen in Verona, Rimini u. s. w. Mehrere Versuche, die
Ordnung wiederherzustellen, scheiterten: die Bedeutung der Messen
sank im gleichen Schritte mit derjenigen des genueser Lankgeschäfts
selbst, wovon wir im ersten Abschnitte bereits gesprochen haben.
Nur kümmerliche Reste fristeter in Novi noch lange Zeit ein un-
scheinbares Dasein. Aber grade diese merkwürdige Entwickelung
zeigt, dass wir es mit einer ausserordentlichen Erscheinung zu nun
haben.
Die Genueser Messen waren in erster Linie ein Erzeugniss der
Politik, in zweiter ein Erzeugniss des genialen Geschäftsgeistes der
Genuesen. Indem diese eine Reihe grosser Weltereignisse geschickt
ausnutzten, brachten sie ihre Messen zu beispiellos glänzender Blüthe,
die dann aber ebenso rasch verwelkte, wie sie entstanden war; ein
Phänomen, das gewiss werth ist, auch von ökonomischen Gesichtspunkten aus genauer betrachtet zu werden.

Die Organisation der Messen[12]). Bei Einrichtung der Genueser
Messen ahmte man zunächst den Apparat derjenigen Lyon's nach.
Sodann eignete man sich das Beste an, was die spanischen Messen

---

[11]) Il negotiante II. C. 19. Ganz ähnlich auch andere gleichzeitige Autoren z. B.
Bocchi, Trattato della Moneta, Bologna 1621.

[12]) Ich stütze mich hierbei stets direct auf die Statuten der Messe, sowie auf die Erläuterungen des Peri und anderer gleichzeitigen Handels-Schriftsteller, ferner auf die Handels-
Correspondenzen der Fugger. Endemann (I. 174 ff.) hat sich bei seiner sonst ganz vortrefflichen Schilderung allzu ausschliesslich auf die Statuten, sowie auf die Erläuterungen

zur Erleichterung und Vereinfachung des Geld- und Wechselverkehres aufzuweisen hatten. Endlich aber verbesserte man die ganze Organisation an der Hand der Erfahrung immer mehr, bis schliesslich die Messen einem gut regulirten Uhrwerke glichen, freilich einem solchen, das nur von seinen Erfindern in Gang gehalten werden konnte, welche die Messen vorzugsweise in ihrem eigenen Interesse errichtet hatten, und die sie auch vorzugsweise in ihrem Interesse leiteten.

Zwar stand der Besuch der Messen formell Jedermann frei; aber die Betheiligung an den wesentlichsten Geschäften, die dort verrichtet wurden, der Feststellung der Wechselcourse und der Scontrirung, war abhängig von der Genehmigung des Messvorstands, die nur ertheilt werden durfte an Personen, die eine gehörige Firma, sowie die nöthigen Verbindungen an allen Wechselplätzen besassen und bei der Behörde in Genua eine Caution hinterlegten, oder die sich als Vertreter solcher Personen bei Beginn der Messe legitimirten. Das waren die Messbankiers, welcher Ausdruck jetzt erst eine völlig bestimmte technische Bedeutung erhielt. Die Genuesen bildeten bei weitem die Hauptmasse der Messbankiers; daneben waren nur noch einige Mailänder und Toskaner, später auch Venetianer in wechselnder Zahl vertreten. Die anderen Nationen mussten ihre Geschäfte durch die Italiener verrichten lassen.

Auch im Messmagistrate, der aus einem Consul und zwei Räthen bestand, hatten die Genuesen das unbedingte Übergewicht. Der Consul und ein Rath wurde durch die Signorie von Genua jährlich bestellt; beide mussten Genuesen sein; der andere Rath war Mailänder, wurde von den Bankiers dieser Stadt erwählt und von der genueser Signorie bestätigt. Anfangs reservirte man auch den Toskanern eine Rathsstelle für den Fall, dass sie sich in hinreichender Zahl einstellen und den Messstatuten unterworfen würden; es scheint aber, dass sie diese Bedingungen nicht erfüllten; erst als die Messen längst in Verfall gerathen waren, wurde erlaubt, dass der zweite Rath auch Florentiner oder Venetianer sein dürfe. Der Messmagistrat hatte sehr ausgedehnte administrative und jurisdiktionelle Befugnisse. Appellation gegen seine Entscheidungen konnte nur an die Signorie von Genua stattfinden. Die Ausführung der Anordnungen des Messvorstands lag in den Händen des Kanzlers, der alle Schriftstücke zu verfassen, die Wechselproteste aufzunehmen und noch manche

---

von Scaccia und anderen Handelsrechtslehrern jener Zeit verlassen, wodurch die wirthschaftlichen Interessen und Interessenkämpfe zu kurz gekommen sind, und die Darstellung etwas formalistisch ausgefallen ist.

andere Funktionen auszuüben hatte. Der Kanzler wurde Anfangs von der genueser Signorie bestellt, später von den Messbankiers erwählt.

Dass die Genuesen ihr Übergewicht auf den Messen mit vollem Bewusstsein aufrecht erhielten und verstärkten, ist gar keine Frage. Im Jahre 1584 erhob sich, wie wir aus den Fuggerschen Correspondenzen ersehen, ein grosser Zank zwischen den Genuesen und den anderen Nationen wegen der Wechselcours-Feststellung. Darauf verlangten die ersteren, dass jeder Messbankier Caution stellen und sich dem Spruche des Messmagistrates bezw. der genueser Signorie unbedingt fügen müsse. Dadurch, so schrieben die Fugger, würden die Genuesen alle Macht an sich reissen und alle anderen Nationen auf's höchste beschweren; sie würden nach Gefallen Geldknappheit oder Geldflüssigkeit herbeiführen, ein unleidlicher Zustand! Ganz so schlimm gestaltete die Sache sich allerdings nicht; aber die Fugger hatten vollkommen Recht, wenn sie hinzufügten: „So suchen diese Leute allenthalben das Wasser allein auf ihre Mühle zu leiten".

Ungemein wichtig und interessant für die Geschichte des ganzen Geldwesens ist die Währung der Genueser Wechselmessen. Leider können wir an dieser Stelle auf die Entstehung und Entwickelung der imaginären Wertheinheit, welche allen Umsätzen dieser Messe zu Grunde gelegt wurde, nicht sehr tief eingehen[13]). Dieser berühmte Markenscudo (Scudo de Marchi) war schon in Lyon, ja bereits in Genf entstanden. Ursprünglich eine reine Goldeinheit, wurde daraus in Lyon eine Einheit, welche ein festes Verhältniss zwischen Gold und Silber festhalten sollte, ein bimetallistisches Experiment, das aber kläglich scheiterte, wesshalb die Genuesen ihre Messwährung wieder ausschliesslich auf das Gold basirten.

Es war die Zeit, als die enorme Steigerung der Silberproduktion überall das Gold, und als ausserdem massenhafte fürstliche Falschmünzerei überall das gute Geld, Silber wie Gold, verdrängte. Der Grossverkehr wehrte sich nach Kräften gegen Beides, zu welchem Zwecke er sich eigene Grosshandels-Währungen schuf, die jeder staatlichen Sanktion entbehrten und trotzdem ihrem Zwecke entsprachen; nur die Festhaltung des Goldes gelang dem Grossverkehre meist nicht, weil so viel Silber, dagegen nur wenig Gold circulirte. Eine solche Grosshandels-Währung war auch der Markenscudo und zwar

[13]) Vgl. einstweilen Endemann (I. 180 ff.), der aber die wirthschaftliche Bedeutung des Markenscudo bei weitem nicht ausreichend würdigt. Ich denke an anderem Orte darauf zurückzukommen.

die einzige ihrer Art, welche inmitten der Überschwemmung mit
Silber das Gold festzuhalten wusste. Der Markenscudo war eine
imaginäre d. h. nicht in einer wirklich vorhandenen Münze ausgedrückte
Wertheinheit, von der 100 Scudi soviel galten wie 99 effektive Goldscudi der fünf besten Prägungen (Spanien, Neapel, Venedig, Genua,
Florenz). Alle auf den Messen zu regulirenden Zahlungsverpflichtungen,
vor allem die auf die Messen trassirten Wechsel lauteten auf Marken-
scudi und mussten im effektiven Goldscudi jener 5 Sorten bezahlt
werden, soweit nicht Compensation eintrat. Der Markenscudo war
die Messwährung und zwar eine vollkommene feste, allen ver-
derblichen Schwankungen entrückte Währung, von der Peri
mit Recht sagte: „Die klugen Wechselhändler haben das anscheinend
Unmögliche möglich gemacht; sie haben das erreicht, was bisher noch
kein Fürst hat erreichen können". Um der Messwährung eine absolute Unabhängigkeit von allen Mängeln der effektiven Münze zu
verleihen, mussten alle Goldscudi, die zu Zahlungen in den Messen
verwendet werden sollten, vorher durch den beeidigten Wäger geprüft und dann in Säckchen eingesiegelt werden. Diese unveränder-
liche Goldwährung hat sehr viel beigetragen, die internationale Bedeutung der Genueser Messen zu erhöhen. Sie liess sich aber nur
aufrechterhalten, weil die ganze Organisation der Messen darauf zu-
geschnitten war, die Baarzahlung in möglichst hohem Maasse durch
Compensation zu ersetzen. Wir werden hierauf zurückkommen;
zunächst wollen wir nur sehen, welche Maassregeln diesem Zwecke
dienten.

Ursprünglich hatte derjenige, welcher in baar zahlen wollte, wie
in Lyon und anderen Messen, damit Zeit bis zum Ende der Messe
d. h. bis 8 Tage nach Präsentation des Wechsels. Aber im Jahre 1583
wurde diese Frist beschränkt auf 4 Tage d. h. wer am Ende der
Messen baar zahlen wollte, musste seine Scudi bis zum vierten Messtage einsiegeln lassen; geschah das nicht, so musste er durch Compensation zahlen. Um ferner die Compensationszahlung gegen alle
Einwände zu sichern, bestimmten schon die ältesten Statuten, dass
die Compensation rechtlich der Baarzahlung gleich zu achten sei;
auch wurde zum gleichen Zwecke die Form der Compensation wiederholt verbessert.

Die Namen der Messen waren dieselben wie in Lyon (Apparitione, Pasqua, Agosto, Tutti-Santi), und ursprünglich auch die Termine; eine Zeit lang wichen letztere dann von denjenigen Lyon's ab;
aber als die lyonneser Messen verfielen, kehrte man zu den alten
Terminen zurück, sodass die Fiera d'Apparitione am 1. Februar, die

Fiera di Pasqua am 1. Mai, die Fiera d'Agosto am 1. August und die Fiera de' Santi am 1. November begann. Unter keinen Umständen durften die Messen verschoben werden, was wie wir wissen, in Lyon, Spanien und Antwerpen zum Verderben des ganzen Verkehres so häufig geschehen war. Auf den Genueser Messen liess es sich verhindern, erstens weil sie der Autorität der bankerotten Fürsten ganz entrückt waren und zweitens, weil diese direct auf den Messen überhaupt nichts zu thun hatten, letztere vielmehr rein kaufmännische Veranstaltungen waren und nur indirect den Finanzen der Fürsten zu Gute kamen.

Jeder der acht Messtage hatte sein bestimmt vorgeschriebenes Programm. Alle Messhändler brachten ein Buch mit, welches ein Verzeichniss der von ihnen zu leistenden und zu empfangenden Zahlungen enthielt, das Scartafaccio. Am ersten Tage wurden die Scartafaccien mit einander verglichen; jeder Zahlungsverpflichtete machte in dem Buche seines Gläubigers dort, wo dessen Forderung eingetragen war, wenn er sie als richtig anerkannte, ein Zeichen, das als Acceptation galt. Dabei wurden unter den einzelnen Messhändlern schon manche Forderungen compensirt. Nach Abzug derselben stellte Jedermann am zweiten Tage die Bilanz der Acceptationen auf d. h. ein Verzeichniss der Beträge, welche er acceptirt hatte, und die ihm acceptirt worden waren; diese Verzeichnisse wurden sodann zur Vergleichung herumgeschickt.

Der dritte Messtag hiess der Geschäftstag (giorno de negotii), weil er den Wechselgeschäften gewidmet war und zwar vor allem der Feststellung der officiellen Wechselcourse, des Conto. Wir haben uns über diese Einrichtung und ihre Bedeutung, die ebenso leicht über- als unterschätzt werden kann, schon bei Darstellung der lyonneser Verhältnisse ausgesprochen. Auf den Genueser Messen war der Hergang der folgende: Zuerst mussten alle Makler den Raum verlassen, wo die Wechselcourse normirt werden sollten. Hierbei waren nur die angesehensten Bankiers betheiligt, welche der Reihe nach auf Befragen des Kanzlers ihre Vota für den Wechselcours jedes Platzes abgaben, worauf der Kanzler denjenigen Cours, der die meisten Vota, mindestens aber mehr als die Hälfte derselben auf sich vereinigte, als officiellen Cours proklamirte. Danach wurden die amtlichen Courszettel gedruckt und in alle Welt verschickt. Hierin, in der Richtschnur, welche das „Conto" für die auswärtige Geschäftswelt bildete, lag nach wie vor seine wirthschaftliche Hauptbedeutung; daneben gewährte es den Messen nach wie vor eine Schutzwehr gegen kirchliche Anfechtungen; denn es galt als das, was die Kanonisten das „pretium verum cambiorum" nannten. Eben desshalb sollten die Vota der einzelnen Bankiers auch „ohne Leidenschaft", nach rein sachlichen Erwägungen abgegeben werden, und eine schon in der ältesten Redaktion der Statuten enthaltene Bestimmung verbot bei strenger Strafe die Unsitte, „aus Laune oder zum Scherz" exorbitante Course vorzuschlagen. Aber die Fugger meinten im Jahre 1584, die Genuesen würden wohl als Herren der Messen das Conto ganz nach ihrem Gefallen festsetzen, gleichviel was die anderen Nationen dazu sagten; die Florentiner machten es ja in Lyon gewöhnlich ebenso.

Aus dieser Äusserung sieht man zur Genüge, dass das Conto in der That erhebliche Bedeutung hatte; aber die Messbankiers selbst richteten sich nicht danach; vielmehr begannen sie ihre Wechselgeschäfte nach freier Übereinkunft zu schliessen, sobald das Conto festgestellt war; unmittelbar danach wurden nämlich die Makler wieder eingelassen, und es entspann sich durch ihre Vermittlung das eigentliche Messwechselgeschäft „al prezzo corrente", wobei Jeder seinen Vortheil ohne Rücksicht auf das Conto nach Kräften wahrnahm. Letzteres war also etwas ganz Ähnliches, wie noch heutigen Tages die amtlichen Course mancher Börsen [14]).

Auch am vierten Messtage wurde das private Wechselgeschäft fortgesetzt; ferner begann jetzt die Correspondenz mit den auswärtigen Geschäftsfreunden, und es hörte dagegen, wie schon erwähnt, die Möglichkeit auf, Baargeld zur Zahlung einsiegeln lassen zu können. Zugleich aber erfolgte eine andere Manipulation, welche wiederum eine Vereinfachung des Geschäftsganges bezweckte: jeder Messhändler schrieb nämlich in sein „Libretto de cambii ed avalli" zunächst alle von ihm während der Messe abgeschlossenen Wechselgeschäfte ein. Wenn nun der Messhändler A z. B. auf Venedig 1000 Dukaten Wechsel von B gekauft und den gleichen Betrag an C verkauft hatte, so ersuchte er den B, den Wechsel direct an C zu liefern; B konnte die Aufgabe zur Lieferung an D weiterüberweisen, dieser an E u. s. f. Alle Wechselverkäufer, welche auf solche Weise der Mühe des Trassirens überhoben wurden, blieben dennoch solidarisch haftbar für den Wechselbetrag, und ihre Namen wurden von dem schliesslichen Aussteller des Wechsels als „avalli" in den Wechseltext aufgenommen. Bereits in den ersten Statuten der Genueser Messen ist von diesem

---

„Giro-Aval", wie man es neuerdings genannt hat, die Rede; es war
ein Vorgänger des eigentlichen Wechselgiro's und diente schon demselben wirthschaftlichen Zwecke [15]).

Nun wusste jeder Messhändler, welche Wechsel er wirklich aus-
zustellen und zu empfangen hatte; er trug sie in sein Scartafaccio
ein und konnte am fünften Messtage seine Bilanz aufstellen, aus
welcher er ersah, wieviel Überschuss (avanzo) er in der Messzahlung
zu empfangen oder wieviel Fehlbetrag (mancamento) er zu zahlen
hatte. Am sechsten Tage wurden die unter Protest gehenden
Wechsel dem Messkanzler aufgegeben, die schliesslichen Zahlungsbilanzen zusammengestellt und diese durch nochmalige Umfrage
auf ihre Richtigkeit hin geprüft. Am Abend dieses Tages versammelte der Messvorstand alle Bankiers, um den Zustand der Messe
zu ermitteln. Waren viele Überschüsse vorhanden, so herrschte Geldflüssigkeit, im entgegengesetzten Falle.Geldknappheit. Am siebenten
Tage wurden die Wechsel und sonstigen Papiere, Verschreibungen
u. s. w. geliefert, die Adressen aufgegeben etc. Endlich am achten
Tage wurden die Zahlungsbilanzen dem Messvorstande eingereicht
und die Zahlungen durch Compensation oder in baar geleistet. Letzteres bildete nur einen kleinen Theil des Gesammtumsatzes, weil
Jeder, der Überschuss hatte, in der Regel sich rechtzeitig bemühte,
ihn so vortheilhaft wie möglich unterzubringen, und weil Jeder, der
einen Fehlbetrag zu decken hatte, bemüht war, hierfür bei Zeiten zu
sorgen, weil endlich alle ein Interesse daran hatten, jeden über-
flüssigen Baarumsatz zu vermeiden, wofür der Messvorstand ex officio
Sorge trug.

Die Bedeutung der Messen. Die Genueser Messen waren die
ersten und sind die einzigen geblieben, in denen niemals Waarenhandel getrieben wurde. Ihre wirthschaftliche Bedeutung lag zunächst
darin, dass sie, wie ein Zeitgenosse mit Recht sagte, das Muster
und Ideal einer vollkommenen Gestaltung des gesammten
Zahlungswesens waren [16]). Dasjenige, was in Spanien, wie wir

---

[15]) Die neuesten Resultate der rechtsgeschichtlichen Forschungen über die Entstehung
des Wechselgiro's findet man bei Schaps, Zur Geschichte des Wechselindossements (1892);
aber bei aller Anerkennung der hier aufgewendeten Gelehrsamkeit und Combinationsgabe
krankt die Schrift, gleich den anderen dasselbe Thema behandelnden rechtsgeschichtlichen
Arbeiten daran, dass sie die wirthschaftlichen Zustände und Bedürfnisse der Zeiten, welche
sie behandelt, insbesondere den Mechanismus des früheren Zahlungsprocesses zu wenig
kennt und würdigt. Ich hoffe, an anderem Orte auch diesem Gegenstande bald näher treten
zu können.

[16]) Bocchi, De la moneta (1621).

sahen, aus Noth für ein einzelnes Land geschehen war, geschah hier aus kluger Berechnung in ausnehmend verbesserter Form für ganz Europa: die Durchführung des Gross-Zahlungsverkehres fast ohne Geld. Allerdings war auch hier die Knappheit an Baargeld der treibende Faktor, aber nicht wie in Spanien, die absolute, sondern nur die relative Geldknappheit: wollten die Genuesen ihre enormen Geldgeschäfte mit der spanischen Krone durchführen, so mussten sie einen derartigen Mechanismus schaffen. Er ermöglichte es ihnen, statt des Geldes, von dem nicht genug zu ihrer Verfügung stand, den Credit zu verwenden.

Die Genuesen bezweckten mit ihren Messen nicht allein eine Organisation des Zahlungsverkehres, sondern auch eine Organisation des Creditverkehres. Die Messen dienten ihnen, um es kurz zu sagen, sowohl als Girobank (oder Clearinghaus), wie als Creditbank, und zwar dienten sie weit besser als irgendwelche einzelne Bank, weil sie in sich den Zahlungs- und Creditverkehr von ganz Europa vereinigten. Allerdings enthielten sie nicht wie Banken einen festen Baarfonds; aber der Credit aller Messbankiers, die solidarisch bei den Messen betheiligt waren, lieferte diesen eine mindestens ebensogute Grundlage, als es ein, im Verhältnisse zu den schwebenden Verpflichtungen, immer doch sehr beschränkter Baarfonds gewesen wäre [17]).

Wie diente nun der Apparat der Messe den Finanzgeschäften der Genuesen? Wenn die spanische Finanzverwaltung mit ihnen Asientos von 10 Millionen Scudos abschloss, wodurch sie sich verpflichteten, diesen Betrag in den Niederlanden und Italien auszuzahlen, so erwuchs ihnen dadurch stets eine doppelte, in der Regel sogar eine dreifache Aufgabe: 1. mussten sie dafür sorgen, dass die Zahlungen in den Niederlanden und in Italien geleistet wurden; 2. mussten sie den Gegenwerth in Spanien einkassiren und zur Deckung ihrer Verpflichtungen ins Ausland schaffen, und 3. mussten sie meist auch mindestens auf einige Monate, oft auf mehrere Jahre in Vorschuss treten. Für alle diese Aufgaben waren ihnen die Messen unentbehrlich.

Zunächst konnten sie nur in den Messen Wechsel auf Antwerpen oder auf die anderen Plätze, wo sie die Zahlungen für die spanische Krone zu leisten hatten, in genügenden Mengen kaufen; fanden sie auf den Messen directe Wechsel nicht in ausreichenden Beträgen, so

---

[17]) Für die Richtigkeit meiner Darstellung berufe ich mich namentlich auf Peri I. c. 17 und 18, II. c. 19, III. c. 12.

konnten sie Zwischenplätze benutzen z. B. Frankfurt oder Amsterdam
für Antwerpen. Aber weil der grösste Theil des internationalen
Wechselverkehres sich der Genueser Messen bediente, fand man dort
in der Regel Wechsel auf alle Hauptplätze, wenn man nur gute
Course bezahlte; denn es entwickelte sich mit und auf den Messen
ein enormes Wechselarbitrage-Geschäft, an dem sich die Genuesen selbst an erster Stelle betheiligten. Je grösser die Nachfrage
nach Wechseln auf einen Platz war, desto mehr blühte die Arbitrage,
und umgekehrt war es auch nur bei einer ansehnlichen „Marge"
zwischen dem Wechselpari und dem Wechselcourse lohnend, das hohe
Risiko, die Beschwerlichkeiten und Kosten grosser Baartransporte zu
übernehmen; dann freilich „lief das Baargeld — um den treffenden
Ausdruck Davanzati's zu gebrauchen — wie Wasser nach den günstig-
sten Plätzen". Ebenso dienten die Messen den Genuesen auch für die
Trassirungen auf Spanien, um von dort die Rückzahlungen auf ihre
Vorschüsse herauszuholen; das war, wie wir wissen, in der Regel
sehr schwierig, weil eben stets viel mehr Leute Geld von Spanien
zu fordern, als dorthin zu zahlen hatten. Aber wenn es unmöglich
war, Tratten auf Spanien unterzubringen oder dort Rimessen auf das
Ausland von solventen Geschäftshäusern zu kaufen, so blieb auch
hier als ultima ratio der Baartransport übrig, der von Spanien nach
Genua sehr viel leichter zu bewerkstelligen war, als nach den Niederlanden; das spanisch-amerikanische Silber fand daher jetzt grösstentheils seinen Weg über Genua ins Ausland.

Soweit dienten die Messen nur zur Erleichterung des internationalen Zahlungsverkehrs. Ausserdem aber konnten die Genuesen
auch nur mit ihrer Hülfe der spanischen Krone alljährlich viele
Millionen vorschiessen; das wichtigste Mittel zu diesem Zwecke war,
wie schon erwähnte, eine systematische Organisation des Ricorsa-
wechsel-Verkehres. Die Blüthezeit der Genuser Messen kann als
die klassische Zeit der Ricorsa bezeichnet werden.

Zwar benutzte man dort auch das börsenmässige Deposito oder,
wie das Geschäft jetzt, wieder meist genannt wurde, die Wechsel
von „Messe zu Messe", um dem Wucherverbote zu entrinnen. Aber
das Deposito kam, wie schon früher erwähnt, seit jener Bulle des
Papstes Pius V. etwas in Verruf, wesshalb man sich lieber der Ricorsa bediente. Allerdings eiferte die erwähnte Bulle, ebenso wie
die späteren Decrete der kirchlichen Autoritäten auch gegen die
„trockenen Wechsel"; aber nun entspann sich ein ausserordentlich
weitschichtiger Streit zwischen den Theologen und Juristen, ob die
Ricorsa als ein verbotener „trockener Wechsel" anzusehen sei. Un-

möglich können wir auf die scholastischen Finasserien dieses Streites hier eingehen[18]). Genug, während der Blüthezeit der Messen wussten die Genuesen es durchzusetzen, dass die Kirche ihren Ricorsaverkehr nicht wesentlich behelligte. Erst als der Verfall der Messen begann, in dem Jahrzehnte 1620—1630, erreichte die Kirche es, dass dieser Verkehr vielfach gestört wurde, was dann die damalige Zerrüttung der Creditverhältnisse wesentlich verschlimmerte, wohl einer der letzten Pyrrhussiege, welche die Wucherlehre gegenüber den Anforderungen des Lebens davontrug.

Um nun einen Begriff davon zu bekommen, wie der Ricorsawechsel den Creditverhältnissen der Genuesen diente, wollen wir einmal den typischen Verlauf eines ihrer grossen Geldgeschäfte schildern. Nehmen wir an, die spanische Finanzverwaltung hätte mit Ambrosio Spinola (und Consorten) einen Asiento von 2 Millionen Scudi abgeschlossen, die er in 10 Monatsraten von je 200000 Scudi in den Niederlanden erlegen, und deren Gegenwerth er dagegen binnen zwei Jahren in Spanien erhalten sollte, sodass er auch zwei Jahre in Vorschuss treten musste. Spinola kaufte nun zunächst in jeder Messe soviel Wechsel auf Antwerpen, wie er bekommen konnte; gelang es ihm einmal nicht, genug solche Wechsel zu vortheilhaften Preisen zu bekommen, so suchte er Wechsel aus Frankfurt a/Main zu kaufen, in der Erwartung, während der nächsten dortigen Messe Wechsel auf Antwerpen zu günstigen Preisen oder schlimmstenfalls Baargeld beschaffen zu können, das von Frankfurt aus ohne allzugrosse Kosten und Gefahr nach den Niederlanden zu transportiren war. Wechsel oder Baargeld bezahlte Spinola seinerseits in der Regel nicht baar, sondern mit anderen Wechseln: entweder trassirte er in den Messen direct auf Spanien oder wenn das nicht möglich oder nicht vortheilhaft war, auf irgend einen Platz, wo er eine eigene Firma oder Vertretung besass, und wohin der Wechselcours gerade günstig stand, also etwa auf Genua. Wenn bei Verfall dieser Wechsel dort kein Baargeld zu seiner Verfügung war, so trassirte er sofort wieder auf die nächste Messe, und in letzterer von neuem auf Genua oder auch, je nach dem Stande der Wechselcourse, auf einen anderen Platz u. s. f., bis das Geschäft abgewickelt war. Hierbei konnte er durch

---

[18]) Wer sich dafür interessirt, findet alles Nöthige bei Endemann I. 256 ff. Über die Erfolge der Kirche in der späteren Zeit (1620—1630) vgl. den in Anm. 9 erwähnten Codex der Stadtbibliothek von Piacenza, ferner Fugger-Archiv 2, 5, 3. Wie die Genuesen in früherer Zeit sich zu den kirchlichen Anfechtungen stellten, ersieht man z. B. aus einem Fuggerschen Briefe von 1588, wonach sie „die Theologen singen und sagen lassen aber nichtsdestoweniger das Ihrige schaffen".

geschickte Arbitrage noch einen bedeutenden Extragewinn erzielen
und zwar unter Umständen, ohne einen Pfennig eigenen Kapitals
aufzuwenden. Mindestens verschafften sich die Assentisten auf solche
Weise Geld zu verhältnissmässig billigen Zinsen, die indess im Vergleiche zu denen, welche man sonst damals bei sicheren Geschäften
machen konnte — ein Punkt, auf den wir zurückkommen werden —
noch sehr hohe waren. Desshalb nennt Peri die Ricorsa geradezu
eine „compagnia tacita di negotii", durch welche ein Theil der an
den Asientos erzielten Gewinne weiteren Kreisen zufloss.

Die Genueser Messen dienten also, wie schon erwähnt, unmittelbar nur den Interessen der Kaufleute und Bankiers, vor allem
der genueser Assentisten. Allerdings wird einmal 1588 erwähnt, dass
auch die spanische Krone auf den Messen einen „Recevedor" unterhielt, der sogar selbst eine „Zahlungsbilanz" einreichte. Aber es unterliegt nicht dem geringsten Zweifel, dass die grossen spanischen Anleihegeschäfte nicht auf den Messen, sondern in Madrid abgeschlossen
wurden. Dagegen war der indirecte Nutzen, den die spanische Krone
aus ersteren zog, ein ganz ausserordentlich grosser. Wir können hier
nur wiederholen, was wir früher von der Bedeutung der Fugger für
Spanien gesagt haben: Nicht die Silbergruben Potosi's, sondern die
Genueser Wechselmessen ermöglichten es dem Könige Philipp II.
in erster Linie noch Jahrzehnte lang, Weltmachtspolitik zu treiben,
als ihm die sonstige Berechtigung hierzu schon abhanden gekommen
war; sie ermöglichte es seinen Nachfolgern noch mehrere weitere
Jahrzehnte hindurch, Kriege zu führen, Subventionen zu zahlen,
Italien zu beherrschen, kurz aktive Politik zu treiben.

Diese Bedeutung der Genueser Messen war allerdings durchaus
kein Gewinn für den Fortschritt der Kultu., und auch sonst weisen
sie manche Zeichen des Zersetzungsprozesses auf, dem damals die
wirthschaftliche Kultur eines grossen Theiles Europa's anheimgefallen
war. Erwachsen auf den Trümmern von Antwerpen, Lyon und den
spanischen Messen, enthielten sie doch nicht eine Spur von dem gewaltigen Waarenhandel dieser Mittelpunkte des Weltverkehres.
Letzterer, dessen Hauptwege früher den europäischen Continent durch-
quert hatte, bewegte sich jetzt schon grösstentheils an dessen Rändern.
Süd- und Centraleuropa, also das Gebiet, dessen wirthschaftlichen Mittelpunkt die Genueser Messen vor allem bildeten, hatte bereits den
grössten Theil seines Waarenhandels eingebüsst. Von demjenigen
der Niederlande und Frankreichs verschwand ebenfalls das Meiste
zeitweise unter dem sengenden Hauche der Religionskriege. Endlich trugen die lohnenden Geldgeschäfte der Genueser Messen selbst

wesentlich dazu bei, die Italiener und Oberdeutschen immer mehr dem Waarenhandel zu entfremden[19]. Was übrig blieb, vegetirte theils an den alten Plätzen fort, theils suchte es neue Stätten auf, unter denen sich aber die Genueser Messen nicht befanden.

Der Verkehr dieser Messen bestand einestheils aus den Umsätzen, welche früher ebenfalls in den Messen, nämlich in denjenigen von Antwerpen, Lyon und Spanien, sich concentrirt hatten, also aus jenen grossen Regulirungsgeschäften, die im 16. Jahrhundert immer mehr in den Messen zusammengedrängt worden waren. Ausserdem aber concentrirte sich dort jetzt auch wieder ein Theil des gewaltigen täglichen Geld- und Creditgeschäftes, das an den Börsen von Antwerpen und Lyon sich entwickelt hatte, mit anderen Worten: der Geld- und Creditverkehr wurde durch seine absolute Verringerung und durch die unausgesetzten Erschütterungen und Störungen, welche er zu erdulden hatte, von der höheren Stufe des Börsen- auf diejenige des Messverkehres zurückgeworfen. Die Genueser Messen enthielten in höherem Grade als diejenigen von Antwerpen und Lyon die Quintessenz des europäischen Geld- und Creditverkehres, und eben diese weitere Zusammendrängung, welche an sich ein Rückschritt war, ermöglichte eine Organisation, wie sie in solcher Zweckmässigkeit die Welt noch nicht gesehen hatte.

Damit haben wir denn endlich den richtigen Standpunkt zur Beurtheilung der Genueser Messen gewonnen: wir haben sie zu betrachten als die letzte Blüthe der mittelalterlich-romanischen Handelstechnik und zugleich als das Muster einer Concentration des Geld- und Creditverkehres, das seitdem vielfach nachgeahmt, aber noch nirgends erreicht, geschweige denn übertroffen worden ist, weil eben die exceptionellen Umstände, welche diese Organisation ermöglichten, und die einen Rückgang des wirthschaftlichen Verkehres mit sich brachten, seitdem nirgends wieder zusammengetroffen sind.

---

[19]) Als besonders charakteristisch ist hier eine Denkschrift zu erwähnen, welche ein im Jahre 1622 zur Begründung von Waarenmessen in Piacenza gebildetes Comité dem Herzog von Parma unterbreitete. Die eigentlichen Genueser Wechselmessen waren damals gerade nach Novi verlegt worden; jener Ausschuss kritisirt sie scharf: sie hätten eben nur das Geldgeschäft befördert — — „negotiano tesori grandissimi, i quali negotiati in mercantie occuperebbene e pascerebbene genti innumerabili, li quali per non havere altro corpo da impiegare in mercantia che de lore fatiche, sono rimaste prive de loro essercitii, onde traevano il loro vitto, anzi à poco à poco da questo solo essercitio de cambi sono stati distrutti e consumati di maniera tutti gl'altri essercitii, che non trovando più da distruggerne, si è ridutto à distruggere se stesso etc.

Der weitere Verfall des oberdeutschen Handels. Während die Genuesen mittels ihrer Messen in dieser Zeit den Gipfelpunkt ihrer wirthschaftlichen Bedeutung erreichten, machte der Verfall des oberdeutschen Wohlstands weitere Fortschritte. Schon in den Jahren 1571—1574 kam es zu weiteren bedeutenden Bankerotten: die Häuser der Kraffter, der Manlich, der Schorer, der Haug in Augsburg, der Ingold in Strassburg, die sich sämmtlich bis dahin immer noch eines besonderen Ansehens zu erfreuen gehabt hatten, mussten ihre Zahlungen einstellen. Die Geschäfte der Manlich mit der Levante, die Bergwerksunternehmen der Haug in England hatten den deutschen Handel in und mit Ländern bekannt gemacht, die ihm früher nie direct zugänglich gewesen waren. Aber diese Unternehmungen gingen eben weit hinaus über die Kräfte der deutschen Häuser, schrieben doch grade damals Marx und Hans Fugger, immer noch die grössten deutschen Handelsherren, es sei jetzt etwas ganz Anderes, mit Deutschen zu negotiiren, als mit Engländern und Genuesen; „denn wie jetzt alle unsere Handlungen beschaffen sind, bedeuten für uns 100000 Kronen soviel wie vor Jahren eine Million". Und ein anderes Mal heisst es: „Weil überall wegen des niederländischen Kriegs die Handlung stockt, weiss der vermögende Handelsmann nicht, wo er sein Geld anlegen soll". Während die Genuesen damals, wie die Fugger mit misstrauischer Bewunderung schrieben, „überall per mar y terra weidlich wagten", mussten sich die Oberdeutschen nothgedrungen immer mehr einer Vorsicht befleissigen, die doch zu spät kam und den Verlust der früher anf riskante Geschäfte verwendeten Kapitalien besiegelte. In den letzten zwei Jahrzehnten des 16ten und in den ersten zwei Jahrzehnten des folgenden Jahrhunderts häuften sich die Bankerotte der oberdeutschen Handelshäuser derart, dass ihrer nur noch wenige von einiger Bedeutung übrig blieben. Augsburg und Nürnberg haben sich von diesen furchtbaren Schlägen Jahrhunderte lang nicht erholt. Dagegen begann sich jetzt ein Platz zu internationaler Bedeutung zu entwickeln, der, an der Grenze Oberdeutschlands belegen, bisher von dessen Handelsmetropolen weit überstrahlt worden war, während er sie jetzt umgekehrt bald in den Schatten stellen sllte.

Die Entwickelung der Messen von Frankfurt am Main. Frankfurt am Main, seit Alters eine ansehnliche Handelsstadt, hatte im Mittelalter doch noch keine internationale Bedeutung; das Handelsgebiet seiner Messen reichte damals kaum erheblich über Mittel- und Westdeutschland hinaus, mochten sie auch bereits von einzelnen

Italienern und Niederländern regelmässig besucht werden [20]). Dagegen wurden sie im Jahre 1557 schon als die bedeutendste aller deutschen Messen bezeichnet, und es heisst ausdrücklich, dass in ihnen Kaufleute aus ganz Deutschland, Flandern, England, Frankreich, Polen, Italien, Ungarn und Russland zusammenströmten. Wir wissen ferner, dass 1554 und 1555 die Imhof in Nürnberg für Rechnung ihres Rathes in den Frankfurter Messen Anleihen bis zu 50000 fl. pro Messe mit 10—12% Zinsen aufnahmen, wobei sie sich des „bescheidenen Juden Joseph beim gulden Schwanen" als Vermittler bedienten, zeitweilig auch derjenigen eines nürnberger Maklers, der regelmässig die Messen besuchte. Ein anderer nürnberger Makler richtete 1560 an den frankfurter Rath und an den Kaiser eine Bittschrift, worin er sich rühmte, er habe seit etlichen Jahren für die Fugger, Welser, Herwart und Manlich zu Gunsten des Kaisers und seiner Gesandten in den frankfurter Messen viel Geld aufgebracht. Diese Messen dienten also schon vor Ausbruch der niederländischen Wirren für die grossen oberdeutschen Handelshäuser zeitweilig als Kapitalmarkt; aber wie aus deren Büchern hervorgeht, waren die Geldsummen, welche auf solche Weise dort gesammelt wurden, verhältnissmässig noch nicht sehr bedeutend. Den Imhof z. B. gelang es nicht, grössere Posten als 12000 bis 14000 fl. zu erlangen; der einzige Posten in letzterer Höhe rührte von einem Abte her, wie denn der Klerus der Umgegend von Frankfurt sich bei diesen Geldgeschäften mehrfach betheiligte, während Handelshäuser von Belang damals dort noch kein Geld auszuleihen pflegten. Dies änderte sich erst seit dem Niedergange Antwerpens.

Der riesenhafte Verkehr Antwerpens vertheilte sich bekanntlich nach dem Ausbruche der dortigen Wirren auf eine ganze Anzahl von Städten: London, Middelburg, Amsterdam, Emden, Hamburg, Bremen, Köln, Frankfurt am Main hatten zunächst wohl den grössten Zuwachs; doch verschob sich dies bald mehrfach, indem einzelne der genannten Städte wieder zurückgedrängt wurden und ihren Verkehr an andere abgeben mussten, so Emden an Hamburg, so auch Köln an Frankfurt am Main und Amsterdam.

Eine kurze Zeit hindurch erlangte Köln ansehnliche Bedeutung; dort, wo die Verbindung mit den Niederlanden schon in der ersten Hälfte des 16. Jahrhunderts eine besonders rege gewesen war, hatte

---

[20]) Bücher, Die Bevölkerung von Frankfurt am Main im 14. und 15. Jahrh. p. 502 ff. Damit vgl. Albéri, Relaz. VIII. 181, Kriegk, Frankfurter Bürgerzwiste p. 294, ferner oben I. 103 ff. (nur Zahlungsort!), 241 ff. (schon Kapitalmarkt!) und Akten des frankfurter Stadtarchives.

man bereits 1553 das Bedürfniss empfunden, eine Börse anzulegen, was indess erst 1566 geschah, als viele Religionsflüchtlinge aus den Niederlanden sich in Köln ansiedelten [21]. Überhaupt ist bei den norddeutschen Börsen eine Anlehnung an die niederländische Entwickelung unverkennbar: etwa gleichzeitig mit Köln erhielt Hamburg 1558 seine erste Börse, während Lübeck damit bis 1605 warten musste; in Danzig reichen die darauf bezüglichen Bestrebungen bis 1593 zurück, in Bremen mindestens bis 1614. Dagegen sind die älteren Börsenversammlungen auf dem Herrenmarkte in Nürnberg und auf dem Perlach in Augsburg wohl im Anschlusse an die italienische Entwickelung entstanden. Selbstverständlich mussten hier wie dort die Vorbedingungen dafür vorhanden sein d. h. es musste namentlich der Wechselverkehr bereits einen ziemlich erheblichen Umfang erlangt haben.

Um auf Köln zurückzukommen, so wissen wir aus Fuggerschen Correspondenzen, dass dort der Geld- uud Wechselverkehr in der Zeit der niederländischen Wirren zunächst bedeutend zunahm; aber er blieb prekär und unregelmässig; in den Wechselcoursen richtete man sich nach anderen Plätzen; Depositengeschäfte wurden überhaupt nicht gemacht. Köln konnte es nicht zu selbständiger Bedeutung bringen. Überdies schritt der kölner Rath bald gegen die niederländischen Flüchtlinge ein, welche die Stadt allmählich verliessen, worauf diese wieder zu einem Handelsplatze von lokaler Bedeutung herabsank.

Wesentlich anders gestaltete sich die Entwickelung in Frankfurt am Main, das ebenfalls erst durch die niederländischen Wirren ein internationales Handelscentrum wurde: zuerst gewannen die frankfurter Messen gleich nach dem Ausbruche der niederländischen Wirren erhöhte Bedeutung für den internationalen Waarenhandel. So wissen wir, dass sie alsbald einen Theil des antwerpener Handels mit englischen Tüchern, mit Gewürzen u. s. w. erbten, insbesondere die Versorgung Oberdeutschlands und der weiter zurückliegenden Hinterländer mit diesen Waaren, soweit sie nicht in die Hände Hamburgs gelangte. Engländer, Niederländer und Italiener erschienen in stark wachsender Zahl auf den Messen [22]. Im Zusammenhange damit nahm

---

[21] Nach einer Mittheilung d. Histor. Archives in Köln, das im nächsten Absatz Folgende hauptsächlich nach Fugger-Archiv 2, 1, 21 b.

[22] Vgl. Ehrenberg, Hamburg und England im Zeitalter der Königin Elisabeth p. 119 und passim.; Kervyn de Lettenhove, Rélat. polit. des Pays-Bas et de l'Angleterre VII. 573—594. Der Panegyricus des Henr. Stephanus auf die Frankfurter Messe (Francofordiense Emporium sive Francofordienses Nundinae, 1574, neu herausgegeben v. J. Liseux unter dem Titel: La foire de Francfort par Henri Estienne. Paris 1875) hat

der internationale Wechselverkehr erheblich zu, worauf gleich zurückzukommen ist. Aber es dauerte einige Zeit, ehe Frankfurt ein Geldmarkt von grösserer Bedeutung wurde. Noch im Jahre 1577 berichteten die Fugger an den Herzog Wilhelm von Bayern, Frankfurt sei ein Platz, „allda man wenig mit Baargeld, sondern meist mit Waaren handelt"; sie hätten dort wenig zu thun. Das änderte sich erst im Laufe der folgenden Jahrzehnte, und zwar im Anschlusse an die Entwickelung des Münz- und Wechselbrief-Verkehres. Hier wie auf den Genueser Messen war es die Concentration des Zahlungsverkehres, welche die Bildung eines Kapitalmarktes von internationaler Bedeutung herbeiführte; dabei bestanden aber zwischen den beiden Messen sehr wesentliche Unterschiede.

Während man in den Genueser Messen Baarzahlungen fast ganz vermied, wurde in Frankfurt beinahe nur Baargeld gezahlt[23]. Als im Jahre 1567 von der Niederlanden her viel minderwerthige Münze über Frankfurt ins Reich kam und damit die Periode jener Münzwirren begann, welche ein halbes Jahrhundert später mit der Kipper- und Wipperzeit endete, beschwerte sich der Kaiser beim frankfurter Rathe darüber, dass er solche Münzen dulde, und im folgenden Jahre erhoben die rheinischen Kurfürsten ebenfalls Beschwerde über diesen Missstand; darauf antwortete der Rath, in den Messen sei eben bei weitem nicht genug gute Reichsmünze vorhanden, um alle Zahlungen zu leisten; desshalb könne man die fremde Münze nicht entbehren. Als dann in den folgenden Jahren eine kaiserliche Commission das Messzahlungswesen untersuchte, verwahrte der Rath sich energisch gegen den Vorschlag, die Zahlungen unter obrigkeitlicher Aufsicht stattfinden zu lassen, und motivirte seine Ablehnung damit, es sei ganz unmöglich, die Zahlungen an den vielen hundert verschiedenen Orten, an welchen sie geschähen, zu überwachen. Die Handelscorrespondenzen der folgenden Jahre wimmeln von unaufhörlichen Klagen über die Unordnungen im Zahlungswesen der Frankfurter Messen, wo alle erdenklichen Münzen zu den verschiedensten

---

nur geringen historischen Werth. Von grösserer Bedeutung ist nur die Erwähnung neu erfundener deutscher Maschinen, die zur Messe gesandt wurden, ferner eine kurze Beschreibung des reellen und nicht kleinlichen Charakters, den der Messverkehr damals bereits angenommen hatte: die Kaufleute schlugen nichts vor und begnügten sich mit mässigem Gewinne, selbst die Juden, welche den Messen zwar „nicht zur Zierde, wohl aber zum Vortheil gereichten", besonders im Wechselgeschäfte.

[23]) Wohlgemerkt: zunächst nur Zahlungen in Baargeld, nicht Handel mit Baarkapital. Vgl. hier namentlich die im Jahre 1760 gedruckten Akten der Reichscommission, welche seit 1568 das frankfurter Münzwesen zu überwachen hatte.

Coursen in Umlauf gesetzt wurden. Es bestand dort also damals weder eine feste Währung noch eine Centralisation des Zahlungswesens.

Dabei nahm aber die Bedeutung Frankfurts als Wechsel- und Zahlungsplatz allmählich weiter zu. Mindestens schon im Jahre 1584 diente es den Fuggern, um grosse Geldsummen für Rechnung der spanischen Krone nach den Niederlanden schaffen zu lassen; damals waren es 250000 Dukaten, welche von Venedig, Augsburg und Nürnberg durch Wechsel nach Frankfurt remittirt und von dort in baar nach Brüssel gesandt wurden, welcher letztere Transport allerdings damals noch Aufsehen erregte. In demselben Jahre hatten die Fugger in einer anderen frankfurter Messe 77000 fl. baar einzukassiren, was ihnen für eine Messe doch noch zu viel war: sie klagten, dass sie nicht genug Leute dorthin geschickt hätten, um den Betrag zu erheben; aber sie erklärten jetzt doch schon. sie könnten den Platz nicht mehr entbehren. So kam es denn im folgenden Jahre (1585) wenigstens zur Schaffung einer festen Messwährung: die Kaufleute vereinigten sich über die Geldsorten, welche sie in Zahlung annehmen wollten, und über die Preise, zu denen dies geschehen solle. Erheblich länger noch dauerte es, bis sich die Vereinfachung des Zahlungsprocesses durch Errichtung eines „Mess-Scontro" einbürgerte. Mochten auch schon früher im Nürnberger Hofe, der grössten Herberge von Messfremden, manche Zahlungen unter Geschäftsfreunden gewohnheitsmässig compensirt worden sein, zu einem Systeme wurde dies jedenfalls erst im 17. Jahrhundert, als sich bereits regelmässige Börsenversammlungen auf dem Römerberge gebildet hatten oder grade durch die Nothwendigkeit des Scontrirens bildeten Wechsel- und Zahlungsverkehr sind hier wie an anderen Orten die ersten Ursachen zur Börsenbildung gewesen [24]).

Aus alledem ersieht man schon, dass die frankfurter Messen der Entwickelung der Genueser Messen nur langsam folgten und solange diese blühten, von ihnen weitaus in den Schatten gestellt wurden. Dafür war ihre Entwickelung aber auch solider und nachhaltiger.

---

[24]) Im Jahre 1568 schrieb der dortige Rath den Rheinischen Kurfürsten, er habe die Münzmandate im Nürnberger Hofe, „darin die meisten der Kaufleut Versammlungen und Gewerb seind", anschlagen lassen, und diese grosse Herberge wird schon 1558 in Imhofschen Correspondenzen mehrfach als der Ort bezeichnet, wo bedeutende Messzahlungen geleistet wurden; es scheint, dass damals die nürnberger Handelshäuser in Frankfurt den grössten Zahlungsverkehr unterhielten, was mit den sonstigen Nachrichten sehr gut übereinstimmt. Die erste Erwähnung der Börse auf dem Römerberg findet sich im Jahre 1615; ein damals erschienenes Messgedicht enthält folgende Stellen:

Zunächst beruhte ihre Hauptstärke auf dem Waarenhandel, der bei den Genueser Messen ganz fehlte. Die riskanten Finanzgeschäfte, welche bei diesen die Hauptrolle spielten, kamen in Frankfurt erst in zweiter oder dritter Linie in Betracht. Sodann war die Hauptfunktion der Genueser Messen die Vermittlung des südeuropäischen Verkehrs, der zurückging, die Hauptfunktion der frankfurter Messen dagegen war die Vermittlung des nordeuropäischen Verkehrs, der im Aufschwunge begriffen war. Sie bildeten für England und die Niederlande einen Vorposten im Herzen des Continents. Im internationalen

---

Jeder kombt, der Gelt wil han
Und fängt an zu rescontrieren
Das thut manchen sehr vexieren

— — — — — — — — — —

Er bleibt wol von dem Römer gar,
Dieweil er nit viel Gelt hat bar,
Er wer lieber beym külen Wein,
Aber er muss vorm Römer sein,
Sonst meint man, er sey verkrochen,
Dasz ist die rechte Marterwochen.

(Mitth. d. Ver. f. Gesch. in Frankfurt a./Main VI. 369.)

In einem aus dem Jahre 1616 herrührenden Aktenstücke des Frankfurter Stadtarchives (Concepta edictorum IV. No. 45) wird empfohlen, einen Anschlag betr. das Maklerwesen „auff der Borsch vorm Römer" zu machen, und aus späteren Akten wissen wir, dass insbesondere der Platz vor dem Hause „zum Löwenstein" (neben dem Römer) für die Börsenversammlungen diente. Das Eckhaus „zum Engel" gegenüber war ein altes Wechslerhaus; daneben das Haus „zum kleinen Engel" hiess schon 1475 „die Münze"; auch standen weiter südlich, bei der Nicolaikirche schon im Anfange des 14. Jahrhunderts Wechselhütten (Battonn, Örtl. Beschreibung von Frankfurt a./Main IV. 137, 180 ff.; Kriegk, Bürgerzwiste p. 337 und 341). Der Römerberg war also seit Alters der Mittelpunkt des Geldverkehres; aber Börsenversammlungen, zunächst in Messzeiten, bildeten sich dort erst viel später, was mit der Entwickelung an anderen Orten vollkommen übereinstimmt. Natürlich diente die Börse von Anfang an auch dem Handel in Wechselbriefen; doch wird dies ausdrücklich erst im 17. Jahrhundert bestätigt, so 1662, in welchem Jahre die Makler sich beklagten, dass manchmal mehr Makler als Kaufleute „uff dem Plaz oder Pörsch sich befinden"; und ein in demselben Jahre erschienenes Buch (Schurtz, Buchhalten, Nürnberg 1662) beschreibt die Feststellung der officiellen Wechselcurse, des „Conto", wie es auch hier hiess, in den frankfurter Messen folgendermaassen: „Es kommen die vornehmsten Handelsleuth auf dem Platz oder Römerberg zusammen, gemeiniglich zu Mittag, in der Zahlwochen und vernehmen von den Sensalen oder Unterkäufflern, was auf alle Art insgemein gewechselt worden, darüber bereden sich sie mit einander, welcher der gemeinste Preiss gewesen und lassen denselben also notiren, das beschicht nun auf alle Ort, und die Unterkäuffler zeichnen es auf und geben es durch einen solchen Wechsel Zettul den Handelsleuthen, die communiciren's auf alle Ort". Wie es auf der Börse damals herging, beschreibt ein im Jahre 1696 erschienenes Gedicht (Mitth. l. c. VI. 379) folgendermaassen:

Zahlungsverkehre dienten sie hauptsächlich der Vermittlung zwischen Italien und Oberdeutschland einerseits, den Niederlanden, England und Hamburg andererseits. Grade dieser Verkehr war es, der zeitweilig grosse Geldsummen nach Frankfurt führte, und der so zunächst den Anstoss gab zur Bildung eines Kapitalmarktes von Bedeutung. Als Sammler und Vertheiler dieser Kapitalien standen offenbar in erster Reihe die eingewanderten Niederländer.

Durch einen glücklichen Zufall sind uns etliche Handlungsbücher eines dieser Männer erhalten geblieben, der sicherlich einer der ersten grossen Bankiers von Frankfurt am Main gewesen ist. Merkwürdigerweise war es der Sprössling einer deutschen Adelsfamilie, jener Familie von Bodeck, die zu den alten preussischen Ordensgeschlechtern und in Danzig wie in Thorn zu den Patriciern gehörte. Wir wissen bereits, dass Bonaventura von Bodeck zur augsburgischen Confession übertrat, dass er aus Thorn in der Blüthezeit Antwerpens

---

Wir gingen weiter fort, die Börsch voll Kaufleut funden,
Bey denen Makeler und sonsten Leute stunden,
In mancherley Gespräch, von Laus Deo Adi,
Von Wexel, Falliment, ich sagt à Dieu von hie,
Wir schlupften durch die Leut, da war ein Rufen, Schreien,
Macht Platz! Fort auf die Seit', und sahen des geheien (?)
Von groben Karren Stöss, drum machten wir uns fort
Vom Römerberg hinweg und gingen durch die Pfort.

Eine Variante dieses Gedichts, aus derselben Zeit herrührend (Lersner, Frankfurter Chronica II. 569) lautet:

Wir gingen weiter fort, die Börsch voll Kaufleut funden
Bei denen allerhand der Nationen stunden,
Von mancherlay Gespräch: wer hätt solches gedacht,
Dass der vornehme Mann ein Fallament gemacht!
Die Makler hin und her umblieffen sehr geschwind
Zu schliessen Wexel nur, die man dann leichtlich findt.

Die Juden durften auf der westlichen Seite des Römerberges, wo die Börsenversammlungen stattfanden, sich nicht aufhalten, wesshalb sie gezwungen waren, auf der anderen Seite ihren Stand zu haben; trotzdem klagten die christlichen Kaufleute 1685, dass die Juden das ganze Wechselgeschäft und die Maklerthätigkeit an sich gezogen hätten. Im 18. Jahrhundert (jedenfalls vor 1747) mietheten die christlichen Kaufleute einen Raum im Hause „zum Braunfels" (Neue Kräme) zur Abhaltung der Börsenversammlungen, von denen sie die Juden wiederum ausschlossen, um sie zu hindern „die Geschäfte der Christen auszuspähen". Wann den Juden der Zutritt gestattet wurde, kann ich nicht angeben, die Börse blieb im Hause zum Braunfels, bis 1843 in der Nähe eine eigene Börse errichtet wurde.

Über die Entstehung des Mess-Scontro vgl. auch die in den Mitth. d. Ver. f. Gesch. in Frankfurt am Main VII. 118 mitgetheilte Vereinbarung der Kaufleute von 1643; erst damals erhielt das Scontro eine gesicherte Existenz dadurch, dass die Kaufleute beschlossen, die Compensirung solle „für gute und wirkliche Zahlung gehalten werden". Über

dorthin auswanderte, wo er durch Handel und Geldgeschäfte ein wohlhabender Mann wurde. In der Zeit der niederländischen Wirren, vermuthlich um 1583 wandte er sich nach Frankfurt am Main und starb dort 1591; sein Sohn Johann von Bodeck ist derjenige, von dem uns einige Handlungsbücher erhalten geblieben sind [25]). Wir können die Geschäftsthätigkeit Johann von Bodecks des Älteren, wie er zum Unterschiede von seinem gleichnamigen Sohne hiess, für die beiden Zeiträume 1602—1609 und 1620—1630 vollkommen überschauen. Schon während der ersteren Periode bestand sein Hauptgeschäft aus Geld- und Wechselumsätzen; aber während er Anfangs daneben noch erhebliche Waarengeschäfte machte, kamen

den Zusammenhang zwischen Börse und Mess-Scontro in späterer Zeit vgl. Orth, Abhdlg. v. d. Reichsmesse von Frankfurt a./M. (1765) p. 481: „Im Mess-Scontro d. i. in der Messzalung; auch wird die Versammlung der Handelsleute auf der Börse also genant, welche in oder ausser der Messe in dem Absehen geschiehet, um ihre verfallne Passiv- oder Aktivwechselbriefe zu zahlen; wenn man spricht, es sei heute Scontro, ist es die Versammlung der Kaufleute, um per Scontro zu zahlen".

[25]) Vgl. oben I. 269. Dr. F. A. Finger, der frühere Besitzer eines der Handlungsbücher, das er später dem Frankfurter Stadtarchive schenkte, wo es jetzt mit mehreren anderen vereinigt ist, hat in den Mitth. d. Vereins f. Gesch. u. Alterthumskunde in Frankfurt a./Main II. 272 ff. aus dem Buche etwas über „Ein Zwangsanlehen des Kaisers Ferdinand II. bei Johann von Bodeck" veröffentlicht und in der Einleitung auch einige Mittheilungen über Johann von Bodeck gemacht, die aber noch sehr der Ergänzung bedürfen. Hier will ich einstweilen nach meinen Ermittelungen nur einen Stammbaum des uns interessirenden Zweiges der Familie für das 16. und 17. Jahrhundert liefern:

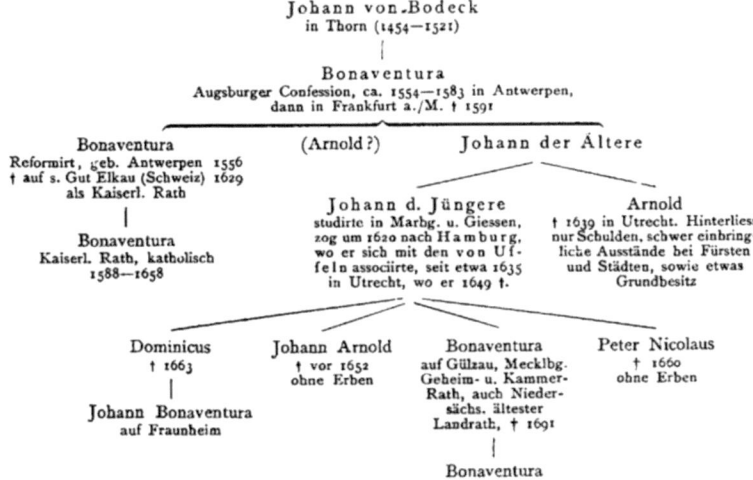

Johann von.Bodeck
in Thorn (1454—1521)

Bonaventura
Augsburger Confession, ca. 1554—1583 in Antwerpen,
dann in Frankfurt a./M. † 1591

Bonaventura
Reformirt, geb. Antwerpen 1556
† auf s. Gut Elkau (Schweiz) 1629
als Kaiserl. Rath

Bonaventura
Kaiserl. Rath, katholisch
1588—1658

(Arnold?)

Johann der Ältere

Johann d. Jüngere
studirte in Marbg. u. Giessen,
zog um 1620 nach Hamburg,
wo er sich mit den von Uffeln
associirte, seit etwa 1635
in Utrecht, wo er 1649 †.

Arnold
† 1639 in Utrecht. Hinterliess
nur Schulden, schwer einbringliche
Ausstände bei Fürsten
und Städten, sowie etwas
Grundbesitz

Dominicus
† 1663

Johann Bonaventura
auf Fraunheim

Johann Arnold
† vor 1652
ohne Erben

Bonaventura
auf Gülzau, Mecklbg.
Geheim- u. Kammer-
Rath, auch Nieder-
sächs. ältester
Landrath, † 1691

Peter Nicolaus
† 1660
ohne Erben

Bonaventura

diese später in Wegfall, und an ihre Stelle traten Betheiligungen bei grossen Bergwerks- und Hüttenbetrieben.

Auch jene Waarengeschäfte der früheren Zeit hatten bereits einen grossartig-spekulativen Charakter: Bodeck bezog aus Venedig Seide, Reis, Drogen, aus Amsterdam Gewürze, aus Nürnberg Quecksilber, aus Spanien Indigo und Wolle; aber er verkaufte diese Waaren nur zum kleinsten Theile in Frankfurt am Main; vielmehr liess er sie meist direct nach dritten Orten schicken: das Quecksilber nach Amsterdam, Antwerpen und Hamburg, den Indigo, den Reis, den Canel, den Ingwer ausschliesslich nach Hamburg, die Wolle nach Amsterdam. Er betheiligte sich an grossen Roggenverschiffungen von Amsterdam und Emden nach Genua; von Hamburg nach Bilboa liess er Eisen und Wachs schicken. Einmal versuchte er es auch mit einer Betheiligung bei der neuen holländisch-ostindischen Compagnie. Seine Geschäftsfreunde in Venedig, Amsterdam, Hamburg, Sevilla u. s. f. benachrichtigten ihn offenbar, wenn dort für irgend eine Waare besonders günstige Conjunktur bestand, und er betheiligte sich auf ihre Autorität hin an dem Geschäfte, oft ohne selbst von der Waare viel zu kennen, in der Regel jedenfalls ohne sie zu Gesicht zu bekommen. Sein Waarenhandel hatte also ein ganz ähnliches, nur noch schärfer ausgebildetes Gepräge, wie das Waarengeschäft der Weltbörse Antwerpen.

Bodecks wichtigste Geschäftsthätigkeit aber bestand während des grössten Theiles der uns bekannten Periode aus bedeutenden börsenmässigen Depositogeschäften, sowie aus Wechselarbitragen, bei denen der Ricorsawechsel eine grosse Rolle spielte.

Allein auf „Deposito" verlieh Bodeck in jeder der zwei Jahresmessen (Fasten- und Herbstmesse) während der Jahre 1602—1605 durchschnittlich 62000 Thlr., während der Jahre 1606—1609, als er für seinen Bruder Bonaventura stets ebenfalls grosse derartige Umsätze besorgte, durchschnittlich 148000 Thlr., und auch in den Jahren 1620—1627, als er sein Kapital schon anderweitig immer mehr festlegte, doch noch durchschnittlich 90000 Thlr. Das ergiebt für die ganze Zeit einen jährlichen Durchschnittsumsatz von fast 200000 Thlr. allein auf „Deposito". Die Wechselgeschäfte waren oft noch umfangreicher, selten viel geringer. Sie spielten sich hauptsächlich ab zwischen Frankfurt einerseits, Antwerpen, Amsterdam, Hamburg und Venedig andererseits, weit seltener mit Nürnberg, Augsburg, Köln, den Genueser Messen, Lyon und Leipzig. Doch lag dies eben daran, dass Bodeck seine Hauptverbindungen in jenen ersten vier Plätzen hatte. Die vielen Italiener und Oberdeutschen, mit denen er derartige Geschäfte machte, werden ihrerseits zweifellos ähnliche in grossem Umfange mit den Genueser Messen, mit den oberdeutschen Plätzen u. s. f. gemacht haben.

Die Depositogeschäfte liefen stets von Messe zu Messe; die Wechselgeschäfte waren meist Ricorsawechsel in zwei Akten: Bodeck remittirte in der Messe nach Hamburg, Amsterdam u. s. f. und liess von dort aus wieder zurück in die nächste Messe remittiren, oder er liess von Hamburg, Amsterdam u. s. f. auf die Messe trassiren, und trassirte während dieser seinerseits auf jene Plätze. Baarsendungen kamen jetzt verhältnissmässig nur noch selten vor. Am Platze selbst circulirte fast ausschliesslich Silber, auch ein wesentlicher Unterschied gegenüber den Genueser Messen, wo ausschliesslich Goldwährung herrschte.

Zunächst hier noch einige Worte über den frankfurter Marktzinsfuss dieser Periode. Wir haben schon gesehen, dass in der Zeit der grossen Finanzkrisen eine allgemeine Nachfrage nach sicheren Kapitalanlagen entstand, die nur unvollkommen zu befriedigen war. In Nürnberg, wo der Marktzins noch 1561/67 6—8 % gewesen war, sank er bis 1591/93 auf 5 % und scheint sich so längere Zeit gehalten zu haben. In Frankfurt blieb er zunächst höher sank aber später um so tiefer; er war dort

$$1602—1608: 7\% \qquad 1621: 5—4\%$$
$$1609: \qquad 6\tfrac{2}{3}\% \qquad 1622: 3\tfrac{3}{4}—2\tfrac{3}{4}\%$$
$$1620: \qquad 6—5\tfrac{1}{2}\%$$

Dann begann er wieder zu steigen

$$1623 \text{ auf} \quad 3\tfrac{1}{4}—4\%$$
$$1624/25 \text{ auf} \quad 4\tfrac{1}{2}—5\tfrac{1}{2}\%$$

und hielt sich in den Jahren 1626/28 auf 5 %; für die nächsten Jahre ist er uns nicht bekannt, wohl aber wieder für die Zeit 1635—1648; er war nämlich

$$1635: \quad 4—4\tfrac{1}{2}\% \qquad 1639: \quad 4\tfrac{1}{2}—5\tfrac{1}{2}\%$$
$$1636: \quad 4\tfrac{1}{2}—3\tfrac{1}{2}\% \qquad 1640/48: \quad 5—4\%$$
$$1637/38: \quad 3\tfrac{1}{2}—4\tfrac{1}{2}\%$$

Im Durchschnitte war der frankfurter Marktzins also während des dreissigjährigen Krieges sehr niedrig; in der Herbstmesse 1621 behielt Bodeck sogar 45000 Thlr. in baar übrig „aus Mangel an guten Briefen". Er lieh desshalb in den folgenden Jahren grössere Summen an anderen Plätzen aus, so

$$1622 \text{ in Antwerpen zu } 5\%$$
$$1623 \text{ in Hamburg } „ 6—8\%$$
$$1624 \text{ in Antwerpen } „ 4—6\%$$

1625 in Hamburg zu $6^1/_2 - 8\%$
$\left.\begin{array}{l}1626\\1627\end{array}\right\}$ in Antwerpen „ $\left\{\begin{array}{l}4^1/_2 - 5^1/_2\%\\4^1/_2\%,\end{array}\right.$

woraus wir ersehen, dass der Marktzins von Antwerpen ungefähr ebenso hoch war, wie derjenige von Frankfurt, der von Hamburg aber bedeutend höher. Damit stimmt annähernd überein, was wir von der Entwickelung des amsterdamer Zinsfusses im gleichen Zeitraume wissen: derselbe war [26]

1601:	$9 - 10\%$	1621:	6%
1604:	$7 - 8\%$	1640:	5%
1607:	$6 - 6^1/_2\%$		

Auch hier also dieselbe fallende Tendenz.

Bodeck verwendete die zu seiner Verfügung stehenden eigenen und fremden Kapitalien in steigendem Umfange zu Anleihen an Fürsten und Städte. Aus der grossen Zahl derartiger Geschäfte wollen wir hier nur die folgenden aufführen:

Jahr	Betrag	Schuldner	Zeitdauer	Zins	Bemerkungen
1597	5 000 Thlr.	Hrzg.Friedr. zu Württemberg	5 Jahre	6%	Antheil v. 30000 Thlr. stand noch 1606 aus.
1602	7 500 „	Stadt Breslau	10 „	6%	
1603	3 000 L. fläm.	Erzherzog Albertus, Statthalter der Niederlande, unter Bürgschaft der Stadt Antwerpen	—	12%	Antheil v. 50 000 L. Bodeck entledigte sich dieses Antheils schon nach $^1/_4$ Jahr, „weil een nieuwer Gouverneur oft den constable van Castilien quaem".
1606	12 000 fl.	Georg Fugger d. A. zu Donauwörth	2 „	7%	Antheil v. 50 000 fl.
1607	25 000 Thlr.	Stadt Breslau	1 „	6%	für B.'s Bruder und Schwager.
„	5 000 „	Stadt Emden [27]	10 „	8%	

---

[26]) Recherches sur le commerce Amsterdam 1779 II.² p. 213; Gr. Placcaet Boek I. 1504 ff.

[27]) Die Stadt Emden bezahlte damit andere Schulden, die 12% kosteten. Sie wollte 9% geben, Bodek aber begehrte nicht soviel. Er behielt sich vor, weitere 5000 Rthlr. zu leihen, wenn sicher sei, dass Friede in den Niederlanden werde.

In den Jahren 1620 und 1621 wurden auf folgende Anleihen die Zinsen einkassirt:

50000 Thlr. von Joh. Georg Kurfürst zu Sachsen zu 6%

10000 „ „ Joh. Philipp Herzog zu Sachsen-
Altenburg „ 6%

10000 „ „ Joh. Friedr. Herzog zu Württemberg „ 6%
(stellte 1621 die Zinszahlung ein)

40000 „ „ der Stadt Strassburg „ 5%
(wurde bald zurückgezahlt)

10000 „ „ derselben „ 6%

50000 „ „ der Stadt Breslau „ 5%

45000 „ „ der Stadt Leipzig [28]) „ 6%
u. 1% Gnadengeld auf 10000 Thlr.

10000 „ „ der Stadt Emden zu 6%

3000 „ „ der Landschaft Neuburg „ 7%

Aus den nächsten Jahren erwähnen wir folgende neue Anleihen:

Jahr	Betrag	Schuldner	Zeitdauer	Zins	Bemerkungen
1621	21000 Thlr.	Stadt Hamburg	10 Jahre	5%	anderweitig musste Hamburg 1620: 6% zahlen.
1622	10000 „	Landschaft d. Landgr. Ludwig zu Hessen	10 „	6%	nach 5 Jahren durch d. Gläubiger kündbar. Der Ausschuss d. Landschaft unterzeichnet; dessen Mitglieder verpflichten sich persönl.
1623	5000 „	Stadt Erfurt	10 „	6%	
„	15000 „	Kurfürst zu Sachsen	10 „	6%	u. 1% Gnadengeld p.a.
1626	3000 „	Landgr. Friedrich zu Hessen	4—5 „	6%	
„	1000 „	Landgr. Philipp zu Hessen	1—2 „	6%	
„	30000 „	Stadt Ulm [29])	2 „	5%	

[28]) Die Stadt Leipzig bezahlte:
Herbstmesse 1620 auf 29000 fl. Deposito 3—3$\frac{1}{4}$% pro $\frac{1}{2}$ Jahr
„ 25000 Rthlr. geliehen Geld 6% p. a. u. 1% Gnadengeld,
Herbstmesse 1621 „ 27000 Rthlr. Deposito 3—3$\frac{1}{4}$% pro $\frac{1}{2}$ Jahr
„ 27000 Rthlr. geliehen Geld 6% p. a. u. 1% Gnadengeld,
Herbstmesse 1622 „ 4000 fl. Deposito 2$\frac{3}{4}$% pro $\frac{1}{2}$ Jahr
„ 35000 Rthlr. geliehen Geld 6% p. a.
Das „Gnadengeld" hatte die Stadt wegen der kurfürstlichen Kammer bewilligt. Der Unterschied des fürstlichen und städtischen Credits tritt hier wieder klar hervor.
[29]) Bodeck hätte dies Geld gern auf 10 Jahre fest ausgeliehen; aber der Rath von Ulm wollte sich nicht darauf einlassen. „Haben eine starke Verschreibung verfertigt, dass

In diesen Jahren seit 1620 hatte Bodeck wiederholt grosse adlige Landgüter gekauft; auch besass er noch erhebliche Immobilien in den Niederlanden. Überdies betheiligte er sich, wie schon erwähnt, mit sehr bedeutenden Summen an Berg- und Hüttenwerken, so insbesondere nach und nach mit 163000 fl. an Kupferhütten in Ilmenau, sowie zuletzt auch an den Mansfeld'schen Kupferbergwerken, woran er aber grossen Schaden litt; zu der Bergwerksbetheiligung war er gezwungen worden, weil die Stadt Leipzig 1627 „durch ihre Unvermögenheit bei ihrem jetzigen leider gar baufälligen, schlechten Zustande" den ihr gehörigen Theil der Bergwerke nicht weiter betreiben konnte.

Trotz allen diesen weitausschauenden Unternehmungen und Anlagen konnte Bodeck in der Herbstmesse 1627 „den Fürstlich Darmstädtischen Amptleuten, Räth und Dienern, Ihrer Fürstlichen Gnaden Landgraf Georgen zu sondern Dienst und Ehren" 50000 Thaler leihen und baar auszahlen, wovon ihm selbst 35000 Thaler gehörten. Der Zinsfuss war wieder 6%, die Rückzahlung sollte in den Jahren 1629 bis 1631 an verschiedenen Terminen erfolgen. Die landgräflichen Beamten verpflichteten sich als Selbstschuldner.

Bodeck hatte in den Jahren 1627/28 bei Fürsten und Städten über 200000 Thaler ausstehen. Sein Vermögen kann damals kaum weniger als eine halbe Million Thaler betragen haben. Ebenso hoch fast veranschlage ich den Jahresumsatz, den er durchschnittlich während der Zeit erzielte, für die wir seine Geschäfte kennen. Sicherlich war also Johann von Bodeck für diese Zeit ein kleiner Fugger. Aber freilich war die Zeit selbst nicht mehr ein „Zeitalter der Fugger". Das musste Bodeck durch den unglücklichen Ausfall seiner Bergwerks- und Hütten-Unternehmungen und noch mehr durch schweres Ungemach erfahren, das ihm Kaiser Ferdinand II. anthat.

Der dreissigjährige Krieg warf die deutschen Lande, wie in sonstiger Hinsicht, so auch bei der Deckung ihres finanziellen Kriegsbedarfs auf eine Kulturstufe zurück, welche andere Länder bereits überwunden hatten: in weit höherem Grade, als es je der Fall gewesen war, musste jetzt der Krieg den Krieg ernähren. Zumal der Kaiser litt an unausgesetztem erschrecklichen Geldmangel, der auf

---

sie solche 30000 Rthlr. in spetie empfangen, in ihrer Stadt Nutzen angewendt, darfür sie alle der Stadt Nutzen, Renten, Gülten, wie die gemeint etc. in bester Form verpfänden. und da sie irgends säumig fallen, soll ich volle Gewalt haben, mein Ausstand und allen Schaden zu nehmen und zu gewinnen aus allen ihren Gütern, auch an ihren Leuten mich zu erholen, sie anzugreifen, zu nöthen, zu pfänden, wo und wie ich werde können" etc.

seinen Gipfel stieg, als Gustav Adolph siegreich in Deutschland vor-
zudringen begann [30].

Im November 1030 erschien bei Bodeck der Dr. Gumpeltzhamer
als kaiserlicher Commissar mit dem Auftrage, bei dem weit und breit
als reicher Finanzier bekannten Manne eine Anleihe von 50000 Thlr.
aufzunehmen. Bodeck „entsetzte sich darob nicht wenig", schützte
seine Unvermöglichkeit und den Verlust eines grossen Theiles seines
Baarkapitals durch die Bergwerks- und Hüttenunternehmungen vor.
Aber der Commissar erklärte, er werde bei fortgesetzte Weigerung
alle Ausstände Bodecks bei Fürsten und Städten des Reichs mit Beschlag belegen; auch wisse man am Kaiserhofe, dass Bodeck den
Reichsgesetzen zuwider lange Jahre hindurch 6 ja 7 % Zinsen genommen, ferner sein Geld unter Kaufleuten von Messe zu Messe ausgeliehen und dadurch „seinem Stand zuwider gethan" hätte. Die Stadt
Frankfurt werde ihn nicht schützen, da er kein Bürger sei. Durch
solche Drohungen ängstigte Gumpeltzhamer den über siebzigjährigen
Mann derart, dass er sich schliesslich bereit erklärte, 40000 Thaler
herzugeben. Er hatte aber nur 3000 baar vorräthig und konnte bei
seinen Kindern und Freunden auch nur weitere 14000 auftreiben, sodass er für den Rest Schuldverschreibungen auf die nächste Ostermesse ausstellen musste.

Bodeck fügte dem Berichte über diese Vorgänge hinzu, er habe
zu Ihrer Kaiserlichen Majestät ein festes gewisses Vertrauen, „dieselbe
werde als ein gütigster, hochlöblichster Kaiser mir auch wieder die
allergnädigst versprochene Handbietung thun, dass ich dieser Gelder
wieder habhaft werden möge". Aber solche Hoffnung ist sicherlich
nicht in Erfüllung gegangen; denn ein Bodeck'sches Inventar vom
Jahre 1665 führt die Original-Obligation des Kaisers nebst anderen
augenscheinlich ebenfalls unbezahlten Obligationen im Gesammtbetrage
vcn 160000 Thalern noch als vorhanden auf. Überhaupt nahm der
Wohlstand der Familie nach dem 1631 erfolgten Tode Johann von
Bodecks des Älteren immer mehr ab, und seine Enkel scheinen
ausser etlichem Grundbesitze nicht viel übrig behalten zu haben.

Die Bedeutung des frankfurter Kapitalmarktes ging während der
zweiten Hälfte des dreissigjährigen Krieges jedenfalls wieder zurück,
was durch den Krieg, noch mehr aber durch die gewaltig zunehmende
internationale Bedeutung des amsterdamer Kapitalmarktes veranlasst wurde. Auch nach dem Friedensschlusse blieb Frankfurt als

---

[30]) Das Folgende nach den Urkunden bei Finger l. c. Vgl. aber auch über die
damalige Geldnoth des Kaisers den Mercure Français der Jahre 1630 und 1631.

Kapitalmarkt noch lange Zeit ein Trabant Amsterdams, von dem es sich erst im Anfange unseres Jahrhunderts emancipirte. Bis dahin standen noch immer Nachkommen mancher Einwanderer des 16. Jahrhunderts, wie die Deneufville, die d'Orville, Gogel, Gontard u. A. in der vordersten Reihe der frankfurter Bankiers, andere wie die de Bary, du Fay, Leerse, Passavant, Sarasin spielten noch eine ähnliche Rolle im Waarenhandel.

Jenes vorübergehende Sinken des frankfurter Kapitalmarktes erfolgte um dieselbe Zeit, als auch die Genueser Wechselmessen in Verfall geriethen. Die ausserordentliche Bedeutung, welche die Messen in einer Zeit allgemeiner kriegerischer Verwirrung in West- und Südeuropa für den Kapitalverkehr erlangt hatten, verschwand wieder, sobald dieser sich einer neuen Weltbörse als Mittelpunkt bedienen konnte; aber während die Genueser Messen rasch u..d endgültig verfielen, blieb Frankfurt ein bedeutender Mittelpunkt des Waaren- und Wechselverkehrs, bis es sich schliesslich auch in einen modernen Börsenplatz verwandelte.

Schlussabschnitt.

Vom Zeitalter der Fugger zur Gegenwart.

———————

Schlussabschnitt.

Vom Zeitalter der Fugger zur Gegenwart.

I. Die Entwickelung des Staatsschuldenwesens.

Nachdem wir jetzt die Ausbildung und den Verfall der Geldmächte wie der Weltbörsen des 16. Jahrhunderts kennen gelernt haben, müssen wir nun noch die Gestaltung des öffentlichen Credits in denjenigen Ländern, wo die oberdeutschen und italienischen Geldmächte sich auch' nach den ersten Krisen einen Theil ihrer Bedeutung zu wahren wussten, bis zum Ende des Zeitalters kurz verfolgen und daran eine Übersicht über die weitere Entwickelung bis zur Gegenwart anschliessen. Erst hierdurch gewinnen wir die Möglichkeit, uns ein endgültiges Urtheil über die historische und wirthschaftliche Bedeutung des „Zeitalters der Fugger" zu bilden.

Spanien. Hinsichtlich des spanischen Finanzwesens können wir uns ganz kurz fassen: es trieb rettungslos aus einer Krisis in die andere. Staatsbankerott und Zwangsconsolidation wurden gewöhnliche Finanzmittel. Erstere folgten sich in Zeiträumen von etwa 20 Jahren: 1557, 1575, 1596, 1607, 1627, 1647, und was die mit ihnen stets verbundenen Zwangsconsolidationen betrifft, so genügt es, einen Ausspruch des Peri anzuführen, welcher als eine neue Art der spanischen Juros diejenige bezeichnet, die er charakterisirt als „eine Art Nothzahlung" (una sorte di pagamento dato e ricevuto da qualch' anni in qua per necessità). Er fügt hinzu, sie seien nur mit grossem Schaden zu verkaufen, weil sie in so grossen Mengen vorhanden seien, und weil sie, obwohl auf Silbergeld lautend, doch nur in Kupfer bezahlt würden. Dahin war es in der That schon im Anfange des 17. Jahrhunderts gekommen, dass Spanien trotz seiner unerschöpflichen amerikanischen Silberminen Kupferwährung besass!

Die einzelnen Krisen bieten nicht mehr genug Interesse, um ausführlich besprochen zu werden; sie gleichen im ganzen derjenigen von 1575/1577. Der Staatsbankerott von 1596 wurde nach $1\frac{1}{2}$ Jahren durch eine Zwangsconsolidation beendet [1]). Die Zahl der betheiligten Finanzconsortien war wiederum nur eine kleine; aber hinter ihnen stand eine überaus grosse Zahl von Unterbetheiligten, die es sich wie 1577 gefallen lassen mussten, ihrerseits auch in unterwerthigen Juros bezahlt zu werden. Zu dem Zwecke repartirten die Finanzconsortien die Juros auf ihre nächsten Unterbetheiligten, diese wiederum auf die ihrigen u. s. f. bis zum letzten Kleinkapitalisten, eine Operation, welche man „Tanteo" (= Berechnung, Abrechnung) nannte. Als sie längst beendet war, erklärten die spanischen Finanzbeamten, die Gesammtschuld sei viel kleiner als man angenommen habe; daraus entstanden dann natürlich unendliche Schwierigkeiten und Streitigkeiten. Der Credit der Krone war zeitweise vollständig vernichtet, was mehr als irgend etwas dazu beigetragen hat, sie zu dem unvortheilhaften Frieden von Vervins zu nöthigen. Die politische Lage war ähnlich, nur noch viel ungünstiger für Spanien, als bei dem Frieden von Cateau-Cambresis (1559): Nach den gewaltigsten Anstrengungen zur Erlangung der europäischen Hegemonie hatte Spanien es nur dahin gebracht, sich selbst zu ruiniren [2]).

Dreimal hatte Philipp II. somit seinen Gläubigern das Wort gebrochen, als er starb. Unter seinen Nachfolgern wurde die Misswirthschaft noch viel ärger. Im Jahre 1601 wird berichtet, der Beichtvater des Königs sei thatsächliche Leiter des Finanzwesens, das sich desshalb in wüster Unordnung befinde, man könne die Hofbediensteten nicht bezahlen u. s. f. Vier Jahre später heisst es, alle Einkünfte seien verpfändet; wenn man frage, wie die Krone trotzdem noch Krieg führen und kostspielige Palastbauten aufführen könne, so müsse die Antwort lauten, das Geheimniss bestehe darin, dass fast Niemand bezahlt werde; manchmal mangle selbst das Geld für die

---

[1]) Vgl. hier Canga Arguëlles, Diccionario de hazienda v⁰: Acreedoros al Estado; Häbler, Die Finanzdekrete Philipps II.; Scaccia, Tract. de commerciis et cambiis § 2 Gl. 5 No. 269 ff.

[2]) Ranke, Frz. Geschichte II. 31 hat hier die Bedeutung des finanziellen Moments nicht berücksichtigt. Vgl. dagegen den venetianischen Gesandtschaftsbericht bei Barozzi e Berchet, Relaz. Ser. I. vol. I. p. 70.

Tafel des Königs; nur für die nöthigsten Zahlungen an die Truppen sorgten die Genuesen, denen man dafür Einkünfte auf 5—10 Jahre im voraus verpfände [3]).

Im November 1607 wurden abermals die Zahlungen an die Gläubiger der Krone eingestellt, wobei — wie regelmässig bei diesen Staatsbankerotten — die Theologen hülfreiche Hand boten, um den Wortbruch zu rechtfertigen. Es dauerte ein Jahr, ehe der übliche Accord zu Stande kam. Inzwischen war die Krone trotz der Suspension ihrer Zahlungen finanziell so bedrängt, dass sie den Krieg in den Niederlanden nicht mehr fortsetzen und einen zwölfjährigen Waffenstillstand schliessen musste [4]).

Aber auch in den folgenden Jahren gingen die Asientos für Flandern und Italien ihren Gang. Die Genuesen mussten eben doch immer wieder helfen, um ihre alten Forderungen zu retten, und die Krone konnte weder die südlichen Provinzen der Niederlande noch Italien ohne starke Garnisonen und viele Beamte behaupten. Dabei wurde die Unordnung im Finanzwesen noch immer ärger. Als kurz vor 1613 der berühmte Schriftsteller Garcilasso de la Vega den königlichen Sekretär Morales dringend bat, ihm für sein grosses Geschichtswerk über die Kriege der Spanier in Amerika den Betrag der königlichen Einkünfte mitzutheilen, erklärte Morales, kein Mensch, nicht einmal der König selbst sei dazu im Stande; der König wünsche lebhaft, seine Einkünfte kennen zu lernen; aber die zu dem Zwecke von ihm anbefohlenen Massnahmen seien noch nicht in Angriff genommen worden; .es sei auch eine fast unmögliche Aufgabe [5]).

Als nun vollends der Krieg wieder begann, sowohl in Italien, wie in den Niederlanden, als auch die deutsche Linie der Habsburger im dreissigjährigen Kriege durch grosse Subventionen aus schwerer Bedrängniss gerettet werden musste, da artete die spanische Finanzwirthschaft in eine wahre Räuberwirthschaft aus, die ihren Höhepunkt in den Jahren 1627 bis 1632 erreichte. Im Jahre 1627 wurden die Fiskalzahlungen aufs neue eingestellt. Ausserdem confiscirte die Krone wiederholt das für Privatleute aus Amerika ankommende Sil-

---

[3]) Cabrera, Relac. de las cosas sucedidas en la Corte de España desde 1599 hasta 1614 p. 117 ff.; Barozzi e Berchet l. c. I. 'p. 329 ff.

[4]) Cabrera l. c. p. 354, über den Bankerott selbst vgl. p. 319, 338 und das Fugger-Archiv (43, 4 u. 2, 5, 16).

[5]) Ich entnahm dies der französischen Ausgabe des Werkes von Garcilasso de la Vega: Histoire des guerres civiles des Espagnols dans les Indes, Paris 1658 I. 18. Daraus kann man ersehen, welcher Werth auf die damals herausgekommenen Budgets der spanischen Krone zu legen ist.

ber und dachte sogar daran, die Depositen der Banken mit Beschlag zu belegen. Enorme Ausprägungen von Kupfergeld wechselten mit dessen Devalvirung. Kurz, der damalige Fuggersche Faktor hatte wahrlich Recht, wenn er seinen Herren schrieb, dass in Spanien jetzt Gewalt vor Recht gehe, es werde nicht mehr regiert, sondern nur noch tyrannisirt. Natürlich war jeder Credit zerstört, das Volk verarmt, zum Theil in Folge der schrecklichen Theuerung, welche wiederum durch die schlechte Währung veranlasst wurde, geradezu dem Hungertode preisgegeben. In Italien herrschten ganz ähnliche Zustände. In Genua, wo alle Welt an den spanischen Forderungen betheiligt war, begann das Verderben jetzt auch die weitesten Kreise zu erfassen. Die grossen genueser Bankhäuser waren am Ende ihrer Hilfsmittel angelangt, die Fugger vollends ruinirt[6]. Es schien gradezu das Ende der spanischen Monarchie gekommen zu sein, und dennoch wurde auf die nämliche Art fortgewirthschaftet. Wenige Äusserungen venetianischer Gesandten werden genügen, um dies zu beweisen.

Im Jahre 1647, als wiederum die Assignationen aller Assentisten, mit Ausnahme derjenigen der vier grössten genueser Finanzhäuser aufgehoben wurden, waren die königlichen Einkünfte bis zum Jahre 1654 verpfändet; man hatte sich nicht gescheut, manche zweimal an verschiedene Gläubiger zu verpfänden. Ein Venetianer, der 1653 über diese Dinge berichtet, meint mit bitterem Hohne, um zu verstehen, wie das reichste Land der Welt zum ärmsten geworden sei, müsse man zunächst sich davon überzeugen, dass es kein Volk der Welt gebe, welches so unwissend in der Kunst einer guten Regierung sei, wie das spanische. Im Jahre 1673 wird von 40% Zinsen berichtet, welche die Krone bezahlen müsse, und 1686 wird das spanische Finanzwesen als ein schauerliches Chaos geschildert, das in undurchdringliches Dunkel gehüllt sei. Im Jahre 1700, beim Tode Carls II., des letzten spanischen Habsburgers, befand sich nicht genug Geld in den königlichen Kassen, um die Kosten des Leichenbegängnisses und der angeordneten Seelenmessen zu bestreiten[7].

In diesem Zustande gelangte Spanien unter die Herrschaft der Bourbonen. Sie haben das unglückliche Land nicht gerettet; be-

---

[6] Ausser Peri vgl. hier namentlich Fugger-Archiv 2, 5, 17, ferner den Mercure Français v. 1630 ff.; Barozzi e Berchet I. 647, für Italien auch Cantú, Sulle stor. d. Lomb. del sec. XVII. (Comment. ai Promessi sposi di Aless. Manzoni) Milano 1832, sowie die Miscell. d. stor. ital. V. 147 ff.

[7] Barozzi e Berchet, II. 178, 202 ff., 242, 284, 390, 529 ff., 660, 682. Vgl. auch Mignet, Négoc. rélat. a la succession d'Espagne t. II.

greiflich genug, da dieses Herrscherhaus nicht einmal in seinem reichen und mächtigen Heimathlande eine geordnete, weise Finanz- und Wirthschaftspolitik auf die Dauer zu betreiben vermochte.

Mit Unrecht hat man überhaupt die Dynastie der Habsburger in erster Linie verantwortlich machen wollen für die finanzielle Miss- wirthschaft und für das sonstige Elend, worunter Spanien während ihrer Herrschaft zu leiden hatte. Schon die Regierung der grossen Isabella und ihres Gemahls Ferdinand von Aragonien, jenes angeb- liche goldene Zeitalter Spaniens, hatte mit einem Staatsbankerotte angefangen und mit einer solchen rückständigen Schuldenlast ge- schlossen, dass Karl I. (V.) noch wiederholt vergeblich gemahnt wer- den musste, sie zu tilgen, „um die Seelen der Katholischen Könige zu entlasten". Ebenso ist Spanien auch in neuerer Zeit der Gewohn- heit, etwa alle zwanzig Jahre einen Staatsbankerott zu veranstalten, treugeblieben; denn seit dem Jahre 1820 haben unter den Bourbonen und unter der Republik bisher vier Staatsbankerotte stattgefunden: 1820, 1837, 1851 und 1873. Es handelt sich hier offenbar um eine innere Nothwendigkeit, welche die Jahrhunderte überdauert. Der Vergleich liesse sich noch weiter führen. Wie bemerkenswerth ist es z. B., dass das letzte sichere Pfandobiekt, welches den Fuggern in Spanien als Sicherheit für ihre Forderungen übrig blieb, die von ihnen selbst in Betrieb genommenen Quecksilbergruben von Almaden waren, und dass diese Bergwerke sich auch in neuester Zeit wieder so ziemlich als das einzige Pfandobjekt bewährt haben, welches den spanischen Staatsgläubigern, die vorsichtig genug waren, es sich als Faustpfand zur eigenen Verwaltung ausfolgen zu lassen, eine un- bedingte Sicherheit gewährt hat, dass es ferner die Fugger des 19. Jahrhunderts, dass es die Rothschilds gewesen sind, welche den Betrieb der Bergwerke von Almaden in Folge ihrer Finanzgeschäfte mit der spanischen Regierung übernommen haben! In der That, die Geschichte des spanischen Finanzwesens ist lehrreich für Jeden, der aus ihr lernen will.

Frankreich. Wir wissen bereits, dass sich die Lage der fran- zösischen Finanzen während der Religionskriege immer schwieriger gestaltete, und dass die Krone schliesslich um das Jahr 1575 in Lyon überhaupt kein Geld mehr geliehen erhalten konnte. Im folgenden Jahre musste man sogar den Staatsrentnern einen Theil ihrer Bezüge unbezahlt lassen, was in Paris die grösste Unzufriedenheit erregte. Bald darauf hören wir, dass in Lyon die Obligationen der franzö- sischen Krone zu 30 % des Nennwerthes ausgeboten wurden. In den

Kreisen der deutschen Staatsgläubiger schrieb man dies den Machinationen einzelner Landsleute zu und beschwerte sich bei der Regierung und beim Augsburger Rathe (!) darüber, dass Oswald Seng und Christof Neidhart zum Schaden und zur Missachtung des Credites der Krone Frankreich deren Obligationen derart entwertheten. Endlich wurden im Jahre 1580 alle den Gläubigern ertheilten Assignationen widerrufen und selbst die Beamtengehälter nicht mehr bezahlt[8]).

Es war ein Bankerott, der auf einer Stufe steht mit dem fünf Jahre ältern der spanischen Krone; aber zum Unterschiede von Spanien fanden sich in Frankreich bald neue Finanziers italienischer Abkunft, wie Diaceto, Rucellai, Sardini, Martelli, Rametti u. A., welche wieder Geschäfte mit der Krone machten, wobei letztere freilich ganz wie in Spanien den Kürzeren zog. Der Kanzler Chiverny, der Finanzintendant d'O und andere hochgestellte Personen waren bei diesen Geschäften betheiligt, ja es soll vorgekommen sein, dass ein Finanzconsortium dem Könige selbst ein Trinkgeld von 25000 Écus zahlte, um einen vortheilhaften Pachtcontract zu erlangen.

Das war die Zeit, als der jahrhundertelange Hass des französischen Volkes gegen die italienischen Geldmänner wieder einmal hoch emporflammte, als die in Blois 1576/77 versammelten Stände dem Könige die uns schon bekannten Klagen gegen die Fremden vortrugen: „Sie werfen sich, so hiess es, in unser Land mit der Feder hinter dem Ohre oder mit dem Degen an der Seite, sonst besitzen sie nichts, wenn sie herkommen; aber damit wissen sie unermessliche Reichthümer zu erbeuten". In der That schritt man darauf gegen die Fremden ein, erschwerte ihnen den Handel und die Errichtung von

---

[8]) Desjardins, Négoc. dipl. IV. 71, 323; Monfalcon, Hist. mon. de Lyon II. 417. Bodin schrieb 1577: A présent le pluspart (der Staatsgläubiger) veut quitter l'interest et le sort principal s'il se trouve qui veuille donner trente pour Cent une fois payée. Sodann vgl. Augsburger StA. Handelssachen No. 26 (22) und No. 28: Augsburger Bürger beschweren sich beim Rathe 1578 darüber, dass „Oswaldus Seng atque Christophorus Neithard — — in animum induxerit, regias obligationes quam minimo vendere et alienare — — et hoc studiose agunt, ut in contemptum regii nominis ac fidei dictas obligationes vix ultra quintam justi valoris partem aestimari faciant". Sie wünschen, der Rath möchte den König von Frankreich bitten zu verhindern, „dictas obligationes — — tam abjecte habere vel per viam subhastationis aut ut vulgo vocan- ad sonum tubae distrahere". Der König müsse doch die langjährige Geduld der deutschen Gläubiger bedenken, die jetzt damit belohnt werde „ut regiae obligationes in eorum perniciem tam vili et abjecto precio aestimentur, vel etiam in ipsius regis contemptum publice proclamentur et sub hasta vendantur". Der Rath schrieb thatsächlich in diesem Sinne an den König von Frankreich.

Bankgeschäften, sowie die Zulassung zu den Staats- besonders zu den Reichsämtern. Aber man konnte ihre Geschicklichkeit und ihre Kapitalien im Finanzwesen noch nicht entbehren. Trotz der Leere des Staatsschatzes wussten sie immer neue Finanzmittel aufzuspüren, welche man freilich mit dem bedenklichen Spottnamen „Inventiones Sanctae Crucis" belegte. Um die Concurrenz der französischen Finanz-pächter auszuschliessen, erbot sich Rametti mit seinem Consortium 1584, 800000 Écus königlicher Schulden abzuzahlen, worauf ihm die gewinnreiche Pacht der Gabelles übertragen wurde, weil die Franzosen über solche Kapitalien nicht verfügten[9]).

Es war die Zeit, als Bodin und Andere gegen das unaufhör-liche Schuldenmachen der Krone laut eiferten, als Nicolas Barnaud unter dem Pseudonym Fromenteau nachwies, dass seit der Thron-besteigung Heinrichs II. bis Ende 1580 nicht weniger als 128 Millionen Livres Anleihen aufgenommen worden waren[10]). Die Krone gelangte zur Einsicht, dass es nöthig sei, etwas zur Wiederherstellung ihres Credites zu thun und dachte ernstlich an Schuldentilgung, wobei ihr eine mehrjährige Periode verhältnissmässiger innerer Ruhe zu Statten kam, welche erst im Jahre 1586 wieder aufhörte; so war ihr denn jenes Anerbieten des Rametti willkommen. Ihre deutschen Gläubiger verhandelten damals durch Vermittlung des Marx Kraffter mit einigen Schweizern über den Verkauf ihrer Forderungen; man bot dafür 25 % und hätte wohl auch 40 % bezahlt: aber die Nürnberger woll-ten diese „Miseria" nicht annehmen, sondern forderten 75 %, „dieweil es jetzt in Frankreich Frieden und der König sich aller Schulden quittiren will". Sie sollten ihre Überschlauheit bald zu bereuen haben; denn der König zahlte im Ganzen nur 70000 L. d. h. wenige Pro-cente zurück. Der Bürgerkrieg begann aufs neue, und grade in den letzten Regierungsjahren Heinrichs III. erreichte die Misswirthschaft ihren Höhepunkt.

„Mehr als je zuvor, berichtet ein Zeitgenosse, bleiben die Renten auf das Hôtel de Ville von Paris unbezahlt, zum Verderben vieler armer Wittwen und Waisen". Ohne Frage hat die Entrüstung hier-über die pariser Bürgerschaft mitveranlasst, in das Lager der gegen die Krone damals kämpfenden Ligue überzugehen. Der „Tag der Barrikaden" (1588) hat sicherlich hier eine seiner Hauptwurzeln. Als vollends am Ende desselben Jahres der Führer der Ligue, als Hein-

---

[9]) Vgl. oben I. 322.
[10]) Le secret des finances de la France (1581) I. 13. Wegen des Folgenden vgl. die Akten des Scheuerl-Archives in Nürnberg.

rich von Guise ermordet wurde, als den König acht Monate darauf
das gleiche Schicksal ereilte, da war es mit dem Credite der Krone
natürlich wieder gänzlich vorbei, hatte sie doch nicht einmal mehr
einen anerkannten Träger. Schon nach dem Tode des Herzogs von
Anjou (1584) hatte man in den Kreisen der deutschen Gläubiger mit
Recht geäussert, es sei doch höchst bedenklich, dass „der Krone
Frankreich Schulden jetzt nur auf zwei Augen stehen". Als auch
diese sich schlossen, als der letzte Valois dem Mörderdolche erlag,
verloren die Gläubiger der Krone, wie wir aus einem Fuggerschen
Briefe ersehen, alsbald jeden Credit, was besonders die Florentiner
traf; wir wissen bereits, dass damals das letzte der grossen florentiner Bankhäuser in Frankreich, das der Capponi, in andere Hände
überging.

Nach dem Tode Heinrichs III. dauerte es noch etwa sechs Jahre,
ehe der Bourbone Heinrich IV. sich wahrhaft als König fühlen
konnte, ehe einigermaassen geordnete Verhältnisse im Staate wiederhergestellt wurden, und sich damit auch die Möglichkeit einer ernsthaften Finanzreform ergab, welche nun von Sully in Angriff genommen wurde. Man hat ihn wegen Durchführung dieser Reform
mit Recht gepriesen; aber unmöglich lässt sich in Abrede stellen,
dass ihr wichtigster Theil ein Staatsbankerott war: der Zinsfuss
der Staatsrenten wurde zwangsweise ganz erheblich, zum Theil auf
4 % reducirt, viele Millionen Staatsschulden wurden nicht als berechtigt anerkannt. Vergeblich protestirten die Rentiers und anderen
Gläubiger, darunter auch solche, welche durch die Maassregel in
bittere Noth geriethen; in der Hauptsache blieb Sully unerbittlich[11].
Wenn man bedenkt, dass der König 1596 die Schulden seiner Vorgänger ausdrücklich als für sich rechtsgültig anerkannt hatte, so erscheint die ganze Maassregel vom Standpunkte der Moral aus kaum
weniger zweifelhaft, als einer der spanischen Staatsbankerotte; doch

---

[11]) Man muss leider zur Beurtheilung der Reformen Sully's immer noch die „Oeconomies Royales" (Coll. Petitot Ser. II. vol. 1—9) benutzen, über deren Glaubwürdigkeit
sich schon Ranke (II. 55) sehr zweifelnd geäussert hat. Auch die Darstellungen bei
Forbonnais, Bailly, Vührer u. A. lassen viel zu wünschen übrig. So ist es z. B. ganz
falsch, dass Sully nur einige Male zu Anleihen seine Zuflucht genommen habe. Zahllose
Anleihen aus der Zeit 1594 bis 1599 sind erwähnt in den Arrêts du Conseil d'Etat de
Henri IV. tom. I. Über die Behandlung des Grossherzogs von Toscana, der dem Könige
über eine Million Écus geliehen hatte, wovon er fast die Hälfte einbüsste, vgl. Reumont,
Geschichte Toskanas I. 337, 342, 388, 399; Oeconomies royales III. 68. Sully meinte,
die Freundschaft Frankreichs müsse dem Grossherzoge werthvoller sein, als Geld. Auch
die „Rentes du grand parti de Lyon" wurden noch unter den Schulden aufgeführt (Oec.
roy. V. 191, VI. 130); es scheint aber, dass die Gläubiger hierauf nichts erhielten, und

sie war nothwendig, und zum Unterschiede von Spanien begnügte Sully sich nicht mit dem unvermeidlichen Wortbruche, sondern sorgte auch für Sparsamkeit, Ordnung und Ehrlichkeit im Finanzhaushalte. Aber dieser Zustand verschwand sofort wieder nach der Ermordung Heinrichs IV. und dem Sturze Sully's; damals begann in Frankreich eine neue Periode gedankenloser Misswirthschaft der Finanzverwaltung, welche dann zunächst bis zum Amtsantritte Colbert's gedauert hat. Die damalige französische Finanzwirthschaft unterschied sich nur dem Grade, nicht der Art nach von derjenigen, welche um dieselbe Zeit in Spanien herrschte. Wir können hier die ganze Entwickelung nicht schildern, müssen uns vielmehr mit Hervorhebung einiger charakteristischer Einzelheiten begnügen[12]).

Auf die verschwenderische Wirthschaft der Günstlinge Concini und Luynes folgte die noch weit kostspieligere Grossmachtspolitik Richelieu's. Seitdem es 1630 dem Finanzier Herwart gelang, die Truppen Bernhards von Weimar zum Übertritt in französische Dienste zu veranlassen, hatte die Krone dauernd eine Armee von 100000 Mann zu unterhalten, in Europa die erste Armee von Bedeutung, welche als „stehendes Heer" bezeichnet werden kann.

Es folgte die grenzenlose Corruption Mazarin's, dessen Finanzminister ihm halfen, den Staatsschatz zu plündern. Die Übel, an denen das französische Finanzwesen damals krankte, waren noch immer dieselben, wie im 16. Jahrhundert: auf der einen Seite die erdrückende Last des Heerwesens und die frevelhafte Verschwendung des Hofes, auf der anderen: Steuerpacht, Ämterschacher, Zersplitterung und Unehrlichkeit der Finanzverwaltung; daher ein lawinenartig zunehmendes Deficit und eine ebenso gewaltig anwachsende schwebende Schuld. Auch die einzelnen Beschwerden des Volkes, die sich zeitweise zu gerichtlichen Anklagen gegen die Finanzleute verdichteten, enthalten nicht viel Neues. So wurde Fouquet z. B. 1661 angeklagt, dass er fingirte und unnöthige Ausgaben berechnet, dass

---

dass wenigstens die Deutschen nicht einmal mehr reklamirten; die augsburger und nürnberger Kaufleute waren damals sehr froh, als ihnen der König auf viele Bitte einen Theil ihrer alten Handelsprivilegien bestätigte; wegen der Forderungen aus der Zeit Heinrichs II. und Carls IX. habe ich hierbei nichts erwähnt gefunden; dagegen wurden sie 1665 unter Ludwig XIV. noch als rückständig bezeichnet (Roth, Gesch. d. nürnberger Handels II. 21 ff., Archiv des nürnberger Handelsvorstandes).

[12]) Vgl. im übrigen Gramont, Le denier royal (1620); Bazin, Histoire de Louis XIII.; Mercure Français (1617 ff.): Barozzi e Berchet, Relaz. Ser. II. vol. II.; Journal d'Ormesson ed. Chéruel. Moreau, Choix des Mazarinades; Bresson, Hist. financ. de la France; Défense de Fouquet (1665); Ranke, Franz. Geschichte Bd. II; sodann die Werke von Bailly, Forbonnais u. s. f.

er der Krone selbst Geld zu hohen Zinsen geliehen und sich an der Steuerpacht betheiligt, dass er sich von den Steuerpächtern bestechen lassen, die Staatsgelder mit seinen eigenen vermischt, werthlose Staatsschulden aufgekauft und sie für voll angerechnet, dass er überhaupt die Verwaltung schlecht geführt habe. Fouquet hatte vollkommen Recht, wenn er zu seiner Vertheidigung erklärte, das seien meist alteingewurzelte Missbräuche, und er habe nur den Befehlen Mazarin's gehorcht, erhob dieser doch alle Jahre 25 bis 30 Millionen für geheime, uncontrolirbare Ausgaben; Fouquet musste sie vorschiessen und meinte mit Recht: „Es waren meine Gelder, als sie meine Kasse verliessen, es wurden Gelder des Königs, als sie in die Hände Seiner Eminenz übergingen". Hier gelangen wir indess schon zu einer Entwickelung, die zwar auch keineswegs ganz neu war, aber in Frankreich damals einen ganz anderen Charakter annahm: wir meinen die Gestaltung des Verhältnisses zwischen dem leitenden Finanzminister und den Geldleuten, welche ihn unterstützten.

Von jeher, mindestens seit der Zeit Franz des Ersten, gab es zwei Arten von Geldbesitzern, welche die Krone zur Befriedigung ihrer Anleihebedürfnisse heranziehen konnte: die wohlhabenden Bürger („aisés") und die professionellen Geldleiher, welche man jetzt meist „partisans" nannte, weil sie „partis", Geldgeschäfte, mit der Regierung machten. Das Vermögen der ersteren wurde theils auf dem Wege der Zwangsanleihen (taxes des aisés), theils auf dem der Rentenemissionen nutzbar gemacht, dasjenige der Partisans auf dem Wege der Steuerpachtungen und der stets damit verbundenen Anticipationen[13]). Von diesen beiden Klassen waren die Partisans bei weitem die einflussreichsten, weil die Regierung ihrer am dringendsten bedurfte; ohne ihre Hülfe und ihren Credit war überhaupt keine Finanzverwaltung zu führen, solange das Pachtsystem bestand, und die Nothwendigkeit von Anticipationen vorlag. Aber auf der anderen Seite waren auch die Partisans von der Finanzverwaltung abhängig, die ihnen Gelegenheit gab, gewinnreiche Geschäfte zu machen, und ihre Forderungen unbezahlt lassen konnte, wenn sie sich weigerten, von neuem zu helfen. Hieraus bildete sich allmählich ein eigenthümliches Gefolgschaftsverhältniss zwischen dem leitenden Finanzminister und seinen Geldleuten. Erhebliche Ansätze dazu waren schon im 16. Jahrhundert sowohl in Spanien wie in Frankreich vorhanden gewesen; unter Sully, der Anticipationen zu vermeiden suchte, traten die Partisans zeitweilig in den Hintergrund; dafür war Sully

---

13) Vgl. d. Journal d'Ormesson ed. Chéruel I. 214, 415 und passim.

Parteihaupt und Chef eines politisch bedeutsamen Familienclans; unter seinen Nachfolgern dagegen wurde jenes auf dem Geldinteresse beruhende Gefolgschaftsverhältniss immer mehr ausgebildet, bis es unter Mazarin und Fouquet schliesslich auch politische Bedeutung erlangte; in dieser Zeit nahm der Ausdruck „Partisans" eine neue Bedeutung an, welche er bis zur Gegenwart behalten hat, während die ursprüngliche Bedeutung inzwischen verschwand: man verwendete das Wort als allgemeine Bezeichnung für „unbedingte Anhänger". Damit ist schon gesagt, dass die Stellung des Finanzministers gegenüber seinen Partisans sich als die dominirende erwies, was wiederum darauf zurückzuführen ist, dass jener selbst immer mehr oberster Staatsbankier, und dass sein Credit entscheidend für den der Krone wurde. Auch dies war zeitweilig schon früher der Fall gewesen; doch in der Regel hatte der Leiter des staatlichen Finanzwesens gegenüber den grossen Geldmächten eine ziemlich untergeordnete Rolle gespielt; jetzt dagegen wurde er ihr Häuptling, ohne dass er doch seinerseits gegenüber der Krone und dem leitenden Staatsmanne sich selbständig zu machen vermochte; Fouquet wurde beschuldigt, dies versucht zu haben, was seinen Sturz herbeiführte; aber eine ernsthafte politische Gefahr hat auch seine Stellung schwerlich enthalten.

Von erheblicher Bedeutung ist sodann die Veränderung, welche jene Klasse der professionellen Geldleute in demselben Zeitraume erfuhr: zunächst wurden die Ausländer allmählich durch Franzosen ersetzt. Was der vielhundertjährige Hass des französischen Volkes gegen die italienischen Geldleiher nicht vermocht hatte, das brachte jetzt deren eigene Erschöpfung in Verbindung mit der wachsenden Geschicklichkeit inländischer Concurrenten zu Wege. Das Ende der italienischen Geldgeschäfte in Frankreich wird bezeichnet durch die Unruhen der Fronde und durch den Staatsbankerott von 1648. Der letzte Ausländer, der überhaupt im französischen Finanzwesen eine erhebliche Rolle gespielt hat, war jener freilich schon stark gallisirte oberdeutsche Bankier Herwart, der noch in der ersten Zeit Colbert's thätig war. Die Hauptmasse der Partisans bestand dagegen schon in Mazarin's letzter. Zeit aus Franzosen. Es waren fast durchweg Leute aus den unteren Volksklassen, Creaturen der leitenden Finanzminister, zum Theil sogar frühere Lakaien und 'dergleichen, die sich mit einander associirten und hauptsächlich mit dem Gelde von Privatleuten arbeiteten, denen sie relativ hohe Zinsen zahlten. Sie selbst berechneten der Krone mindestens 15 %, unter Umständen aber auch bis zu 50 und 60 %. Das ist der bescheidene Ursprung der stolzen pariser Finanzwelt. Es leuchtet ein, dass solche Leute unbedingte

Anhänger ihrer Protectoren, der Finanzminister, sein mussten, die sie dafür in der Regel glimpflich behandelten; ihnen bei Geldverlegenheiten aushalfen, sie selbst manchmal vor dem Bankerotte bewahrten [14]). Andererseits gab es unter ihnen auch schon Leute wie jener Girardin, der auf Verlangen Fouquet's der Krone bis zu 3, 4, 5 Millionen vorstreckte, und zwar angeblich ohne eigenen Gewinn, gegen die Zinsen, welche er selbst bezahlen musste, und ohne andere Sicherheit, als das Zahlungsversprechen Fouquet's. Er leitete ein grosses Finanzconsortium, das 1655 die Pacht der Gabelles übernahm.

Das Volk gewann nichts dadurch, dass die inländischen Partisans die Italiener ersetzten. Als Steuerpächter übten sie dieselben Bedrückungen, als Staatsgläubiger nahmen sie mindestens die gleichen Zinsen und als Trabanten einflussreicher Hofleute gehörten sie zu einer Menschenklasse, welche das Volk bereits mehr und mehr als Schmarotzer zu betrachten gewohnt war; sie selbst wurden als die ärgsten Blutsauger gehasst. Dazu kam, dass sie durch ihre ganze Stellung, wie wir sahen, auch gegenüber der anderen Klasse von Staatsgläubigern, den Rentiers, stark im Vortheile waren, dass die Regierung sie in der Regel weit besser als die Rentiers behandelte, die nicht selten über mangelhafte Auszahlung der Renten zu klagen hatten. Es kam ferner hinzu, dass die Partisans zugleich einen ausgedehnten Ämterhandel betrieben, dass sie ihre Verwandten und Freunde mit den fettesten Ämtern zu bedenken liebten, was dann natürlich wieder zu neuen Bedrückungen Anlass gab. So ist es nicht zu verwundern, dass schon 1615 der Name „Partisan" in ganz Frankreich verhasst war. Dies führte wiederum zu lebhaften Anklagen der Stände und Parlamente gegen die Geldleute und zur wiederholten Einsetzung von Untersuchungs-Commissionen, wie solche ja schon früher bestanden hatten. Sie konnten einzelne Personen zur Rechenschaft ziehen, aber an dem Systeme nichts ändern; und ebensowenig Erfolg hatten wiederholte Volksaufstände, wie die Revolte der pariser Rentiers im Jahre 1638 und die Unruhen der Fronde im Jahre 1649, doch müssen wir bei letzteren einen Augenblick verweilen.

Im Jahre 1648 war die Finanzlage die denkbar trostloseste; die Einkünfte der Krone waren auf drei Jahre hinaus anticipirt. Darauf

---

[14]) Vgl. hier besonders den Catalogue des Partisans bei Moreau, Choix des Mazarinades I. 113, 179, 287; Défense de Fouquet II. 98, 133, 207, 236, 246, 296, 312 ff. Ein charakteristisches Beispiel der Laufbahn eines „Partisan" ist Gourville, der zuerst Diener eines Herrn de la Rochefoucauld war, dann in den Dienst des Prinzen Condé eintrat, und diese Stellung benutzte, um mit der Finanzverwaltung Geschäfte zu machen, wobei er sich ein grosses Vermögen erwarb.

erreichte das Parlament die Einsetzung einer Chambre de justice gegen die Partisans, und im October erfolgte eine allgemeine Suspension aller ihnen ertheilten Anweisungen, also ein Staatsbankerott ganz nach Art derjenigen, wie sie in Spanien üblich waren; die Rentenzahlungen sollten nicht eingestellt werden, vielmehr den Forderungen der Partisans vorgehen; doch hatten auch die Rentiers bald wieder zu klagen, was von den unzufriedenen Grossen der „Fronde" eifrig benutzt wurde, um die Stadt Paris gegen die Regierung Mazarin's aufzuregen. Die Krone besass·in diesem kritischen Augenblicke nicht mehr den geringsten Credit; die Partisans waren weder gewillt, noch fähig zu helfen. Man machte alle möglichen Vorschläge, um Geld zu erlangen. Ausgeschriebene Steuern und Zwangsanleihen wurden nicht bezahlt. Das Heer unter Turenne erhielt keinen Sold und drohte zu den Frondeurs überzugehen. Da sandte der Hof den Bankier Herwart ab, um Turenne zu begütigen und sein Heer zu befriedigen. Ersteres gelang ihm nicht: Turenne trat zum grössten Schrecken des Hofes seinen Marsch auf Paris an; aber bald sah er sich von seinen Truppen verlassen, die Herwart durch Zahlung des rückständigen Soldes ihm abspänstig gemacht hatte. Mit Recht hat Voltaire von diesem Vorgange gesagt, er beweise, dass nur d e r Herr ist, welcher Geld hat. Es war dies wohl das letzte Mal, dass ein Geldfüst ganz in der dramatischen Weise, wie wir sie von Jakob und Anton Fugger kennen, in den Gang der Weltgeschichte eingriff, und auch das Lob, das Mazarin ihm in Gegenwart des Königs vor versammeltem Hofe spendete, ist noch im Style jenes heroischen Zeitalters des Kapitalismus, welches wir „das Zeitalter der Fugger" genannt haben. Mazarin erklärte, Herwart habe Frankreich gerettet und dem Könige die Krone erhalten; dieser Dienst dürfe nie in Vergessenheit gerathen. Thatsächlich wurde Herwart, wie schon früher berichtet, obwohl halber Ausländer und obendrein Protestant, zu einen der höchsten Stellungen im Finanzwesen und später noch weiter befördert, bis Colbert seiner Laufbahn ein Ende machte.

Wie Herwart der letzte französische Finanzier vom alten Schlage, so war Turenne der letzte französische Heerführer, der wenigstens in seiner früheren Zeit noch viel vom Condottiere an sich hatte; erst nach Mazarin's Tode wurde er ausschliesslich ein getreuer Diener seines Herrn. Jetzt begann die Zeit, als L o u v o i s die Armee vollends aus den Händen der Kriegsspekulanten in die des Königs brachte[14a],

14a) Jähns, Heeresverfassungen und Völkerleben (1885) p. 261.

und als Colbert das Gleiche mit den Finanzen und Finanziers versuchte.

Colbert beabsichtigte die ganze Finanzverwaltung zu reformiren: er wollte sie centralisiren, er wollte die Einkünfte dar Krone derart vermehren und sie zugleich auch zeitlich mit den Ausgaben derart in Einklang bringen, dass Anticipationen nicht mehr nöthig sein sollten; er beabsichtigte ferner, auch die fundirte Schuld ganz zu tilgen, einestheils weil sie grade auf die besten und sichersten Einkünfte hypothecirt war, und sodann weil jede Verzögerung der Rentenzahlungen in schlimmen Zeiten den Unruhestiftern Anlass gegeben hatte, die Rentiers gegen die Regierung aufzustacheln. Er bezeichnete die Rentiers gradezu als Müssiggänger, welche die Früchte der Arbeit ihrer Mitbürger verzehrten. Ähnlich hatte schon ein Jahrhundert früher Bodin gedacht, der grosse Theoretiker ein Jahrhundert vor dem grossen Praktiker.

Doch selbst Colbert musste bald auf Erreichung so weitgesteckter Ziele verzichten und sein Hauptaugenmerk darauf richten, die Macht der Partisans immer mehr herabzudrücken. Entbehren konnte zwar auch er sie nicht; aber er machte sie vollends zu fügsamen Werkzeugen. Er äusserte einmal: „Ein Finanzier hat sich dem Finanzminister gegenüber zu verhalten, wie ein Soldat gegenüber seinem Hauptmanne; er darf ihn nur mit dem Leben verlassen". Diesen Grundsatz suchte er mit allen Mitteln in der Finanzpraxis durchzuführen [15]).

Was Colbert sonst erreicht hat, lehrt die Geschichte. Vor allem vermehrte er die Kroneinkünfte gewaltig durch Erhöhung und Zusammenlegung der Zölle; so verwandelte er Frankreich in ein einheitliches grosses Wirthschaftsgebiet und begann an die Stelle des räuberischen, kurzsichtigen Fiskalismus früherer Zeiten eine von weiten Gesichtspunkten geleitete Fürsorge für das Volkswohl zu setzen, wodurch er wenigstens auf dem Continente der Bahnbrecher eines neuen wirthschaftspolitischen Systems wurde. Dass sein Endzweck vorzugsweise ein fiskalischer war, beeinträchtigt keineswegs das Verdienst des grossen Reformators. Aber wie man weiss, musste seine Volkswirthschafts- und seine Finanzpolitik bald innehalten, weil sie durchkreuzt wurde von der ungezügelten Weltmachtspolitik seines Gebieters. Am besten erkennt man dies, wenn man die Entwickelung des Staatsschuldenwesens verfolgt.

---

[15]) Clement, Lettres et mémoires de Colbert II. p. CXCIX.

Eine von Colbert's ersten Maassregeln war die Reduktion der
Rentenschuld, wobei er ganz in die Bahnen Sully's einlenkte und
nur noch erheblich rücksichtsloser vorging. Im Jahre 1660 behielt
er zunächst ein Drittel der fälligen Renten auf das Hôtel de Ville
von Paris ein; weitere Reduktionen folgten, bis schliesslich angeordnet wurde, dass alle unter Fouquet creirten Renten, deren jetzige
Inhaber sie weit unter pari gekauft hatten, zwangsweise zu einem
Course zurückgezahlt werden sollten, der den Inhabern fast nichts
übrig gelassen hätte, zumal Colbert sogar die schon gezahlten Renten
auf das Kapital in Anrechnung bringen wollte. Die Rentiers protestirten; es kam in Paris zu Aufläufen, und eine kleine Milderung
wurde erreicht, insofern bei Normirung der Course, zu denen die
Rentenforderungen zurückgezahlt werden sollten, mit einiger Billigkeit
verfahren wurde. Eine Commission setzte die Course in Gemeinschaft
mit dem Pariser Magistrat und unter Berücksichtigung der wechselnden Course seit dem 1. Januar 1639 fest. Das geschah im Jahre 1664.
Im folgenden Jahre ermässigte Colbert den gesetzlichen Zinsfuss auf
5% und motivirte diese Maassregel u. a. damit, dass die hohen Zinsen,
welche die Geldgeschäfte (le change et rechange de l'argent), und die
exorbitanten Gewinne, welche die Renten-Constitutionen hervorgebracht hätten, dem Müssiggange förderlich und der Entwickelung von
Handel, Gewerbe und Landwirthschaft hinderlich seien[16]).

Colbert erreichté auf solche Weise zunächst eine wesentliche
Entlastung des Staatsschatzes. Doch sein Verfahren unterschied sich
sowenig wie dasjenige Sully's von einem Staatsbankerotte und erregte
den gleichen Hass der Betroffenen. Noch schlimmer war es, dass er
auf die Dauer doch nicht ohne neue Riesenanleihen auskommen
konnte, vielmehr seit dem opfervollen Kriege von 1672 — überhaupt
einem Marksteine in der Wirthschafts- und Finanzgeschichte des
17. Jahrhunderts — schweren Herzens die abschüssige Bahn des
Schuldenmachens wieder betreten musste[17]). Ehe er sich dazu entschloss, hatte er sich nicht gescheut, den Ämterschacher im grössten
Maassstabe wieder aufzunehmen, wobei er die Geldleute dadurch anreizte, dass er ihnen die Ämter 16% unter dem nominellen Verkaufswerthe
zur Verfügung stellte. Da auf solche Weise aber die vielen Millionen,
welche der Krieg erforderte, nicht aufzubringen waren, musste Colbert
noch 1672 zu einer Renten-Emission schreiten und im folgenden Jahre
auch zu schwebenden Anleihen, zu Anticipationen. Er hat dann in

---

[16]) Clement II. introd. XLIX. und 756 ff.
[17]) Bailly I. 462 ff.; Vührer I. 96 ff.; Clement vol. II. passim.

Ehrenberg, Zeitalter der Fugger, II. 3. Aufl.   18

dem Jahrzehnte, während dessen er die Verwaltung noch leitete, oftmals aufs neue an den Credit sich wenden müssen. Aber sein Verfahren unterschied sich ganz wesentlich von demjeniger der früheren
Finanzminister, und hier erscheint er uns wiederum als der Bahnbrecher eines neuen Zeitalters.

Um die kostspielige Vermittelung der Finanziers zu ersparen,
begründete Colbert 1674 eine staatliche Centralsparkasse, die Caisse
des Emprunts, bei der Jedermann Geld einzahlen konnte, das der Staat
ihm mit 5 % verzinste und auf Verlangen stets zurückzuzahlen versprach, wofür die Pachtsummen der Steuerpächter hafteten. Der
Staat erlangte hierdurch die Möglichkeit, bedeutende schwebende Anleihen — gewöhnlich waren es 14 Millionen, später sogar bis 20 Millionen Livres — zu billigen Zinsen unterhalten zu können. Ebenso re-
formirte Colbert auch den Modus der Anleiheaufnahme bei der fundirten Schuld, indem er das früher nur bei schwebenden Schulden
angewendete Princip der Öffentlichkeit auch auf die Renten übertrug: Colbert hat seit 1679 die ersten Rentenanleihen auf dem Wege
öffentlicher Zeichnung ausgegeben, wobei er glänzende Resultate erzielte. Früher war die Stadt Paris das Hauptabsatzfeld für die Staatsrenten gewesen; jetzt zog man auch die Provinzen und das Ausland
kräftig heran, und Colbert wusste sogar schon die moderne Über-
zeichnungstechnik mit Geschick zu handhaben. Gleich 1679 erreichte
er es, dass in 18 Tagen 2 Millionen Rente = 34 Millionen Kapital
gezeichnet wurden, worauf er alsbald weitere 5 1/2 Millionen Rente zur
Zeichnung auflegte und dagegen höher verzinsliche ältere Schulden
zurückzahlte [18]).

Ähnliche Operationen folgten in den Jahren 1682 und 1683, wobei
man aber schon wieder mit Härte und illoyalen Kniffen arbeitete, um
die Inhaber der zur Rückzahlung gekündigten Rententitel zu veranlassen, dass sie statt des Geldes niedriger verzinsliche Renten an-
nahmen.

Bereits 1680 hatte Colbert dem Könige vorgestellt, der Credit
habe nun schon 40 Millionen geliefert; mehr dürfe er nicht angestrengt
werden, sonst würden die Depositen der Caisse des Emprunts zurück-
gezogen, und man würde vor dem Bankerotte stehen. Im folgenden
Jahre wies er nachdrücklichst hin auf das durch den Steuerdruck
hervorgerufene Volkselend und auf die Nothwendigkeit enormer
Steigerung der Zinslast bei Wiederausbruch des Krieges. An derartigen Mahnungen liess er es auch ferner nicht fehlen. Doch ver-

[18]) **Bailly** I. 465, 477; **Vührer** I. 103 ff.; **Clement** vol. II. introd. u. p. 102, 372.

mochte er nicht durchzudringen, und als er 1683 starb, war die Ordnung des Staatshaushalts bereits wieder in der Auflösung begriffen. Unter seinen Amtsnachfolgern vollends gerieth das französische Finanzwesen wieder ganz und gar auf die Abwege, welche Spanien zum wirthschaftlichen Untergange geführt hatten. Frankreich trieb auf ihnen der Revolution entgegen[19].

England im 17. Jahrhundert. Während die Finanzwirthschaft Spaniens und Frankreichs bis an die Schwelle der Neuzeit noch einen mittelalterlichen Charakter hatte, war in England schon im 16. Jahrhundert ein erfolgreicher Versuch gemacht worden, das Finanzwesen von Grund auf zu reformiren. Gresham hatte ihm einen streng nationalen Charakter gegeben und hatte zugleich sich bemüht, es mit den kaufmännischen Grundsätzen der Ehrlichkeit, der Ordnung und der Sparsamkeit zu durchdringen. Dies war in bemerkenswerthem Grade gelungen: die ausländischen Geldleiher verschwanden allmählich aus England, dessen Kapitalreichthum sich in manchen schwierigen Lagen an sich als ausreichend erwies, um die Geldbedürfnisse der Krone zu befriedigen; und auch auf dem Continente blieb deren Credit inmitten der schwersten Creditkrisen unerschüttert, weil Königin Elisabeth, zum Unterschiede von anderen Fürsten, ihren Gläubigern niemals ihr Wort brach, wie sie sich dessen im Jahre 1576 mit Recht rühmen konnte[20].

Aber auf die Dauer erwies sich Gresham's Finanzprogramm doch noch nicht als allen Vorkommnissen gewachsen. Es gelang selbst einer Elisabeth in der Regel noch nicht, Anleihen im Inlande ohne Anwendung von Zwang aufzunehmen. Die Zwangsanleihen („Privy seal loans") bildeten in Elisabeths späterer Zeit wieder die häufigste Art der Deckung vorübergehender ausserordentlicher Finanzbedürfnisse; doch wirthschaftete sie auch nach Gresham's Tode so sparsam, dass sie ihrem Nachfolger nur eine unbedeutende Schuldenlast, dagegen einen reichen Schatz an Juwelen hinterliess, die sie zum Theil geschenkt erhalten hatte; denn — wie bald nachher ein venetianischer

---

[19] Vgl. Boisguillebert, Le détail de la France (1697) bei Daire p. 236, sowie Factum de la France (l. c. p. 296): Le principe des financiers est que, pour le prince, la France est un pays ennemi, dont la ruine ne doit pas causer le moindre scrupule — —. Un traitant ne se soucie guère que tout périsse après lui, pourvu qu'il fasse sa fortune. Madame Pompadour drückte dies einige Jahrzehnte später noch kürzer aus: Après nous le déluge!

[20] Nares, Memons of Burghley II. 64.

Gesandter treffend bemerkte — „Ihre Majestät liebte es mehr, zu empfangen, als zu geben"[21]).

.Unter Elisabeths Nachfolger Jakob I. und noch mehr unter Karl I. gerieth das Finanzwesen bald wieder in arge Verwirrung, und die Schuldenlast wuchs beträchtlich; bei Jakob's Tode waren selbst viele Gehaltszahlungen rückständig. Die absolute Höhe der schwebenden Schuld — eine fundirte gab es noch nicht — erscheint zwar als mässig, wenn man sie mit derjenigen Frankreichs und Spaniens vergleicht; aber dem englischen Volke war sie schon viel zu gross, zumal die Krone an der Praxis der Aufnahme von Zwangsanleihen festhielt[22]).

Was Elisabeth noch sich hatte erlauben können, rief bei ihren Nachfolgern den allgemeinen Unwillen des Volkes hervor. Die erste Zwangsanleihe, welche Karl I. erheben wollte (1626/27), führte zu der Petition of right, und zu dem Versprechen des Königs, niemals wieder Zwangsanleihen auszuschreiben. Thatsächlich kamen solche in der früheren Form seitdem nicht mehr vor. Allerdings übte der König noch mehrfach auf die City von London einen mehr oder weniger kräftigen Druck aus, um sie zur Bewilligung von Anleihen zu bestimmen, bei denen sich dann Jedermann nach Belieben betheiligen konnte. Das waren Anleihen, die eine gewisse Ähnlichkeit mit denen hatten, welche die französische Krone bei der Stadt Paris aufnahm. Aber sie genügten nicht, um die Finanzbedürfnisse der Krone zu decken. Zumal im Jahre 1640, als der Conflict mit dem Parlamente schon begann, als Karl gegen dessen Willen den schottischen Krieg beschloss, war seine Finanzlage eine so trübe, dass er gezwungen war, sich auf Geschäfte einzulassen, wie sie sonst nur halbbankerotte Kaufleute machen: er kaufte 2310 Sack Pfeffer von der Ostindischen Compagnie auf langen Credit für 63 283 £ und verkaufte sie dagegen sogleich wieder gegen Baarzahlung für 50626 £, was ihn fast 17 %) Zinsen kostete. Ferner nahm er für 120000 £ Silber, welches von spanischen und anderen Kaufleuten zur Ausmünzung in die Münze geliefert worden war, mit Beschlag und behielt auf Beschwerde der

---

[21]) Green, Calendar of State papers 1547—1580 p. 531 ff.; 1581—90 p. 471, 554, 576 ff., 580, 585 etc.; 1598—1601 p. 538 ff.; sogar die in London wohnenden Niederländer mussten sich trotz heftigem Widerwillen 1601 an einer solchen Zwangsanleihe betheiligen. Vgl. Journaal van Anth. Duyck ed. Mulder III. 23; Barozzi e Berchet, Relaz. d. ambasc. venet. Ser. IV. vol. 1 p. 106.

[22]) Die Ziffernangaben für die schwebende Schuld weichen sehr von einander ab; vgl. Parlam. Debates, 1610 (Camden Soc.), introd. IX. XV.; 1625 p. 102, Calendar of State pap. 1619/23 p. 110; Ranke, Engl. Geschichte II. 194 ff.; Sinclair II. 42.

Eigenthümer den dritten Theil davon als Zwangsdarlehen, das indess später nebst Zinsen richtig zurückgezahlt wurde. Auch versuchte der König, in Spanien, Frankreich und Genua Geld zu bekommen, was aber nicht gelang. Dagegen schoss ihm im folgenden Jahre der Steuerpächter Harrison 50000 £ zu 8% vor, was damals der übliche Zinsfuss war [23]).

Als aber dann 1642 der Krieg zwischen König und Parlament offen ausbrach, erliess letzteres eine Aufforderung, Geld und Edelmetall herbeizubringen und sicherte dafür 8% Zinsen zu. Die Nichtbefolgung dieser Aufforderung wurde mit Strafe bedroht; es war also auch eine Art Zwangsanleihe. Thatsächlich kamen aus dem ganzen Lande, trotzdem der König es natürlich verbot, grosse Mengen Geld und Edelmetall zusammen, angeblich mehrere Millionen. Darauf wendete sich der König in ähnlicher Weise an die ihm treugebliebenen Universitäten, und erhielt von ihnen ebenfalls bedeutende Mengen an Geld und Geräthen aus Edelmetall, obwohl das Parlament dies seinerseits zu hindern suchte. Im Verlaufe der Revolution wurde noch mehrfach zu solchen Mitteln gegriffen [24]).

Auch Cromwell konnte schwebende Anleihen nicht entbehren, und zwar wurden zu seiner Zeit die Goldschmiede, welche bereits seit Jahrzehnten sich mit Bankgeschäften befassten, nunmehr auch die Bankiers der Regierung, der sie auf ihre Einkünfte regelmässig Vorschüsse bewilligten [25]). Damit erlangten diese ersten berufsmässigen Creditvermittler, welche das englische Volk hervorgebracht hat, auch für die Staatsfinanzen erhebliche Bedeutung, die unter der Restauration sich noch steigerte.

Im Jahre 1660, als Karl II. mit General Monk über Wiederherstellung der Monarchie verhandelte, war es sein Erstes, bei englischen Royalisten und in Amsterdam Geld aufzunehmen, um die Soldrückstände des ehemaligen Revolutionsheeres zu decken und dieses in seine eigene Dienste zu nehmen. Nach Sicherung seiner Herrschaft bewilligte ihm das Parlament 1260000 £ zur Bezahlung seiner Schulden. Aber bald verstrickte er sich in neue, die bei seiner Verschwendung und den grossen Anforderungen der Kriege gegen die Holländer

---

[23]) Calendar of state papers dom. ser. 1640/41 p. 522; Ruding, Annals of coinage I. 392; Gardiner, Fall of the Monarchy of Charles I. vol. I. 347, 377, II. 44.

[24]) Ruding I. 396 ff.; Sinclair I. 171.

[25]) Irrigerweise pflegt man die Bankgeschäfte der Goldschmiede erst später beginnen zu lassen: schon Malynes spricht von ihnen in seiner Lex Mercatoria (1622). Über den Beginn ihrer Geschäfte mit der Regierung vgl. die Schrift: The Mystery of the newfashioned goldsmiths or bankers discovered (1676).

lawinenartig anwuchsen. Die Vorschüsse der City waren bei weitem
nicht ausreichend. Der 1665 bei Ausbruch des unglücklichen ersten
Krieges gegen die Niederlande gemachte Versuch einer Anleihe durch
directe Zeichnung schlug fehl. So musste man denn immer häufiger
die kostspielige Hülfe der Goldschmiede anrufen, unter denen Sir
Robert Vyner der Hauptfinanzier der Krone wurde. Die Goldschmiede verschafften sich das Geld zu 4—6% und berechneten der
Krone 8—12%. Die Rückzahlung sollte aus den einzelnen bewilligten
Steuern sofort nach deren Eingang im Schatzamte erfolgen[26]).

Aber bald zeigte sich auch hier die ganze Gefahr einer derartigen
Finanzwirthschaft. Im Jahre 1672, als die schwebende Schuld der Krone
auf 1 328 526 £ angewachsen war, erfolgte das berüchtigte „Shutting
up the Exchequer": die Krone musste ihre Zahlungen an die Gläubiger
einstellen, seit dem Jahre 1339 der erste und wohl auch der letzte
wirkliche Staatsbankerott, den England erlebt hat[27]).

Karl II. that ganz dasselbe, was die Könige von Frankreich und
Spanien schon häufig gethan hatten, und auch die Regulirung des
Bankerotts erfolgte in ähnlicher Weise: der König hatte seinen Gläubigern die speciellen Einkünfte, auf welche sie angewiesen worden
waren, einfach fortgenommen; stattdessen belastete er das Gesammt-
einkommen der Krone mit einer ewigen Jahresrente von 6% der
schwebenden Schuld oder mit 79711 £ zu Gunsten der Gläubiger.
Er reducirte also zwangsweise die Zinsen von durchschnittlich 10
auf 6% und verwandelte die schwebende in eine fundirte, ewige
Rentenschuld, die erste, welche England gehabt hat[28]).

Freilich wurde auch diese Rente seit 1684 nicht mehr bezahlt,
da die Krone in immer ärgere Bedrängniss gerieth. Ihr Credit war
vernichtet, zumal das Parlament 1681 die Aufnahme schwebender
Schulden auf die Kroneinkünfte ausdrücklich untersagte und sogar
den Kauf oder die Annahme von Zahlungsanweisungen (Tallies und
anticipations) auf diese Einkünfte mit Strafe bedrohte[29]). Mochte auch

---

[26]) Calendar of state pap. dom. 1660/61 p. 69, 1664/65 p. 43 ff., 73, 1667 p. 256,
288, 319, 371 etc.; Ranke, Engl. Geschichte IV. 282. Als 1667 die Holländer auf der
Themse mit ihrer Flotte erschienen, entstand ein „run" auf die Kassen der Goldschmiede,
wesshalb der König öffentlich seine Gläubiger beruhigte (Calendar 1667 p. 204).

[27]) Sinclair I. 195, II. 44 ff.

[28]) Die Rente wird ausdrücklich „perpetual interest" genannt (Journal of Commons X.
728). Die fundirte Schuld ist also nicht erst 1693 entstanden, wie Macaulay u. A. meinen,
sondern schon 1672.

[29]) Chandlers, Debates II. 97. Die Acte richtete sich gegen die sogenannte „borrowing clause", welche seit 1665 den Steuerbewilligungen des Parlaments angehängt worden
war, und welche vorschrieb, dass für alle auf Grund der Bewilligung etwa zu leistenden

die Krone das Parlament sofort auflösen und die Whigs politisch zunächst unterdrücken, so hatten diese doch das Kapital in Händen. Sie konnten es nicht hindern, dass die Krone die Zinszahlungen auf die alte Schuld abermals einstellte; dagegen konnten sie es wohl hindern, dass ihr neue Anleihen bewilligt wurden, und die Zeit der Zwangsanleihen war längst entschwunden.

Das Finanzprogramm Gresham's hatte bis dahin immer erst in einem Hauptpunkte durchgeführt werden können: die Nationalisirung des für Staatszwecke verfügbaren Geldkapitals war dauernd erreicht worden, nicht aber die Ordnung, Sparsamkeit und Ehrlichkeit im Staatshaushalte.

Die finanzpolitische Entwickelung Englands war also noch nicht weiter gediehen, als diejenige Frankreichs; ja wenn man erwägt, dass Frankreich um die Zeit, als in England ein Staatsbankerott stattfand, sich Dank der Thätigkeit Colbert's eines guten Staatscredites erfreute, dass ferner erst aus jenem englischen Staatsbankerotte die Anfänge einer fundirten Schuld hervorgingen, welche Frankreich damals schon seit 150 Jahren besass, so kommt man zu der Überzeugung, dass Frankreich sich auf einer höheren Stufe finanzpolitischer Entwickelung befand als England. Den entscheidenden Umschwung brachte erst die englische Revolution von 1689. Doch ehe wir uns hiermit beschäftigen können, müssen wir uns demjenigen Lande zuwenden, das für das 17. Jahrhundert den Höhepunkt der Entwickelung darstellt.

Die Niederlande. Wer ·dem achtzigjährigen glorreichen Freiheitskampfe der kleinen Niederlande gegen das Weltreich Spanien gerechte Bewunderung zollt, darf nicht vergessen, dass davon ein guter Theil dem niederländischen Staatscredite gebührt. Die Standhaftigkeit des Volkes und das Genie der Oranier in allen Ehren; aber auf die Länge der Zeit hätten sie nicht ausgereicht, um den Sieg zu erringen, und noch weit mehr als irgendwo sonst gilt hier der Spruch „pecunia nervus belli". Die niederländische Seemacht

---

Vorschüsse sofort „a Tally of Loane" geschnitten und eine Zahlungs-Anweisung für Kapital und Zinsen ausgestellt werden solle. „Tallies" hiessen die Kerbhölzer, welche seit uralter Zeit im englischen Schatzamte als Quittungen und Zahlungsanweisungen üblich waren. Die eine Hälfte blieb im Exchequer zurück; sollte Zahlung geleistet werden, so war die andere Hälfte vorzuweisen, und beide Stücke wurden zusammengefügt. Die Tallies wurden erst 1782 durch geschriebene Quittungen ersetzt. Vgl. Thomas, The ancient Exchequer p. 26, 56 ff., 129, 134; Madox, History of the Exchequer II. 258. Noch eine weitere Erläuterung: die Zinsen der englischen fundirten Schuld heissen bekanntlich „annuities"; solche kommen unter den Ausgaben der englischen Krone schon viel früher vor; aber das waren keine Schuldrenten, sondern Pensionen.

zwar brachte anfangs gewiss mehr Geld ein, als sie kostete; doch der Landkrieg musste mit Soldheeren geführt werden, zu deren Ausrüstung und Unterhaltung die Niederländer so wenig wie die Spanier den Credit entbehren konnten [30]).

Kaum war der endgültige Frieden mit Spanien geschlossen, so folgten die kostspieligen Seekriege gegen England, dann die verzweifelten Kämpfe gegen Ludwig XIV. Daher schwoll die niederländische Staatsschuld immer mehr an, und wenn es auch nicht möglich ist, die ganz verschiedenartigen Angaben über ihre damalige Höhe mit einander in Einklang zu bringen, so ist es doch gewiss, dass sie im Verhältniss zur Bevölkerung des Landes gross genug war. Trotzdem gelang es schon in dem Zeitraume 1640—1655, die Zinsen der fundirten Schuld von $6^1/_6\%$ bis auf 4% zu ermässigen, und selbst in den schlimmsten Zeiten, als die Existenz der Republik an einem Haare hing, so 1585 und 1672, war es schliesslich doch möglich, die zur Vertheidigung des Landes nöthigen Geldsummen durch Anleihen aufzubringen. Stets hat die Republik ihren Gläubigern Wort gehalten, was sich von keinem einzigen ihrer mächtigen Feinde sagen lässt. Namentlich 1672, als die Franzosen den grössten Theil des Landes eroberten, liess es sich wieder mit Händen greifen, dass die Republik ohne ihren Credit verloren gewesen wäre; denn das Verzweiflungsmittel, die Dämme zu durchstechen, konnte nur augenblickliche Rettung bringen, während erst die Subsidienverträge mit dem Kaiser, mit dem Kurfürsten von Brandenburg u. s. w. das Dasein der Republik auf die Dauer gewährleisteten.

Wodurch haben die Niederlande dies Alles ermöglicht? Kurz gesagt: durch die nämlichen Thatsachen, welche wir in unserer Einleitung als Grundlagen des Credites der mittelalterlichen Städte aufgeführt haben. Die Republik der Vereinigten Niederlande war ja ein vorzugsweise aus Städten bestehendes Gemeinwesen. Ihr Credit beruhte zunächst auf dem der einzelnen Provinzen, dieser wieder auf dem der Städte. Jede Stadt und jede Provinz bildete eine Corporation, deren Mitglieder, die Bürger, für ihr Gedeihen solidarisch

---

[30]) Die Finanzgeschichte der Vereinigten Niederlande namentlich bis zum 18. Jahrhundert gehört trotz ihrer grossen Bedeutung zu den dunkelsten Theilen der gesammten Wirthschaftsgeschichte. Ganz besonders gilt dies von der Geschichte der niederländischen Staatsschulden im 17. Jahrhundert. Mir sind nur zwei kurze darauf bezügliche Darstellungen aus älterer Zeit bekannt: die eine in der Zeitschrift „De Koopman" III. (1771) 169 ff., die andere noch kürzere bei Weeveringh, Geschied. d. Staatsschulden (1855) I. 1 ff. Auch hier kann auf Grund des dürftigen Materials nur ein Überblick gegeben werden zur Hervorhebung einiger besonders charakteristischen Punkte.

mit einander verbunden waren, wenn sie auch nicht mehr wie die Stadtbürger in früherer Zeit mit ihrer Person und mit ihrer gesammten Habe für die Schulden der Gemeinschaft hafteten.

Die Niederlande waren ferner ein Handelsstaat, dessen Bürger schon von Anfang an durchschnittlich sehr reich waren und dank ihrem Unternehmungsgeiste, dank auch der Gunst ihrer Zeit, rasch neue grosse Reichthümer erwarben, welche den Kapitalbedarf ihrer Unternehmungen weit überstiegen [31]). Daher gab es in den Niederlanden in der Regel weit mehr Kapitalien, die Anlage suchten, als vertrauenswürdige Darlehensnehmer; zu Letzteren gehörten aber unbedingt die Heimathsstadt und der Heimathsstaat.

So konnte schon 1620 ein venetianischer Gesandter berichten: „Die Provinz Holland allein soll 40 Millionen Gulden Schulden haben, die sie mit $6^1/_4\,^0/_0$ verzinst. Sie könnte diese Schuldenlast leicht abtragen, wenn sie die Steuern erhöhte; aber die Staatsgläubiger wollen es nicht. Wie ich höre, haben die Kaufleute, namentlich in Amsterdam, soviel flüssiges Kapital, dass der Staat stets jede beliebige Summe bei ihnen aufnehmen kann". Bekannt ist der Bericht, den ein halbes Jahrhundert später Sir William Temple, dieser genaue Kenner der Niederlande, über den Nutzen der Rentiers für die Republik erstattete. Zu ihnen gehörten vor allem die Regenten des Staates, der Provinzen und der Städte. Ihr Interesse war desshalb ungemein dauerhaft mit dem des Gemeinwesens verbunden, für das sie nicht nur ihr Kapital, sondern auch ihre Intelligenz und Arbeitskraft einsetzten; Müssiggänger gab es damals noch kaum unter den niederländischen Rentiers. So beliebt war die Kapitalanlage in den heimischen Staatspapieren, dass es oft als Gunst betrachtet wurde, in ihnen Geld anlegen zu dürfen, und dass Rückzahlungen das Be-

---

[31]) Schon Guicciardini hebt 1566 (Descritt. d. Paesi Bassi in der Beschreibung Amsterdams) den grossen Reichthum der Amsterdamer hervor. Dazu kamen dann die Religionsflüchtlinge aus Antwerpen und den anderen Theilen der südlichen Niederlande, darunter viele reiche Handelsherren, die grosse Theile ihres Vermögens aus dem Schiffbruche retteten, waren sie doch die ersten, welche Actiengesellschaften zum Betriebe des überseeischen Handels in den nördlichen Provinzen begründeten. Vgl. besonders van der Chys, Geschied. d. stichting v. d. Vereenigde O. J. Compagnie 1857. Bereits 1602 wehrte sich die Stadt Amsterdam gegen eine von der Provinz Holland beabsichtigte Kapitalrentensteuer von $12^1/_2\,^0/_0$ u. A. mit der Begründung, sie sei dabei viel mehr interessirt als andere Städte, „soe van stadtswegen als veel renthen hebbende, als van heur burgeren wegen, mits alle de huysen tot Amsterdam op renten vercoft werden, ende soe veel met renten beswaert sijn als d'selve weerdich souden mogen wesen", ausserdem desshalb, „om t'credit van de coopluyden niet te verminderen, als men staet van heur goet soude weten" (Journ. v. Anth. Duyck ed. Mulder III. 295).

dauern, ja manchmal thränenreiche Vorstellungen der Gläubiger hervorriefen, weil man nirgends sonst das Geld so rasch und sicher
unterbringen konnte[32]). Um dieselbe Zeit berichtete der Holländische
Merkur, es gäbe allein in der Provinz Holland 65500 Personen, die
Geld auf Rente ausgeliehen hätten oder solches thun könnten. Eben
diese grosse Menge Anlagebedürftiger ist wohl das wichtigste Moment, mit dem wir es hier zu thun haben. Denn einmal wurde es
dadurch den Niederlanden ermöglicht, nicht nur ihre Anleihen im
eigenen Lande aufzunehmen, sondern auch fremde Hülfe mit Geld
zu erkaufen, und sodann wurde dadurch die Möglichkeit geschaffen,
die Staatsschuld von vorneherein als eine fundirte zu behandeln, die
alte Geschäftsform des Rentenkaufs anzuwenden und auf diese Weise
sowohl die Unkündbarkeit Seitens der Gläubiger wie den niedrigen
Rentenzins beizubehalten.

Freilich wurde dies noch durch zwei andere Momente erleichtert:
einmal durch die alte Gewohnheit der Niederländer, in grossem Umfange mittels des Kaufs von Leibrenten für das höhere Alter und
von Erbrenten für hinterbleibende Wittwen und Waisen zu sorgen,
eine Neigung, die später in den Hang ausartete. überhaupt möglichst
ohne Arbeit, von Kapitalrenten zu leben, woraus dann wieder neue
Folgen von weittragender Bedeutung hervorgegangen sind[33]). Das
andere Moment, welches die Entwickelung der fundirten Schuld begünstigte, lag auf der Seite des anleihenden Staates: dessen Kapitalbedarf unterschied sich von dem anderer Staaten noch dadurch, dass
er nur verhältnissmässig selten durch ein rasch vorübergehendes zeit-
liches oder örtliches Deficit hervorgerufen wurde, sondern vorzugsweise durch den lange anhaltenden Kampf um die Freiheit des
Vaterlandes. Was für die spanische Krone der Hauptanlass des unaufhörlichen Creditbedürfnisses war, die weite Entfernung des Landes,
wo das baare Geld gebraucht wurde, von dem, wo es verfügbar war,
das kam für die Niederlande gar nicht in Betracht: Beides lag hier
dicht bei einander. Und auch die Finanzverwaltung arbeitete hier
viel rascher. So trat denn die Nothwendigkeit, grosse. schwebende

---

[32]) Observations upon the United Provinces, franz. Ausg. v. 1674 p. 211 ff., 327 ff.
Über die Beurtheilung des Staatsschuldenwesens durch die niederländischen Publicisten des
17. und 18. Jahrhunderts vgl. Laspeyres, Geschichte d. volksw. Anschauungen d. Niederländer p. 216 ff. Doch lässt grade dieser Abschnitt des sonst so nützlichen Buches zu
wünschen übrig; so ist besonders der Unterschied zwischen fundirten und schwebenden
Schulden unberücksichtigt geblieben.

[33]) Wegen der Leibrenten und Tontinen vgl. Laspeyres p. 248 ff., wegen der
späteren Entartung p. 254.

Anleihen aufzunehmen, nur verhältnissmässig selten an die Staatslenker heran, und selbstverständlich suchten diese ein Finanzmittel, an dem ihre Feinde sichtbar verbluteten, wenn irgend möglich zu vermeiden. Allerdings wurden namentlich seit 1672 neben den langfristigen oder ewigen Rentenbriefen immer häufiger auch Obligationen auf kürzere Zeit, in der Regel auf einige Jahre emittirt; aber eigentliche schwebende Schulden nach Art derjenigen, wie wir sie für Frankreich, Spanien und England kennen gelernt haben, waren das nicht, was schon aus der Thatsache erhellt, dass ihr Zinsfuss oft der gleiche war, wie derjenige der Rentenbriefe. Eine schwebende Schuld war es dagegen, wenn die Stadt Amsterdam 1673 „auf Monatsgeld" ($^1/_2$ $^0/_0$ pro Monat) an der Börse Anleihen aufnahm, oder wenn die Rentmeister in alter Weise für eigene Rechnung sich Geld verschafften, um ein rasch vorübergehendes Deficit ihrer Kasse zu decken; doch hierfür war das Land nicht haftbar [34]).

Überhaupt bewahrten nicht nur die Finanzbeamten noch viel von ihrem halb mittelalterlichen Charakter, sondern auch die ganze Art der Finanzverwaltung enthielt noch geraume Zeit hindurch manche mit dem Wesen des modernen Staates kaum verträgliche Elemente. So wurde die Steuerpacht, trotz der vielen Klagen, ja trotz mehrfacher Volksaufstände, die sie veranlasste, doch erst um die Mitte des 18. Jahrhunderts abgeschafft, während der Ämterhandel wenig im Schwange war [35]).

Bestehen blieb auch der den Niederlanden seit Alters eigenthümliche verwickelte Zustand des öffentlichen Credits: es gab Schulden der Generalität (des Staates) für eigene Rechnung und für Rechnung der einzelnen Provinzen, umgekehrt auch solche der letzteren für eigene und für Rechnung der Generalität, daneben dann noch Schulden der einzelnen Städte, von denen ebenfalls viele zur Deckung staatlicher Bedürfnisse dienten. Die Staats- und Provinzialschulden zerfielen ferner noch territorial nach den „Comptoiren", bei denen sie aufgenommen worden waren; denn — und das war wieder ein ganz moderner Zug — in der Regel wurden die Anleihen nicht durch „Negociatie", sondern derart emittirt, dass man die Emission bekannt machte, und es dann den Anlagelustigen überliess, direct bei den „Comptoiren" des Staates zu subscribiren. Dies geschah stets bei den eigentlichen Rentenanleihen, während die Obligationsanleihen

[34]) De Koopman III. 178; Gr. Placc. Boeck I. 1506. Über die Obligationen vgl. Grossmann, Die Amsterdamer Börse vor 200 Jahren. Haag 1876.

[35]) Laspeyres p. 231 und 238.

namentlich in späterer Zeit öfters durch Negociation mit kapitalkräftigen Vermittlern untergebracht wurden, ohne dass diese doch für den öffentlichen Credit entfernt solche Bedeutung hatten, wie die gleichzeitigen Finanziers in Spanien, Frankreich und England. Das bunte Bild der öffentlichen Schuld wurde noch verstärkt durch die vielen Arten von Renten (Leibrenten, 30, 32jährige Renten u. s. w.), Obligationen und Lotterieanleihen. Dagegen kam jene verhängnissvolle Zersplitterung, der das Schuldenmachen der monarchischen Staaten fortgesetzt dadurch unterlag, dass die meisten Anleihen auf bestimmte Einkünfte angewiesen wurden, so gut wie vollständig in Fortfall: selbst in gefährlichen Nothlagen brauchten Staat, Provinzen und Städte in der Regel nur ihr „Corpus" zu verpfänden. Das Vertrauen in ihre Zahlungsfähigkeit wankte nur in einzelnen besonders kritischen Augenblicken und wurde dann stets bald wiederhergestellt.

Unerschüttert blieb auch, wenigstens während der Blüthezeit der Niederlande, das Vertrauen in die Ehrlichkeit ihrer Finanverwaltung. Im 18. Jahrhundert allerdings wurde dies anders. Grade als die verhasste Steuerpacht aufgehoben worden war, klagte man allgemein über die Unehrlichkeit und Bestechlichkeit der Finanzverwaltung. Eine Hauptursache dieses Übels war ohne Frage die Heimlichkeit, mit der das ganze öffentliche Finanzwesen umgeben wurde. Bis zum Ende der Republik hat weder sie selbst ihren Haushalt veröffentlicht, noch haben es die Provinzen und Städte gethan. Die Grösse der Schuld konnte in der Regel nur gemutnmasst werden. Der ungenannte Schriftsteller, der dies in der Zeitschrift „De Koopman" (1771) erwähnt, vergleicht damit die Öffentlichkeit des englischen Staatsschuldenwesens und macht dazu die ironische Bemerkung: „Das britische Volk will eben zuviel wissen, seine Staatsmänner sagen zu viel und glänzen mit dem, was sie wissen, in allen öffentlichen Zeitungen"[36].

Aber trotz mancher Mängel näherte sich das niederländische Staatsschuldenwesen im 17. Jahrhundert doch schon am meisten demjenigen der modernen Nationalstaaten. Es bildet das wichtigste Bindeglied, das diese mit den Stadtstaaten des Mittelalters verknüpft.

---

[36] Einzelnes wurde später wohl auch in den Niederlanden veröffentlicht, so in den Rapporten ende Memorien over de finantien van Holland: der Extract nit het Register der secreete Resolutien van de Heeren Staaten van Holland en Westvriesland, 25. Nov. 1678, ferner ebenda der Stand der holländischen Provinzialschuld 1727 und 1750 etc. Weeveringh bringt (I. 6 ff.) Auszüge aus einer ähnlichen Veröffentlichung über den Stand der Staatsschuld um 1780.

Die Niederlande waren das erste europäische Staatswesen, für welches die Geldmächte nicht entfernt mehr solche Bedeutung hatten, wie wir sie als charakteristisch für das „Zeitalter der Fugger" kennen gelernt haben, eine Entwickelung, die freilich nicht n u r auf der Beschaffenheit des Staatswesens beruht, sondern auch darauf, dass ihr die Ausbildung A m s t e r d a m s zu einer Weltbörse ersten Ranges entgegenkam; auf diese Seite der Entwickelung werden wir nachher einzugehen haben.

England im 18. Jahrhundert. Trotzdem der Wohlstand des englischen Volkes sich seit den Zeiten der Elisabeth ausserordentlich vermehrt hatte, befanden sich die englischen Staatsfinanzen bei der endgültigen Vertreibung der Stuarts doch in traurigster Verfassung. Die Stuarts waren eben nicht nur schlechte Haushalter, sondern sie verscherzten auch durch ihren gedankenlosen Absolutismus die nach der Restauration in reichem Maasse vorhandene Opferwilligkeit des englischen Volkes[37]).

Wir wissen bereits, wie schlecht es mit den Finanzen der englischen Krone namentlich seit ihrem Bankerotte von 1672 bestellt war. Nach der Revolution wurde ihre Lage zunächst keineswegs besser, sondern noch schlimmer. Denn während ihre Ausgaben in Folge des Krieges mit Frankreich gewaltig zunahmen, bezeigte sich das Parlament, das jetzt erst im Finanzwesen die Herrschaft erlangte, unter dem Eindrucke langer bitterer Erfahrungen in seinen Bewilligungen überaus zurückhaltend. Es dauerte eine Weile, bis sich das englische Volk entschloss, die für Wahrung seiner grossen nationalen Interessen nöthigen Opfer zu bringen, und als die Bewilligungen endlich reichlicher flossen, stieg der Bedarf in noch weit höherem Maasse, was die Nation zwang, einen sehr grossen Theil davon auf die Nachkommen abzuwälzen: das 18. Jahrhundert, das England zur Weltmacht emporhob, hat ihm auch die riesigste Staatsschuld der Welt auferlegt, und erst durch seinen Staatscredit ist es England ermöglicht worden, eine Weltmacht zu werden. Aber ganz wesentlich unterschied sich die neue englische Staatsschuld von derjenigen älterer Weltmächte.

---

[37]) Was M a c a u l a y (History of England, besonders IV. 319 ff.), S i n c l a i r (History of the public revenue of the British Empire II. 12 ff., 57) u. A. über die Entstehung der englischen Staatsschuld gesagt haben, bedarf noch sehr der Ergänzung. Eine gute Übersicht der Entwickelung findet man bei G. C o h n, Finanzwissenschaft p. 683 ff. Hier können wir natürlich auch nur die Hauptmomente berühren.

Beim Ausbruch der Revolution hatte England noch keine fundirte Schuld, abgesehen von den nach dem Staatsbankerotte von 1672 zwangsweise fundirten schwebenden Anleihen, deren Zinsen indess nicht bezahlt wurden. Hieran änderte sich in den ersten Jahren nach der Revolution zunächst gar nichts; vielmehr wurden einstweilen nur schwebende Schulden der bisherigen Art contrahirt. Das Parlament griff auf die alte Gewohnheit zurück, seine Bewilligungen mit einer „borrowing clause" zu versehen; das Schatzamt gab dann auf Grund der Bewilligungen Tallies aus, welche auf die bewilligten Einkünfte angewiesen, aus diesen verzinst und womöglich auch zurückgezahlt wurden. Hauptgeldgeber waren nach wie vor die Goldschmiede, jetzt meist schon als „bankers" bezeichnet. Sie zahlten für die sich bei ihnen in wachsender Menge anhäufenden Depositen bis zu 6% Zinsen, das gesetzliche Zinsmaximum, während die Regierung ihnen bis zu 10 und 12% bezahlen musste. Ferner wurden die Tallies auch den Lieferanten der Regierung in Zahlung gegeben. Da indess die Einkünfte, aus denen sie verzinst und eingelöst werden sollten, oft nur sehr mangelhaft bezahlt wurden, wohl gar manchmal überhaupt nicht soviel betrugen, wie die auf sie angewiesenen Tallies, da ferner das Kapital sich auch wegen der Neuheit und Unsicherheit aller staatlichen Verhältnisse noch von den Regierungsanleihen grösstentheils fern hielt, so mussten die Krongläubiger, wenn sie die Tallies veräussern wollten, oft 20—30% an ihnen verlieren[38]).

Das war noch immer eine Art Finanzwirthschaft, welche sich auf einer niedrigeren Stufe der Entwickelung befand, als diejenige Frankreichs damals war. Aber dies änderte sich jetzt gründlich.

Der erste entscheidende Schritt zur Reform des Finanzwesens war die Einführung fundirter Anleihen, des „funding system", seit dem Jahre 1693. Bolingbroke äusserte später, sie sei veranlasst worden durch den Wunsch der zur Herrschaft gelangten Aristokratie, möglichst weitere Volkskreise mit ihrem Vermögen bei dem neuen Regimente zu interessiren[39]). Es ist ja möglich dass dieses in der Finanzgeschichte immer wieder auftauchende Moment auch hier mitgesprochen hat, aber ausschlaggebend war ohne Frage die finanzielle Nothlage in Verbindung mit der neuen Staatsverfassung. Dazu kam

---

[38]) Locke, Consequences of the lowering of interest (1691); Child, New discourse on trade (1692); Godfrey, Short account of the Bank of England (1695).

[39]) Schon Sinclair (II. 56) hat bezweifelt, ob eine solche Absicht wirklich bei Schaffung der ersten fundirten Schulden bestand; aber als Bolingbroke jene Äusserung that (um 1710), waren derartige Anschauungen allerdings schon verbreitet; vgl. z. B. Ranke, Franz. Geschichte IV. 267.

dann, als der Weg erst einmal beschritten war, das Anlagebedürfniss des englischen Volkes.

Macaulay hat seine Verwunderung darüber ausgesprochen, dass England erst so spät dem Beispiele Frankreichs und der Niederlande hinsichtlich der fundirten Anleihen gefolgt ist. Diese Verwunderung zeigt nur aufs Neue, welche Schwierigkeiten selbst grosse Geschichtsschreiber bei Beurtheilung einfacher wirthschaftlicher Vorgänge zu überwinden haben. Eine fundirte Schuld konnte eben nicht entstehen, so lange Krone und Parlament noch mit einander um die Herrschaft im Staate kämpften. Erst nach der Revolution wurde der englische Staat das, was die Republik der Vereinigten Niederlande schon längst geworden war: eine wirkliche Körperschaft fest mit einander verbundener Individuen, ein dauerhafter Organismus. Seitdem erst konnte sich in England ein eigentlicher Staatscredit entwickeln, wie er andererseits freilich auch in Frankreich dadurch geschaffen worden war, dass der Monarch schon durch sein blosses Wort seinen Unterthanen ohne Weiteres für seine Schulden haftbar machen konnte. Aber durch ein wichtiges Moment unterschied sich der englische Staatscredit sowohl von demjenigen Frankreichs, wie auch von dem der Vereinigten Niederlande: er stand unter der Controle der Öffentlichkeit. England war das erste Land, das in seinem Finanzwesen diesen grossen Grundsatz einführte, dessen Bedeutung man in den Niederlanden, wie wir sahen, schon frühzeitig empfand. Um sie richtig zu würdigen, braucht man nur an die Kette unausgesetzter Täuschungen zu denken, denen jeder Versuch, die Finanzlage eines Staates kennen zu lernen, bei der sonstigen Geheimnisskrämerei nothwendigerweise unterliegen musste. Ein Finanzwesen, wie es sich seit jener Zeit in England entwickelte, konnte freilich durch das Licht der Öffentlichkeit nur gewinnen, während bei den meisten anderen Ländern das Gegentheil wohl mit Recht befürchtet werden musste.

Allerdings dauerte es noch geraume Zeit, bis der englische Staat jederzeit ohne grosse Mühe fundirte Anleihen von sehr erheblichem Umfange aufnehmen konnte, ein sicheres Zeichen, dass das Anlagebedürfniss Anfangs noch keine sehr bedeutende Rolle bei der ganzen Entwickelung gespielt haben kann; den Wendepunkt werden wir später kennen lernen. Aber dann ging es um so rascher: in der Zeit von wenig über einem Jahrhundert entstand die grösste Staatsschuld der Welt im Nominalbetrage von 900 Millionen Pfund Sterling[40]).

---

40) Vgl. hier besonders Grellier, The terms of all the loans raised for the public service (3. ed. 1805) und Redington, Calendar of treasury papers, vol. I. und II; Übersichten bei Baxter, National Debts.

Inzwischen war auch die schwebende Schuld Gegenstand einer Reformthätigkeit geworden, welche vielleicht noch grössere Tragweite gehabt hat, als die Einführung des „funding system". Ihre wichtigsten Maassregeln waren: die Begründung der Bank von England im Jahre 1694 und die Einführung von Schatzscheinen im Jahre 1696 [41]).

Bei Begründung des mächtigsten Bankinstituts der Welt, der Bank von England, hat bekanntlich die damalige Finanznoth des englischen Staates eine grosse Rolle gespielt: das ganze Kapital der Bank wurde dem Staate geliehen und bildete seitdem einen wesentlichen Bestandtheil der fundirten englischen Staatsschuld. Ja, eigentlich war der Hergang sogar der umgekehrte: die Gesammtheit derjenigen, welche dem Staate 1 200 000 £ liehen, wurde zu einer Actien-Gesellschaft incorporirt, welche den Titel führte „The Governor and Company of the Bank of England". Genau wie bei den altitalienischen Monti sind hier noch einmal die drei grossen Institutionen der fundirten Staatsschuld, der Actien-Gesellschaft und der Bank eng miteinander verbunden, um dann erst ihre Sonderentwickelung zu beginnen. Aber jener augenblickliche finanzielle Vortheil, den der Staat aus der Bankgründung zog, war nur desshalb von erheblicher praktischer Bedeutung, weil dadurch die Bank von vorneherein dem Staate dienstbar wurde. Dagegen entwickelte sich der eigentliche dauernde Nutzen, den sie ihm gewährte, nur allmählich zu seiner jetzigen enormen Bedeutung.

Die Bank begann zunächst, wie kurzfristige kaufmännische Creditpapiere, so auch die Tallies des Schatzamtes zu discontiren; diese waren bis dahin, wie wir wissen, nur mit hohem Verluste zu verwerthen gewesen, der sich bei den Tallies auf weit anticipirte Einkünfte bis auf 30 % steigerte. Die Bank erreichte es nun binnen Kurzem, dass die Tallies al pari oder mit geringem Disagio wie Geld circulirten. Doch bei der fortdauernden Finanznoth und den damit zusammenhängenden grossen Unterschieden in der Qualität der

---

[41]) Hauptwerk: v. Philoppovich, Die Bank von England im Dienste der Finanzverwaltung des Staates, Wien 1885. Daneben noch mit Nutzen zu verwerthen: Rogers, The first nine years of the Bank of England, Oxford 1887. Die englischen Bankprojekte reichen aber weiter zurück, als man vielfach meint: schon seit etwa 1570 giebt es ihrer eine grosse Zahl; doch scheint erst der Staatsbankerott von 1672 und die dadurch entstandene allgemeine Krisis im Bankgeschäfte den eigentlichen Anstoss zu der entscheidenden Bewegung gegeben zu haben. Dass schliesslich das finanzielle Moment bei Begründung der Bank selbst in den Vordergrund trat, darf über das Fortwirken der tieferliegenden commerciellen Gründe nicht hinwegtäuschen.

einzelnen Einkünfte, auf welche die Tallies angewiesen wurden, mussten diese Kerbhölzer bald wieder mehr oder weniger erheblichen Preisschwankungen unterliegen und waren wohl auch wegen ihrer alterthümlichen Form nicht ausreichend circulationsfähig.

Diesen Übelständen und zugleich dem durch Münzverschlechterung hervorgerufenen Mangel an guten Umlaufsmitteln wurde seit 1696 abgeholfen durch die Ausgabe von Schatzscheinen (Exchequer Bills), welche weitreichende Bedeutung für die Entwickelung des Finanzwesens erlangt haben: so wie die Rentenanleihe den modernen Typus der fundirten Schuld bildet, so der Schatzschein den modernen Typus der schwebenden Schuld.

Die Schatzscheine unterscheiden sich von den Tallies, die übrigens neben jenen fortbestanden, und ebenso von den älteren Assignationen anderer Länder hauptsächlich dadurch, dass sie sehr bald nicht mehr auf einzelne, sondern auf sämmtliche Einkünfte der Krone (anfangs ausser der Grund- und der Malzsteuer, die erst später dazukamen) angewiesen wurden, sodass bei ihnen jede besondere Qualitätsprüfung wegfiel, und ihr Werth nur auf dem Vertrauen in die Zahlungsfähigkeit des Staates beruhte. So fest war dieses Vertrauen doch schon begründet, dass die Schatzscheine bald al pari oder mit geringem Verluste wie Geld circulirten, während die auf einzelne Fonds angewiesenen Tallies gleichzeitig wieder 25—30% unter pari standen[42]). Freilich that man auch sonst alles Mögliche, um die Schatzscheine circulationsfähig zu n. :hen.

Die alten Kerbhölzer über beliebige, ungleiche Beträge wurden ersetzt durch indossable, auf bestimmte, runde Beträge von 5 £ an aufwärts lautende Papierscheine. Der Staat verpflichtete sich, diese Scheine bei der Steuerzahlung wieder anzunehmen, während er sie seinerseits Niemanden aufnöthigte, vielmehr sie zur öffentlichen Subscription auflegte.

Ferner richtete man besondere Einlösungsstellen für die Schatzscheine ein, und seit 1707 wurde die Bank von England hiermit

---

[42]) Die ausserordentliche unmittelbare Wirkung der Exchequer Bills lässt sich deutlich nachweisen. Noch im Jahre 1697 heisst es in den Discourses on the public revenue and on the trade of England I. 44, 47, der Werth der Tallies richte sich hauptsächlich nach der Güte der Fonds, auf die sie angewiesen wären, und diese böten leider zum Theil nur eine nominelle Sicherheit. Die besten Tallies waren Anfang October 1696 nur mit 28 % Verlust zu verwerthen, während die Exchequer Bills damals schon mit Begierde al pari in Zahlung genommen wurden (Redington, Treasury papers I. 545, 552, II. 35 ff.). Am 10. März 1698 wurde eine Subscriptionsliste für Schatzscheine ausgelegt; binnen 2 Stunden wurden 300000 L. gezeichnet (Redington II. 144).

beauftragt, woneben die Pflicht des Staates zur Annahme der Scheine bei der Steuerzahlung bestehen blieb. Erst sehr viel später wurde auch die Ausgabe der Exchequer Bills der Bank übertragen; aber inzwischen übernahm diese allmählich die ganze eigentliche Kassenverwaltung des Staates, was wiederum weitreichende Folgen hatte.

Seit Alters war das Kassen- und Rechnungswesen der englischen Krone in dem Exchequer centralisirt, während für die eigentliche Finanzverwaltung sich im 16. Jahrhundert die Treasury entwickelte. Aber diese Centralisation wurde auch in England stark beeinträchtigt durch jene halbkaufmännische, unabhängige Stellung der einzelnen Finanzbeamten, wie wir sie selbst bei den niederländischen Rentmeistern noch im 17. Jahrhundert vorgefunden haben, und sie wurde vollends grösstentheils zerstört dadurch, dass jeder einzelne Einkommenszweig einen Fonds für sich bildete, auf den besondere Ausgaben angewiesen wurden, ohne dass ein Ausgleich zwischen den vielen Fonds stattfinden konnte.

Diese Überbleibsel des mittelalterlichen Finanzwesens wurden erst im 18ten, zum Theil sogar erst im 19. Jahrhundert allmählich beseitigt, welche Entwickelung wir im einzelnen nicht verfolgen können; genug, immer mehr centralisirte sich die Kassenverwaltung des Staates bei der Bank von England, bis diese schliesslich alle staatlichen Einkünfte in Empfang nahm, alle Kasse bestände des Staates aufbewahrte und alle Staatszahlungen leistete, eine Aufgabe, welche sie Dank ihrer centralen Stellung im Zahlungswesen fast ohne Baargeld zu lösen vermag.

Hierdurch hat die Kassenverwaltung des englischen Staates eine Organisation erhalten, deren Ordnung, Wirthschaftlichkeit und Ehrlichkeit einer Steigerung kaum noch fähig ist, und welche zugleich, vermöge der Nutzbarmachung gewaltiger, sonst müssig verbleibender Kapitalmassen, der ganzen Volkswirthschaft fortgesetzt die grössten Dienste leistet.

Waren nun auch alle diese Fortschritte im Finanzwesen erforderlich, um die Riesenleistungen des englischen Staatscredits zu ermöglichen, so hat doch wohl ebensoviel hierzu die freie börsenmässige Organisation des Kapitalverkehres beigetragen; ihr müssen wir uns jetzt zum Schlusse wieder zuwenden.

II. Die Entwickelung des Fondsverkehrs.

Amsterdam. Der Weltbörsenverkehr Antwerpens vertheilte sich nach dessen Niedergang zunächst auf eine ganze Reihe von Städten; aber etwa um die Wende des 16. und 17. Jahrhunderts wurde es offenbar, dass Amsterdam die Haupterbschaft Antwerpens angetreten hatte, dass die amsterdamer Börse, die damals noch unter freiem Himmel auf der „Neuen Brücke" und erst seit 1613 in einem eigenen Gebäude abgehalten wurde, sich zu einer wahren Weltbörse entwickelte[1]. Leider können wir hier diesen Process nicht näher schildern und auch nicht eingehen auf die Fortbildung der Technik des börsenmässigen Waaren- und Wechselverkehrs in Amsterdam; vielmehr müssen wir uns hier darauf beschränken, kurz zu berichten, wie sich der amsterdamer Börsenverkehr in denjenigen Werthpapieren entwickelte, welche man als „Fonds" oder „Effekten" (effets publics, fonds publics, funds, stocks, stock exchange securities) zu bezeichnen pflegt[2].

---

[1] ‘Die äussere Entwickelung der amsterdamer Börse ist bekannt; vgl. z. B. Wagenaar, Amsterdam in zyne opkomst (1765) IV. 89; aber eine noch nicht bekannte Einzelheit will ich aus einer ungedruckten Reisebeschreibung vom Jahre 1603 (im Scheuerl-Archive, Nürnberg) hier anführen: „So es heiter Wetter macht, kommen die Kauffleut täglich uf einer praiten, schönen Prucken zusammen, welches sie die Pursch nennen, so es aber regnet, geschicht es in der grossen Kirchen, welches die Alt Kirchen genannt wird, und ein überaus gross Gebäu ist; allda schlagt man alle Abend uf die Orgel, und gehen die Leut darinnen hin und wieder spatzirn, sonderlich die Kauffleut, wann sie etwas zu handeln haben". Das war noch ein interessanter Rest der mittelalterlich-naiven Verquickung von Kirche und Markt, wie sie grade in den Niederlanden am meisten ausgebildet gewesen war.

[2] „Efectos" hiessen, wie aus Fugger-Correspondenzen herv .geht, schon im Anfange des 17. Jahrhunderts die den Gläubigern der spanischen Krone ertheilten Anweisungsbriefe auf irgendwelche Kroneinkünfte. Ähnlich spricht um dieselbe Zeit der Neapolitaner Turbolo in seinen „Discarsi e relazioni sulle monete del Regno di Napoli" (bei Custodi I. 206) von den „effetti restati ne' banchi". Sodann vgl. Melon, Essai politique sur le commerce, 1734 (bei Daire p. 792): „Le commerce des effets publics" und die Encyclopaedie méthodique v. 1784, wo als „effets royaux" bezeichnet werden alle an der Börse gehandelten königlichen Papiere, einschliesslich der Actien der französischen India-Compagnie. Als „fondo" bezeichneten die Italiener schon im Mittelalter ein zinstragendes Kapital, so auch das Aktienkapital ihrer Monti und — was damit identisch war — eine bestimmte staatliche Einnahmequelle, auf welche der Staatsgläubiger angewiesen wurden (Rezasco, Dizionario del ling. stor. ed amministr. v. monti, fondo). In diesem letzteren Sinne wurde das Wort auch im 16. Jahrhundert angewendet auf die französischen Kroneinkünfte, welche den italienischen und oberdeutschen Kaufleuten verpfändet wurden. Noch mehr dem heutigen Sinne sich nähernd, spricht Ludwig XIV. im Jahre 1672 seine Freude darüber aus, „que les assignations tirées sur nostre trésor

Da ist es nun vor Allem wichtig festzustellen, dass in Amsterdam nicht das Staatspapier, sondern die Actie am frühesten Gegenstand eines regelmässigen Börsenverkehrs moderner Art geworden ist. Wie wir sahen, war der Credit der Generalstaaten, der einzelnen Provinzen und Städte während der Blüthezeit der Republik ein so gefestigter, und die Zahl der anlagebedürftigen Kapitalisten eine so grosse, dass die Rentenanleihen der ersteren durch directe Subscription untergebracht werden konnten und vermuthlich auch bei einem etwa nöthigen Besitzwechsel jederzeit leicht al pari Nehmer fanden; schwebende Anleihen scheinen geraume Zeit hindurch nur in mässigem Umfange aufgenommen worden zu sein, und soweit dies geschah, sich in altgewohnten Geleisen bewegt zu haben. Jedenfalls wird von einem regelmässigen Börsenverkehre in niederländischen Staatspapieren vor den Jahren 1672/73 nichts berichtet. Dagegen entwickelte sich ein solcher in den Actien der Ostindischen Compagnie sofort nach deren Begründung im Jahre 1602[2a]).

Die niederländische Ostindische Compagnie entstand aus dem Bedürfnisse, grosse Kapitalmassen auf einen einzigen Zweck, auf den Betrieb des ostindischen Handels, zu concentriren. Wie die Italiener schon im Mittelalter für die Anleihen ihrer Republiken grosse Kapitalansammlungen, „Monti", gebildet und diese auch für Handelsunternehmungen nutzbar gemacht hatten, wie dann das Gleiche an den Weltbörsen des 16. Jahrhunderts für die grossen Anleihen der euro-

royal, les rentes assignées sur l'Hostel de ville et généralement tous les droits, dont les fonds son annuellement employés dans les estats de nos finances, sont entrés et ont cours dans le commerce comme les effets les plus liquides et les plus assurés" (Lettres et mémoires de Colbert ed. Clément II. 766). Endlich fasst Melon (bei Daire p. 730) Actien und Renten-Obligationen als „fonds" zusammen. In England wurde der Ausdruck „funds" noch gegen Ende des 17. Jahrhunderts und später verwendet, um einen für irgendwelche Zwecke reservirten, besonders den Staatsgläubigern verpfändeten Theil der Staatseinkünfte zu bezeichnen. Das englische Wort „stock" wurde seit Alters im Sinne von „Kapital" verwendet, „joint stock" im Sinne von „Aktienkapital" mindestens seit dem Anfange des 17. Jahrhunderts (Malynes, Lex Mercatoria, 1622, I. ch. 19 (vgl. auch schon die Charter der Russia Company v. 1566 und das Regulativ der East India Company v. 1600 unten im Excurse zu diesem Schlussabschnitte), auch „public stock" im Gegensatze zu „private purses" (Calendar of state papers 1652/53 p. 136); davon dann „stock-jobbing" seit etwa 1690 im Sinne von „Aktienhandel"; vgl. z. B. Hatton, Merchants Magazine (1699) p. 212: „Brokers of stock are such as buy and sell shares in joint stocks for anyone", und ein Gesetz von 1697 (8. und 9. W. III. § 9) unterscheidet ausdrücklich das „stock-jobbing" von dem Handel mit Staatspapieren, welche letzteren jetzt „funds" hiessen; indess gingen die Ausdrücke allmählich ineinander über. Die Sammelbezeichnung „stock exchange securities" ist erst neuerdings entstanden.

[2a]) Vgl. hier den Excurs zum Schlussabschnitte.

päischen Monarchen ohne Combination mit Handelsunternehmungen geschehen war, so wurden nun auch für letztere allein, ohne Verknüpfung mit fiskalischen Zwecken, Kapitalfonds ähnlicher Art gebildet, zuerst in den Niederlanden, fast gleichzeitig auch in England und bald noch in anderen Ländern Europa's.

In den Niederlanden wurde die Ansammlung eines grossen Kapitalfonds dadurch wesentlich erleichtert, dass es sich um ein Unternehmen von höchster vaterländischer Bedeutung handelte, dessen Zustandekommen die Regierung desshalb mit allen Kräften unterstützte; doch damit allein wären die erforderlichen Millionen sicherlich nicht zusammenzubringen gewesen; vielmehr musste auch der Erwerbstrieb angespornt werden, das unvermeidliche hohe Risiko auf sich zu nehmen. Desshalb erhielt die Compagnie das Monopol für den Handel mit Ostindien, was dem ihr zuströmenden Kapital eine hohe Rente in Aussicht stellte. Allen Bürgern der Vereinigten Niederlande wurde die Betheiligung auf dem Wege öffentlicher Subscription freigestellt, und letztere hatte denn auch thatsächlich den erwünschten Erfolg.

Weiter reichten die Absichten der Männer, welche die Ostindische Compagnie begründeten, schwerlich; es ist bisher nichts ans Tageslicht gekommen, was darauf hindeutet, dass sie von vorneherein die amsterdamer Börse in den Kreis ihrer Interessen und Zwecke hineingezogen hätten. Aber ohne ihr Zuthun geschah es sofort, dass die Börse für das junge Unternehmen, und dieses für jene die grösste Bedeutung erlangte.

Den ersten Anstoss zur Entstehung eines Börsenverkehrs in den Actien der Gesellschaft gab offenbar gleich nach dem Schlusse der Subscription die günstige „Meinung" von den Aussichten der Gesellschaft. Diese bewirkte, dass viele Personen, die keine Actien gezeichnet hatten, solche an der Börse zu kaufen suchten, und da ihnen dies „al pari" nicht möglich war, ein Aufgeld boten, das binnen weniger Tage auf 14—16% stieg. Wahrscheinlich hatten auch von Anfang an manche Theilhaber nicht um der erwarteten Rente willen Actien gezeichnet, sondern weil sie hofften, diese bald wieder mit Nutzen veräussern zu können; jedenfalls musste der Beginn eines Börsenverkehrs sofort die Entstehung einer solchen Hausse-Spekulation und damit auch schon eine Börsenmeinung von dem Werthe der Actien veranlassen. Diese stiegen immer höher, bis schliesslich die übertriebene Höhe des Courses den Anreiz zum Entstehen einer Baisse-Spekulation gab. In dem Kampfe zwischen Hausse und

Baisse, der von Anfang an auch die Anwendung unlauterer Mittel zur Beeinflussung des Courses mit sich brachte, entstand nun allmählich ein immer stärkerer regelmässiger Börsenverkehr.

Ermöglicht wurde ein solcher Verkehr einerseits dadurch, dass die amsterdamer Börse mächtig an Bedeutung zunahm, andererseits dadurch, dass das Actiencapital der Ostindischen Gesellschaft ein sehr ansehnliches war und sich ferner leicht in beliebig grosse, ihrem innerem Werthe nach gleichartige („fungible") Stücke zerlegen liess; hierbei bevorzugte der Verkehr wahrscheinlich von Anfang an runde Beträge, und das ihm innewohnende Streben nach möglichst vollkommener Fungibilität seiner Objekte führte schliesslich dahin, dass sich eine feste Einheit von 500 Pfund flämisch oder 3000 fl. im Handel bildete, welche Einheit schliesslich als „eine Actie" galt.

Von Anfang an bediente sich die Actienspekulation ferner vorzugsweise des Zeitgeschäftes und brachte damit wieder ein neues Moment in die Entwickelung. Das Wesen der Spekulation als einer Erwerbsthätigkeit, welche auf Ausnutzung künftiger Preisveränderungen beruht, musste es ihr höchst erwünscht erscheinen lassen, die Erfüllung der von ihr abgeschlossenen Geschäfte in die Zukunft zu verschieben, was bei der Baissespekulation, soweit sie Actien verkaufte, die sie nicht besass, eine unbedingte Nothwendigkeit war.

Die Spekulation ermöglichte weiterhin durch das Zeitgeschäft eine doppelte Vereinfachung der Verkehrstechnik: erstens konnten jetzt Spekulationsgeschäfte vor dem Erfüllungstage durch entgegengesetzte Umsätze abgewickelt („realisirt") werden; und indem ferner die Erfüllung der Zeitgeschäfte an einzelnen Tagen (Quartals-Riscontren, später Ultimo-Liquidationen) concentrirt wurde, ergab sich die Möglichkeit zur Anwendung desselben Verfahrens, das im Zahlungswesen schon so Grosses bewirkt hatte, der Compensation, auf den Fondsverkehr. Beides zusammen hatte eine unabsehbare Vergrösserung der Umsätze d. h. des Marktes zur Folge, weil nunmehr wenig Baargeld und Fondsmaterial genügte, um einen sehr grossen Verkehr zu ermöglichen.

Die Entwickelung des börsenmässigen Zeitgeschäfts war nur bei solchen Tauschgütern möglich, deren Fungibilisirung bereits einen hohen Grad erreicht hatte oder doch in Folge der eben geschilderten Entwickelung erreichen konnte. Die Entstehung eines börsenmässigen Termingeschäfts setzte die Möglichkeit voraus, jede einzelne auf Zeit gehandelte Menge durch eine beliebige andere, gleich grosse und auf denselben Termin gehandelte Parthie der nämlichen Waare zu ersetzen. Diese Vorbedingung war bei den Ost- und Westindischen Actien gegeben, indess mit einer wichtigen Ausnahme.

Die Compagnien waren in mehrere „Kammern" getheilt, die Ostindische Compagnie in 6, die Westindische in 5 Kammern. Diese Abtheilungen waren von grosser Bedeutung für die Aufbringung des Kapitals gewesen: jede Kammer hatte eine bestimmte Quote, und zwar die amsterdamer Kammer allein die Hälfte des Ostindischen, $^4/_9$ des Westindischen Actienkapitals aufzubringen gehabt. Jede Kammer hatte ferner einen dem entsprechenden Antheil an der Verwaltung des Unternehmens und bezog einen verhältnissmässigen Antheil am Ertrage. Dieser war somit bei den Actien der verschiedenen Kammern der nämliche; trotzdem war ihr Preis von Anfang an ein sehr verschiedenartiger und zwar, wie schon 1609 und seitdem oftmals berichtet wird, lediglich desshalb, weil nicht die Actien aller Kammern Gegenstand eines regelmässigen Börsenverkehres waren. Anfangs hatten die amsterdamer und die seeländer, später nur die ersteren Actien jederzeit einen grossen Markt, wesshalb sie namentlich später, als der Cours der Ostindischen Actien bis auf 600% und mehr gestiegen war, manchmal um 30—150% höher bewerthet wurden, als die Actien der anderen Kammern.

Jener regelmässige Börsenverkehr, dessen sich die Actien der amsterdamer Kammer erfreuten, konnte unmöglich dadurch entstanden sein, dass dieser oder jener Actienbesitzer in gegebener Veranlassung seine Actien veräussern musste, dass dieser oder jener Kapitalbesitzer solche kaufte, um die Dividende zu geniessen; denn in beiden Hinsichten bestand kein Unterschied zwischen den Actien der verschiedenen Kammern. Entscheidend war vielmehr nur die Thatsache, dass sich die Spekulation von vorneherein auf die amsterdamer Actien concentrirte, ohne Frage weil die ersten und grössten Spekulanten tägliche Besucher der amsterdamer Börse waren. Mithin lässt sich exact erweisen, dass es die Spekulation war, welche den ersten modernen Fondsmarkt geschaffen hat.

Der amsterdamer Spekulation verdankt auch bereits die ganze eigenartige Technik des modernen Fondsverkehres ihre Ausbildung, wie man aus dem am Schlusse dieses Abschnittes befindlichen Excurse ersehen kann.

Während so der Actienhandel in Amsterdam schon frühzeitig ein völlig modernes börsenmässiges Gepräge annahm, scheint dies, wie schon erwähnt, beim Staatspapierhandel erst verhältnissmässig spät der Fall gewesen zu sein; wenigstens stammen unsere frühesten Nachrichten darüber aus den für die Republik so kritischen Jahren

1672 und 1673, die auch in der That ganz dazu angethan waren, epochemachend auf die Entwickelung des Staatspapierhandels zu wirken.

Die ältere fundirte Staatsschuld der Niederlande war, wie uns bekannt ist, hauptsächlich durch den grossen Befreiungskampf veranlasst worden, welcher die Haltung eines stehenden Landheeres nöthig gemacht hatte. Nach völliger Beendigung des Befreiungskampfes durch den Westfälischen Frieden wurde das Landheer und der auf ihm beruhende Einfluss der Statthalter aus dem Hause Oranien durch die herrschende Oligarchie immer mehr verringert, und die Expansionskraft der Niederlande concentrirte sich immer ausschliesslicher auf ihre Seemacht; den Höhepunkt erreichte diese Entwickelung unter dem Rathspensionär de Witt (1653—1672).

Aber während hierdurch die Niederlande zu Lande ihre Wehrhaftigkeit einbüssten, reizte das Wachsthum ihrer Seemacht immer mehr die Eifersucht der Engländer, woraus schon zwei Seekriege entstanden waren, als es de Witt mit Hülfe von Sir William Temple 1668 doch gelang, England und Schweden zum Abschluss der Tripelallianz mit den Niederlanden zu bewegen und hierdurch gegenüber Frankreich und Spanien den Frieden von Aachen durchzusetzen. Dies wiederum erregte den ganzen Zorn Ludwigs XIV,, der nunmehr durch Gewinnung von England und Schweden die Tripelallianz sprengte und die Niederlande völlig isolirte, die im Mai 1672 gleichzeitig von England zur See und von Frankreich zu Lande angegriffen wurden: „Die erste Militärmacht Europa's vereinigte sich mit der — nach Holland — ersten Seemacht gegen die erste Handels- und Geldmacht der damaligen · Welt"[3].

In raschem Siegeslaufe eroberten die Franzosen die Hälfte des Landes, während die andere Hälfte nur durch künstliche Überfluthung mühsam für den Augenblick gerettet wurde. Der Staat verlor den grössten Theil seiner Einnahmen, zumal auch der Handel durch die englisch-französische Seemacht zum Stocken· gebracht wurde. Der Credit war vernichtet, und so gross die allgemeine Panik, dass viele reiche Kaufleute ihre Angehörigen sammt den flüssigen Theilen ihres Vermögens nach dem Auslande, namentlich nach Hamburg in Sicherheit brachten.

Das wehrlose Land musste im Winter nach dem ersten starken Frost eine Beute der Franzosen werden, wenn es bis dahin nicht ge-

---

[3] Grossmann, Die Amsterdamer Börse vor zweihundert Jahren (1876) p. 7. Vgl. auch desselben Schrift: Der Kaiserliche Gesandte Franz von Lisola im Haag (1873).

lang, Bundesgenossen zu werben und dies wiederum war nicht möglich ohne grosse Subsidienzahlungen. So war denn schon vor dem Einbruche der Franzosen, im April 1672, mit dem Kurfürsten von Brandenburg ein Subsidien-Vertrag abgeschlossen worden, und ein weiterer kam im September, dank den unverdrossenen Bemühungen des kaiserlichen Gesandten Lisola, mit dem Kaiser zu Stande; aber Baargeld zur Subsidienzahlung besassen die Generalstaaten nicht, und ihr Credit war ebenfalls auf Null gesunken.

Die niederländischen Staatsobligationen konnte man nach dem Einfalle der Franzosen an der amsterdamer Börse für 30% kaufen; erst im September, als die Allianz mit dem Kaiser abgeschlossen war, als eine kaiserlich-brandenburgische Hülfsarmee heranzog, stieg der Cours wieder auf 60, 75, selbst auf 95%, um sich dann genau nach dem Gange der Kriegsoperationen zu richten; so sank er z. B. im folgenden Winter, als die Franzosen über das Eis auf Amsterdam vordrangen, neuerdings bis 50%, erhob sich aber gleich darauf, als Thauwetter eintrat, wieder bis 73%. In dieser Art ging es weiter: die niederländischen Staatsobligationen, die vor dem Kriege ein kaum beachtetes Stillleben zum Paricourse geführt hatten, wurden jetzt ein Spekulationspapier, und ihr Cours wurde das Barometer der europäischen Politik.

Wie schon erwähnt, verfügten die Generalstaaten zur Zahlung der Subsidien nicht über Baargeld, und Credit hatten sie auch nur, insoweit ihre Verbündeten Waffenerfolge erzielten. Damit aber sah es nicht zum Besten aus: die kaiserlich-brandenburgischen Hülfstruppen unter Montecuccoli zogen in der Rheingegend unschlüssig hin und her; denn der Kaiser hatte keine Neigung zur ernsten Kriegführung; vielmehr wollte er die holländischen Subsidien nur benutzen, um ein stehendes Heer zu unterhalten, während der Grosse Kurfürst allerdings den Holländern ehrlich helfen wollte, aber allein dazu nicht im Stande war und sich auch bitter über die mangelhafte Zahlung der Subsidien beschwerte.

Die Generalstaaten wollten es nun ihren Verbündeten handgreiflich fühlbar machen, dass von ihren Erfolgen die Höhe der Subsidienzahlung abhing; desshalb nahmen sie nicht ihrerseits das dafür nöthige Geld auf, sondern stellten die Obligationen in natura zur Verfügung des Kaisers und des Kurfürsten, sodass diese den durch ihre schleppende Kriegführung verursachten Coursverlust selbst zu tragen hatten.

Aber weder in Wien, noch in Berlin hatte man damals schon irgendwelche Ahnung von dem Wesen eines Börsenpapiers. Anfangs glaubte man, die niederländischen Obligationeι. („apochae, appochen, assignationes, actiones, axionen d. i. aestimationen", wie man sie auch nannte) jederzeit wie Wechsel al pari verwerthen zu können. Aber der kaiserliche Gesandte Lisola musste bald berichten, dass dies unmöglich sei, und dass selbst zu viel niedrigeren Coursen nur schwer Käufer sich finden liessen, weil eben die traurige Kriegführung alle Welt abschreckte; wenn die Armee kräftig vorrücke, werde das Geld alsbald in beliebigen Summen herbeiströmen. Aber er predigte tauben Ohren: der Kaiser sowohl wie der Kurfürst fragte entrüstet, was denn die Obligationen nützten, wenn man sie nicht verwerthen könne?

Lisola versuchte nun zunächst, den „inneren Werth" der Obligationen dadurch zu steigern, dass er sich monatelang bemühte, sie durch Einschiebung recht vortheilhafter Klauseln in ihren Text für die Käufer begehrenswerther zu machen. Als auch das nur ein unvollkommenes Resultat ergab — höher standen seine Obligationen in der That, als die übrigen —, versuchte er Anderes. Schliesslich erklärten sich sogar die Staaten der Provinz Holland bereit, einen Theil ihrer Domänen zu verkaufen, wenn Lisola ihnen Käufer besorgte. Doch es war Alles vergeblich: der Grosse Kurfürst musste sich aus Mangel an Geld einstweilen von der Coalitioη zurückziehen, wie schon vorher der ebenfalls zum Abschluss eɩ ɩes Subsidienvertrages erbötige dänische König aus dem gleichen Grunde zurückgetreten war. Der Kaiser dagegen schloss einen neuen Subsidienvertrag, in dem stipulirt wurde, dass die Staaten ihre Subsidienzahlung um so viel erhöhen sollten, als der Coursverlust an den Obligationen betragen würde.

So hatte denn die amsterdamer Börse den alten Spruch „pecunia nervus belli" wieder einmal wahr gemacht, und Montecuccoli, der kaiserliche Feldherr, der eifrige Fürsprecher stehender Heere, hatte eine neue Erfahrung gesammelt. welche ihm bewies, dass das Bonmot jenes Marschalls Trivulzio, zur Kriegführung gehörten drei Dinge: Geld, Geld, Geld —, dass dieses Wort den Nagel auf den Kopf traf. Aber das „Geld", welches so mächtigen Einfluss ausübte, hatte schon nicht mehr die Gestalt, wie im „Zeitalter der Fugger": nicht mehr eine einzelne Geldmacht, sondern die ganze amsterdamer Börse war es, welche jetzt auf den Gang der Geschichte einwirkte, und wie Grossmann mit Recht gesagt hat, vertrat sie dabei die allgemeinen Interessen gegenüber der eigennützigen Schlauheit des Kaisers, den sie zwang, Farbe zu bekennen, wodurch sich dann die Möglichkeit ergab, eine neue wirksame Coalition gegen Ludwig XIV. zu begründen.

Noch immer waren damals die niederländischen Staatsobligationen für den Börsenverkehr formell wenig geeignet: jede Obligation musste noch geschrieben werden, und ihr Wortlaut stand ebenso wenig ein für allemal fest wie der Betrag der einzelnen Obligationen. Dennoch wurden sie Gegenstand der Börsenspekulation. Die Obligationen der Generalstaaten standen übrigens in der geschilderten kritischen Zeit erheblich niedriger im Course als die der einzelnen Provinzen, unter denen wiederum die holländischen Obligationen die beliebtesten waren; ihr Cours stand im December 1672 um 30% höher als derjenige der Gesammtstaats-Obligationen!

In den folgenden Jahrzehnten entwickelte sich Amsterdam langsam zu einer internationalen Fondsbörse. Eine der ersten fremdstaatlichen Anleihen, welche dort untergebracht wurde, war ohne Frage eine solche von 1 1/2 Millionen Gulden, die Kaiser Leopold I. 1695 in Amsterdam aufnehmen liess. Die grosse amsterdamer Firma Deutz war damals mit dem Verkaufe des Quecksilbers aus dem kaiserlichen Bergwerke zu Adria betraut; bei ihr lagerten über 1000 Fass des werthvollen Metalles, die der Kaiser verpfändete, und aus dessen Erlöse Deutz die Zinsen zu bezahlen versprach. Aber die eigentliche Vermittelung übernahmen noch die Generalstaaten, welche sogar selbst die Aufforderung zur Subscription erliessen; ihr General-Einnehmer verbürgte sich subsidiär für die Zahlung der Zinsen. Das war offenbar eine neue Zwitterform zwischen der einfachen Subsidienzahlung und der selbständigen Anleihe, eine schon etwas vollkommenere Zwitterform, als diejenige, welche wir aus dem Jahre 1672 kennen gelernt haben.

Der erste Fonds-Courzettel, der mir bisher für Amsterdam zu Gesichte gekommen ist, stammt aus dem Jahre 1747. Er weist bereits 25 verschiedene Sorten inländischer Staats- und Provinzial-Obligationen auf, ferner 3 inländische Actienarten, 3 englische Actien und 4 englische Staatspapiere, sodann 6 deutsche Anleihesorten und 3 Papiere, deren Charakter nicht ersichtlich ist, im Ganzen also schon 44 Fondsarten. Bis zum Ende des Jahrhunderts vermehrte sich diese Zahl bis auf etwa 80 inländische und· 30 deutsche Papiere.

Der amsterdamer Börsenzinsfuss, der im Anfange des 18. Jahrhunderts bis auf 2, ja bis 1 3/4 % gefallen war, stieg im Laufe des Jahrhunderts in Folge der vielen ausländischen Anleihen allmählich wieder auf 2 1/2, 3 und 4 %. Der Autor der im Jahre 1779 erschienenen tüchtigen „Recherches sur le commerce", denen wir diese

Mittheilungen entnahmen, schätzt die Gesammtsumme jener bis 1770 in Amsterdam aufgenommenen fremdstaatlichen Anleihen auf etwa 250 Millionen Gulden.

Paris im 16. und 17. Jahrhundert. Paris war schon im Mittelalter ein Wechselplatz von einiger Bedeutung gewesen, war dann aber durch Lyon stark in den Hintergrund gedrängt worden und begann erst im letzten Drittel des 16. Jahrhunderts, als Lyon in Verfall gerieth, wieder aufzublühen [1]).

Der venetianische Gesandte Lippomano gedenkt der pariser Börse ganz kurz in einem an seine Regierung 1577 erstatteten Berichte, der eine Beschreibung des „Palais" enthält, jenes ehrwürdigen mächtigen Bauwerks, das unter dem „ancien régime" der Sitz der höchsten Justiz-, Verwaltungs- und Finanzbehörden Frankreichs war. Dort, im Centrum des staatlichen Getriebes, doch auch unweit vom alten Handelscentrum, dem Pont-au-change, versammelten sich, wie Lippomano berichtet, schon damals Morgens und Nachmittags zahlreiche Geschäftsleute aller Art [5]).

Dort finden wir auch die Börse auf einem Stadtplane von 1652 wieder, dessen Legende die Bemerkung enthält, im Hofe des Palais befände sich ausser zwei Gallerien mit vielen glänzenden Verkaufsläden auch „die Börse der Kaufleute oder der Ort, wo sie an jedem Mittage zusammenkommen, um Wechselgeschäfte abzuschliessen". Ganz ähnlich heisst es noch auf einem Stadtplane von 1714: „La place du change, wo sich die Wechselmakler versammeln, ist in dem Hofe des Palais bei der Conciergie"; und noch heutigen Tages heissen die pariser Börsenmakler „Agents de change", weil ihr Hauptgeschäft ursprünglich die Vermittlung von Wechselgeschäften war [6]).

---

[4]) Früheste Erwähnung der Geldwechsler „super magnum pontem", auf dem später danach benannten „Pont-au-change", der einzigen Verbindung zwischen Cité und den verkehrsreichsten Stadttheilen rechts der Seine, schon im Dict. de Jean de Garlande bei Géraud, Paris sous Philippe-le-Bel p. 594, dann 1141 in den Actes de Louis VII. No. 84 etc. Über den Rückgang des dortigen Verkehrs wird zuerst 1461 geklagt; 1514 gab es in Paris nur noch 4 bis 5 Wechslerfamilien, und weder in den Handelscorrespondenzen, noch in den gedruckten kaufmännischen Handbüchern des 16. Jahrhunderts wird es als Wechselplatz erwähnt. Vgl. Ordonnances des rois de France XV. 205 und Lacombe, Histoire de la Bourgeoisie de Paris I. 127. Im Jahre 1563 ordnete König Carl IX. an, dass Paris nach dem Vorbilde von Lyon, Toulouse und Rouen eine „Place commune des Marchands" erhalten, und dass dort von 9 bis 11 Uhr Morgens, sowie von 4 bis 6 Uhr Nachmittags Börsenverkehr stattfinden solle. Vgl. oben I. 82, II. 95.

[5]) Relaz. d. ambass. Venet. ed. Tommaseo II. 596.

[6]) Vgl. in der „Histoire générale de Paris" den Atlas des anciens plans de Paris. Der Engländer John Evelyn, der 1641 Paris besuchte und die dortige Börse mit der-

Ausserdem wurden in jener Ecke des alten Palaishofes jedenfalls schon frühzeitig noch andere Geldgeschäfte abgeschlossen, darunter auch gewiss solche in Obligationen der Krone. Wenn Sully gegen das Kaufen und Verkaufen königlicher Obligationen zu niedrigen Preisen eiferte, so wird dieser Verkehr sich wohl schon damals zum Theil an der pariser Börse concentrirt haben. Mindestens seit 1639 hatten auch die Staatsrenten einen wechselnden Cours, 1661 wird von einem Handel mit „Billets de l'Épargne" berichtet, etwas später von einem solchen mit verschiedenen Arten von Staatsschuldscheinen[7]). Aber dieser Verkehr hatte sicherlich noch nicht den Charakter eines regelmässigen Börsenverkehrs. Das ergiebt sich zunächst daraus, dass ein solcher nirgends erwähnt wird, sodann aber auch positiv daraus, dass der Beginn eines regelmässigen spekulativen Fondsverkehres moderner Art durch Hautchamp, den zeitgenössischen Chronisten der Law'schen Spekulationsperiode, ausdrücklich erst in den Anfang des 18. Jahrhunderts gesetzt wird.

Ebensowenig waren die Actien der Handelscompagnien, welche in Frankreich im 17. Jahrhundert entstanden, damals schon Gegenstand eines regelmässigen Handelsverkehrs. Es kam ja bereits zur Bildung einer ganzen Reihe solcher Actien-Gesellschaf 'n, von der ersten Ostindischen Compagnie im Jahre 1604 bis zur St. Domingo-Compagnie von 1698, unter denen sich auch die beiden grossen, im Jahre 1664 von der Regierung begründeten Compagnien für Ost- und Westindien befanden[7a]). Aber keine dieser Gesellschaften erwies sich als lebensfähig, und nirgends findet man eine Spur davon, dass ihre Actien, wie die der holländischen Gesellschaften, börsenmässig gehandelt wurden. Kurz, Frankreich besass eben im 17. Jahrhundert noch keine wirkliche Fondsbörse.

London bis zur Revolution von 1688. Etwas anders stand es schon mit den Actien der englischen East-India-Company. Von Zeit zu Zeit wird wenigstens berichtet, wie hoch ihr Cours war: in den Jahren 1617—1634, als die Geschäfte der Gesellschaft schlecht gingen,

---

jenigen von London verglich, beschreibt sie als ein unansehnliches niedriges Gewölbe unter einer der Gallerien des Palaishofes (Evelyn, Diary ed. Bray p. 46). Bei Jean Toubeau, Institutions du droit consulaire (1700) I. 550 wird ein Arrêt du Conseil vom 10. Mai 1645 erwähnt „qui fixe le Lieu et Place du Change de la Ville de Paris".

[7]) Forbonnais I. 223, 243, 246; Bresson I. 266 ff.; Journal d'Ormesson II. 4; Clement, Colbert II. introd. LV, 755 und 766; Barozzi e Berchet, Relaz. II[3]. p. 529.

[7a]) Die meisten dieser Compagnien sind beschrieben in dem grossen Dict. univ. de commerce des jüngeren Savary (1741) s. v. Compagnie.

wurden ihre Actien mit 30, 40 und mehr Procent unter Pari verkauft; auch 1664 war der Cours noch 70%, obwohl der innere Werth
der Actien schon auf 130% geschätzt wurde; aber im Jahre 1677
war der Cours auf 245% gestiegen, 1680/83 auf 300, ja auf 500%[8]).
Ganz augenscheinlich belebte sich mit zunehmender Prosperität der
Gesellschaft auch der Handel in ihren Actien. Dennoch kann derselbe unmöglich schon damals die Gestalt eines regelmässigen Börsenverkehres angenommen haben; denn in den Jahren 1677/1681 wurde
immer mehr darüber geklagt, dass der gewaltig steigende Nutzen
des ostindischen Handels nur einer kleinen Zahl von Personen zu
Gute käme. Besonders lehrreich ist eine im Jahre 1681 an den König
gerichtete Vorstellung der bedeutendsten londoner Börsenkaufleute.
Daraus geht hervor, dass die Zahl der Actionäre 550 war, dass
aber der grösste Theil der Actien sich in den Händen von etwa 40
Personen befand. Im Jahre 1666, als der ostindische Handel angefangen hatte zu blühen, hatte Niemand mehr als 4000 £ Actien besessen, im Jahre 1681 dagegen besassen Mehrere 50000 £, und ein
Einziger gar über 100000 £ Actien. Da deren Zahl sehr klein, und
der Gewinn sehr hoch war, so wurden nur selten Actien zum
Verkauf angeboten, vielmehr häuften diese sich immer weiter in
einzelnen Händen an. Die Höhe des Courses wirkte in derselben
Richtung. Die Compagnie, welche in ihrer Entgegnung alles Mögliche aufbot, um ihren damaligen Zustand als den denkbar besten
darzustellen, scheint doch nicht einmal den Versuch zur Widerlegung
jener für uns hier besonders interessanten Behauptungen der londoner
Börsenkaufleute gemacht zu haben, und wir dürfen daher als fest-
stehend annehmen, dass im Jahre 1681 ein regelmässiger Verkehr in
ostindischen Actien noch nicht stattfand. Bis zur Revolution scheint
sich darin nichts geändert zu haben. Es war offenbar ein allgemeines
lebhaftes Verlangen nach dem Kaufe von ostindischen Actien vorhanden; aber dieses Bedürfniss fand noch keine Befriedigung.

---

[8]) Malynes, Lex Mercatoria (1622) erwähnt l. ch. 19 die Joint-stock-companies und
fügt hinzu, die Theilhaber könnten im Gesellschaftsvertrage ausmachen, „that they may sell
their adventure to others, and the buyer is to take the account according to the contract";
so sei es auch bei der E. I. C. geschehen. Die Actiencourse bei Anderson, History of
commerce II. 89, 126, 165, 170, 173, 178 ff. Über die Beschwerden von 1677 ff. vgl.
Anderson p. 166 ff., 170 ff., sodann die in dem Discourse of trade, coyn and paper credit
(1697) abgedruckte Petition, welche „the ablest merchants on the Exchange of London"
im Jahre 1681 dem Könige Carl II. überreichten.

London nach der Revolution von 1688. Wie in Amsterdam, so haben auch in London nicht Staatspapiere, sondern Actien den Anlass zur Entstehung eines regelmässigen Fondsverkehres gegeben. Macaulay schildert diesen Vorgang folgendermaassen: er geht davon aus, dass sich in der Zeit der Restauration, also während des Zeitraums 1661—1688, dank der glänzenden wirthschaftlichen Entwickelung, deren sich England damals erfreute, grosse Massen verfügbarer Kapitalien angesammelt hätten, die wegen der hohen Preise von Land und Häusern, sowie wegen des Mangels an sonstigen Kapitalanlagen keine ausreichende Verwendung hätten finden können. Diese Sachlage hätte nach der Revolution · mit Naturnothwendigkeit die Begründung zahlreicher Actien-Gesellschaften veranlasst[9].

Macaulay hat bei seiner Darstellung eine interessante Wochen-Zeitschrift benutzt, welche unter dem Titel „A collection for improvement of husbandry and trade" von einem gewissen Houghton während der Jahre 1692 bis 1701 herausgegeben wurde, und die eine wahre Chronik des damaligen Fondsgeschäfts enthält. Houghton schildert aber die Entstehung dieses Verkehrs etwas anders, wie Macaulay. Er sagt, der Krieg, den England seit der Revolution gegen Frankreich führte, hätte den Seehandel zum Stocken gebracht. Desshalb hätten die Kapitalbesitzer sich überlegt, wie sie ihre Kapitalien nutzbringend derart anlegen könnten, dass es ihnen möglich sei, bei Bedarf jederzeit wieder darüber zu verfügen; sie seien darauf zu dem Resultate gelangt, dass sich dies bei Anlage in Actien leichter bewirken lasse, als bei Kauf von Land, Häusern oder Waaren. Gleich darauf zeigt er, wie ausnehmend hierdurch die englische Industrie gefördert wurde.

Macaulay hat diese Anschauung, die sich allzusehr an den unmittelbaren, augenblicklichen Anlass für den Durchbruch einer längst vorbereiteten wirthschaftlichen Entwickelung klammert, mit Recht erweitert; aber dafür hat er vergessen zu untersuchen, wie es denn kam, dass diese Entwickelung grade jetzt, unmittelbar nach der Revolution zum Durchbruch kam; ferner hat er ebenso wie Houghton übersehen, dass bei Entstehung des Fondsverkehrs von Anfang an

---

[9] Macaulay IV. 320 ff. Was er über diesen wichtigen Entwickelungsprocess gesagt hat, ist noch immer verhältnissmässig das Beste, was überhaupt bisher darüber gesagt worden ist. Weder bei Rogers (The first nine years of the Bank of England, 1887), noch bei Cunningham (Growth of english industry and commerce, 1892) wird man weitere Belehrung finden, ganz zu schweigen von dem fröhlichen Plauderer Francis, dessen „Chronicles and characters of the Stock Exchange" (1850), mit grosser Vorsicht benutzt, mancherlei interessantes Material liefern, aber ohne eigene wissenschaftliche Bedeutung sind.

weit weniger das Bedürfniss nach Kapitalanlage, nach Verzinsung, als vielmehr der allgemeine Wunsch nach Kapitalgewinn thätig war; endlich und vor Allem hat Macaulay noch einen besonders wichtigen Faktor unberücksichtigt gelassen, den doch schon Houghton berührt hatte: den steigenden Kapitalbedarf von Handel und Industrie.

In dem Jahrhundert, welches der Revolution von 1688 vorherging, namentlich aber in den Jahrzehnten der Restauration hatten — abgesehen von den allerletzten Jahren — Handel und Industrie in England begonnen, einen gewaltigen Aufschwung zu nehmen, der noch weit von seinem Höhepunkte entfernt war. Das englische Volk, noch unter Königin Elisabeth ein Volk von Schafzüchtern, Tuchmachern und Tuchhändlern, dessen Schifffahrt eben erst begonnen hatte, den Umkreis der nächsten Meere und Küsten zu überschreiten, besass beim Sturze der Stuarts schon eine mannichfaltige Grossindustrie und einen weltumspannenden Grosshandel. Ein ungemein vielseitiger, kühner Unternehmungsgeist regte sich auf allen Gebieten, immer neue Länder suchte er sich zu eigen zu machen, und in der Heimath mehrten sich mit Hilfe der eifrig gepflegten Naturwissenschaften die Erfindungen jeder Art in erstaunlichem Maasse. Es war viel unreifes, unklares Abenteurerwesen dabei, auch nicht wenig gradezu schwindelhaftes Industrieritterthum. Dennoch war diese trübe, gährende Fluth von Unternehmungen und Projekten ein nothwendiges Element für die Entstehung des heutigen Grossbritanniens.

Die Selbstbefreiung der Nation von einer verhassten Herrschaft, die Sicherheit und Ruhe, mit der sie sich vollzog, die Begründung eines den Volkswünschen entsprechenden Regiments maassvoller Freiheit, das den erwerbsthätigen Mittelklassen ansehnlichen Einfluss gewährleistete — dies Alles musste naturgemäss belebend auf den Unternehmungsgeist wirken. In den letzten Jahren vor der Revolution war der wirthschaftliche Aufschwung durch den politischen Hader, in den ersten Jahren nach der Revolution durch die Unsicherheit der neuen Verhältnisse gehemmt worden; aber um das Jahr 1691 brach er sich mit verdoppelter Kraft Bahn.

Dazu kam dann der Krieg mit Frankreich. Anfangs litt allerdings die englische Schifffahrt schwer unter den französischen Kapereien, gingen doch selbst im Jahre 1693 noch auf einmal 300 nach der Levante bestimmte englische Schiffe verloren; aber selbst dieses Stocken des Seehandels hatte, wie ja schon Houghton bemerkte, eine günstige Wirkung, insofern der Unternehmungsgeist sich momentan mehr industriellen Unternehmungen in der Heimath zuwandte; und sodann zwang der Krieg die Engländer, sich von dem Bezuge mancher französischen Waaren unabhängig zu machen, was im Verein mit der Aufnahme vieler französischer Religionsflüchtlinge die Entwickelung der englischen Fabrikation von Leinen, Glas, Hüten, Messerwaaren, Seidenwaaren u. s. w. mächtig beförderte[10]).

Dies Alles erforderte grosse Kapitalien und zwar zum Theil concentrirte Kapitalmassen, die am leichtesten, ja vielleicht überhaupt nur zu beschaffen waren durch Begründung von Actien-Gesellschaften.

Auf der anderen Seite war auch im englischen Volke die Neigung, sich an solchen Gesellschaften zu betheiligen, in starkem Wachsen begriffen. Die Schwierigkeit, Actien der Ostindischen Compagnie zu beschaffen, hatte wie wir wissen schon geraume Zeit vor der Revolution zu lebhaften Beschwerden Anlass gegeben. Seitdem war die Geschäftslage eine erheblich ungünstigere geworden, und der Actiencours wieder bis auf 150% zurückgegangen. Trotzdem entstand 1691 abermals eine allgemeine Bewegung, welche auf Verdoppelung des Kapitals der Compagnie abzielte, und die, da letztere nach wie vor sich ablehnend verhielt, zu dem Antrage führte, eine neue Compagnie zu begründen; erst im Jahre 1694 wurde das Kapital verdoppelt, und dennoch vier Jahre später eine zweite Compagnie begründet.

Vor dem Jahre 1691 gab es nur drei grössere Actien-Gesellschaften in England; die anderen, welche sich von Zeit zu Zeit gebildet hatten, waren wieder verschwunden. Jene drei waren die Ostindische Compagnie, die Afrika- oder Guinea-Compagnie und die Hudson-Bay-Compagnie; das Kapital der ersten betrug 740000, das der zweiten 111000 und das der dritten 110000 Pfund Sterling. Aber im Jahre 1691 (vielleicht auch erst 1692) entstanden gleich auf einmal etwa ein Dutzend neuer Gesellschaften für Papier-, Glas-, Leinen- und Seidenfabrikation, zwei Kupferbergbau-Gesellschaften und mehrere Taucher- und Bergungs-Compagnien zur Hebung untergegangener Schätze. Bis zum Jahre 1694 vermehrte sich die Zahl auf nicht weniger als 53; darunter befanden sich 5 Kupfer- und 3 Bleiwerke, 4 Maschinenfabriken, 5 Salpeterfabriken, 4 Wasserwerke, 2 Kohlenbergwerke, 4 Bergungs- und 3 Taucher-Gesellschaften, 3 Papier-, 3 Leinenfabriken u. s. w. Am 24. August 1694 wurden die Actien der Bank von England zuerst gehandelt[11]).

---

[10]) Anderson, History of commerce II. 198.

[11]) Vgl. hier und für das Folgende: Houghton, A collection for improvement of husbandry and trade (1691 ff.); Angliae Tutamen (1695); Hatton, Merchant's Magazine

Die Coursschwankungen waren schon damals recht bedeutend, und die ganze in Amsterdam bereits so fein ausgebildete Börsentechnik wurde von dort durch gewiegte Fondshändler gleich anfangs fix und fertig in London eingeführt; aber die Engländer erwiesen sich als sehr gelehrige Schüler: mit wahrem Feuereifer bemächtigten sie sich der neuen Geschäftsart, anglisirten sofort alle Börsenausdrücke und erfanden eine ganze Anzahl neuer hinzu; unter den grossen Spekulanten überwiegen, wie es scheint, sehr bald die englischen Namen, darunter solche von hoher Stellung.

Anfangs wurde der Fondsverkehr in der Royal Exchange betrieben; da er aber dort Anstoss erregte, wanderte er 1698 nach der dicht dabei gelegenen Exchange Alley aus, die er nebst den dort und in der nächsten Nachbarschaft befindlichen Kaffeehäusern vollständig occupirte.

Um dieselbe Zeit wurden auch die verschiedenen Arten schwebender Schuldtitel, die Tallies, Exchequer Bill, Navy Bills, Malt Tickets etc. bereits Gegenstand eines Börsenverkehrs, der sich von dem eigentlichen Stock-jobbing d. h. von dem Actienhandel nicht wesentlich unterschieden zu haben scheint. Dagegen hören wir noch nichts von einem regelmässigen Börsenverkehr in Annuities, in fundirten Staatsrenten, die überhaupt zunächst noch keine grosse Rolle spielten.

Dieser Zustand währte bis zum Jahre 1711. Damals waren nicht weniger als 10 Millionen £ schwebender Schulden vorhanden, deren hohes Disagio den Credit des Staates und die Politik der Regierung derart schädigte, dass der Lord Schatzmeister Earl of Oxford sich zu einem viel verdammten Mittel entschloss, um die schwebende Schuld aus der Welt zu schaffen: er benutzte die weitverbreitete Neigung des Publikums zur Betheiligung an gewinnversprechenden Unternehmungen, besonders an solchen, welche abzielten auf Verwerthung der mährchenhaften Edelmetallschätze des spanischen Südamerikas, sowie die Volksthümlichkeit, deren sich die Hochseefischerei als Pflanzschule der englischen Seemacht erfreute. So begründete er denn 1711 die „Südsee-Compagnie" — „Südsee" hiessen damals die Meere zu beiden Seiten Südamerikas — mit einem Kapitale von

---

(3. ed. 1699); Redington, Treas. pap. II. 39; The anatomy of Exchange Alley or a system of stock-jobbing (1719, abgedr. bei Francis, Chronicles and characters of the Stock Exchange p. 359 ff.); Mortimer, Every man his own broker (1761 und öfters). Die zuletzt erwähnte Schrift enthält eine gute Beschreibung des damaligen englischen Fondsverkehrs; einen kurzen Auszug daraus hat G. Cohn in d. Jahrb. f. Nat.-Ök. u. Statistik v. 1866 geliefert (jetzt auch in s. volkswirthschaftl. Aufsätzen S. 690 ff.).

10 Millionen £, welche die Gesellschaft dem Staate zur Fundirung seiner schwebenden Schuld leihen musste [12]).

Die Südsee-Gesellschaft sollte Handel mit den spanischen Kolonien in Südamerika und Fischerei treiben. Diese ihre ostensibeln Aufgaben hat sie nur mangelhaft erfüllt und sie hat dagegen durch bewusste Züchtung maassloser Fondsjobberei unsäglichen Schaden angerichtet; aber auf der anderen Seite hat sie dem Staate die grössten Dienste geleistet, und die von ihr herbeigeführte Zeit der berüchtigten „South Sea Bubbles" hat die Entwickelung der englischen Industrie mächtig befördert.

Nur auf wenige hervorstechende Thatsachen können wir hier zur Motivirung dieser Auffassung hinweisen: erst mit der Fundirung jener 10 Millionen £ durch Begründung der Südsee-Compagnie beschritt die englische Staatsregierung energisch den Weg der Aufnahme fundirter Anleihen und fand zugleich das richtige Mittel, um selbst die grössten Anleihen unterzubringen. Nie hatte man vorher gewagt, eine finanzielle Operation von solchem Umfange vorzunehmen; jetzt wusste man, dass dies sehr wohl möglich war, wenn man nur der Gewinnsucht die nöthigen Lockspeisen zeigte. Jahrzehnte lang waren noch solche Lockspeisen nöthig, um die Riesensummen aufzubringen, deren das Reich zur Begründung seiner Weltstellung bedurfte; nur die Art des Köders wechselte, und eine so gewissenlose Begünstigung der Spielsucht, wie zur Zeit des Südseeschwindels kam nie wieder vor; dennoch bildet dieser einen wichtigen Abschnitt in der Geschichte der englischen Staatsschuld.

Was sodann die Bedeutung der Südsee-Bubbles für die englische Industrie betrifft, so genügt es, darauf aufmerksam zu machen, dass Manchester und Birmingham, die Hauptsitze der englischen Baumwoll- und Eisenindustrie, in dieser Zeit ihren ersten gewaltigen Aufschwung erlebten. Gewiss hatten auch auf industriellem Gebiete die tollen Übertreibungen der eigentlichen Schwindelperiode einen furchtbaren Rückschlag zur Folge; aber was danach übrig blieb, war doch wohl so werthvoll, dass das Endurtheil über die ganze Zeit kein derart abfälliges sein darf, wie es bisher meist gewesen ist.

---

[12]) Hier fusse ich auf Anderson, History of commerce II. 254 ff. Bisher hat sich das Urtheil über die Finanzpolitik Oxfords und über die Südsee-Compagnie allzu ausschliesslich bestimmen lassen durch das Unheil, das diese im Jahre 1720 anrichtete; man hat sie als gleichartig mit der französischen Mississippi-Gesellschaft, der Schöpfung Law's behandelt, was keineswegs richtig ist; neuerdings hat v Philippovich (Die Bank v. England im Dienste der Finanzverwaltung des Staates p. 58) begonnen, einer gerechteren Auffassung das Wort zu reden.

Noch weit mehr als in Amsterdam war der Fondsverkehr in London seit seinen ersten Anfängen die Zielscheibe der heftigsten Anklagen. Es gab keinen Frevel, dessen man die Stockjobber nicht beschuldigte, kein nationales Übel, für das man sie nicht verantwortlich machte. Man bezeichnete Change Alley gradezu als eine Banditenhöhle, man sprach von der „nichtswürdigen, infamen Gewohnheit des Fondsspekulirens". Die Stockjobber, so hiess es, hätten den Staatscredit ruinirt, ja sie hätten das Land an die Franzosen verrathen u. s. f. Aber war der Zustand entsetzlicher Corruption, in dem sich der englische Staat zur Zeit der Marlborough, Bolingbroke und Walpole befand, war die Fäulniss der englischen Gesellschaft, wie sie uns aus Hogarth's Bildern entgegenstarrt, wirklich eine Folge der Fondsspekulation? Oder war nicht vielmehr die ungewöhnlich verheerende Wirkung, welche das Treiben in Change Alley ohne Frage damals ausübte, lediglich ein Symptom der ungewöhnlichen Demoralisation, Leichtgläubigkeit und maasslosen Gewinngier der damaligen Engländer?

Der Staat schritt bereits 1697 gegen die Fondsspekulation ein, indem er allen nicht vereidigten Maklern die Vermittelung von Fondsgeschäften untersagte und alle Zeitgeschäfte von Actien und Staatspapieren verbot. Aber dieses Gesetz hatte ebenso wenig eine Wirkung wie die im Jahre 1733 erlassene Sir John Barnard's Act[13]).

Im Jahre 1719 antwortete ein Fondsspekulant auf die Drohung mit dem Einschreiten der Gesetzgebung: „Es giebt nur ein wirksames Mittel, um uns aus der Welt zu schaffen: Abzahlung aller Staatsschulden und Auflösung aller Actiengesellschaften; dann brauchten sie die Stockjobber nicht zu hängen, wohl aber sich selbst".

Der Mann hatte nicht so Unrecht: England wäre nicht das heutige Grossbritannien geworden, es hätte nicht die halbe Welt erobert ohne die 900 Millionen £ Staatsschulden, die es in dem Zeitraume 1693 bis 1815 aufgenommen hat, und es wäre nicht das reichste Land der Welt geworden ohne die 30000 bis 40000 Actien-Gesellschaften mit mindestens 4 Milliarden £ Kapital, die bisher in Grossbritannien entstanden sind. Weder jene Staatsschulden endlich, noch diese Actien-Gesellschaften wären möglich gewesen ohne das Vorhandensein einer starken Fondsbörse.

---

[13]) Vgl. hier Ehrenberg, Die Fondsspekulation und die Gesetzgebung (1883) p. 13 ff., 18 ff. In dieser Erstlingsarbeit habe ich mich nur mit den Ausschreitungen der Spekulation beschäftigt, wobei deren gute Wirkungen naturgemäss, aber vielleicht etwas mehr als nöthig, zu kurz gekommen sind.

Paris im 18. Jahrhundert. Von der eben geschilderten englischen Entwickelung unterscheidet sich die Entstehung des pariser Fondsverkehres aufs Wesentlichste, trotz mancher äusserer Ähnlichkeiten.

Was man in England „stock-jobbing" nannte, hiess in Frankreich zu derselben Zeit „agiotage": so bezeichnete man einen Handel, der aus dem Steigen und Fallen gewisser Werthpapiere Nutzen zog; aber während dieser Handel in England zuerst bei den Actien entstand, war der erste Gegenstand der französischen Agiotage ein Mittelding zwischen Schatzscheinen und Papiergeld.

Schon die von Colbert begründete Caisse des Emprunts hatte „Billets" ausgegeben, Anweisungen zur Rückzahlung der bei ihr hinterlegten Geldbeträge, welche Anweisungen nicht auf bestimmte Einkünfte lauteten, deren Werth vielmehr ausschliesslich beruhte auf der Solidarhaft der General-Steuerpächter. Diese Anweisungen wurden stets prompt eingelöst, und die Caisse des Emprunts, welche später wieder einging, hinterliess ein gutes Andenken.

Desshalb wurde im Jahre 1702 unter dem gleichen Namen eine Kasse errichtet, welche indess ihrem Wesen nach sich erheblich von der ersten unterschied. Im Jahre 1700 waren alle französischen Münzen zur Umprägung einberufen worden; die Münzdirectoren hatten für die ihnen überlieferten Münzen bis zur Ausgabe der neuen Geldsorten Billets ausgegeben, die ebenfalls prompt eingelöst und bis dahin wie gutes Papiergeld gern allgemein in Zahlung genommen wurden; man nannte sie daher auch „Billets de monnaye". Der Vorgang musste in der damaligen Zeit gewaltigster Finanzbedürfnisse — man befand sich in den Anfängen des spanischen Erbfolgekrieges — auf den von der Hand in den Mund lebenden Finanzminister Chamillart ausserordentlich verführerisch wirken: er begründete also 1702 wieder eine Caisse des Emprunts, ordnete abermals die Umprägung aller Münzen an und liess durch die genannte Kasse steigende Massen neuer Billets ausgeben, die Zinsen trugen und wie es scheint, nicht mehr zur kurzfristigen Einlösung bestimmt waren. Jedenfalls gab man sie bald auch den Lieferanten des Staates in Zahlung; da diese sie ber schleunigst abzustossen suchten, und da schliesslich ungeheure Ma. n der Billets in Umlauf kamen, verloren sie nach und nach bis zu 50, 60, 75% an Werth. Es entstand nun ein wirklicher Handel in solchen Papieren, der sich in der R u e Q u i n c a m p o i x concentrirte, wo die meisten pariser Bankiers ihre Bureaux hatten; den sich dort entwickelnden Börsenverkehr nannte man „agiotage". Er erstreckte sich bald auch auf andere Staatspapiere. Nur die Staatsrenten waren geraume Zeit lang noch nicht Gegenstand eines Börsenverkehrs [14].

Als nun Law in den Jahren 1716 bis 1719 seine verschiedenen grossen Unternehmungen begründet hatte, entwickelte sich der Börsenverkehr in der Rue Quincampoix namentlich seit Anfang des Jahres 1719 mit fieberhafter Schnelligkeit zu weltbekanntem schwindelnden Umfange. Sehr gut wird diese Entwickelung von dem ersten Chronisten des „Système" mit wenigen Worten geschildert: „Ehemals, sagt er, wurde der Verkehr in der Rue Quincampoix in den Häusern und ohne dass sich Menschen-Ansammlungen bildeten, betrieben. Aber als die Operationen des Système angefangen hatten, das allgemeine Staunen zu erregen, versammelten sich alle Missisippi-Agioteurs (die Law'sche Westindische Gesellschaft hiess bekanntlich meist Mississippi-Gesellschaft) öffentlich auf der Strasse. Nachdem die ersten Fortschritte des Système für und gegen dasselbe Meinung erregt hatten („Anti-Système"), begann man dort Nachrichten zu verbreiten und Geschäftsofferten zu machen, nach Art derjenigen, wie sie an den Börsen von London und Amsterdam übuch sind, wo die Geschäftsleute alle Tage regelmässig zusammenkommen. Diese Versammlungen vergrösserten sich mit der wachsenden Beliebtheit der Westindischen Actien" [15].

Der eigentliche Verlauf der Law'schen Schwindelperiode ist so bekannt, dass wir nicht weiter darauf einzugehen brauchen. Die

---

[14] [du Hautchamp] Histoire du Système des Finances sous la Minorité de Louis XV. (1739) I. 184: „La rue Quincampoix a été de tout tems occupée par des Banquiers correspondans de toutes les places de l'Europe; il s'y trouve même beaucoup de Juifs. Lorsque le Papier s'introduisit en France pour soutenir la guerre qui suivit la paix de Ryswick, et que les Billets de Monnoye commenrèrent à circuler, certains courtiers qui avaient gagné quelque chose dans ce commerce, s'y établirent sous le nom de Banquiers, et comme l'usure qui se pratiquait parmi cette sorte de commerçans (qu'on appellait Agioteurs) attira ceux qui avaient des Papier Royaux de toute nature, commerçables à un certain cours, — tous ceux qui avaient de ces effets à vendre ou à acheter, se rendaient dans la rue Quincampoix". Die Bankiers dieser Strasse liehen schon damals an die Agioteurs viel Geld stundenweise gegen enorme Zinsen (bis zu 1% pro Stunde). Das war die „Quincampoix ancienne", im Gegensatze zur „Qu. nouvelle" der Law'schen Zeit. Vgl. auch Melon, Essai polit. sur le commerce (1734) bei Daire p. 791 ff.; Ranke, Franz. Geschichte IV. 264, 332. Melon sagt noch 1734: „Les notaires négocient les contrats sur la Ville (de Paris) et sur les tailles, les agents de change les actions et les billets" und an anderer Stelle (p. 730) erblickt er eine Eigenthümlichkeit der englischen „annuities" gegenüber den französischen Renten darin, dass jene wie die Actien „la faculté d'être negociés de la main à la main" besässen.

[15] [du Hautchamp] l. c. I. p. 191.

Stätte des pariser Fondsverkehr wurde von der Rue Quincampoix
bald nach der Place Vendôme, dann nach dem Hôtel de Soissons,
darauf nach der Rue St. Martin verlegt, bis endlich im Jahre 1724
der König die Errichtung einer officiellen Börse anordnete und für
diese ein besonderes Reglement erliess. Sie war bestimmt für den
Handel mit Wechselbriefen, sonstigen umsetzbaren Papieren (Papiers
commerçables), Waaren und Effekten. Erst damit hatte der Fondsverkehr in Paris eine gesetzlich gewährleistete Existenz und Heimath
erlangt[16]).

Zugleich erhielten die amtlichen vereideten Börsenmakler, die
„Agents de Change", eine neue Organisation, deren Grundzüge sich
im Wesentlichen bis zum heutigen Tage erhalten haben. Der Ort
ihrer Thätigkeit war fortan ausschliesslich die officielle Börse, welche
sich bis zur Revolution in der Rue Vivienne dicht beim Palais Royal
befand; dort erhielten sie einen besonders abgegrenzten Raum für
ihre Geschäftsthätigkeit, das „Parquet". Dagegen siedelten sich die
nicht autorisirten Makler und die kleinen Spekulanten mit ihrem Ge-
schäftsverkehre in der Nachbarschaft an, zunächst im Garten des
Palais Royal; das ist der Ursprung der heutigen „Coulisse".

Die Entstehung des pariser Fondsverkehrs hat ohne Frage zunächst ganz überwiegend verderbliche Folgen für die Volkswirthschaft gehabt: sie hat die Spielsucht des französischen Volkes, die
Verschwendungs- und Grossmannssucht des französischen Hofes ungemein befördert und sie hat lange Zeit hindurch im Wesentlichen
nur eine schmarotzende Klasse von Finanzleuten bereichert. Den
Staatsfinanzen hat sie im 18. Jahrhundert stets nur vorübergehend
einige Hülfe gewährt, und auch Handel und Gewerbe haben damals
von ihr nur geringen dauernden Nutzen gezogen[17]). Erst im 19. Jahrhundert hat sich das auch in Frankreich gründlich geändert.

So erweist sich denn die äusserlich in mehrfacher Hinsicht
sehr ähnliche Entwickelung des englischen und französischen Fondsverkehres im 18. Jahrhundert bei etwas Nachdenken als völlig verschiedenartig nach Wesen und Wirkungen.

---

[16]) Am Besten unterrichtet über diese noch unzureichend bekannten Vorgänge die
„Histoire du Visa" (1743) II. 112 ff.; ein überhaupt sehr interessantes, noch allzu wenig
benutztes Werk! Die vielen späteren französischen Autoren, die sich mit dem Börsenwesen beschäftigt haben, sind in der Behandlung des Geschichtlichen durchweg einer dem
anderen gefolgt. Wegen des Börsenreglements v. 1724 vergleiche man unseren Schluss-
Excurs.

[17]) Vgl. hier Ehrenberg, Die Fondsspekulation und die Gesetzgebung p. 24 ff.

Die deutschen Fondsbörsen. Lange vor Entstehung eines börsenmässigen Fondsverkehres besass Deutschland schon eine ziemliche Anzahl theils urwüchsig entstandener, theils ad hoc errichteter Börsen. So bestanden solche in der ersten Hälfte des 16. Jahrhunderts bereits in Augsburg und Nürnberg, in der zweiten Hälfte jedenfalls auch in Hamburg und Köln; zuerst erwähnt werden Börsen ferner in Lübeck 1605, in Königsberg 1613, in Bremen 1614, in Frankfurt a. Main 1615, in Leipzig 1635 u. s. f.

Es sind uns auch noch Preiscourante und Courszettel erhalten: für Hamburg von 1592, für Frankfurt a. Main von 1654, für Leipzig von 1711, für Breslau und Nürnberg von 1715.

An allen diesen Plätzen bildeten Wechsel den Hauptgegenstand des Börsenverkehrs, der ausserdem noch Geldsorten und kaufmännische Leihkapitalien, an den Seeplätzen frühzeitig auch schon manche Waaren, sowie See-Assekuranzen und Schiffsfrachten umfasste. Dagegen begann ein börsenmässiger Fondsverkehr in Deutschland erst im 18. Jahrhundert.

Die Law'sche Schwindelperiode erstreckte einen Ausläufer nach Hamburg, wo im Jahre 1720 einige Assekuranz-Compagnien begründet wurden und mehrere Monate lang zu Actienspekulationen Anlass gaben, die aber mit den Compagnien selbst alsbald wieder verschwanden[18]). Hamburg hat dann fast ein Jahrhundert lang keinen regelmässigen Fondsverkehr wieder gesehen, wurden doch noch um 1810 die Actien der einzigen damals dort bestehenden Actien-Gesellschaften, der seit 1765 begründeten Assekuranz-Compagnien, nur einige Mal jährlich in grösseren Mengen öffentlich verauktionirt.

Dagegen bestand in Wien schon mindestens seit 1771 eine wirkliche Fondsbörse, die wir als die erste Deutschlands zu betrachten haben.

Wir wissen, wie schwierig es im Jahre 1672 dem kaiserlichen Gesandten bei den Generalstaaten gewesen war, seinem Hofe das Wesen des amsterdamer Fondshandels begreiflich zu machen. Die Anleihen, welche der Kaiser seit 1695 in Amsterdam zuerst unter Garantie der Generalstaaten, später ohne diese aufnehmen liess, mögen den Nutzen einer Börse für den Staatscredit dem Wiener Hofe mehr und mehr zum Bewusstsein gebracht haben. Dazu kam aber andererseits die unerfreuliche Wahrnehmung, dass die Obligationen des andauernd überschuldeten Staates und der ihm nahestehenden Wiener

---

[18]) Amsinck, Die ersten hamburgischen Assecuranz-Compagnien und der Actienhandel im Jahre 1720 (Ztschr. d. Ver. f. hambg. Geschichte IX. 465 ff.).

Stadtbank in der Hauptstadt unter der Hand vielfach zu niedrigen Coursen verkauft wurden, was man als Wucher betrachtete[19]). Beide Momente zusammen bestimmten die Regierung schliesslich, selbst die Errichtung einer öffentlichen Fondsbörse in die Hand zu nehmen. Dabei hatte sie, wie aus dem ganzen Inhalte des gleich zu erwähnenden Patents von 1771 hervorgeht, den ähnlichen pariser Vorgang vom Jahre 1724 vor Augen[20]).

Schon im Jahre 1761 erschien eine Verordnung, welche bestimmte, „dass in Wien eine öffentliche Börse errichtet und ein Ort bestimmt werden solle, wo Käufer und Verkäufer der öffentlichen Papiere einander treffen könnten, um vermittels geschworener dazu berechtigter Sensale ihre Käufe und Verkäufe zu schliessen, und durch die daselbst auszugebenden Kurszettel den Preis, zu welchen alle öffentlichen Papiere den Tag vorher im Preise gestanden, zu erfahren". Aber erst zehn Jahre später wurde durch Patent vom 1. August 1771 die Wiener Wechsel- und Fondsbörse wirklich errichtet[21]).

Die Börse wurde nur für die Wechsel- und Fondsgeschäfte bestimmt; im Jahre 1783 wurde auch den Waarensensalen vorgeschrieben, sich dort einzufinden, diese Verpflichtung aber schon nach drei Jahren wieder aufgehoben.

Der Eintritt wurde allen Personen gestattet, welche an der Börse Geschäfte hatten, und erst durch Hofkammerdekret vom 27. November 1810 wurde nach französischem Vorbilde die Ausgabe von Eintrittskarten angeordnet, welche nur an „erbländische Fabrikanten und zu einem ordentlichen Gremium gehörige Grosshändler und Kaufleute" verabfolgt werden sollten; fremde Kaufleute sollten seitdem

---

[19]) v. Mensi, Die Finanzen Österreichs von 1701—1740, Wien 1890, p. 48, 57, 249, 350, 634, 733/35. Bei der Krisis von 1733 „flogen die Creditbriefe der Bank in allen Café- und Bierhäusern herum": Die kaiserliche Regierung hatte 1705 das Anerbieten Law's, sein System in Österreich durchzuführen, abgelehnt; doch lässt die im Jahre 1714 errichtete „Bancalität", ja schon die Begründung der Wiener Stadtbank im Jahre 1705 den Einfluss der Ideen, aus dem sowohl die Bank von England, wie auch das Law'sche System hervorgegangen war, deutlich erkennen.

[20]) Vgl. hier Hilberg, Das erste Jahrhundert der Wiener Börse, Wien 1871; Sammlung der österr. Verordnungen und Gesetze 1740—1780; Cibbini, Untersuchung über die Bestimmung einer Börse und ihren nützlichen oder schädlichen Einfluss auf den öffentlichen Credit, Wien 1817; Liebhold, Die Börsen-Ordnungen der Städte Wien und Berlin, Frankfurt a./M. 1826.

[21]) Die auf die Börse bezüglichen Bestimmungen des Patents sind in unserem Excurse enthalten, und zum besseren Vergleiche die entsprechenden Bestimmungen der pariser Börsenordnung von 1724 daneben gesetzt.

nur „Ehrenkarten" erhalten, jedoch ohne das Recht, Geschäfte an der Börse zu machen. Trotzdem klagte Cibbini schon 1817 über „die stürmische Einmischung der Ungeweihten" in die Börsengeschäfte, wodurch „der ruhige Kaufmann in dem besonnenen Gange seiner Geschäfte gestöret und nothwendig beirret werden müsse". „Procul este profani" sei eine sehr passende Aufschrift an den Thoren der Börse! Nur zweimal in der Woche sollten Nichtkaufleute zur Börse zugelassen werden.

Die Winkelbörsen wurden durch das Börsenpatent aufs strengste verboten; indess hat es kaum einen Platz gegeben, wo der Börsenverkehr auf den Strassen, in den Cafés u. s. w. derart üppig emporgeschossen ist, wie in Wien. Auf dem Stephansplatze, später an der Ecke der Weihburg- und Rauhensteingasse, dann im Lisstnerschen Kaffeehause in der Grünangergasse concentrirte sich der Winkelbörsenverkehr hauptsächlich. Diese Geschäfte waren nicht nur streng verboten, sondern auch gesetzlich unklagbar; aber mit der Zeit schlossen die Theilhaber der Winkelbörse sich zu einer förmlichen Gesellschaft zusammen, deren Mitglieder mit Ausschliessung bestraft wurden, wenn sie ihren geschäftlichen Verpflichtungen sich unter dem Schutze des Gesetzes entziehen wollten. Zuletzt entwickelte sich daraus die jetzige „Effektensocietät" oder „Abendbörse".

Das Niederschreien der Course wurde streng verboten, wohlgemerkt nur der Versuch, die Course durch lautes Rufen und dergl. à la baisse zu beeinflussen, nicht wie in Frankreich 1724 angeordnet war, jede überlaute Verhandlung. Eine Wirkung hat weder das eine noch das andere Verbot gehabt. und schon 1817 klagte Cibbini, es gebe kein Mittel, um dasselbe auszuführen.

Eine Eigenthümlichkeit der wiener Börse ist schon seit dem Patent von 1771 das Vorhandensein eines Regierungskommissars zur Überwachung des Börsengeschäfts. Auch bei Einsetzung dieses Börsenkommissars folgte man insofern dem französischen Vorbilde, als die Ausübung der Polizei in der pariser Börse nicht, wie wohl in allen anderen Handelsplätzen, den Kaufleuten selbst, sondern einem Beamten, dem Polizei-Lieutenant des Königs, übertragen worden war, und noch bis zum heutigen Tage wird die Polizei innerhalb der pariser Börse durch eine Polizeikommissar ausgeübt. Aber in Wien sollte der Börsenkommissar augenscheinlich weitergehende Befugnisse haben: man übertrug ihm „die genaue Aufsicht über alle an der Börse vorgehenden Handlungen" d. h. er sollte nicht allein unbefugte Börsenbesucher ausweisen, Excedenten zur Rechenschaft ziehen, das Zeichen zum Aufhören des Geschäfts geben und dergl., nicht nur — was schon weiterging — das Niederschreien der Course verhindern, sondern auch jedenfalls sonst dafür sorgen, dass der eine Hauptzweck, den die Regierung mit Errichtung der Börse verfolgte, nämlich die „Steuerung des so schädlichen Geld-Monopoliums und Wuchers", erreicht wurde. Das Patent bestimmte jedoch zu dem Zwecke nur im § 30, dass die Sensale nach Schluss der Börse sich bei dem Commissar versammeln sollten, um die mittleren Preise für Wechsel und Fonds festzusetzen, eine Bestimmung, die in der pariser Börsen-Ordnung nicht enthalten war. Auch in dieser Hinsicht erzielte man nicht die geringste Wirkung und mochte solche wohl auch schwerlich ernsthaft erwarten, wurde doch zum ersten k. k. Börse-kommissär ein halbinvalider Subaltern-Offizier Namens Schweinsgruber bestellt!

Cibbini versprach sich 1817 viel von geeigneter Auswahl des Börsen-Commissars, und seine Ausführungen sind interessant genug, um vollinhaltlich wiedergegeben zn werden. „Je schwieriger, meint er, die auf der Börse herrschenden Verhältnisse sind, desto wichtiger ist die Wahl für diesen Posten, desto ausgezeichneter müssen die Ge-müths- und Geistesgaben des Mannes seyn, der ihm mit Nutzen für das gemeine Beste vorstehen soll. Hier vorzüglich wäre Manlius Curius Dentatus an seinem Platze, der als ihn die mit Gold belade-nen Samniter beym Rösten der Rüben überraschten, weit entfernt über seine Genügsamkeit schamroth zu werden, den Stolz hatte, ihnen zu sagen: malo haec in fictibilibus meis esse, et aurum habentibus imperare. Wobey es ihm unbenommen bliebe, dieser antiken Derb-heit durch einige moderne Politur das Rohe der Aussenseite zu be-nehmen. Festigkeit des Charakters, Beobachtungsgeist und Leichtig-keit, jedes Ereigniss für seinen Zweck zu benützen, wären ihm nöthi-ger, als ausgebreitete Handelskenntnisse; denn in dieser Hinsicht dürfte es für die Börsen-Anstalt sehr erspriesslich seyn, wenn dem Börse-Commissär zwey erfahrene Handelsleute von gesetzter Gemüthsart beygegeben würden, die ihn bey den verschiedenen Vorfällen mit Rath unterstützten und die Aufsicht mit demselben theilten."

Aber wenn man nun fragt, welche Aufgaben Cibbini denn eigentlich diesem Manne mit den ausgezeichneten Eigenschaften zu-weisen will, ausser derjenigen, ein „Censor der Börsesitten" zu sein und der Festsetzung amtlicher Börsencourse durch die Sensale zu präsidiren, so erhält man nur eine sehr unzureichende Antwort. Er solle, meint Cibbini, „so oft auf der Börse ein ungewöhnlicher Grad entweder im Steigen oder im Fallen der öffentlichen Papiere eintritt, mit Hinzuziehung der zwey Börsenräthe, einen Bericht an die Landesregierung machen und darin die entweder ausgemacht oder muthmaasslich zum Grunde liegenden Ursachen oder wenigstens Veranlassungen dieser Veränderung angeben".

Es ist anzunehmen, dass unter den Vielen, die seit dem Jahre 1771 als k. k. Börsenkommissare in Wien fungirt haben, mindestens der Eine oder Andere ᵭewesen sein muss, der wenn auch kein Curius Dentatus, so doch ｊedenfalls eifrig bestrebt war, den Pflichten seiner Stellung gerecht zu werden. Es wäre sehr interessant zu erfahren, was ein solcher Mann zu dem Zweck gethan hat.

Der Wiener Courszettel enthielt anfangs 16 Papiersorten, Obligationen des Staats, des Wiener Stadt-Banco und der einzelnen österreichischen Provinzen; doch wurden von diesen Papieren nur wenige regelmässig gehandelt. Im Jahre 1799 war die Zahl auf 24, 1805 auf 27 gestiegen. Unscheinbar existirte die Börse in gemietheten Räumlichkeiten auf dem Minoritenplatze, dann auf dem Kohlmarkte. Die folgende Zeit der grossen Niederlagen, des Staatsbankerotts und des Zwangscurses belebte den Fondsverkehr; doch war dies kein gesundes Leben, das sich erst nach dem Friedensschlusse von 1815 allmählich einstellte. Im Jahre 1818 erschien auf dem wiener Courszettel die erste Actie, die der Österr. Nationalbank, die bis 1842 die einzige Actienart geblieben ist. Einen grossen belebenden Einfluss auf die Volkswirthschaft erlangte die Wiener Börse sodann namentlich in den 50er Jahren unseres Jahrhunderts, in der Bruck'schen Ära, welche u. A. auch am 11. Juli 1854 eine freiere Gestaltung der Börsenverfassung herbeiführte.

In Berlin bestand eine Börse für den Wechselhandel schon in den ersten Jahrzehnten des 18. Jahrhunderts; sie wurde aus wirthschaftspolitischen Gründen sowohl von Friedrich Wilhelm I., wie von Friedrich dem Grossen gefördert, was aus der ältesten Börsen-Ordnung von 1739 und auch aus der Thatsache hervorgeht, dass die Börse geraume Zeit hindurch in einem ihr von der Krone eigens eingeräumten Hause dicht beim Königlichen Schlosse abgehalten wurde, eine Lage, die sich bis zur Gegenwart nur wenig verändert hat; die berliner Börse ist wohl in Europa die einzige, bei der die unmittelbare Fürsorge des Herrscherhauses für die Wohlfahrt des Handels schon rein äusserlich in der Lage des Börsengebäudes dauernd zum Ausdruck gekommen ist [22].

---

[22]) Einen kurzen Auszug aus der Börsen-Ordnung von 1739 findet man im Excurse am Schlusse dieses Abschnitts.

Friedrich der Grosse bekundete dieses Interesse, wie bekannt, auch durch Begründung einer Reihe von Handelscompagnien, deren Actien wenigstens zum Theil an der Börse verkauft werden konnten, lange bevor dort ein Verkehr in Staatspapieren stattfand. So wissen wir, dass die Actien der 1769 begründeten Emdener Heringsfang-Compagnie und der 1772 begründeten Seehandlungs-Societät schon bald nach ihrer Entstehung an der Börse gehandelt wurden; doch ist es sehr fraglich, ob dies schon regelmässig geschah [23]. Börsencourse preusischer Staatspapiere werden aus Amsterdam und Frankfurt für die Jahre 1794/96, aus Berlin erst seit 1806 gemeldet, und zu grösserer Bedeutung gelangte das berliner Fondsgeschäft nicht vor den Jahren 1820/25, zu internationaler Bedeutung erst seit Begründung des Deutschen Reiches [24].

Die älteste, noch vor Entstehung des Fondsverkehres erlassene berliner Börsenordnung von 1739 hatte zwar principiell das Recht des Börsenbesuchs für Jedermann freigegeben, aber im Übrigen doch manche Beschränkungen enthalten, die erst durch die nach Entstehung des Fondsverkehres erlassenen Börsen-Ordnungen beseitigt wurden.

Am deutlichsten tritt dies in der Behandlung der Juden zu Tage: diesen war 1739 nur für den Fall, dass sie mit christlichen Kaufleuten zu sprechen hätten, der Besuch der Börse gestattet, dagegen alle Maklerthätigkeit, abgesehen von einem durch sie vorzuschlagenden, vom Vorstand der Kaufmannsgilde zu vereidigenden Makler, untersagt worden. Durch die Börsen-Ordnung von 1805 erhielten sie das Recht. der Börsen-Corporation beizutreten und einen der vier Börsen-Vorsteher aus ihrer Mitte zu wählen; in Bezug auf Börsenbesuch und Ausübung des Maklergewerbes bestand jetzt kein Unterschied mehr zwischen Christen und Juden. In der Börsen-Ordnung von 1820 werden letztere überhaupt nicht mehr erwähnt.

Auf die sonstige Entwickelung der Börsenverfassung einzugehen ist hier nicht der Ort, genug, sie hielt sich durchaus in der Richtung grösserer Freiheit und im Rahmen der Selbstverwaltung.

Die ersten Jahre nach Wiederherstellung des Friedens durch die Wiener Verträge waren epochemachend für den Fondsverkehr der deutschen Börsen, die erst etwa seit dem Jahre 1817 einen spekulativen Fondsverkehr und eine ausgebildete Börse..technik besitzen, wie

---

[23] Nicolai, Beschreibung der Königl. Residenzstädte Berlin und Potsdam (1786) II. 464, 467; Metrà, Il mentore perfetto de negozianti (1794) II. 235.

[24] Krug, Geschichte d. preuss. Staatsschulden p. 32, 50, 80, 109/110, 233, 245; Weeveringh, Handleiding tot de geschiedenis der staatsschulden II. 848.

sie in Amsterdam schon seit 200, in London und Paris ungefähr seit
100 Jahren vorhanden gewesen waren [25].

Die Hauptursache dieser Entwickelung liegt zweifellos in den
gewaltigen Anleihen, welche die meisten Staaten nach den Friedens-
schlüssen aufnehmen mussten. Doch ist daneben wohl noch eine
bisher kaum hinreichend beachtete andere Ursache thätig gewesen:
seit dem Niedergange Amsterdams nach der Eroberung Hollands
durch die Franzosen entwickelte sich Frankfurt am Main zu einem
bedeutenden Mittelpunkte des internationalen Fondsverkehres. Aber
wie das kam, und welche Wirkungen es hatte, lässt sich augenblicklich
wohl noch nicht vollkommen klarlegen, ist doch das Hauptmaterial
dazu jedenfalls in den Büchern des Hauses Rothschild enthalten.
Was sich um diesen Namen gruppirt, gehört auch schon zu einem
ganz neuen Abschnitte in der Geschichte des Kapitalverkehres. Desshalb muss unsere Darstellung hier ihr Ende finden.

III. Rückblick.

Wir sind auf dem Gipfel angelangt, auf dem Höhepunkte einer
weltgeschichtlichen Entwickelung. Versuchen wir uns eine kurze
Weile auf dieser Höhe zu erhalten.

Der Ausgangspunkt unserer ganzen Darstellung war die Zunahme
des Kapitalbedarfs für Kriegszwecke gegen Ende des Mittelalters,
zweifellos zunächst ein ausschliesslich ökonomischer Vorgang, nämlich ein Theil derjenigen wirthschaftlichen Entwickelung, welche man
im Hinblick auf die Gestaltung des Tauschverkehrs als „Übergang
von der Natural- zur Geld- und Creditwirthschaft" und im Hinblicke
auf die Organisation des Productionsprocesses als „Entstehung des
Kapitalismus" zu bezeichnen pflegt.

---

[25] Erste Erwähnung bei Cibbini l. c. (1817) p. 80 ff., wo bereits gegen das Liefe-
rungsgeschäft geeifert und die Wirkung der Spekulation, dass nach dem Friedensschlusse
die Course gefallen wären, besonders scharf hervorgehoben wird; alle Vorwürfe, die
man bei uns in Deutschland neuerdings wieder gegen die Börsenspekulation erhebt, kann
man schon bei Cibbini finden. Seit 1825 begann dann eine eifrige literarische Beschäfti-
gung mit der Fondsspekulation, zumeist vom juristischen Standpunkte aus. Hauptwerke:
Bender, Über den Verkehr mit Staatspapieren, 1825 (2. A. 1830); v. Gönner, Von
Staatsschulden, deren Tilgungsanstalten und vom Handel mit Staatspapieren (1826); v. Gönner leitet den Anfang dieser Entwickelung (p. 55 ff.) auf Frankfurt am Main zurück. Vgl.
auch Ehrenberg, Fondsspekulation und Gesetzgebung p. 53 ff.

Wie schon die Keule des Wilden, mag sie der Jagd oder dem Kampfe dienen, immer dasselbe Werkzeug bleibt, so bleibt das Kapital auch später stets ein für menschliche Thätigkeit verfügbarer Gütervorrath, mag diese Thätigkeit nun der Erzeugung wirthschaftlicher Güter oder der Kriegführung gewidmet sein.

Die Kriegführung ist sogar unter Umständen selbst ein wirthschaftlicher Vorgang. Schlechthin werthzerstörend wirkt sie in der Regel nur als Machtmittel dynastischer Politik; so beschaffen waren die Kriege Karls V., Philipps II., Ludwigs XIV. und Napoleons I. Anders steht es schon mit den Kriegen Friedrichs des Grossen, vollends anders mit dem Befreiungskampfe der Niederlande, mit den Seekriegen Englands im 17. und 18. Jahrhundert. Diese Kriege wirkten genau wie kostspielige Meliorationen, welche die Erreichung einer höheren Stufe wirthschaftlicher Kultur ermöglichen.

Doch gleichviel, welches der Zweck des Krieges war, jedenfalls hat die Kriegführung ganz den nämlichen Entwickelungsgang durchzumachen gehabt, wie die wirthschaftliche Unternehmung; nur ist sie dieser immer um etliche Jahrhunderte in der Entwickelung vorausgeeilt.

Wie wir bereits in der Einleitung ausführten, wurde der Waffendienst, der durch das Lehenswesen ein Lebensberuf geworden war, im 13. und 14. Jahrhundert durch das Soldsystem ein Handwerk, im 14. und 15. Jahrhundert durch Musketen und Kanonen eine Grossindustrie, deren eigener Betrieb aber den kriegführenden Fürsten weder in technischer noch in wirthschaftlicher Hinsicht möglich war, wesshalb sie das Technische den Condottieri, diesen berufsmässigen „Kriegsspekulanten", und das Wirthschaftliche ebenfalls Privatunternehmern, den Finanziers (traitants, asentistas, partisans etc.), überlassen mussten.

Von Maximilian I. bis auf Ludwig XIV. sind die europäischen Kriege so gut wie ausschliesslich mit den Mannschaften und mit dem Credite von Privatunternehmern geführt worden. Das ist das wichtigste Merkmal des „Zeitalters der Fugger".

Die grossen deutschen und italienischen Geldmächte, welche diesen Verhältnissen ihre Entfaltung verdankten, gewannen ausserordentlichen Einfluss auf Fürsten und Völker, ja auf den ganzen Gang der Weltgeschichte — der einzige Punkt, bei dem die Entwickelung aus dem Rahmen des wirthschaftlichen Lebens heraustritt —; aber je mehr sie auf solche Weise ihre Kapitalien und die ihrer Landsleute in das Danaïdenfass jener dynastischen Kriege schöpften, desto mehr wurden sie auch ihrerseits abhängig von den Fürsten, denen sie mit ihrem Credite dienten; sie sind schliesslich hieran zu Grunde gegangen.

Lange ehe das geschah, hatten sich die Kräfte der isolirten Geldmächte als unzureichend erwiesen, um die gewaltig steigenden Kapi-
talbedürfnisse der Fürsten zu befriedigen, wesshalb letztere zu dem
Zwecke die beiden, mit ihrer Hülfe entstandenen Weltbörsen Antwerpen und Lyon in Anspruch nahmen.

Dank der an diesen Börsen herrschenden so gut wie unbeschränk-
ten Handelsfreiheit concentrirte sich dort ein sehr bedeutender
Kapitalverkehr, entstand ein Börsenzinsfuss und eine Börsenmeinung über die Creditwürdigkeit sowohl der die Börse besuchen-
den Kaufleute wie auch der dort Credit beanspruchenden Fürsten,
welche auf solche Weise zum ersten Male eigentlichen Credit und
die Möglichkeit zur Aufnahme der grössten Anleihen erlangten. Letztere wurden hierdurch fungibilisirt und Gegenstand börsenmässiger
Spekulation, die zur Bildung von Börsencoursen Anlass gab und
die Anziehungskraft der Börsen für die Kapitalien ausserordentlich
verstärkten.

Die Überspannung des Credits führte zu schweren Rückschlägen,
zum Bankerott der Fürsten und vieler Handelshäuser. Als erstere
vollends die Weltbörsen durch religiöse und fiskalische Bedrückungen
mit eigener Hand wieder zerstorten, erfolgten neue furchtbare Krisen.
Zuletzt concentrirte sich so ziemlich der ganze noch übrige Kapitalverkehr dieser wirthschaftlich zerfallenden Welt in den Genueser
Messen, wo er eine ausgezeichnete Organisation erhielt, deren Bestand aber auf dem Credite der grossen genueser Finanziers und in
letzter Linie auf dem unheilbar zerrütteten spanischen Finanzwesen
beruhte, wesshalb das ganze System schliesslich zusammenbrechen
musste.

Als Schlussergebniss blieb übrig einerseits ein immer noch wachsender Bedarf an verfügbaren Kapitalien, andererseits die Möglichkeit
der Concentration grosser Kapitalmassen bei einzelnen Creditvermitt-
lern wie an den Börsen, und eine dieser Concentration dienende Verkehrstechnik, die indess gegenüber den ihr jetzt erwachsenden neuen
Aufgaben noch sehr der weiteren Ausbildung bedurfte.

Die Verhältnisse, aus denen die geschilderte Entwickelung hervorgegangen war, hatten sich inzwischen allmählich schon wieder
bedeutend verändert. Die Fürstenmacht hatte sich in einzelnen Ländern immer mehr zu einer wirklichen Staatsgewalt entwickelt; sie
hatte dort die Möglichkeit erlangt, die Unterthanen ohne ihre Zu-
stimmung zu besteuern und sie auch ohne Weiteres für die Schulden
der Krone haftbar zu machen. Derjenige Monarch, der es hierin am
weitesten brachte, Ludwig XIV., konnte nun den entscheidenden

Schritt thun, der ihm die Unabhängigkeit von den „Kriegsspekulanten" gab: er schuf ein eigenes „stehendes Heer". Sein Finanzminister Colbert versuchte auch, ihn unabhängig von den Finanziers zu machen. Das scheiterte freilich noch an den gewaltig steigenden finanziellen Anforderungen, welche die Unterhaltung eines stehenden Heeres im Dienste uferloser dynastischer Politik zur Folge hatte. Immerhin wurde die Bedeutung der Finanziers schon sehr erheblich verringert, was durch die kurz zuvor erfolgte vollständige Nationalisirung der Geldmächte wesentlich erleichtert wurde.

Dasselbe Ziel, dem in Frankreich die absolute Monarchie nahe kam, hatte in England schon unter Elisabeth der bürgerliche Finanzmann Gresham auf Grund seiner kaufmännischen Erfahrungen und Anschauungen erstrebt. Er hatte eine ansehnliche Machtentfaltung zur See auf Grund der nationalen Kapitalkraft ermöglicht und hatte ausserdem etwas erreicht, was in Frankreich, abgesehen von kurzen Zeiträumen unter Sully und Colbert, immer fehlte: Ordnung und Ehrlichkeit der Finanzverwaltung. Aber diese Errungenschaften gingen unter den Nachfolgern der Elisabeth grösstentheils durch den Kampf zwischen Volk und Krone wieder verloren.

Einem Bürgerstaate, der Republik der Vereinigten Niederlande, ist es unter allen modernen Staaten zuerst gelungen, sich einen wirklichen Staatscredit und mit dessen Hülfe die Unabhängigkeit als Vorbedingung glänzenden Gedeihens zu schaffen. Ihm folgte auf demselben Wege England nach Beendigung der inneren Kämpfe durch den endgültigen Sieg des Parlaments. In beiden Ländern nahm der Staat, nach dem Vorbilde der mittelalterlichen Städte, die Gestalt einer Corporation an, deren Mitglieder für die Verpflichtungen des Staates ohne Weiteres hafteten.

Die Niederlande und England erlangten hierdurch die Möglichkeit, sehr grosse fundirte Anleihen zu niedrigen Zinsen aufzunehmen, damit eine gewaltige Seemacht zu unterhalten und sich sogar die Landmacht von Militärstaaten durch Zahlung von Subsidien dienstbar zu machen. Diese Subsidienzahlungen bilden, um das einzuschalten, ein interessantes Bindeglied zwischen der Periode der Condottieri und derjenigen der stehenden Heere. Die Niederlande und England hätten grosse Heere solcher Art sehr wohl selbst halten können; aber sie wollten es nicht, weil sie von ihnen Gefahr für die Volksfreiheit befürchteten. Desshalb beschränkten sie sich auf die Unterhaltung bedeutender Kriegsflotten und erkauften, wenn ihnen eine grössere Landmacht nöthig war, was naturgemäss namentlich in den Kriegen gegen Frankreich eintrat, lieber fremde, besonders deutsche Hülfe oder doch wenigstens deutsche Soldaten, wie im Kriege gegen die Vereinigten Staaten von Nordamerika. Andererseits waren die Subsidien für die deutschen Staaten, namentlich für Brandenburg-Preussen, aber auch für Österreich zumal Anfangs ein sehr wichtiges Mittel, um stehende Heere unterhalten und hierdurch die Erreichung ihrer eigenen Staatszwecke ermöglichen zu können.

Doch das waren Übergangserscheinungen, die trotz ihrer Bedeutung gegenüber der regelmässigen Gestaltung der Wehrverfassung nur als Ausnahmen anzusehen sind. Diese regelmässige Gestaltung bestand darin, dass die Staaten die für Wahrung ihrer Interessen nöthigen Machtmittel selbst beschafften und organisirten: die Kriegführung verwandelte sich aus einer. Grossindustrie in einen Staatsbetrieb.

Die stehenden Heere und die grossen Kriegsflotten des 17. und 18. Jahrhunderts erforderten Kapitalien von einem Umfange, der unendlich weit hinausging über den Kapitalbedarf der Kriegführung im „Zeitalter der Fugger". Hatte schon damals sich der Credit der einzelnen Geldmächte schliesslich als unzureichend für die Beschaffung der nöthigen Kapitalien erwiesen, so musste das jetzt vollends der Fall sein: Staatsheer und Staatsflotte bedurften zu ihrer Entstehung und Erhaltung des Staatscredites; dieser aber bedurfte seinerseits zu seiner Entstehung und Erhaltung der Börse.

Die Börse hatte schon im 16. Jahrhundert ihre centrale Bedeutung für den Creditverkehr dargethan und zwar vornehmlich für den öffentlichen Credit, der zuletzt sogar fast allein übrig geblieben war und durch sein Überwuchern schwere Krisen herbeigeführt hatte. Als nun aber aus dieser Krisenzeit sich eine neue grosse Börse in Amsterdam entwickelte, da kam deren Anziehungskraft für verfügbare Kapitalien umgekehrt zunächst nicht dem öffentlichen Credite, nicht dem Staate und seinen Unternehmungen zu Gute, sondern der privaten Erwerbsunternehmung.

Auch die Erwerbsunternehmung war schon im 16. Jahrhundert einerseits durch den Staat mittels des „Regalismus", andererseits durch den Handel und dessen Gesellschaften immer „kapitalistischer" geworden. Aber der letzte entscheidende Schritt geschah erst mit Beginn des 17. Jahrhunderts.

Bereits im Mittelalter hatten sich zwar in Italien reine Kapitalgesellschaften steuerpachtender Staatsgläubiger mit fungiblen und hierdurch börsenmässig umsetzbaren Antheilen gebildet. Aber diese Monti, diese Fonds, welche zugleich Staatsanleihen, Actien-Gesellschaften und Banken waren, in ihrer Art das höchstentwickelte Erzeugniss der italienischen Stadtwirthschaft, — sie fanden im übrigen Europa während des 16. Jahrhunderts keine vollgültige Nachfolge. Es kam allerdings zur Bildung von Kapitalfonds für Anleihen von Fürsten und Städten; es kam auch zur Bildung mannigfacher Kapitalfonds für Handelszwecke. Aber einstweilen waren nur erstere gross genug und ausreichend fungibilisirt, um Gegenstand eines Börsenverkehrs zu werden, während die private Erwerbsunternehmung dieses Entwicklungsstadium erst mit Beginn des 17. Jahrhunderts erreichte, dann aber freilich gleich viel weiter gelangte. ·

Unter allen privaten Erwerbsunternehmungen war es zuerst der bis dahin als Staatsregal betriebene Handel mit Ostindien, der die Bildung grosser Kapitalfonds erforderte. Solche entstanden als Actien-Gesellschaften in mehreren Ländern; doch eine börsenmässige Actienspekulation entwickelte sich zunächst nur bei der Niederländisch-Ostindischen Handels-Compagnie und zwar auch nur bei den Actien ihrer amsterdamer Kammer. Bei ihnen aber kam es in kurzer Zeit zur Ausbildung der vollständigen feinen Technik moderner Börsenspekulation. Auf demselben Wege folgte die Industrie, sobald deren Entwickelung zur Bildung grosser und concentrirter Kapitalfonds Anlass gab, was zuerst in England bald nach der Revolution von 1688 der Fall war. Erst an dritter Stelle folgte der Staatspapierhandel, der zwar in Amsterdam schon um 1672 einen spekulativen Charakter annahm, aber ohne dass die Entwickelung merklich über den Stand hinausging, den sie schon im 16. Jahrhundert erreicht hatte. Auch in England und Frankreich geschah dies nicht vor der Spekulationsperiode von 1720; erst dann erhielt die Spekulation in Staatspapieren annähernd die gleiche Ausbildung, welche die Actienspekulation schon seit langer Zeit besessen hatte.

Die Triebfeder der Entwickelung war stets der Bedarf nach ungewöhnlich grossen Kapitalien, der nur befriedigt werden konnte dadurch, dass der Erwerbstrieb einer möglichst grossen Zahl von Menschen angeregt wurde, viele kleine Kapitalien zusammenzutragen, und zwar ging dieser Erwerbstrieb stets hauptsächlich auf Kapitalgewinn aus, d. h. er hatte den Charakter der Spekulation. Ohne die Spekulation wären Kapitalien von der erforderlichen Grösse nicht zusammenzubringen gewesen. Die Spekulation aber hat überall unmittelbar den Fondsmarkt und seine Technik geschaffen.

Der Zweck der Spekulation erforderte es von jeher, dass ihre ganze Aufmerksamkeit sich auf die Preisbildung concentrirte. Ihre Objekte mussten stets in grosser Menge vorhanden sein und einen hohen Grad von Fungibilität besitzen, um jederzeit Umsätze von beliebiger Grösse ohne Qualitätsprüfung zu ermöglichen. Entstand auf dieser Grundlage ein regelmässiger Börsenverkehr, so hatte die aus Hausse- und Baisseströmung zusammengesetzte Börsenmeinung das Bestreben, bei der Preisbildung sich so weit wie möglich der voraussichtlichen künftigen Entwickelung der preisbestimmenden Faktoren zu nähern. Sie war hierbei stets grossen Irrthümern und absichtlicher Irreführung ausgesetzt; trat das Eine oder das Andere oder gar Beides ein, so entstand daraus regelmässig zuletzt eine verheerende Krisis. Das veranlasste wiederum die Staatsgewalt oftmals, gegen die äusseren Erscheinungsformen der Spekulation einzuschreiten, womit sie aber niemals etwas erreicht hat.

Es ist das Wesen aller menschlichen Einrichtungen, dass ihren Lichtseiten entsprechende Schatten gegenüberstehen. Das Übergewicht einzelner Kapitalmächte hatte im „Zeitalter der Fugger" gefährliche Dimensionen angenommen. Diesem Zustande machte die Bildung grosser Kapitalbörsen ein Ende, die aber wiederum andere schwere Übelstände erzeugt haben. Unser Urtheil darf keinesfalls hierdurch allein bestimmt werden. Vielmehr müssen wir mindestens fragen, ob jene Unternehmungen der Staaten und Individuen, welche die Bildung grosser Kapitalfonds mit allen ihren Folgen erheischten, die Kulturentwickelung des Menschengeschlechts gefördert haben oder nicht. Diese Frage aufwerfen heisst sie beantworten.

Excurs

zum Schlussabschnitt.

Aus der Frühzeit der Fondsbörsen.

Die Entstehung der modernen Actien-Gesellschaft. Noch immer harrt die Frage, welches das Vorbild der niederländischen Ostindischen Compagnie gewesen ist, ihrer endgültigen Lösung. Ein Zusammenhang mit den völlig anders organisirten altitalienischen Monti steht ausser Frage. Dagegen haben Schmoller (Jahrbuch XVII. 961 ff.) und neuerdings K. Lehmann (Die geschichtl. Entwickelung des Aktienrechts bis zum Code de commerce, Berlin 1895) mit steigendem Nachdrucke die Bedeutung der alten Rhederei-Gesellschaft für die Entwickelung der Actien-Gesellschaft betont, und ich bin jetzt in der Lage, weiteres Material hierfür beizubringen.

Die niederländische Ostindia-Compagnie hatte bekanntlich mehrere Vorgängerinnen, deren wichtigste die 1594 begründete „Compagnie van Verre" war; das auf diese und die mit ihr concurrirenden ähnlichen Gesellschaften bezügliche gedruckte Material (Van der Chijs, Geschied. d. stichting v. d. vereenigde O. I. Comp. 1857; de Jonge, De opkomst v. h. Nederl. gezag in O. I. 1862) muss ergänzt werden durch Akten des Rijks-Archief im Haag. Aus ihnen ergiebt sich, dass die „Compagnie van Verre" thatsächlich eine stark modificirte Rhederei-Gesellschaft war.

Sie wurde ursprünglich von 10 amsterdamer Kaufleuten begründet, denen sich dann noch einige weitere anschlossen; im Jahre 1598 vereinigte sich die „Compagnie van Verre" mit einer anderen Gesellschaft, und seitdem betrug die Zahl der Theilhaber 18. Dies waren aber nur die hauptbetheiligten Geschäftsleiter (Bewindhebber); jeder von ihnen hatte seine Unterbetheiligte (Medeparticipanten), die indess anfangs nur in einem Rechtsverhältniss zu ihrem Hauptbetheiligten, nicht zur Gesellschaft selbst standen. Erst Ende des Jahres 1600 wurde von den Bewindhebbern beschlossen, dass jeder von ihnen durch Nennung des Namens eines mit Bezahlung der gezeichneten Summen rückständigen Unterbetheiligten sich von jeder Verpflichtung aus dieser Zeichnung befreien könne.

Die Gesellschaft wurde zunächst nur für eine einzelne „Reisen nach Ostindien" begründet, und bei jeder weiteren Fahrt musste ein neuer Vertrag geschlossen werden, wobei die ersten Betheiligten den Betrag ihrer Antheile erhöhen oder verringern konnten, auch die Zahl der Betheiligten dem Wechsel unterlag, aber der Hauptstamm der gleiche blieb. Die Grösse der einzelnen Antheile war eine sehr verschiedenartige, wie aus folgender Zusammenstellung hervorgeht:

Namen der Bewindhebber	Kapital der 2. Reise fl.	Kapital der 3. Reise fl.
Reymer Pauw	17725	45300
Geeraerdt Bicker	27325	53000
Pieter Dirksz. Hasselaer	26772.13.4	51750
Vincent van Brouckhorst	38335	97300
Jan Jansz Carel	86704.16.4	180000
Symon Janss Fortuyn	39682.10	74000
Jan Poppe	48825	129000
Jacob Thomasz	38825	72000
Hendr. Buyck	57995	136145
Cornelis van Campen	56025	117200
Dierick van Os	69025	225000
Govert Dircksz	39525	87200
Syvert Pietersz Sem	30625	52000
Albert Symons Jonckheyn	27625	57000
Arent ten Grotenhuyse	49625	82705
Jan Hermanz	21125	51000
Petrus Plancius	49833.16	99833.16
Bart. Janss Steenhuysen	20500	50050
	746278.15.8	1660483.16

Bei der ersten Reise hatte das Kapital nur 290000 fl. betragen; bei der fünften Reise riskirten die alten Bewindhebber nur ein Drittel bis die Hälfte ihrer Antheile an der vierten Reise; dafür traten neue Bewindhebber ein.

Schiffer und Schiffsvolk wurden mit kleinen Beträgen unterbetheiligt; aber sie sowenig wie die anderen Unterbetheiligten waren berechtigt, von den Bewindhebbers Specialabrechnung zu fordern, ein weiterer Beweis, dass letztere formell die einzigen Gesellschafter waren.

Das Gesellschaftskapital wurde zur Ausrüstung von Schiffen, sowie zum Ankauf von Waaren verwendet, und nach Heimkehr der Schiffe von Ostindien wurden die von dort mitgebrachten Waaren in natura an die Bewindhebber vertheilt.

Die „Compagnie van Verre" war also eine Rhederei-Gesellschaft, combinirt mit einer Handels-Gesellschaft, und begründet für eine einzelne Unternehmung, was die Juristen jetzt als „Spekulationsverein" oder „Gelegenheits-Gesellschaft" zu bezeichnen pflegen, und als viertes Element enthielt sie jene eigenthümlichen Unterbetheiligungen, die man einstweilen nur negativ charakterisiren kann als derart beschaffen, dass sie kein directes Rechtsverhältniss der Unterbetheiligten zu der Gesellschaft mit sich brachten.

Alle diese Elemente waren bereits früher vorhanden; neu war nur ihre zweckentsprechende Verbindung.

Uralt war vor Allem die Rhederei-Gesellschaft; ursprünglich eine Art Genossenschaft von Schiffseignern, Befrachtern und Seeleuten ohne Sonderung dieser drei Kategorien, war daraus schon im Mittelalter eine reine Kapitalgesellschaft geworden, welche ein Schiff baute, auf die Frachtfahrt aussandte und das nöthige Arbeitspersonal anstellte, das nur noch einen Theil seines Lohnes in Gestalt von Gewinnantheilen erhielt. Die Rheder betrieben vielfach zugleich Handelsgeschäfte, wie das ja auch noch jetzt oft der Fall ist; aber die Regel war das schon im Mittelalter nicht mehr, und vor Allem: die Rhederei-Gesellschaft selbst war vom Handelsbetriebe geschieden. (Wagner, Handbuch des Seerechts I. 8 ff. Schmoller in s. Jahrbuch XVII. 364 ff. 385.)

Unabhängig davon gab es ebenfalls schon im Mittelalter Kapitalgesellschaften, welche Handel trieben und zwar auch nördlich der Alpen. Wir wollen hier ausser an diejenigen, welche Schmoller l. c. p. 387 aufführt, vor allem noch an jene französischen „bourses communes" erinnern, die von uns oben Bd. I, p. 78 erwähnt wurden; wissen wir auch wenig über ihre Organisation, so ist es doch gewiss, dass sie wirkliche Kapital-Gesellschaften waren; wir wissen ferner, dass in Frankreich die Actien-Gesellschaften noch im 17. Jahrhundert als „bourses communes" bezeichnet wurden.

Vollends der „Spekulationsverein" oder die „Gelegenheitsgesellschaft" war längst stark verbreitet; dahin gehören die Syndikate und Consortien, wie wir sie Bd. I. 395 ff. zusammenfassend geschildert haben, auch grosse Consortien von Lieferanten, die den Fürsten und Heerführern Alles lieferten, was sie zur Kriegführung brauchten; so z. B. bei Van Damme, Manière la plus industrieuse à tenir livres etc. Rouen 1606, aber sicher schon früher ähnlich organisirt. Das waren jene Gesellschaften, welche man im 17. Jahrhundert „geheime Societäten", „sociétés anonymes" nannte (Marquard [1662] und Savary [1675] bei Schmoller l. c. p. 387).

Endlich war es sowohl bei diesen Sepekulations-Vereinigungen wie auch bei anderen Gesellschaften seit langer Zeit vielfach üblich, eine mehr oder weniger grosse Zahl von Personen am Gewinne theilnehmen zu lassen, ohne dass sie doch als eigentliche Gesellschafter aufgenommen wurden. Das geschah schon im Mittelalter ungemein oft in Gestalt der Commenda. Vgl. auch z. B. oben Bd. I. 391 ff. II. 224 ff. Es war ein allgemein übliches Verhältniss.

In England gab es schon seit Jahrzehnten Rhederei- und Handelsgesellschaften mit einem wirklichen Actienkapital. Insbesondere hatte sich dort 1553 eine Gesellschaft „zur Entdeckung unbekannter Länder" gebildet mit einem durch Subscription von Antheilen zu je 25 £ zusammengebrachtem Kapitale von 6000 £. Diese später als „Russia Compagny" bekannte Gesellschaft erhielt 1566 eine Charter, deren 5. Artikel folgendermaassen lautet: Provided, that every of the queen's subjects inhabiting the city of York and the towns of Newcastle upon Tyne, Hull ·and Boston, who have, for the space of ten years continually traded the course of merchandize, and who before the 25th of December 1567 shall contribute, join and put in stock to, with and amongst the said company such sum and sums of money as any of the said company — — — from the year 1552 hath done etc. for the furniture of one ordinary, full and intire portion ar share, and do in all things behave himself as others of the society are bound to do, shall — be accounted free and as one of the said society and company etc. (Macpherson, Annals of commerce II. 144). Derartige Gesellschaften entstanden dann in England noch mehrfach; es waren Mischformen von Actien-Gesellschaften und älteren gildeartigen Societäten nach Art der grossen „Fellowship of the Merchant Adventurers", die man später zum Unterschiede von den „Joint-Stock Companies" als „Regulated Companies" bezeichnete, weil sie nicht für gemeinsame Rechnung, sondern nur nach gemeinsamen Regeln ihre Geschäfte betrieben.

Man hat neuerdings (Lehmann l. c. p. 38) der Russia Company und anderen ähnlichen englischen Gesellschaften des 16. Jahrhunderts jeden Actiencharakter abstreiten wollen, was aber angesichts des klaren Wortlauts jener Charter von 1566 nicht möglich ist. Die als „joint stock" zusammengebrachten 6000 £ waren keineswegs blosse Eintrittsgelder, kostete doch damals ein englisches Schiff erster Klasse, vollständig ausgerüstet, nur 1000 £. (Harrison, Description of England ed. Furnivall I. 289), und die Russia Compagny begann ihr Unternehmen mit drei Schiffen.

Die erste reine Actien-Gesellschaft war allerdings die im Jahre 1600 begründete East India Company, doch zeigt auch sie noch manche Anklänge an die gildeartigen regulirten Compagnien.

Das Actienkapital der E. I. C. wurde jedesmal für eine Reise durch allgemeine Subscription zusammengebracht; die Zeichner hiessen „Adventurers"; sie bekamen von der Gesellschaft als Rechtstitel „bills of adventure" d. h. Versprechen, nach Beendigung des Unternehmens Rechnung zu legen und den Gewinn zu vertheilen. Die einzelnen Subscriptionen betrugen meist 100 bis 1000 £. Auch dies waren schon „joint stocks". So heist es z. B. in der ersten „Ordinance for the regulation of the trade" v. 10. Febr. 1600/1: „That all the preparacion of moneys, merchandizes and other provision for this present voyadge etc. shall be holden, reputed and accompted and be carried, managed etc. as one entire, joynt, and comon stocke of adventure, wherein noe pivate traffique etc. shall be used or admitted". Danach ist Lehmann p. 40 zu berichtigen. Aber ein dauerndes Actienkapital gab es allerdings erst seit 1612. Vgl. The first letter book of the East India Company, 1600—1619, ed. Birdwood and Foster. 1893.

Im niederländischen Rijks-Archief befindet sich eine von Actionären der niederl. Compagnie aus dem Jahre 1622 herrührende Beschreibung der englischen Compagnie, deren demokratischer Charakter daraus, im Gegensatz zu dem oligarchischen der ersteren, deutlich hervortritt: die Leitung der Compagnie lag in den Händen der Gesammtheit aller Theilhaber; diese wählten jährlich durch einfachen Majoritätsbeschluss mit Aufheben der Hände die Directoren, die ohne Gehalt zu dienen hatten und nur, wenn die Geschäfte gut gingen, nach Ermessen der Theilhaber eine „Verehrung" erhielten. Wenn die Schiffe zurückkamen, versammelten sich alle Theilhaber, und die ostindischen Briefe wurden öffentlich vorgelesen. Alle mitgebrachten Waaren wurden in öffentlicher Auction verkauft. Jeder Theilhaber konnte in die Bücher der Compagnie nach Belieben Einsicht nehmen. — Das ist so ziemlich in allen Stücken das Gegentheil von der Organisation der holländischen Gesellschaft.

Die moderne Actien-Gesellschaft ist also ein Erzeugniss der Mischung sehr verschiedenartiger Elemente romanischer und germanischer Herkunft. In den Niederlanden tritt dies auch darin zu Tage, dass die ersten Begründer sowohl der „Compagnie van Verre" und der anderen Vorläufer der grossen Compagnie, wie dieser selbst, theils eingewanderte Antwerpener, vielfach mit romanischen Namen (Moucheron, le Maire, Le Roy etc.), theils eingesessene Seefahrer und Kaufleute der nördlichen niederländischen Provinzen waren.

Jene werden wohl den kühneren Spekulationsgeist und vielleicht auch die Fähigkeit, grössere Kapitalien zu sammeln, mitgebracht haben; aber die Holländer und Seeländer besassen den echten germanischen Trieb zur Seefahrt und Rhederei, der den Einwohnern der stark romanisirten südlichen Provinzen stets gefehlt hat. In England dagegen war seit dem Zeitalter der Königin Elisabeth Beides vereinigt.

Die Vereinigte Ostindische Compagnie der Niederlande. Im Jahre 1602 wurde aus den verschiedenen niederländischen Compagnien die „Vereenigde Oostindische Compagnie" gebildet. Was sie gegenüber jenen älteren Gesellschaften auszeichnete, war zunächst das Monopol, welches sie für den Handel mit Ostindien erhielt, sodann die Grösse der Unternehmung: das Gesellschaftskapital betrug gleich Anfangs 6 459 840 fl. Die Betheiligung stand allen Einwohnern der Niederlande frei. Sie wurde durch öffentliche Subscription bewirkt, und die Zeichner traten hierdurch in ein directes Rechtsverhältniss zu der Gesellschaft, sie erhielten eine „actie in de compagnie" d. h. ein Recht auf Alles, was den Theilhabern nach der Gesellschafts-Verfassung zustand, insbesondere auf Antheil am Unternehmergewinn. Dieses Recht bezog sich endlich nicht mehr auf eine einzelne Unternehmung, sondern auf zehn Jahre, nach Ablauf welcher Zeit ein allgemeiner Rechnungsabschluss folgen sollte, und jedem Theilhaber freistand, sich zurückzuziehen. Thatsächlich wurde aber die Gesellschaft erneuert.

Wollte Jemand vor Ablauf der 10 Jahre seinen Antheil veräussern, so konnte er dies jederzeit thun; nur musste der Antheil dann in den Büchern der Compagnie auf den Namen des Käufers umgeschrieben, und es musste ein besonderes Cessionsdokument aufgenommen w.erden, für welches bereits eine am 28. Februar 1602 gefasste Resolution des „Collegie van XVII." folgendes Formular vorschreibt: Comparerende voor ons ondergeschreven Bewinthebbern der Oost-Indischen Compagnie van de Camer tot Amsterdamme N. N. ende verclaerde vercocht ende getransporteert te hebben gelyck hy transporteert mits deesen mede N. N. alsulcke .... guldens als hy in 't bouk van de voorschreven compagnie folio .... voor de thienjarige rekeninge hatte getekent. Welcke ..... N. N. heefft aengenomen gelyck zy d'selve aenneemt mit desen op alsulcke conditie ende verbintenisse als deselve van de voorn̄. N. N. syn getekend etc.

Das Gesellschaftskapital war Anfangs nicht in eine bestimmte Anzahl von Actien eingetheilt, sondern jeder konnte eine beliebige Summe zeichnen, die dann den Gegenstand seiner „actie" bildete.

Hier ist noch nichts zu bemerken von einer besonderen Absicht, die Veräusserung der Actien zu erleichtern, und ich habe auch sonst keine Spur einer solchen Absicht entdecken können. Trotzdem entspann sich gleich nach dem Schlusse der Subscription an der amsterdamer Börse ein lebhafter regelmässiger Verkehr in den Actien der Gesellschaft, und ihr Cours stieg auf 14—16% über pari. Wir werden die Entwickelung dieses Verkehrs nachher etwas näher verfolgen. Zunächst müssen wir uns klar werden über seine Ursachen: die Antheile jener älteren Compagnien waren noch nicht Gegenstand eines derartigen Verkehrs gewesen. Was hatte sich seitdem verändert?

Früher hatte es nur Forderungen (von uns nicht erkennbarem Rechts-charakter) an einzelne Bewindhebbers einer einzelnen von 6 Compagnien und auch nur jedesmal für eine einzelne „Reise nach Ostindien" gegeben. Jetzt dagegen gab es lediglich Antheile für die zehnjährige Geschäftsperiode der grossen Ostindia-Compagnie, mit anderen Worten: diese Compagnie „fungibilisirte" die Antheile der Niederländer am Handel mit Ostindien und machte sie hierdurch fähig, Gegenstand eines regelmässigen Börsenverkehrs zu werden.

Die Actien wurden ferner im ganzen Lande zur öffentlichen Subscription aufgelegt, und zwar unter Autorität der Regierung, welche das Zustandekommen der Gesellschaft seit geraumer Zeit mit wachsendem Eifer betrieben hatte, und die ihr jetzt das Monopol verlieh. Daher betrachtete das Volk natürlich die Compagnie von Anfang an als ein Unternehmen von grosser nationaler wie geschäftlicher Bedeutung, und auch im Auslande erregte ihre Gründung erhebliches Aufsehen. Dies wurde durch die „Meinung" der jugendlichen amsterdamer Weltbörse sofort zum greifbaren Ausdruck gebracht; ehe noch die Compagnie ein einziges Schiff ausgesandt hatte, wurden ihre Actien bereits an der amsterdamer Börse mit $14—16\,^0/_0$ Agio gehandelt, wobei die Käufer immer noch mit Recht hoffen durften, ein gutes Geschäft zu machen. Das Alles, ehe die Actien „Werthpapiere" geworden waren, trotzdem sie ferner auf Namen und noch nicht auf gleiche runde Beträge lauteten.

Die Fungibilisirung des dem Handel mit Ostindien zuströmenden Kapitals, das Vorhandensein einer grossen Börse und die Bildung einer Börsenmeinung im Dienste der Spekulation — das waren die Voraussetzungen für die Ent-stehung des Actienhandels.

Die Entstehung und erste Entwickelung des amsterdamer Actien-handels. Wegen des Folgenden verweise ich zunächst auf: Bakhuizen van den Brinck, Isaac le Maire (De Gids 1865 IV. 39 ff.); De loosen handel van de Actionisten, die dobbele parteyen maacken of actien beleenen, en de beleende panden wederom verscheyde malen verkoopen, tot uyt-suygingh en ruine des eyghenaars. 1642. Dazu kommen dann noch verschiedene un-gedruckte Materialien aus dem Rijs-Archief im Haag.

Die Angaben über die Coursentwickelung der Ostindischen Compagnie-Actien in der ersten Zeit ihres Bestehens stimmen nicht mit einander über-ein; aber soviel ist gewiss, dass bis ungefähr zum Jahre 1608 die Hausse-richtung durchaus vorwaltete; so stieg der Cours 1603, als man die Portugiesen aus Amboina und Tidor verjagte, auf $130\,^0/_0$, im Jahre 1605, als eine erste Gewinnaustheilung von $15\,^0/_0$ (nicht in Geld, sondern in Pfeffer) erfolgte, auf $140\,^0/_0$, im Jahre 1607 gar auf $180—200\,^0/_0$, wobei eine falsche Nachricht von der Eroberung von Malacca mitgewirkt zu haben scheint. Aber im Jahre 1608 trat der Rückschlag ein: der Cours fiel zunächst wieder auf 160 bis $130\,^0/_0$, und es entwickelte sich nun eine lebhafte Baisse-Spekulation, was durch schon früher entstandene Streitigkeiten unter den Directoren be-fördert wurde. Le Maire, die Moucherons und andere romanische Mitbegründer der Compagnie waren schon sehr bald im Hader ausgeschieden und setzten sich dann mit König Heinrich IV. von Frankreich wegen Begründung eines Concurrenz-Unternehmens in Verbindung, während sie zugleich in Amsterdam grosse Parthien von Actien der niederländischen Compagnie auf Lieferung in blanco (d. h. ohne sie zu besitzen) verkaufen liessen und hierdurch den Cours der Actien immer mehr herabdrückten; sie verbreiteten auch ungünstige Berichte über die Geschäftsleitung der Compagnie, und da diese in der That anfangs zu wünschen übrig liess, so hatten sie verhältnissmässig leichtes Spiel.

Hiergegen richteten die Directoren der Compagnie im Jahre 1609 eine Beschwerde an die Regierung der Provinzen Holland und Westfriesland, in deren Gebiet Amsterdam lag, und dadurch gewinnen wir zum ersten Male einen Einblick in die Technik des Actienhandels während dieser Frühzeit seiner Entwickelung.

Die Directoren beschweren sich über die grossen Unordnungen und Missbräuche, welche je länger je mehr „by forme van rotterye" im Actienhandel einrissen; es thäten sich nämlich einige Personen zusammen, welche grosse Parthien „actien in de tienjarige rekeninge" auf Lieferung („op een jaer twee, dry, vier, ofte vyff dach") verkauften, und zwar Hunderttausende mehr als ihnen nach den Büchern der Gesellschaft gehörten; wenn dann der Tag der Lieferung heranrücke, verbreiteten sie ungünstige Berichte, „daermede sy de actien doen slappen" oder böten auch wohl selbst einige Parthien von 100 Pfund flämisch billig aus und lassen dagegen durch ihre „Complicen" 1000 Pfund noch billiger heimlich wieder einkaufen. Das schädige die gutgläubigen Actieninhaber, unter denen sich viele Wittwen und Waisen befänden, und müsse mit der Zeit auch viele Kaufleute schädigen. Auch sei zu vermuthen, dass „de algemeene viant" d. h. Spanien unter den Baissiers seine Creaturen habe, um die Ostindische Compagnie zu verderben. Desshalb ersuchen die Directoren um Erlass eines Gesetzes, wonach jeder Verkäufer von Actien gehalten sein solle, sie auf den Namen des Käufers in den Büchern der Compagnie umschreiben zu lassen, widrigenfalls der Werth der verkauften Actien verwirkt, und der Verkauf selbst rechtsungültig sein solle.

Hiergegen richteten die beim Actienhandel Betheiligten mehrere Eingaben, deren wesentlichen Inhalt wir auch wiedergeben wollen. Sie gehen aus von der Anschauung, dass der Rückgang der Actien durch die schlechte Geschäftsleitung der Compagnie veranlasst worden sei was im Einzelnen ausgeführt wird. Nach einer genauen Berechnung sei der Actiencours noch immer zu hoch, und viele der ansehnlichsten Actionäre möchten ihre Actien gerne den Directoren al pari zur Verfügung stellen, wenn man ihnen 8 % Zinsen zusicherte. Ohne den Actienhandel würde der Cours noch niedriger stehen, wie schon daraus hervorgehe, dass die Actien der Abtheilungen (Camers) von Rotterdam, Delft, Hoorn und Emkhuysen um 3—5 % billiger seien, als die der Kammern von Amsterdam und Seeland, „twelcke alleenlyck toecompt dat aldaer geen handelinge ende rescontre is". Die Actien seien früher durch den Handel gesteigert worden, einmal sogar um 20 %, weil man eben die Geschäftslage für eine gute hielt; wenn man dies noch jetzt glauben könnte, würde man keinen Anlass haben, unbegründeterweise über Aussprengung falscher Gerüchte zu klagen.

Der Handel der Niederlande, so fahren die Actienhändler fort, sei gross geworden durch das System völliger Handels- und Vertragsfreiheit. Man verkaufe ja auch manchmal Hering, ehe er gefangen, und Korn, ehe es gewachsen oder gekauft sei, auf Lieferung; wieviel eher müsse dies bei den Actien gestattet sein, welche man jederzeit kaufen und sich verschaffen könne. Bisher hätten es die Verkäufer noch nie an sich fehlen lassen, wohl aber die Käufer, welche die ihnen verkauften Actien mehrfach nicht bezahlt hätten; jene seien sogar durch den Bankerott mehrerer Directoren schwer geschädigt worden. Diese hätten selbst grosse Parthien Actien gekauft und riefen nun mit lauter Stimme, die Verkäufer würden sie nicht liefern können, man werde ihnen dann schon „ter poorten uyt te helpen" wissen; daraus gehe klar hervor, was sie mit ihren Vorschlägen bezweckten.

Das empfohlene Gesetz werde eine Unzahl Processe hervorrufen und den Actienhandel vertreiben, der schon jetzt nicht nur in den Niederlanden, sondern auch im Ausland, wie in Hamburg, Frankfurt, Cöln, Rouen, England u. s. w. angefangen habe, ohne dass man dort daran denke, gegen ihn einzuschreiten.

Aber diese Vorstellungen nützten nichts; vielmehr beschlossen die Staaten von Holland auf Anrathen der Generalstaaten, dem Gesuch der Directoren stattzugeben, was durch Placcaet vom 24. Februar 1610 geschehen ist. Seine einzige Wirkung bestand darin, ungetreuen Spekulanten einen bequemen Vorwand zur Nichterfüllung ihrer Verpflichtungen zu geben.

In den Jahren 1621 und 1622 kam es sodann nach langen vergeblichen Bemühungen zur Begründung der Westindischen Compagnie. Hierbei wendete man sich, um Actienzeichnungen zu erlangen, auch an das Ausland, wie denn das Privilegium ins Hochdeutsche übersetzt und mit einem besonderen Prospekte stark verbreitet wurde; letzterer trug die Namen der Hauptgründer denen an jedem Orte die der dortigen Vertrauensmänner hinzugefügt wurden, ausserdem das gewiss charakteristische Motto „Een yeghelick segghet den anderen voort". Es wurden dann noch besondere Flugschriften verbreitet, um auf die Vortheile der Unternehmung aufmerksam zu machen; das Titelblatt einer dieser Flugschriften enthält eine Ansicht des berühmten südamerikanischen Silberminen-Ortes Potosi! Trotzdem wurden die Actien der Westindischen Compagnie schon während der Subscription Gegenstand bedeutender Baisse-Spekulationen, wesshalb das Gesetz von 1610 auf sie ausgedehnt wurde. Man beurtheilte die Aussichten des Unternehmens mit Recht nicht günstig, und es hatte auch sonst viele Gegner. Aber die Baisse-Spekulation spielte hier dieselbe Rolle, wie die Hausse-Spekulation bei der Ostindischen Compagnie: sie schuf einen Markt für die Actien, und hierdurch förderte sie das Unternehmen wider Willen wesentlich.

Zugleich entspann sich seit 1622 ein neuer Streit zwischen den Directoren der Ostindischen Compagnie und einer starken Partei unter den Actionären, welche letztere jenen vorwarfen, sie hätten in ihren eigenen Actien sowohl à la hausse wie à la baisse stark spekulirt und die Coursentwickelung in ihrem Interesse bald durch zu günstige Darstellung der Geschäftslage, bald durch Nichtvertheilung verdienter Dividenden beeinflusst. Die Directoren leugneten dies energisch; sie erklärten, auch ihnen erscheine die Coursentwickelung der Actien oft als ganz ungerechtfertigt; sie werde eben hauptsächlich veranlasst durch Vorwegnahme ganz fernliegender künftiger Ereignisse; der damalige Rückgang des Courses werde verursacht durch die „atroce columnien" der Gegenpartei u. s. f. Obwohl die Regierung gegen letztere mit scharfen Edikten vorging, wurde der Streit doch unter gegenseitigem schweren Beschimpfungen geraume Zeit fortgesetzt.

Halten wir hier inne, so ergiebt sich, dass selbst nach diesen sehr lückenhaften Berichten damals bereits die wesentlichsten Bestandtheile des heutigen Fondsverkehres in Amsterdam vorhanden waren: vor allem gab es schon einen regelmässigen Börsenverkehr, wo stets Actien zu kaufen und zu verkaufen waren, eine Börsenmeinung, welche sich aus Hausse- und Baisse-Spekulation bildete, eine Spekulation, welche den künftigen Gang der preis-bestimmenden Ereignisse vorauszusehen suchte und sich des Zeitgeschäfts be-diente. Es gab schon Hausse- und Baisse-Consortien, die den Preisgang mit argen Mitteln künstlich zu beeinflussen suchten, und ebenso wurden auch be-reits bei den Emissionen alle Künste der Anpreisung verwendet. Die Pfad-finder auf diesen vielverschlungenen Wegen waren einerseits die aus Antwerpen eingewanderten Kaufleute vom Schlage der Le Maire, Moucherons u. a., auch Willem Usselincx, den Begründer der Westindischen Compagnie, nicht zu ver-gessen, andererseits die meist dem alteingesessenen Handelsstande angehörigen Directoren der grossen Compagnien. Gegen Ende des 18. Jahrhunderts sagte man in Amsterdam, die eingewanderten portugiesischen Juden hätten den Actienhandel „erfunden" (De Koopman II. 429, 439); die aus dessen erster Zeit herrührenden Dokumente lassen hiervon nichts erkennen; später aber haben sie sich jedenfalls stark mit ihm beschäftigt.

Aus einer im Jahre 1642 erschienenen Schrift gegen den „loosen handel van de Actionisten" ersehen wir, dass damals bereits das Beleihen von Actien, auch „dobbele partijen maacken" genannt, stark benutzt wurde, um Zeit-geschäfte zu prolongiren; durch diese „infernalischen" Operationen, verbunden mit schlauer Beeinflussung der Course könnte man, so rechnet der Verfasser der Schrift entrüstet aus, in 15—18 Monaten ohne Risiko 60% verdienen, Sonst ist an der Schrift nur noch bemerkenswerth, dass die Beispiele von Actiengeschäften durchweg sich auf runde Beträge, auf 500—6000 Pfund flämisch beziehen, wie ja auch schon die Bewindhebbers der Ostindischen Compagnie in ihrer Beschwerde von 1609 nur Geschäfte über 100 und 1000 Pfund flämisch erwähnt hatten. Beides könnte sehr wohl zufällig sein; aber wenn wir bemerken, dass weder das Privilegium der Ostindischen, noch das-jenige der Westindischen Compagnie eine Eintheilung des Actienkapitals in feste, abgerundete Actienabschnitte kennt, so drängt sich uns die Vermuthung auf, dass überhaupt erst der Handel solche Abschnitte eingeführt hat, wie sie später, und zwar schon in der zweiten Hälfte des 17. Jahrhunderts all-gemein erwähnt werden; mindestens schon um 1687 bildete eine „party" oder „actie" von 500 Pfund flämisch oder 3000 fl. die handelsübliche Einheit im amsterdamer Börsenverkehre mit Ost- und Westindischen Actien.

So ist denn wahrscheinlich auch diese wichtige Erleichterung des Actien-handels, die uns so selbstverständlich erscheint, nicht einer bewussten Maass-nahme der Gesellschaften entsprungen, sondern vom Verkehre selbständig ge-schaffen worden: der Verkehr setzte das Werk der Fungibilisirung fort.

Dass der Actienhandel anhaltend zunahm, ersehen wir aus einer Verord-nung vom Jahre 1647 wegen der Maklergebühr auf die Actien, worin es heisst, dass „nu dagelycx veel meerder ende veel grooter partijen van Actien werden verhandelt", wesshalb die Courtage ermässigt ward von ½ auf ⅕ %, und zwar bei Ostindischen Actien zu rechnen vom Nominalkapitale (van't Capitael, datmen participeert in de selve Compagnie) bei den Westindischen vom Realcapitale (na rate dat de selve Actien ter Beurse contant komen te gelden); die Westindischen Actien standen nämlich unter, die Ostindischen wesentlich über pari. Vgl. die Verordnung in den Handvesten v. Amsterdam II. 1063.

Die erste Börsensteuer. Literatur.

1) Nicolaes Muys van Holy, Middelen en motiven om het kopen en verkopen van Oost- en West-Indische actien, die niet getransporteert werden, mitsgaders ook die de verkoper tendage van den verkoop niet in eigendom heeft, als mede optie partyen der actien, te beswaren met een Impost, den behoeve van het gemeene Land en de stad Amsterdam. 1687.

2) Relaes en Contradictie op de motiven, om het koopen en verkoopen van Oost- en West-Indise Actien, die niet getransporteert werden, ende optie partyen te beswaeren met een Impost by de Heer Muys van Holy. 1687.

3) Nic. Muys van Holy. Oplossing van de difficulteiten die by eenige gemaakt werden tegens sekere Memorie behelsende „Middelen en motiven" enz. 1687.

4) De contramineurs op de koude, ofte Spiegel der ongerechtigheid. 1687. (Diese Druckschrift, welche Laspeyres, Gesch. d. volksw. Anschauungen d. Niederländer p. 398 verzeichnet, ist mir nicht zu Gesicht gekommen.)

5) De Actionisten voor- en tegengesproken. Consideration tot wederlegginge van de voorstellingen door de Heer Nic. Muys van Holy opgestelt in zyne Memorie, om de Negotie van Oost- en West-Indische Actien de beswaeren met een Impost, ende in zijn nader geschrift van oplossinge van de difficulteiten enz. 1688. (Eine Gegenschrift der Actienhändler gegen No. 3 und 5, von Muys van Holy oder einem seiner Anhänger mit Bemerkungen versehen.)

Im Jahre 1687 veröffentlichte der amsterdamer Advokat Niclas Muys van Holy eine Schrift gegen die Actienspekulation, welche grosses Aufsehen erregte. Er ging davon aus, dass der Actienhandel höchst verderblich sei und zwar erstens weil er von vielen Leuten betrieben werde, welche gar nicht bei der Compagnie interessiert seien; diese Leute operirten à la baisse mit grossen Summen und schädigten den Credit der Gesellschaft durch Verbreitung ungünstiger Gerüchte; sie forschten die tiefsten Staats- und Geschäftsgeheimnisse aus, scheuten sich nicht, die Regierung anzugreifen und das Volk unzufrieden zu machen, nur um desto mehr zu verdienen. Ferner sei es offenbar für Actienhändler, welche unausgesetzt sich mit den Ursachen der Coursschwankungen d. h. mit den Verhältnissen des Staats, der Compagnie und mit der allgemeinen Geschäftslage beschäftigen müssten, ganz unmöglich, daneben noch ein anderes Gewerbe zu betreiben. Desshalb werde der Waarenhandel und die Industrie vernachlässigt, wovon doch Staat und Volk sich erhalten müssten, während Alles der unproduktiven Actienspekulation zuströme. Ausserdem biete diese dem Auslande Gelegenheit, die Geheimnisse der Generalstaaten und der Ostindischen Compagnie auszuspüren; Wittwen, Waisen und Stiftungen würden durch die Baissespeculation geschädigt u. s. f. Was könne zur Abhülfe dieser schweren Übel geschehen?

Die Generalstaaten hätten die Baissespekulation verboten; aber das hätte nur den unglücklichen Spekulanten erleichtert, „falsche Spieler" zu werden; die Spekulation selbst habe immer mehr zugenommen. Muys van Holy schlägt desshalb vor, jene Placcate zu widerrufen und statt dessen den Actienhandel zu besteuern.

Zu diesem Zwecke empfiehlt er, einen Registerzwang für alle Actiengeschäfte einzuführen; es sollen „alle contracten von actien in de voorsz. Compagnien, 't zy contant of op tyd, vaste en optie partien (Prämiengeschäfte), in den lande van Holland en West-Vriesland na dezen gesloten werdende, schriftelyk ingestelt en mit den name der Contrahenten binnen 3 dagen, ter Kamere, die men de „Redres-Kamer" zoude kunnen noemen, moesten geregistreert werden, op pene dat die gene die dezelve registratie van zyne zyde zoude hebben nagelaten, zig met het contract niet zal mogen behelpen." Wer also die Registrirung unterlässt, soll jeden Rechtsanspruch aus dem Vertrage einbüssen.

Die Steuer soll betragen 6 fi. von jeder „party actien" von 500 L. VI. der Ostindischen und 1000 L. der Westindischen Compagnie. Bei Prämiengeschäften, welche der Autor bezeichnet als einen Fallstrick und Köder (als een strik en lok aas), um viele unbemittelte Leute „in deze ruineuse negotie te engageren", soll der Prämiengeber $^1/_{10}$ der Prämie als Steuer bezahlen.

Kommen die Parteien überein, den Contract nicht registriren zu lassen, so darf der Käufer zehn Jahre lang vom Verkäufer dasjenige fordern dürfen, was die Actien am Tage dieser Forderung weniger werth sind, als der Kaufpreis betragen hat. Ein entsprechendes Recht soll der Verkäufer gegenüber dem Käufer erhalten. Ausserdem werden hohe Strafen vorgesehen, und es soll sogar gegenüber den Contrahenten der Zeugnisszwang zulässig sein.

Mündliche oder schriftliche Prolongationen von Actiengeschäften sollten als neue Geschäfte, Wetten auf den Preisgang der Actien (die jetzt „reine Differenzgeschäfte" heissen würden) wie nichtregistrirte Contracte behandelt werden u. s. f. Auch auf Prämiengeschäfte in Waaren, die der Verfasser ebenfalls als schädliche Praktiken ansieht, will er die Steuer ausgedehnt wissen. Er erwartet von der Durchführung seines Vorschlags nicht allein reiche Einnahmen für den Staat, sondern auch die Verringerung der unsoliden Geschäfte, ferner das Aufhören aller Streitigkeiten, wie sie jetzt durch den mündlichen Abschluss von Börsengeschäften so oft entstehen. Sodann werden die Makler nicht mehr wie jetzt bei Comptantgeschäften die Freiheit haben, ihre „Aufgabe" (meester) erst nach 20 Tagen zu nennen und dadurch die Möglichkeit verlieren, zum Nachtheile der Kaufleute in Aktien zu spekuliren. Endlich und vor Allem werden nicht mehr gewinnsüchtige Menschen die Gesetze des Landes (die Verbote der Baissespekulation) benutzen, um unter deren Sanktion zu stehlen!

Dieser Vorschlag fand sogleich eine öffentliche Entgegnung, der wir Folgendes entnehmen: Wenn Herr Nicolas Muys van Holy, so heisst es da, vom Handel, dem Grundpfeiler unseres Wohlstandes, soviel verstände, wie vom Corpus juris, so hätte er nicht vorgeschlagen, eine neue Abgabe einzuführen zu den vielen, die jetzt schon den Handel beeinträchtigen. Der Actienhandel ermöglicht es Vielen, sich an den Gewinnen der Ostindischen Compagnie zu betheiligen; deren Actien sind seit 1672 von 300 auf 525 % gestiegen, wodurch Wittwen und Waisen viel Geld verdient haben. Muys van Holy hat, wie ein benannter Makler aus seinem Munde auf dem „Dam" (dem Platz vor der Amsterdamer Börse) gehört hat, seinen Vorschlag nur veröffentlicht,

— 336 —

um den Actiencours zu werfen und hierdurch zu verdienen, wie er denn in der That daraufhin ein Geschäft gemacht hat.

Ferner heisst es weiter, der Actienhandel sei nicht schädlicher als jeder andere Handelszweig; er nehme zu, weil der Waarenhandel in Verfall gerathe, nicht umgekehrt. Wie dürfe ein amsterdamer Bürger ein solches Steuerprojekt aushecken, das vorzugsweise die Amsterdamer belasten werde! Die Registerpflicht würde alle Geschäftsgeheimnisse offenbar machen. Der Zeugnisszwang, den man den Parteien auferlegen wolle, widerspräche dem Rechte. Die Prämiengeschäfte seien nichts anderes wie eine Versicherung des Risiko. Muys van Holy hatte gesagt, die portugiesischen Juden seien die grössten Actienhändler, was die Gegner bestreiten u. s. w. u. s. w.

Der Streit wurde noch fast zwei Jahre lang durch mehrere Schriften und Gegenschriften fortgesetzt. Schliesslich führte die Stadt Amsterdam in der That eine Börsensteuer ein, aber sie hielt es doch für nöthig, sie durch einen volksthümlichen Act der Humanität zu begründen. Nach Aufhebung des Edikts von Nantes durch Ludwig XIV. waren nämlich zahlreiche Hugenotten nach Amsterdam geflüchtet, wo viele von ihnen in sehr bedürftigen Verhältnissen lebten. Um sie ausgiebig unterstützen zu können, ordnete der Amsterdamer Magistrat am 31. Jan. 1689 die Erhebung einer Börsensteuer von ½ ‰ auf Geschäfte in Ostindischen und von ¼ ‰ auf solche in Westindischen Actien an, zu bezahlen von jeder Partei; ferner führte er für alle diese Geschäfte den Schlussnotenzwang ein; und damit die Kaufleute sich durch die Steuer nicht beschwert fühlten, ermässigte er die Maklercourtage weiter auf 1 ‰ bei Ostindischen, sowie auf ½ ‰ bei Westindischen Actien. Da indess die Abgabe auch dann noch viele Klagen erregte, wurde sie am 17. Mai desselben Jahres ermässigt auf ⅓ ‰ bei ostindischen und auf ⅙ ‰ bei westindischen Actien; bei Prämiengeschäften trat eine noch weitergehende Ermässigung ein, und Cassageschäfte wurden ganz befreit; dagegen wurden die früheren Courtagensätze wieder hergestellt. (Resolutien d. vroedschap, 18. Jan. 1689. Handvesten d. Stad Amsterdam IV. 1070.)

Die Technik der amsterdamer Actienspekulation im 17. Jahrhundert. Im Jahre 1688 wurde die amsterdamer Actienspekulation ebenso gründlich und objectiv, wie anziehend und geistvoll beschrieben durch Don Joseph de la Vega, einen in Amsterdam lebenden portugiesischen Juden, der trotz seiner hohen literarischen Bildung — er veröffentlichte auch mehrere philosophische Werke — es doch nicht verschmäht hatte, sich selbst eifrig an der Actienspekulation zu betheiligen; angeblich soll diese ihn fünfmal reich und fünfmal wieder arm gemacht haben.

Die in spanischer Sprache erschienene Beschreibung ist bis zum heutigen Tage nach Form und Inhalt die beste Darstellung des Fondsverkehrs geblieben. Ich will daher einen kurzen Auszug aus dem 392 Seiten starken, ganz ausserordentlich seltenen Buche liefern; der Auszug ist ein fast wörtlicher Abdruck meiner Abhandlung „Die Amsterdamer Actienspekulation im 17. Jahrhundert" (Jahrbücher für Nationalökonomie und Statistik 3. Folge III. 809 ff.). Der Titel des Buches lautet vollständig:

Confusion de confusiones, dialogos curiosos entre un Philosopho agudo, un Mercader discreto y un Accionista erudito, descrivendo el negocio de las

Acciones, su origen, su ethimologia, su realidad, su juego (Spiel, Kurzweil) y su enredo (Betrug, Schwindel). Amsterdam 1688.

Die Form des Zwiegesprächs wurde damals bekanntlich in Holland sehr gerne für die verschiedensten literarischen Zwecke verwendet. Als „Accionista erudito" personificirt sich der Verfasser augenscheinlich selbst, und das Beiwort erudito ist nicht unverdient; es wimmelt in dem Buche von gelehrten Citaten und Vergleichen, welche der Accionista erudtio seinen klaren, präcisen Mittheilungen jedesmal gleich einem langen Nebelschweife anzuhängen pflegt, ohne dass er indess dabei durch Pedanterie lästig wird. Denn der Verfasser war nicht nur ein sehr belesener, sondern auch ein wirklich geistreicher Mann, ein feiner Satiriker und ein Meister des leichten Stils. Leider können wir seine Randglossen und witzigen Bemerkungen hier nur ausnahmsweise wiedergeben. Überaus ergötzlich ist besonders das häufige Aufeinanderplatzen der etwas pedantischen Schulweisheit des „Philosophen" und der machiavellistisch-sarkastischen Weltkunde des „Aktionärs", von dem es einmal heisst: Solo un Accionista sabia mas que todo el Consistorio de Averno.

Was aber das Buch des Don Joseph de la Vega für uns so ganz besonders werthvoll macht, ist seine überaus gründliche Kenntniss des Börsenverkehrs und die, bei allen gelehrtem Beiwerk, doch musterhafte Klarheit, mit der er uns seine Sachkenntniss mitzutheilen weiss. Besonders interessant sind seine Erklärungen der Börsenausdrücke, von denen manche sich bis zur Gegenwart erhalten haben. Der „Kaufmann" äussert einmal ärgerlich, für diese „ciudad Accionistica" werde man noch ein besonderes Lexikon nöthig haben. Die Tendenz der Schrift ist der Actienspekulation weder freundlich noch feindlich. Vielmehr erklärt der Verfasser, das Publikum nur aufklären zu wollen. Er sagt in der Vorrede, er wolle eine Geschäftsart beschreiben, que es el mas real y util, que se conoce oy en la Europa. Aber freilich die „estregemas" und die „tahures" (Schwindeleien), welche diese.1 nützlichen Handel befleckten, · wolle er pintar con el pinzel de la verdad, zum Nutzen derjenigen, que non han frequentado este intricado laberintho. An einer anderen Stelle vergleicht er den Actienhandel mit dem gordischen Knoten, den man durchhauen müsse, um sein Geheimniss zu ergründen, oder auch mit der Metaphysik, von der man um so weniger verstehe, je mehr man darüber diskurrire.

Der „Philosoph" leitet das Gespräch ein durch die Frage, was es denn eigentlich mit dem Actienhandel auf sich habe, er verstehe nichts davon und fände auch nirgends ein Buch, aus dem er sich darüber unterrichten könne. Später heisst es noch ausdrücklich, niemand habe bisher über den Gegenstand geschrieben. Darauf erwidert der „Aktionär" wie ein Hoherpriester ex cathedra, solche Unkenntniss sei ja sehr begreiflich; denn dieser negocio enigmatico sei zugleich el mas real y el mas falso que tiene la Europa, el mas noble y el mas infame que conece el Mundo, el mas fino y el mas grossero que exercita el Orbe; mapa de sciencias y epitome de enredos (Auszug aller Betrügereien), piedra de los atentos y piedra de tumulo de los atrevidos (Probirstein der Vorsichtigen und Grabstein der Tolldreisten), thesoro de utilidades y incentivo de despeños (eine Schatzgrube von nützlichen Dingen und doch ein Herd des Unheils): y finalmente un retrato (Abbild) de Sisifo que jamas descança (ausruht), y un simbolo de Yxion que siempre anda en un rueda viva. Die Börse kann kaum treffender in so wenigen Worten charakterisirt werden.

Durch diese Auskunft wird nun auch der „Kaufmann" begierig gemacht, mehr über den Actienhandel zu erfahren; vielleicht, meint er, könne er sich ebenfalls mit ihm beschäftigen, um ein Vermögen zu erwerben. Der Aktionär antwortet als advocatus diaboli, das ginge wohl an; und dabei brauche man keine Correspondenzen zu führen, keine Speicher zu halten, weder Waarentransporte abzufertigen, noch viele Zahlungen zu leisten, noch auch Anges'ellte zu besolden. Sodann geht er näher auf den Gegenstand ein.

Zunächst erzählt er die Entstehungsgeschichte der Ostindischen Compagnie, deren Kapital eingetheilt worden sei in „actien" wegen der actio, welche diese auf einen Antheil am Gesellschaftsgewinn verliehen. Jede Actie lautete auf 500 Pfund oder 3000 Gulden; doch hatten an einer Actie oft viele Personen theil. Das Kapital der Gesellschaft war in den 87 Jahren ihres Bestehens auf das Fünffache gewachsen. Es wurde „arbol" (Baum) genannt, porque produze cada año el fruto, eine ganz ähnliche Ableitung, wie beim englischen stock.

Der Aktionär kommt sodann auf den Actienhandel selbst zu sprechen, von dem er offen gesteht, er habe die soliden Kaufleute in Spieler, manche sogar in Falschspieler verwandelt. Indess unterscheidet er unter den am Aktienhandel Betheiligten drei Klassen:

Die erste Klasse bestand aus den grossen, vornehmen und ruhigen Kapitalisten, den principes de renta, die sich um den Actiencours nicht kümmerten, sondern nur die Dividende beziehen wollten.

Die Angehörigen der zweiten Klasse betheiligten sich am Actienhandel wie Kaufleute, d. h. sie kauften Actien, welche sie wirklich auf ihren Namen umschreiben liessen, in der Hoffnung, sie später mit Nutzen wieder verkaufen zu können, weil sie reiche Ladungen aus Indien oder günstige politische Ereignisse erwarteten. Oder sie kauften Actien gegen Baarzahlung und verkauften sie sofort wieder auf spätere Lieferung, wobei sie einen höheren Cours und hierdurch eine gute Verzinsung ihres Kapitals erzielten. Sie wollten wenig, aber sicher verdienen, sin otro riesgo que el de las' Ditas (die Zahlungsfähigkeit des Gegencontrahenten) o otro temor que el de las fatilidades.

Die dritte Klasse der Actienhändler bestand aus Spielern (juga lores), welche den eigentlichen Gegenstand der Untersuchung bilden. Ihr Geschäft, heisst es, sei äusserst schwierig zu verstehen: No fue mas intricado el Laberintho de Creta que el de sus designios. Sie kauften eine Actie oder partida (holl. partye) oder auch deren zwanzig, welches letztere Quantum man „un regimiento" nannte (holl. „een Regiment Acties"). Später scheint man mit diesem Ausdrucke nicht 60000, sondern 50000 fl. bezeichnet zu haben (De Koopman, V. 236). Lieferungstermin (rescontre) war der 20te jedes Monats. Von einer solchen monatlichen Regulirung hören wir hier zum ersten Male. Alle anderen, auch die späteren Nachrichten über das amsterdamer Börsengeschäft kennen nur vier Rescontres im Jahre.

Zur Realisirung der Spekulationskäufe gab es drei Wege: entweder wurden die Actien vor dem Lieferungstage wieder verkauft, oder der Käufer liess sich vier Fünftel des Wertes auf die Actien leihen, was selbst die Reichsten thaten, ohne ihrem Credit zu schaden — dies waren die „beleende partyen" (span. empeños), von denen bereits die Rede war — oder endlich die Actien wurden auf den Namen des Käufers umgeschrieben und en banco bezahlt, was aber nur die Allerreichsten thun konnten; denn ein Regiment Acties war damals 100000 Dukaten werth.

Frinz Friedrich Heinrich von Oranien hatte als Statthalter der Niederlande (1625—1647) eine Verordnung erlassen, wonach diejenigen, welche Actien auf Zeit verkauften, sin ponerlas en cuenta de tiempos al que se las comprasse, was wir also „Blancoverkauf" nennen, keinen Rechtsanspruch gegen die Käufer auf Abnahme der Actien besitzen sollten, por el delito de vender lo que no tiena. Zahlreiche Personen bedienten sich dieses Mittels, um bei Fehlschlagen ihrer Operationen dem Ruine zu entgehen, eine Manipulation, welche man von dem Urheber jener Verordnung „hazer Federique" nannte. Ein derartiger Erlass des Prinzen Friedrich Heinrich ist unter den Plakaaten der Staaten nicht aufzufinden, und wie schon Le Long bemerkt (De Koophandel van Amsterdam, 8. Aufl. 1763, II. 26), suchte man ihn bereits nach dem Zusammenbruche des grossen Actienschwindels von 1720 vergeblich, wesshalb damals sich niemand hinter Frederik Hendrik verkriechen konnte. Dass dies früher häufig geschehen war, geht nicht nur aus unserem Buche hervor, sondern — was noch bezeichnender ist — auch aus einem Formelbuche für Notare, welche im Jahre 1682 erschien (W. van Alphen, Papegay ofte Formulier boek. 's Gravenhage 1682 5. Aufl., I. 16). Danach gab es sogar feststehende Formulare für Anträge von Actienkäufern auf Nichtigerklärung von Geschäftsabschlüssen, bei denen die Verkäufer nicht zeitig den Beweis erbracht hatten, dass sie die Actien wirklich besassen. Wir haben es hier augenscheinlich nur mit einer bisher unbekannten Consequenz der Gesetze von 1610, 1621, 1623 und 1624 gegen die Blancoverkäufe zu thun.

Der „Aktionär" erklärt sodann das Wesen der Prämiengeschäfte (opties, optie parteyen, premie parteyen): Son unos premios o cantidades que se dán para assegurar las partidas o conquistar los avanços. Wenn man aus irgendwelchen wirthschaftlichen oder politischen Gründen eine Hausse erhofft, aber nicht wagt, comprar partidas effettivas, aus Besorgniss, der Verlauf könnte doch ein anderer sein, so ist ein Prämiengeschäft am Platze. Man unterschied bereits Rückprämien (opsies a entregar) und Vorprämien (opsies a recibir). Den Nutzen dieser Geschäftsarten sowohl für die Hausse- wie für die Baissespekulation beschreibt unser Autor so verständnissvoll, dass manche deutschen Handelscorporationen der Gegenwart sich ein Muster daran nehmen könnten. Nicht ohne Feinheit ist auch die Bemerkung, optio (die Wahl) sei abgeleitet von optando (wünschen): aqui e ilustra con propiedad la Ethimologia, pues dessea el que desembolsa el premio, elegir lo que mas convenga, y en falta siempre quede dexar de elegir lo que dessea.

Bis dahin hat der „Aktionär" auf alle Fragen sehr sachkundig geantwortet. Als sich nun aber der „Kaufmann" nach dem „inventor del juego" erkundigt, kann jener ihm nur mit einem Sprühregen geistreicher Anspielungen dienen, in denen man keine Spur einer Thatsache zu entdecken vermag.

In hohem Grade lehrreich ist dagegen wieder das offene Eingeständniss des „Aktionärs", dass es unmöglich sei, den Erfolg einer Spekulation vorauszusehen. Man könne nichts thun, als comprar o vender à ciegas (blindlings), hazer poco, armar de paciencia, y sie se perdiere al plazo, pagar la differencia (sonst hiess die Differenz in Amsterdam vorzugsweise „surplus") y prolongar las partidas. Indess hätten die Coursschwankungen natürlich ihre Ursachen, und zwar seien solche dreierlei Art zu unterscheiden:

Zunächst kommt in Betracht el estado de la India, was wir etwa Produktionsverhältnisse nennen würden. Sodann la disposicion de la Europa, die politischen Verhältnisse. Wenn selbst alles günstig aussieht, was auf Indien Bezug hat, so heisst es doch noch especular, some se contiene la Europa, ob nicht irgendwo Rüstungen angestellt, Allianzen geschlossen oder sonstige Vorbereitungen getroffen werden, die einen Courssturz hervorrufen könnten. Desshalb haben die Spekulanten überall ihre Agenten und Horcher, para penetrar los mas reconditos (die verschwiegensten) intentas de los Principes. Die dritte Ursache endlich, welche Coursschwankungen hervorruft, ist — el juego de los Accionistas selbst, die Börsenmeinung. Gegen diese nutzt auch die beste Sachkunde nichts. Alles das ist musterhaft klar und noch für die Jetztzeit im höchsten Grade lesenswerth.

Doch der „Kaufmann" möchte gar zu gerne wie und wo wissen, um recht viel Geld zu verdienen. Desshalb fragt er treuherzig: Y en esta variedad de opiniones y de combates, qual es la mayor prudencia? Darauf der „Aktionär": Nur immer der Strömung folgen! Inclinar hácia donde echa la corriente, seguir las olas (Wellen), quien pretende que la baylen delante las aguas. Der „Philosoph": Und das ist ausreichend? Y con esto basta? Der „Actionär": Nein; denn da gleichzeitig die einen zu kaufen, die anderen zu verkaufen suchen, kann man sich nicht immer ein sicheres Urtheil darüber bilden, wohin die herrschende Strömung geht. — Ein köstlicher Ausspruch! Ebenso erheiternd ist sodann die Schilderung, wie leicht hier der Schein trügt. Das Wichtigste sei es immer noch, sich auf solche Finessen nicht einzulassen, sondern die Augen zu schliessen und das erste Beste zu wählen, de no poder haver otra habilidad, que cerrar los ojos y executar lo primero que viniere à la boca. Man frage den erfahrensten Börsenmann der Gegenwart, ob er einen weiseren Rathschlag zu ertheilen vermag.

Immerhin hatten die Accionistas Veteranos doch einige Maximen, goldene Regeln, welche auch für die Gegenwart noch sehr beherzigenswerth sind: vor allem soll man niemals einen Rath ertheilen, Actien zu kaufen, zu verkaufen oder zu behalten. Sodann soll man jeden Gewinn ohne Zögern mitnehmen und nachher keine Reue empfinden, mag auch der Cours noch so viel steigen. Hüten soll man sich davor, die Actien zu lange festzuhalten, man soll sich nicht mit ihnen verheirathen, no casarse con las Acciones. Man erinnere sich stets, dass die Gewinne im Börsenspiele Koboldsgeschenke sind, tesoros de duendas, porque ya son carbuncas (Karfunkelsteine), ya carbones — ya diamantes, ya guijas (Kiesel) — ya lagrimas de la Aurora (Morgenthau), ya lagrimas. Kaum ist jemals etwas Schöneres über das Hexengold der Börsengewinne gesagt worden. Und dann noch ein letzter guter Rath: Wer im Börsenspiele gewinnen will, muss Geduld und Geld besitzen, es necessario tener paciencia y dinero, auch ein Grundsatz, gegen den noch heutigen Tages unzählige Male gefehlt wird.

Es folgen sodann allerlei ergötzliche Mittheilungen über den Aberglauben der Spieler und über ihre Bestimmbarkeit durch Kleinigkeiten. Wir wollen daraus nur Einiges wiedergeben: „Da betritt einer den Schauplatz, unschlüssig und mit sich selbst kämpfend, ohne zu wissen, welcher seiner Gedanken trügerisch, welcher richtig ist. Auf einmal ruft er, von einer plötzlichen Eingebung befallen: „Vendos los Kirios" (Der Verfasser kann sich diesen Ausdruck nicht erklären, und auch ich will nur eine Vermuthung wagen. Es wird wohl bedeutet haben: „Ich verkaufe alles, was ich habe, um jeden Preis"), ohne dass etwas geschehen wäre, ausser dass vielleicht eine Wolke oder ein Leichenzug sein Gesichtsfeld passirt hätte. Ein anderer Matador betritt die Palästra, ängstlich betrebt, eine unbefangene Haltung zu heucheln, was ihm aber nicht gelingt. Er simulirt über den besten Weg, Geld zu verdienen. Er kaut an den Nägeln, zerpflückt sich die Finger, schliesst die Augen, thut vier Schritte und hält dabei vier Selbstgespräche, fasst mit der Hand an die Backe, als hätte er Zahnschmerzen, reibt sich die Stirn und begleitet diesen Tanz mit geheimnissvollem Räuspern, als wenn er dadurch das Glück zwingen könne. Plötzlich, sin causa, sin fin y sin gracia rompe con una impetuosa integridad por el concurso, ohne äusseren Anlass stürzt er sich in die Menge, schlägt mit der einen Hand ein Schnippchen (castañeta), macht mit der anderen eine Abwehrungsgeberde gegen Zauberei (higa) und beginnt in Actien zu handeln, als wären es Rahmkäse, kauft a resto abierto d. h. ohne zu bestimmen wie viel (Jugar a resto abierto, ein Spielerausdruck: mit unbestimmtem Einsatze spielen, wohl etwas Ähnliches, als wenn jetzt ein Börsenspekulant ruft: „Ich kaufe Creditactien zu 170", ohne zu sagen, wie viel er kaufen will), aus keiner anderen Ursache, als weil ein kräftiger Trompetenstoss sein Ohr getroffen hat". Wer die heutige Börse kennt, wird zu diesen beiden herrlichen Typen leicht Seitenstücke liefern können.

Die Haussiers nannte man in Amsterdam „Liebhaber" (Liefhebber), weil sie gleichsam Amantes de la Patria, del Estado y de la Compañia waren. Sie wünschten fortwährend, dass glückliche Nachrichten kommen möchten, que en un punto caminen, corran; batan las plumas y remontan las alas, eine ganz hübsche kleine Schilderung des Bildes, welches die Börse zur Haussezeit darbietet.

Die Baissiers (Contraminores, contramineurs) solle man, räth unser „Aktionär", wie die Pest fliehen und sich höchstens dann in ihr Fahrwasser begeben, wenn man ein „Bichile" machen d. h. eine blitzartig vorübergehende Steigerung des Courses benutzen will („Bickele" hiessen bei den holländischen Kindern unsere Knöchel oder Knicker, von denen einer nach dem anderen geworfen oder gestossen wird. Der Verfasser sagt, es bedeutet so viel wie mariposa, d. h. Schmetterling, was in dem hier gemeinten übertragenen Sinne noch besser passen würde).

Die Haussiers werden verglichen mit der „Zorafa" (?), welche vor nichts erschrickt, oder mit jenem Zauberer des Kurfürsten von Köln, welcher in seinem Spiegel die Frauen weit schöner erscheinen liess, als sie in Wirklichkeit sind. Alles wird von ihnen beschönigt, alles ausgeschmückt. Bei einem Erdbeben sagen sie, die Erde tanze ein wenig, eine ägyptische Finsterniss wird zur Dämmerung, Blitze verwandeln sich in harmlose Raketen, und feuerspeiende Drachen in ganz gewöhnliches Gethier. Dagegen sind die Baissiers nur aus Nervosität, Angst und Schrecken zusammengesetzt. Jede Maus wird für sie zum Elephanten, jeder Tanzbodenzank zur Rebellion, jeder leichte Schatten zum düsteren Chaos u. s. w.

Diese „Misantropos de las Acciones" werden unermüdlich verspottet: am Possirlichsten sei es, wenn sie riefen, die Welt gehe unter, oder wenn sie mit den unglaublichsten Übertreibungen politische Conjuncturen ausklügelten, in denen noch weniger Wahrheit sei, als in den Aussprüchen der Astrologen. Sie reden geheimnissvoll, als fürchteten sie sich selbst vor dem, was sie sagen.

Sie reissen erschreckt die Augen auf und sprechen mit sich selbst, als wären sie ausser sich. Sie wahrsagen wie Propheten, berathen dich, als wären sie deine besten Freunde, und betheuern dabei ihre treue Gesinnung. Wenn aber der Vorhang aufgeht, erscheint nur ein Frosch oder Maulwurf, der Berg gebiert eine Maus, und das gewaltige Ungewitter löst sich in etwas Wind auf.

Wichtiger ist die Mittheilung, dass in früherer Zeit etwa 20 Personen den ganzen Actienhandel beherrscht und nach Belieben Hausse wie Baisse gemacht hätten. Jetzt sei das vorüber, da nunmehr fast jeder Kaufmann auch in Actien handle.

Als unsere Schrift erschien, war der Cours der Actien dermaassen gestiegen, dass alle Welt darüber erstaunte. Sachkenner meinten, er könne sehr wohl noch weiter steigen, da ja die Compagnie täglich rüstiger, der Staat reicher und der Zinsfuss niedriger werde. Musste man doch schon, aus Mangel an Anlagen, das Geld gegen einfache Obligation zu 3 % und gegen Unterpfand sogar zu 2 1/2 % ausleihen, so dass selbst die reichsten Leute geradezu gezwungen waren, Actien zu kaufen. Das waren eben jene principes de renta, welche weder verkauften, wenn der Cours fiel, weil sie dann Verlust erlitten hätten, noch wenn er stieg, weil sie dann nicht wussten, wie sie ihr Geld sicherer unterbringen sollten.

Die Actien der Amsterdamer Kammer der Ostindischen Compagnie standen weit höher im Course als die der anderen Kammern, weil es nur in Amsterdam eine Actienspekulation gab. Der Unterschied betrug bei den Actien von Seeland meist 150 %, bei den übrigen 30—80 %, trotzdem die Dividende für alle Actien die gleiche war.

Eingehend schildert der „Aktionär", wie schlecht es den Outsiders beim Börsenspiele ergehen konnte. Dafür wurde aber auch in den Reihen der Privatspekulation das „hazer Federique" am schwunghaftesten betrieben, während die regelmässigen Börsenbesucher meist, selbst bei den grössten Preisschwankungen, ihr Wort hielten, obwohl viele Umsätze ohne Makler und alle ohne Zeugen abgeschlossen wurden. Dieses gewaltige, sicher arbeitende Getriebe wird mit Fug und Recht von dem „Aktionär" bewundert und gepriesen.

Die Westindische Compagnie hiess im Börsenverkehr schlechtweg „West", im Gegensatze zu „Oost", wie man die Ostindische Compagnie bezeichnete. Die Actien der ersteren (begründet 1621) waren anfangs ebensoviel werth gewesen, wie die der Ostindischen Compagnie; später aber erfolgte ein furchtbarer Courssturz bis auf 3 1/8 %. Im Jahre 1674 wurde die Gesellschaft durch eine Kapitalserhöhung (Bylegg) reorganisirt. Bei Erscheinen unseres Buches war die Dividende zwar noch gering, und der Actiencours stand nur auf 110; doch erwartete man eine baldige Besserung, eine Hoffnung, die sich erst im Schwindeljahre 1720 und dann auch nur ganz vorübergehend erfüllt hat.

Endlich wendet sich das Gespräch (S. 204) der Börse selbst zu. Diese „Palestra" des Actienhandels diente demselben nur zwischen 12 und 2 Uhr, während in den Vormittagsstunden zwischen 10 und 12 Uhr das Geschäft sich auf dem grossen Platze vor dem Stadthause, dem „Dam", abspielte. Um 12 Uhr wurden die Börsenthore geschlossen, und wer dann noch eintreten wollte, musste eine Gebühr entrichten. Desshalb lief alles kurz vor 12 Uhr herbei, um das Eintrittsgeld zu sparen. (Genau dasselbe findet noch heutigen Tages bekanntlich in manchen Börsen statt, z. B. in Hamburg.)

Ganz neu und recht interessant · ist sodann die Mittheilung, dass an der amsterdamer Börse noch die uralte Sitte bestand, jedes Geschäft mit einem Handschlage (palmada) zu bekräftigen, eine Sitte, über die unser Autor sich folgendermaassen lustig macht: Der Eine öffnet die Hand, der Zweite schlägt ein und verkauft jenem damit eine Parthie Actien. Mit einem neuen Handschlage offerirt er ihm eine weitere Parthie, worauf der andere mit einem dritten Handschlage ein Gebot macht u. s. f. Zwischen den Handschlägen setzt es auch Püffe, coloreanse à golpes las palmas, über welche verguença der förmliche Spanier entrüstet ist: Siguen las palmadas socorridas de los gritos (Geschrei), succeden à los gritos los atrevimientos (Invektiven), à los atrevimientos los desahogos (Frechheiten), hasta que adjustandosse el negocio.

Schon im 17. Jahrhundert wusste man, dass derjenige, welcher einmal gespielt hatte, ihm in der Regel mit Leib und Seele verfallen war, que quien negocia una vez en Acciones, ha de negociar mas vezes. Terrible afan (Plage)! inexplicable agonia! incomparable solicitud! Wenn diese Leute sich unterhalten, so sind die Actien ihr Thema, wenn sie davoneilen, so. thun sie es um der Actien willen, und wenn sie stehen bleiben, so ist auch das gewiss durch die Actien veranlasst worden. Nur nach den Actien schauen sie aus, nur den Actien ist ihr Denken gewidmet. Si comen (essen), son las Acciones el regalo, si piensan, son las Acciones el sugeto, si estudian, son las Acciones el punto, si sueñan (schlafen), son de Acciones la fantasmas (Träume), si enferman (fiebern), son de Acciones los delirios, y si mueren (sterben), son de Acciones los cuydados (ihre letzte Sorge). Nun wissen wir, warum man solche Menschen schon in Amsterdam „gente de especulacion" nannte. Sie werden wegen ihrer Beweglichkeit auch wohl mit lauter Exemplaren des perpetuum mobile verglichen.

Sehr gut werden wir ferner unterrichtet über die Art, wie die verschiedenen Klassen von Actien-Interessenten ihre Geschäfte betrieben: die „Principes de rentas" kamen nie selbst zur Börse, sondern gaben ihre Aufträge den Maklern. Auch von den „Accionistas - Mercaderes" verfuhren manche ebenso, weil sie es nicht für ihrer würdig erachteten, sich in jenes Getümmel zu begeben, frequentar las ruedas, para molestarse con los rempujones (Rempeleien), con los ultrajes (Invektiven), y con los gritos. Andere dagegen betheiligten sich unmittelbar am Geschäfte, wie es die „jugadores", die Spieler sämmtlich thaten. Und zwar gab es mehrere Gründe, um das Geschäft der Würde vorzuziehen: erstens brauchte man dann keine Courtage zu zahlen, zweitens wurde man des Vergnügens der „palmada" theilhaftig, was in der That manchen Leuten ein grosses Gaudium bereitete, drittens konnte man die Marktlage besser verfolgen, und viertens auch die Kniffe der Spieler leichter durchschauen.

In hohem Grade interessant ist auch die Beschreibung der Geschäftsabwickelung, Es gab drei Arten von Geschäften: 1) A trasportar luego, das Loco- oder Kassageschäft. Bei dieser Geschäftsart wurden die Actien sofort im Bureau der Compagnie auf den Namen des Käufers umgeschrieben, der dagegen den Kaufpreis durch die Girobank dem Verkäufer überwies. Das hiess quitar la partida. 2) En los rescuentros d. h. lieferbar am 20ten und zu bezahlen am 25ten des Monats. Die Einrichtungen des Liquidationsverfahrens waren noch mangelhaft, wesshalb viel Unordnung und Verwirrung vorfiel. Es gab Makler, welche „rescontrantes" hiessen, weil sie es übernahmen, die Parthien nach Möglichkeit gegeneinander auszugleichen, die Differenzen (surpluses) einzukassiren und auszuzahlen. (Die Technik dieses Liquidationsverfahrens scheint ähnlich gewesen zu sein, wie bei den Termingeschäften in Branntwein. Le Long [Ausz. v. 1734, I. 439] berichtet von letzterer, sie seien „door den eenen aan den anderen overgedaen, omtrent op deselve ·manier als men de Wisselbriven endosseert". Das geschah durch Billete [Overwysingen]. Der letzte Inhaber empfing die Waare, während seine Vormänner nur die Differenzen mit einander verrechneten. Auf solche Weise gingen die Billete oft durch 30—40 Hände.) Endlich 3) A tiempo largo, lieferbar an späteren Terminen. Statt gleich ein Geschäft dieser letzten Art abzuschliessen, konnte man sich auch der „misteriosas prolongaciones" bedienen, die indess damals noch ganz neu und dem Verfasser verdächtig gewesen zu sein scheinen, im Gegensatze zu den Actien-Beleihungen, welche vermuthlich früher die Stelle der Prolongationen vertreten hatten.

Für alle Zeitgeschäfte besassen die Makler gedruckte Schlussscheinformulare, contractos con las clausulas y condiciones que son las ordinarias del negocio, so dass nur die etwaigen Sonderstipulationen des Einzelgeschäfts ausgefüllt zu werden brauchten. Es wäre für die Geschichte des kaufmännischen Gewohnheitsrechts sehr interessant, solche Formulare aufzufinden.

Die Schlussscheine wurden doppelt ausgefertigt und ausgetauscht. Für die Prämiengeschäfte gab es besondere Formulare, ebenso für die Actien-Verpfändungen (empeños), und zwar mussten sie bei letzteren auf Stempelpapier gedruckt werden und Bestimmungen wegen des Rechts auf die Dividende etc. enthalten.

Das Gespräch wendet sich dann vollends dem Börsenrechte zu. Man nahm gewöhnlich an, dass der Einwand „Federique" nur dem Käufer zu Gute kommen könne. Aber die „letrados" behaupteten, auch der Verkäufer dürfe ihn erheben. Als unzweifelhaft irrig wird die Ansicht bezeichnet, dass in solchen Fällen, bei denen der Verkäufer einer Parthie Actien sie nachher vom Käufer selbst zurückkauft, der Einwand nicht Platz greifen dürfe. Nur dann sei dies ausgeschlossen, wenn bei dem Rückkaufe ausdrücklich bemerkt werde, dass er „en rescuentro", zur Abrechnung gegen das erste Geschäft dienen solle.

Noch grössere Meinungsverschiedenheit herrscht selbst unter den „peritos" darüber, wie weit die Prämiengeschäfte des Einwands der „Federique" theilhaftig wären. Eine principielle Entscheidung hierüber war noch nicht gefallen, wohl aber lagen zahlreiche richterliche Einzelentscheidungen vor. Die Theoretiker stimmten auch ·hier darin überein, dass das Gesetz dem Verkäufer ebensowohl wie dem Käufer zu Gute kommen müsse. Die richterliche Praxis aber hatte nur den Käufer stets liberirt, den Verkäufer dagegen oftmals zur Differenzzahlung verurtheilt. Die bei Prämiengeschäften vorkommenden verschiedenen Fälle werden dann einzeln mit den sich aus jener Rechtssprechung ergebenden Folgerungen durchgesprochen.

Ebenso schwankend verhielten sich die Gerichte gegenüber den Actien-Beleihungen, bei denen eine Verpflichtung des Schuldners zur Nachzahlung bei starkem Coursrückgange bald behauptet, bald bestritten wurde. Wir gewinnen aus alledem einen Einblick in die schwierigen und feinen Rechtsfragen, welche der Börsenverkehr schon in seiner ersten Entwickelung hervorrief, sobald das Gesetz versucht hatte, ihn einzuschränken. Es wäre noch mancherlei hieraus zu lernen; wir müssen das aber den Juristen überlassen. Auch das, was unser Buch über das Maklerwesen sagt, erinnert auf Schritt und Tritt an die Gegenwart. Es gab eine unendliche Menge von Pfuschmaklern (çanganos, holl. horsele, d. h. Drohnen; üblicher war indess die Bezeichnung beunhaasen). Dieses Gewerbe bildete schon damals .den Rettungsanker für alle Schiffbrüchigen der Börse, welche dort sämmtlich wieder Nahrung fanden: Todos viven, todos passan, todos campean (zeichnen sich aus) und wissen sich so schlau durchzuwinden, sich ihren Freunden so nützlich zu erweisen, dass sie dasjenige, was ihr guter Ruf verloren hat, wieder einholen, indem sie sich als geriebene Geschäftsleute die allgemeine Anerkennung erwerben. Was aber am meisten die satirische Ader unseres Autors angeregt hat, los que es los mas gracioso, ist der häufig vorkommende Fall, dass zwei Makler sich um dasselbe Geschäft streiten (picar d. h. beissen). Dann gehen Zurückhaltung und gegenseitige Achtung vollends in die Brüche, son mas desembueltas las vozes, mas penetrantes las injurias, mas ridiculas las palmadas u. s. w.

Neben den eigentlichen Vollactien („las gruessas" oder „las grandes") gab es noch sogenannte „Acciones de Ducato:." oder „pequenas". Einige junge Leute hatten nämlich gefunden, dass die Spekulation in ganzen Actien für ihre schwachen Kräfte zu riskant sei, und hatten desshalb begonnen in Actientheilen zu handeln. Von den Gerichten wurden diese Umsätze nicht als „negocio", sondern als „apuesta", als blosse Wetten betrachtet. Bei den grossen Actien bedeutete jeder punto, um den der Cours stieg oder fiel, einen Gewinn oder Verlust von 30 Bancogulden, bei den kleinen dagegen nur einen solchen von einem Dukaton. (Diese Dukatonen waren Silbermünzen im Werthe von 3 Gulden.) Diese „kleine Coulisse", wie wir sie nennen würden, hatte sich erst im Jahre 1683 gebildet. Um ihre Umsätze in Ordnung zu halten, hatte sie einen „caxero general" angestellt, welcher jeden Geschäftsabschluss vormerkte, dann seine Notizen mit denen der Parteien verglich und sie darauf endgiltig in ein Buch eintrug. Sonstige schriftliche Contracte wurden nicht ausgefertigt. Der Cassier erhielt für seine Bemühung von jeder Partei einen Stüber.

Nur selten wurden solche Geschäfte auf längere Termine abgeschlossen, da hierfür der Credit in den betheiligten Kreisen nicht ausreichte. Am 1ten jedes Monats um 1½ Uhr Nachmittags erfrug der Cassier von zwei unparteiischen Actienhändlern den augenblicklichen Cours der Vollactien und setzte danach den Lieferungscours der Dukatonactien fest. Diese „comedia" nannte man „levantar el palo", den Stock erheben, weil der Cassier so lange einen Stock in die Höhe hielt, bis der Lärm, den die Ankündigung des Lieferungscourses stets hervorrief, sich gelegt hatte. Darauf erfolgte die Regulirung der Geschäfte, soweit sie nicht schon Mitte des Monats stattgefunden hatte. Hierin haben wir die Anfänge unserer Ultimound Medioregulirung vor uns, während sonst, wie wir gesehen haben, andere Lieferungstermine üblich waren.

Die Zahlung der Differenzen pflegte im kleinen Actienhandel ebenso prompt zu erfolgen wie im grossen, was bereits viele der achtbarsten Spekulanten veranlasst hatte, sich bei jenem zu betheiligen. Wenn infolge un-

gewöhnlich heftiger Coursschwankungen ein „Krach" eintrat, blieben freilich
auch in der kleinen Coulisse viele Verpflichtungen unerfüllt, zumal seit 1683
an diesem Verkehre alle Welt in immer steigendem Maasse theilnahm. Sogar
Greise, Weiber und Kinder handelten in Dukatonactien, als wären es Schwefel-
faden. Selbst an Fasttagen wurde auf offener Strasse gehandelt und dabei
ein unerhörter Lärm verübt. Wenn unser Autor hinzufügt, der Tag des Ge-
richts werde nicht ausbleiben, so hatte er gewiss Recht; doch liess dieser
Tag länger als 30 Jahre auf sich warten, und um ihn herbeizuführen, musste
erst noch eine ungeheure Zunahme des Übels erfolgen.

Übrigens hatten geschäftsgierige Makler eine dritte, noch gefährlichere
Art des Spiels erfunden, bei dem der punto (1% vom Nominalbetrage der
Actien) einen Schilling, einen halben Schilling oder gar nur einen Stüber galt.
Dank dieser äussersten Erleichterung des nackten Spiels war es dahin ge-
kommen, dass in jedem amsterdamer Wirthshause Actien gehandelt wurden.
Die Makler kannten überhaupt nur drei Ziele: viel Courtage zu ver-
ienen, kleine Coursgewinne mitzunehmen (hazer Bichiles) und gut zu leben.
Um viel Courtage zu verdienen, mussten sie „vorspringen", poner al riesgo
de effrecer o largar muchas partidas y guedandoles à las espaldas, ihren
Rücken hergeben. Das hiess „hängen" (holl. hanghen, span. colgar), und so
nennt man noch heutigen Tages an der Börse solche' schwebenden Ergage-
ments. Um „Bichiles" zu verdienen, benutzten die Makler ferner mit Vor-
liebe schon damals die Ordres ihrer Kunden.

Es gab bereits wohlorganisirte Hausse- und Baisse-Consortien.
Letztere nannte man „Cabalas". Ihre Manipulationen werden aufs ausführlichste geschildert. Zunächst pflegte ein solches Baisse-Syndikat einen grösseren
Posten Actien auf verschiedene Termine zu verkaufen. Erreichte es damit
noch nicht seinen Zweck, den Cours zu werfen, so griff man zu anderen
Mitteln. Man liess z. B. durch einen Makler unter der Hand Actien kaufen
und sofort ostensibel wieder ausbieten, um eine Panik herbeizuführen. Das
nannte man „tener calcetas", d. h. Fusseisen legen. Indess enthielt der Ausdruck wahrscheinlich einen Doppelsinn; denn, heisst es weiter, unzählbar sind
diejenigen, que toman las calças (Unterhosen) de Villadiego, welche Fersen-
geld geben, sobald sich nur die kleinste Wolke zeigt, borrandosse en las calças
en ropando la menor sombra.

Ein anderer Kniff der Cabalas bestand darin, dass sie kurz vor dem,
Lieferungstermine Actien per Kasse an einen der reichen Kapitalisten verkauften, welche vom Reportgeschäfte sich nährten, que viven de hazer pro-
longaziones, und desshalb die Actien ihrerseits sogleich wieder auf Zeit verkaufen mussten. Ehe dies aber geschah, verbreiteten die Baissiers durch
Makler insgeheim das Gerücht, dass jener Kapitalist eine schlimme Nachricht
erhalten habe und Actien verkaufen werde. Da letzteres eintraf glaubte man
auch an die erstere Angabe; es entstand eine Panik, welche den Baissiers
ermöglichte, im Trüben zu fischen. Oder sie verursachten künstliche Geldknappheit, indem sie grosse Geldsummen aufnahmen und das Gerücht aus-
sprengten, sie wollten dafür Actien kaufen. Thatsächlich aber verkauften sie
gleich darauf grosse Posten und schlugen auf solche Weise zwei Fliegen mit
einer Klappe: einmal nämlich liessen sie glauben, sie hätten plötzlich wegen
ungünstiger Nachrichten ihren Operationsplan geändert, und ferner schnappten
sie den Haussiers das zum Actienkauf nöthige Kapital weg. Wieder ein an-

deres Mittel bestand darin, möglichst viel Vorprämien zu nehmen, paraque tengan que vender los que les dán los Opsies, d. h. wohl: um daraufhin eine entsprechende Anzahl Actien fest verkaufen zu können (?); oder auch möglichst viel Rückprämien zu geben, paraque los que los toman, no se atrevan à comprar mas, hallandosse ya obligados, d. h. — so verstehe ich wenigstens diesen Satz — damit die Nehmer der Prämien keine Actien fest zu kaufen wagen, aus Besorgniss, dass sie solche schon auf Grund der Prämiengeschäfte würden beziehen müssen. Dann, fügt der „Aktionär" hinzu, sei das Feld für die Cabala frei und ihr Sieg zunächst gewiss.

Bleiben ferner an einem Termine viele Stücke übrig, und entsteht hierdurch ein grosser Geldbedarf für Prolongationszwecke, so nehmen die Baissiers wohl gern Actien in Kost (dan dinero sobre Acciones), um sie sofort wieder per Kasse zu verkaufen und mit dem so erlangten Gelde dasselbe Spiel von neuem zu beginnen. Uns erscheint dies als ein sehr harmloses und nur für den eigenen Geldbeutel des Baissiers nachtheiliges Manöver; im 17. Jahrhundert dagegen muss es wohl anders gewesen sein: denn unser Autor fügt hinzu: Esto es un modo de astucia, que solo el Demonio inventarlo, diesen Schwindel muss der Teufel selbst erfunden haben.

Einen ganz besonders schlimmen Charakter hatten folgende Künste: Ein Baissier liess sich einen Brief mit einer erdichteten Nachricht schreiben und verlor ihn dann an einem geeigneten Orte. Oder man veranlasste einen angesehenen und für unterrichtet geltenden Freund, der bisher noch nicht in Actien gehandelt hatte, solche zu verkaufen, indem man selbst das Risiko wegen eines etwaigen Verlustes auf sich nahm. Dieses plötzliche Hervortreten eines unverdächtigen Verkäufers war geeignet, bei der grossen Menge erheblichen Eindruck zu machen. Oder noch besser, man flüsterte einem anderen intimen Freunde ins Ohr — aber laut genug, um von denen gehört zu werden, auf die man es abgesehen hatte — wenn er Geld verdienen wolle, möge er Actien verkaufen. Es müssen doch recht naive Spekulanten gewesen sein, die sich durch einen so plumpen Schwindel täuschen liessen.

Wesentlich interessanter ist es, dass schon vor zwei Jahrhunderten die Baissiers, um den Actiencours zu werfen, niederländische Staatsobligationen verkauften, weil dies ungünstigen politischen Gerüchten Vorschub leistete. Um ferner die Marktstimmung zu prüfen, para penetrar la disposicion de los animos, gingen selbst überzeugte Baissiers zunächst wohl auf einen Tag à la hausse. Stieg der Cours, so verkauften sie bald wieder mit kleinem Nutzen, fiel er, so verkauften sie mit Verlust und begannen dann erst ihre Baissespekulation.

Die Manöver der „Liefhebber" werden ebenfalls, jedoch weit kürzer dargestellt. Wir können hier nicht darauf eingehen und begnügen uns mit der Bemerkung, dass die künstliche Steigerung des Courses durch immer höhere Gebote „soplar" genannt wurde, d. h. blasen, den Cours aufblasen.

Die Spieler verkehrten namentlich viel in einigen Häusern „en que por venderse cierta bebida à que llaman Coffy los Hollandeses y Caffe los Levantinos, se intitulan Coffy Huysen. (Über die grosse Rolle, welche die Kaffeehäuser zu Amsterdam in dem grossen Schwindeljahre 1720 spielten, vgl. Le Long, Koophandel van Amsterdam, Ausg. v. 1734, I. 701 ff. Ähnlich in London, wo das erste Kaffeehaus 1652 entstand, vgl. Francis, Chronicles and character of the Stock Exchange, 1849, p. 24. Martin, History of Lloyds, p. 54 ff. Und auch in Paris zu Law's Zeit, vgl. Du Hautchamp,

Histoire du systeme des finances sous la minorité de Louis XV., Paris 1739, VI. 227.) Dort gab es Bücher, Spiele und viele Leute, mit denen man sich unterhalten konnte. Man trank Chokolade, Kaffee, Buttermilch oder Thee, rauchte dazu, para entretenar el discurso, amüsirte sich für wenig Geld, hörte Neuigkeiten, disputirte und machte Geschäfte. Wie letzteres vor sich ging, wird anschaulich geschildert: Da tritt z. B. in ein Kaffeehaus zur Börsenzeit ein corredor Liefhebber, ein Haussemakler. Sofort wird er von den Nächststehenden um den augenblicklichen Actiencours befragt. Er giebt bereitwilligst Auskunft, lügt aber zu dem wirklichen Marktwerthe sogleich 1—2 % hinzu, zieht sodann sein Notizbuch heraus und schreibt eifrig erdichtete Geschäfte hinein. Erhält er eine Kaufordre, so lehnt er wohl gar zunächst die Annahme ab, unter dem Vorwande, schon mit solchen Ordres überhäuft zu sein. Hierdurch reizt er die Einfalt zu unlimitirten Kaufordres.

Es gab drei Arten, ein Geschäft einzuleiten. Entweder rief man: „Yo largo a V. M. por tal precio, ich gebe Ihnen zu dem und dem Preise", oder: „Yo largo por tal precio, ich gebe zu dem und dem Preise", oder endlich: „Yo largo por tal precio à quien quisiere, ich gebe zu dem und dem Preise jedem, der kaufen will". Das zweite Angebot war das unverbindlichste: wenn irgend ein kleiner Jobber den Rufer beim Worte zu nehmen suchte und „es mia!" schrie, so brauchte jener nicht wie sonst „largo" zu antworten, sondern er konnte kaltlächelnd hinzufügen: „Largo, mas no à V. M., ich gebe, aber nicht an Sie".

Manche Makler unterzeichneten ihre Contracte, wenn sie für eigene Rechnung handeln wollten, nur mit den Worten: „Fulano (d. h. N. N.) por su mestre", also etwa das, was heutzutage „an Aufgabe" genannt wird. Ja, es gab schon Makler, welche unter doppeltem Namen handelten, unter einem Namen als Makler, unter einem anderen als Händler. Auf solche Weise konnten sie an sich selbst liefern lassen. Derartige Geschäftskniffe der Makler werden noch mehrfach mitgetheilt.

In lebhaften Farben werden sodann die Wirkungen geschildert, welche die wechselnden Nachrichten von den Schicksalen der ostindischen Flotte auf den Actiencours ausübten. Hier kann nur als Beispiel folgender Fall nacherzählt werden: Im Jahre 1687 hatte man allgemein erwartet, dass die Flotte Waaren im Werthe von 5 Millionen Gulden mitbringen würde; statt dessen brachte sie nur 3½ Millionen, wesshalb die Actien plötzlich stark im Course fielen. Die einen verkauften, um nichts an ihren Actien zu verlieren oder doch ihren Verlust nicht grösser werden zu lassen. Wer Actien abzunehmen hatte, verkaufte, um sie bezahlen zu können, und wer Actien in Kost genommen hatte, verkaufte, um das angelegte Kapital nicht zu verlieren. Wer seine Actien mit Schaden realisiren musste, ging sogleich mit einem weiteren Posten à la baisse, um den Verlust wieder einzuholen. Die wenigen aber, welche schon vorher Actien in blanco verkauft hatten, vergrösserten ihre Baisseposition, um noch mehr zu verdienen. Nachher stellte sich heraus, dass die mitgebrachte Ladung infolge erhöhter Preise ebensoviel Erlös brachte, wie die des Vorjahrs. Trotzdem stieg der Cours noch nicht, weil die Contraminores durch Aussprengung neuer Gerüchte den Markt so lange zu beherrschen wussten, bis ihre Position in sich selbst zusammenbrach, worauf sie hinter der „Federique" Schutz suchten.

Aus der Frühzeit des englischen Fondsverkehres. Wir wollen hier aus den auf S. 305 ff. verzeichneten englischen Druckschriften über den Fondshandel nur wenige Einzelheiten anführen, die neue Momente enthalten oder sonst besonderes Interesse darbieten.

Die Gegner der Fondsspekulation warfen dieser u. A. vor, dass sie es sei, welche die Coursschwankungen hervorriefe, oft ohne dass irgend ein wirklicher Anlass dazu vorliege. Am gefährlichsten in dieser Hinsicht seien die holländischen Spekulanten, welche den Fondsmarkt unausgesetzt mit falschen Nachrichten beunruhigten; aber auch die englischen Gutsbesitzer, Kaufleute und Industrielle, ja selbst hohe Staatsbeamte verschmähten es nicht, solche Gerüchte im eigenen Interesse in Umlauf zu setzen; denn „der Gewinn von 20000 oder 30000 £ entschädigt sie für den Verlust ihrer Ehre." Manche grosse City Kaufleute spekulirten in Change Alley durch Fondsmakler, welche sich lediglich von ihnen auf Ehrenwort versichern liessen, dass sie für alle Verluste aufkommen wollten; trotzdem kam es vor, dass sie dies nicht thaten, sondern auf Grund von Sir John Barnard's Act die Bezahlung ihrer Spekulationsschulden verweigerten.

Die meisten Besucher der Change Alley waren Fondsmakler, frühere Bäcker, Schlachter, Schuster, Barbiere und dergl. Leute, die gar nichts besassen und trotzdem die grössten Geschäfte machten. Ein solcher Broker hatte für einen später bankerott gegangenen Kaufmann in einem Vierteljahre 70000 £ umgesetzt, ohne dass sein Kunde auch nur für 100 £ davon besessen hätte. Die Makler schlossen die Geschäfte unter einander ohne Nennung ihrer Auftraggeber ab, durch einfache Notiz in ihren Börsenbüchern. Manche Broker verdienten 100 £ täglich.

Kein Mensch beabsichtigte die umgesetzten Fonds abzunehmen oder zu liefern. Das ganze Geschäft beruhte auf den jährlichen vier Rescounter settlings im Februar, Mai, August und November. Vor dem Lieferungstage wurden die einzelnen Parthien mündlich solange überwiesen, bis der letzte wirkliche Abnehmer ermittelt war.

Im Sommer ruhte das Fondsgeschäft grösstentheils, aber um in der Übung zu bleiben, beschäftigten sich die Fondsleute in dieser Jahreszeit mit Spekulationen in grünem Thee, in Makrelen u. s. w., mit Wetten, mit Versicherungsgeschäften z. B. mit Versicherung von Loosen, Lebensversicherungen und dergl.

Zahlreich waren die Vorschläge, welche gemacht wurden, um den Ausschreitungen der Spekulation zu steuern. Mehrfach kehrte der Vorschlag wieder, alle Geschäfte bei schwerer Strafe registriren zu lassen. Ein „Civis" empfiehlt ausserdem, die Regierung möchte einen Raum für den Fondsverkehr miethen, wo sich ein Beamter der Regierung von 9 Uhr Morgens bis 6 Uhr Nachmittags aufhalten müsse; bei Emissionen neuer Papiere sollen die Makler bei diesem Regierungscommissar Verzeichnisse aller von ihnen angenommenen Subscriptionen einreichen u. s. w. Mehrfach wird auch vorgeschlagen, die Fondsspekulationen einfach als „felony" oder „high treason" zu erklären.

Wüst und unordentlich genug ging es in Change Alley her. Alles schrie und drängte durcheinander. Grobe Excesse und Taschendiebstähle waren an der Tagesordnung, und die Scherze, welche man sich namentlich mit „Outsiders" erlaubte, überschritten alles Maass; es gab einen förmlichen „Comment" für die Behandlung solcher Unglücklichen.

Endlich wurde dieses Treiben den besseren Elementen zu bunt; um 1760 bildete sich ein Comitée von Interessenten, welche eins der besuchtesten Kaffeehäuser in Change Alley mietheten und den Zutritt dazu nur gegen Zahlung von 8 £ jährlich gestattete. Darob grosse Erbitterung der Makler; wie könne man sie „von einem öffentlichen Markte" ausschliessen wollen? eine solche wichtige Sache dürfe .nur durch Gesetz geregelt werden. Aber es half nichts: Jonathan's Kaffeehaus, meist schlechtweg „The House" genannt, wurde zur ersten geschlossenen Fondsbörse erhoben; später wurde das „Stock Exchange Coffee House" in Threadneedle Street hierfür verwendet und wie es scheint eine tägliche Eintrittsgebühr von 6 Pence erhoben. Endlich wurde im Jahre 1801 ein eigenes Bauwerk errichtet, das noch jetzt einen Theil der Londoner Stock Exchange bildet.

Aus der Frühzeit des wiener und berliner Börsenverkehrs. Wenn man von den amsterdamer, londoner und pariser Handelsverhältnissen im Anfange des 18. Jahrhunderts sich denen zuwendet, welche um dieselbe Zeit in Wien und Berlin obwalteten, so muss man auch bei sehr niedrig gespannten Erwartungen doch erstaunen über den kleinlichen und zurückgebliebenen Zustand des dortigen Handels.

In Wien zerfiel der Handelsstand hinsichtlich seines Gerichtsstandes in drei Klassen, in die Niederlagsverwandten, in die Hofbefreyten und in die bürgerlichen Handelsleute, ferner in Bezug auf die Art des Geschäfts ebenfalls in drei Klassen, nämlich in die Niederläger, in die Krämer und in die Tändler. Die Krämer wurden wieder eingetheilt in Kauf- und Handelsleute, sowie in eigentliche Krämer. Die Verfassung des berliner Handelsstands war nicht mehr so verzopft; man begnügte sich dort mit zwei Gilden, den Gewandschneidern und den Krämern, von denen die erstere seit Anfang des 17. Jahrhunderts „die Gilde der Tuch- und Seidenhandlung" hiess, die zweite „die Gilde der Materialisten". Die erstere erweiterte sich seit 1716 nach Aufnahme französischer Réfugiés zu der „Gilde der sämmtlichen deutschen und französischen Kauf- und Handelsleute". Damit entstand in Berlin eine Art moderner Kaufmannschaft, die gegenüber der ganz zunftmässigen „Materialisten-Gilde" bereits die neue Zeit repräsentirte, eine Neuerung, die in Wien erst 1774 durch Errichtung „Eines ansehnlichen Gremium der Grosshändler" eintrat. Aber auch dann noch blieben in beiden Städten die alten Gildeprivilegien in Kraft, die erst allmählich abstarben. (Vgl. für Berlin die Festschrift des 50jährigen Bestehens der Korporation der Berliner Kaufmannschaft, unter dem Titel „Beiträge z. Gesch. d. Berl. Handels- und Gewerbefleisses aus der ältesten Zeit bis auf unsere Tage", 1870; für Wien Ludovici, Kaufmanns-Lexicon 1756 u. a.)

Wie in Berlin der Wechselhandel betrieben wurde, ersieht man aus Marpergers Geograph. histor. und mercator. Beschreibg. aller derjenigen Länder und Provinzen, welche dem Königl. Preuss. und Chur-Brandenbg. Scepter unterworffen sind (1710); da heisst es z. B. p. 157: „Weil sonderlich der Königliche Hof wegen seiner in und ausser Teutschland stehenden Trouppen viele Gelder einzuheben und auszuzahlen hat, bald auch dieser oder jener Cavalier eine Reise nach fremden Ländern unternimmt, als seynd auch die in der Residenzstadt wohnenden Banquiers jederzeit in dem Stande, dass sie à droitte, wohin man es verlangt, Wechsel geben und ziehen kön-

ñen" und p. 256: „Wegen des wöchentlich ausgegebenen Wechsel-Cours,
welcher bey dem Stadt-Mäkler, der Zeit Mons. Wesseling zu finden, kann
man jedesmahl von der Agio der Wechsel in fremde Länder und auch der
in Berlin selbst gegen einander umzusetzenden Gelder gute Nachricht haben."
In der schon verhältnissmässig liberalen „Renovirten Confirmation über
die Handels-Ordnung und Gülden-Artickel der sämmlichen Teutschen und
Frantzösischen Kauff- und Handels-Leute hiesiger Residentzien Berlin" vom
16. December 1716 (Corp. Const. march. VI. Nachlese 38) bestimmt Art. 49,
die regierenden 4 Gülde-Meister sollten jährlich zweimal alle Gülde-Verwandte
„entweder auf die Beurse oder in dasjenige Güldemeisters Haus, welches
dazu am bequemsten, zusammenfordern, ihnen die Gülde-Articul vorlesen"
u. s. f. Das ist die erste Erwähnung einer berliner Börse, die vermuthlich
kurz zuvor Dank dem Einflusse der französischen Einwanderer entstanden sein
wird, welche letztere damals den grössten und intelligentesten Theil der berliner Kaufmannschaft bildeten. Im Jahre 1738 wurde dieser von Friedrich
Wilhelm I. ein Haus dicht beim Königl. Schlosse im Lustgarten als Börse
angewiesen. Erst allmählich wurden die Börsenversammlungen tägliche, erschienen die Courszettel mehrere Mal wöchentlich, stieg die Zahl der beeidigten
Mäkler auf zwei, dann auf drei, ein Zustand, der jedenfalls nicht vor dem
Jahre 1761 erreicht wurde, dem Jahre der Verlegung des Börsenverkehrs
nach den Bogenlauben der Stechbahn.

Die erste berliner „Beurse Ordnung" vom Jahre 1739 weist noch
recht altfränkische Züge auf. So heisst es gleich im Art. 1: „Da auff einer
öffentlichen Beurse haubtsächlich die Wechselsachen und auswärtigen Ne-
gotien tractiret werden, unter denen gegenwärtigen Güldemeistern aber sich
keiner befindet, so dergleichen Negotium treibet, so sollen von jedem Corps
bey ihrer Gülde vier zu Beursen-Ältesten in Vorschlag gebracht und durch
die meisten Stimmen zwey davon erwehlet und bestätiget werden. Weil auch
(2) an allen Orthen, wo öffentliche Beursen seyn und frequentiret werden,
gebräuchlich ist, dass die Haubt-Zusammen-Künffte an denen grossen Post-
Tagen geschehen; als werden gleichfals die beyden hiesige grossen Post-Tage,
als Dienstag und Sonnabend dazu erwehlet und festgesetzet, dass an selbigen
von 11 biss 12 Uhr Mittages und nach Befinden der Umbstände auch noch
länger die hiesige Kauffmannschafft sich versammle, weil an diesen beyden
Post-Tagen in Wechsel und andern auswärtigen Sachen das mehreste verkehrt
und abgethan wird." Aus Art. 3: „Auch können die Juden, wenn sie mit
einem Christen-Kauffmann zu sprechen oder sonst zu verkehren haben, sich
daselbst einfinden." Aus Art. 5: „Da auch denen Juden frey bleiben muss,
einen unter sich zum Mäkler auszumachen, so ist solches doch nicht anders
zu verstehen, als dass wenn solcher von ihnen vorgeschlagen worden, zufor-
derst von denen Ober-Ältesten der Gülde hierzu, wie in andern grossen
Handels-Städten gebräuchlich, verpflichtet werde, dahingegen die andern Juden
sich alles Mäklens auf der Beurse bey hoher Straffe gänzlich enthalten müsssen."

Angesichts dieser und ähnlicher Bestimmungen überrascht es umso mehr,
wenn in Art. 8 gesagt wird: „Es soll einem Jeden, wer nur mit der
Kauffmannschafft was zu tractiren hat, freystehen, auff die Beurse
hinzukommen und sein Anbringen und Gewerbe, doch mit aller geziemen-
den Moderation zu verrichten."

Ganz anders beschaffen war die älteste wiener Börsen-Ordnung vom Jahre 1771. Gleich in der Einleitung heisst es nach kurzer Erwähnung des commerciellen Nutzens einer Börse: „Nicht weniger haben Wir missfällig vernehmen müssen, dass zum öfteren die Verkäufer der öffentlichen Papiere sich durch Negociationen, welche insgeheim ohne Zuthun erfahrener und beeidigter Sensalen geschlossen worden, um den wahren Werth ihres verhandelten Papieres verkürzt gesehen, wodurch nicht nur den Eigenthümern dieser Papiere, sondern zugleich dem öffentlichen Credite selbst ein empfindlicher Nachtheil zugewachsen ist." So solle denn eine Börse errichtet werden „einerseits zum wahren Besten der Handlung und der gesammten Staats-Gläubiger, andererseits zur Steuerung des so schädlichen Geld-Monopoliums und Wuchers."

Während also die berliner Börse eine rein commercielle Einrichtung für den Wechselhandel war, sollte die wiener Börse zugleich eine polizeiliche Einrichtung zur besseren Überwachung des Fondsverkehres sein.

Dem entspricht es, dass § 1 des wiener Börsenpatents bestimmt, die Börse solle „durch einen eigens anzustellenden K. K. Kommissair beaufsichtigt werden". Diese Einsetzung eines staatlichen Aufsichtsbeamten bildet eine weitere sehr wesentliche Eigenthümlichkeit der wiener gegenüber der berliner Börse, welche letztere von Anfang an lediglich durch Kaufleute, durch „Börsenälteste", beaufsichtigt worden ist.

Man hatte sich in Wien eben nach der französischen Börsen-Ordnung von 1724 gerichtet, durch welche dem „Sieur Lieutenant-général de Police" die Aufsicht über die Börse übertragen worden war. Wie eng sich das Wiener Börsenpatent von 1771 auch sonst an jene pariser Verordnung anschloss, ergiebt sich aus folgender Nebeneinanderstellung, wobei die Abweichungen besonderes Interesse darbieten.

Pariser Börsen-Ordnung von 1724.	Wiener Börsen-Patent von 1771.
I.	I.
Il sera incessament établi dans la ville de Paris une place appellée „la Bourse" — dont l'ouverture sera indiquée et faite par le Sieur Lieutenant-général de Police, que Sa Majesté a commis et commet pour avoir jurisdiction sur la police d'icelle, et dont les jugemens seront exécutez provisoirement, nonobstant oppositions ou appellations quelconques.	Es soll in Unserer K. K. Haupt- und Residenzstadt Wien — eine öffentliche Börse errichtet, diese durch einen eigens anzustellenden K. K. Kommissair ordentlich eröffnet und durch denselben genaue Aufsicht über alle daselbst vorgehende Handlungen immerhin beobachtet werden. Alles dasjenige, was die Polizei und gute Ordnung dieser Börse betrifft, soll von Unserer N. Ö. Regierung abhängen und durch gedachten Unsern Kommissair, welcher sich auf dieser Börse jedesmal gegenwärtig zu finden haben wird, ohne einige diessfalls stattfindende Ausnahme provisorie vorgekehrt werden.

II.

La Bourse sera ouverte tous les jours, excepté les jours de dimanche et fêtes, depuis dix heures du matin jusqu'à une heure après-midi; après laquelle heure l'entrée en sera re-fusée à ceux qui s'y présenteront, de quelque état et condition qu'ils puissent être.

III.

Il sera établi à la porte de la Bourse une garde commandée par un exempt, et composée du nombre d'archers, que le Sieur Lieutenant-général de police jugera à propos, pour empêcher les désordres.

IV.

L'entrée de la Bourse sera permise aux négocians, marchands, banquiers, financiers, agens de change et de commerce, bourgeois et autres personnes connues et domiciliées dans la ville de Paris, comme aussi aux forains et étrangers, pourvu que ces derniers soient connus d'un négociant, marchand ou agent de change et de commerce domiciliez à Paris.

V.

Pour empêcher qu'il ne s'introduise à la Bourse d'autres personnes que celles qui auront droit d'y entrer, veut Sa Majesté qu'il soit distribué par le Sieur Lieutenant-général de police, ou celui qu'il commettra à cet effet, une marque à chacun de ceux qui seront dans le cas de l'article précédant etc., lesquelles marques seront représentées à l'entrée de la Bourse etc.

VI—X.

Diese Artikel beziehen sich auch noch auf die Eintrittskarten und die näheren Modalitäten des Zutritts zur Börse.

XI.

Les femmes ne pourront entrer à la Bourse, pour quelque cause ou prétexte que ce soit.

II.

Die Börse soll alle Tage, ausgenommen an den Sonn- und gebotenen Feiertagen, Morgens von 11 bis 1 Uhr, Nachmittags aber von Michaeli bis Georgi von 3 bis 4 Uhr, dann von Georgi bis Michaeli von 4 bis 5 Uhr offen stehen.

III.

Zur Verhütung aller Unordnung soll bei dem Eingange der Börse eine hinlängliche Militair-Wache bestellet werden.

IV.

Der Eintritt in die Börse wird, ohne Unterschied des Standes, allen denjenigen, die daselbst Geschäfte haben können, gestattet, jedoch ist von solcher das weibliche Geschlecht ausgeschlossen.

Sollten sich aber Personen auf der Börse einfinden, welche entweder verdächtig oder dahin nicht gehörig scheinen, so sind solche von dem angestellten Kommissair mit Bescheidenheit über die Ursache ihres Daseins zu befragen und dafern sie keine hinlängliche Ursache anzuführen hätten, ist ihnen der Abtritt von der Börse, jedoch mit Vermeidung alles Aufsehens zu befehlen etc.

XII.

Toutes les négociations de lettres de change, billets au porteur ou à ordre, marchandises, papiers commerçables et autres effets, se feront à la Bourse de la manière et ainsi qu'il sera çi-après expliqué.

Défend Sa Majesté à tous particuliers, de quelque état ou condition qu'ils soient, de faire aucune assemblée et de tenir aucun bureau pour y traiter de négocations, soit en maisons bourgeoises, hôtels garnis, chambres garnies, caffez et limonadiers, cabaretiers et partout ailleurs, à peine de prison et de 6000 livres d'amende etc. applicable moitié au dénonciateur et l'autre moitié à l'Hôpital général etc.

Ebenso Bedrohung Derjenigen, welche ihre Häuser zu solchen Winkelbörsen hergeben, mit hoher Strafe.

XIII.

Verbot des Börsenverkehrs auf den Strassen.

XIV.

Vorbehalt zu Gunsten des Waarengeschäfts auf den Märkten, Messen und in den Hallen.

XV.

Afin d'établir l'ordre et la tranquillité à la Bourse, et que chacun y puisse traiter de ses affaires sans être interrompu, Sa Majesté défend d'y annoncer le prix d'aucun effet à voix haute, et de faire aucun signal ou autre manoeuvre pour en faire hausser au baisser le prix, à peine contre les contrevenans d'être privez d'entrer pour toujours à la

V.

Auf dieser Börse sollen alle Geldgeschäfte ohne Unterschied, wo es auf Kauf oder Verwechselung öffentlicher Papiere oder förmiger Wechselbriefe ankommt, auf die unten mit mehrerem zu erwähnende Weise geschlossen werden. (Hier folgt in dem Wiener Börsenpatent ein Vorbehalt hinsichtlich der Hingabe von Papieren an Zahlungsstatt; diese soll jederzeit auch ausser der Börse gestattet sein, jedoch nur ohne Rabatt noch Agio, sondern lediglich al pari.)

VI.

Wir untersagen demnach ernstlich hiermit, dergleichen Negociationen ins Künftige weder in Privathäusern, noch in anderen öffentlichen Orten oder Zusammenkünften, wie solche Namen haben mögen, bei Confiscirung der Hälfte dessen was das Geschäft beträgt etc. (oder von 1000 fl. bei Geschäften, die über diesen Betrag hinausgehen), ein Drittel dem Denuncianten und die übrigen zwei Drittel Unserem Ärarium.

VII.

Ähnlich wie in Paris.

VIII.

Alle auf der Börse zu verrichtende Negociationen haben auf eine solche Weise zu geschehen, damit die andern in ihren Geschäften nicht irre gemacht werden. Sollte Jemand aus eigennützigen Absichten, um den Werth der öffentlichen Papiere oder Wechselbriefe fallen zu machen, solchen mit lauter Stimme ausrufen oder diesen Werth andern durch Zeichen zu erkennen

Bourse et condamnez par corps en 6000 L. d'amende etc.

XVI.

S'il arrive à la Bourse des contestations entre les particuliers, suivies de menaces et de voyes de fait, celui qui aura levé la main pour frapper, sera sur le champ arrêté et constitué prisonnier, pour être jugé suivant les ordonnances; et pour s'assurer des coupables, ou sonnera une cloche au premier avertissement qui en sera donné, et les portes seront à l'instant fermées, sans que qui ce soit puisse exiger qu'elles soient ouvertes, jusqu'à ce que les auteurs du désordre soient arrêtez, à peine contre ceux qui par violence ou autrement voudroient faire ouvrir les dites portes, d'être traitez comme complices du désordre.

XVII.

Sa Majesté permet à tous marchands, négocians, banquiers et autres qui seront admis à la Bourse, de négocier entre eux les lettres de change, billets au porteur ou à ordre, ainsi que les marchandises, sans l'entremise des agens de change.

Et à l'égard de tous les autres effets et papiers commerçables, pour en détruire les ventes simulées qui en ont causé jusqu'à présent le discrédit, ils ne pourrànt être negociez que par l'entremise des agens de change, de la manière et ainsi qu'il sera ci-après expliqué, a peine etc.

geben, so soll derselbe nicht nur mit einer Geldbusse von 1000 fl. belegt, sondern ihm auch der Eintritt in die Börse für beständig untersagt werden.

IX.

Diejenigen hingegen, welche auf der Börse Zänkereien anzufangen, in wörtliche Unbilden oder gar in Thätlichkeiten auszubrechen sich unterfangen würden, sollten sogleich arretirt und mit einer scharfen — Strafe angesehen werden.

Um sich der Person des Schuldigen zu versichern, hat der angestellte Kommissair alsogleich die Thüren der Börse versperren zu lassen.

Sollten sich andere, in der Sache nicht verfangene Personen unterstehen, die Thüren mit Gewalt öffnen zu wollen, so sind solche dem Übelthäter gleich zu halten.

X.

Alle zu verrichtenden Verhandlungen und Verkäufe der Wechsel sind dergestalt an die Börse gebunden, dass solche — an keinem anderen Orte geschlossen werden können; bei diesen Geschäften aber wird die Vermittelung der hiernach zu erwähnenden beeidigten Sensalen nicht nothwendig erfordert. (Eilige Wechselbriefe können auch ausser der Börse, aber dann nur durch einen Sensal geschlossen werden.)

XI.

Soviel hingegen die Verhandlung der öffentlichen Papiere anlanget, so erheischt solche von Seiten des Staats eine noch grössere Aufmerksamkeit. Es geht demnach Unser ernstlicher Wille dahin, dass obwohl alle . dem endlichen Schlusse vorhergehende Unterhandlungen durch die betr. Partheien selbst ungehindert vorgenommen werden können, jedoch die wirkliche Abschliessung einer Negotiation durch die Sensalen nothwendig geschehe etc.

23*

XVIII.

Toutes négociations de papiers commerçables et effets, faits sans le ministère d'un agent de change, seront déclarées nulles en cas de contestation; faisant Sa Majesté défenses à tous huissiers et sergens de donner aucune assignation sur icelles, à peine d'interdiction et de 300 L. d'amende, et à tous juges de prononcer aucun jugement, à peine de nullité des-dits jugements.

XIX—XLI.

Diese Artikel beziehen sich auf die autorisirten Agents de change.

XII.

Alle jene Verkäufe der öffentlichen Papiere, so nicht auf der Börse und zugleich mit Zuthuung der beeidigten Sensalen geschlossen werden, sollen dergestalt null und nichtig seyn, dass wenn aus einer solchen Verhandlung eine rechtliche Action entstehen sollte, die diessfalls eingereichte Klage bei keinem Gericht angenommen oder diesfalls einiger Spruch Rechtens ertheilt werden solle.

XIII—XXX.

Diese Artikel beziehen sich auf die angestellten Wechsel-Sensalen.

Nachträge und Druckfehler.

I. Nachträge.

Zu Bd. I S. 64. Über die Geldgeschäfte der Templer ist das mir erst neuerdings bekannt gewordene Werk von Delisle, Mémoires sur les opérations finançières des Templiers zu vergleichen (Mem. de l'Acad. des inscript. et belles-lettres XXXIII. Paris. 1889).

Zu I. 199. König Franz I. von Frankreich ertheilte im Mai 1546 an Jakob und Sebastian Welser von Nürnberg Privilegien wegen ihrer dem Könige bewilligten Darlehen und wegen ihres Handels in Frankreich (Catalogue des Actes de François I. No. 15112).

Zu I. 259 ff. Aus dem eben citirten Regestenwerke kann man ersehen, wann die Finanzgeschäfte Klebergs mit der französischen Krone ihren Anfang nahmen: bereits im April 1522, als König Franz I. bei den italienischen und anderen fremden Kaufleuten in Lyon eine grosse Anleihe aufnahm, eine der ersten ihrer Art, betheiligte sich Kleberg dabei mit 17187 Écus; dazu „schenkte" ihm der König 1000 Écus als Zinsen, was also zusammen jene 18187 Écus ausmachte, um deren Bezahlung die Stadt Bern 1527 den König mahnte. Zweimal wurde Auftrag ertheilt, die Schuld dem Kleberg auszuzahlen: am 25. Januar 1527 (also kurz vor jener berner Mahnung) und am 7. Juni 1533. (Actes de François I. No. 1529, 5898, 18965).

Zu I. 265 ff. Wie Detlefsen (Geschichte der holst. Elbmarschen II. 137 ff.) nachgewiesen hat, begründeten die holsteinischen

Adelsgeschlechter der Rantzau, Ahlefeld, Brockdorf u. a. im 15ten und namentlich im 16. Jahrhundert ungewöhnlich grosse Gutsherrschaften. Warum grade sie so viel reicher waren als andere deutsche Adelsgeschlechter, bedarf noch näherer Untersuchung.

Zu I. 289 ff. 294 ff. Die Beziehungen des Ruberto Albizzi, der 1529 als einer der reichsten Florentiner erwähnt wird, zu Franz I. reichen bis 1518 zurück, vielleicht noch weiter; er hatte 'damals für den König grosse Zahlungen an Kaiser Maximilian geleistet (Actes de François I. No. 16583, 16746). Die Brüder Albizzi gehörten 1522 zu den Florentinern, welche dem Könige bedeutende Geldsummen liehen (vgl. oben II. 83), und ihm wurde sein Antheil früher zurückgezahlt, als manchen Anderen (Actes etc. No 1919: 1523 28/10 etc., auch 1522 22/11). Im Jahre 1527 wurde er angeklagt, Malversationen begangen zu haben, und sass mehrere Monate lang gefangen (No. 2663, 5980), pachtete indess 1528 wieder auf 8 Jahre von der Stadt Lyon gewisse Abgaben, bei welcher Gelegenheit er als Bürger von Lyon bezeichnet wird (No. 3043, 3458); 1529 war er mit dem gleich zu erwähnenden Buonacorsi zusammen wieder in einen Process verwickelt (No. 19826). Im Jahre 1531 tritt er auf als „Trésorier de l'hôtel du duc de Longueville" und als Schwiegervater von Ruberto Altoviti (No. 20242). Der eben genannte Julien Buonacorsi hatte wohl unter den damals in Frankreich lebenden Florentinern die höchste Stellung im französischen Finanzwesen; schon 1526 erwähnt als „commis au payement des gages des deux cents gentilhommes de la maison du roi", war er 1533/34 gar „notaire et sécretaire du trésorier et receveur général des finances en Provence" (No. 7079, 18585, 20577). Lorenzo und Filippo Strozzi betheiligten sich schon an der grossen französischen Anleihe von 1522 mit 31000 Écus, anscheinend dem höchsten Theilbetrage (No. 1529). Ersteres gilt auch von Ulivieri Guadagni; und Tommaso Guadagni, der 1525 als Franzose naturalisirt wurde, konnte damals nachweisen, dass er seit 10 Jahren in Lyon Handel trieb (No. 18493). Im Jahre 1523 wurden den florentiner und luccheser Pächtern des Seidenzolles 20000 L. zurückgezahlt, die sie im Jahre 1515 der Krone geliehen hatten (No. 1910). Im Jahre 1522 wohnten in Lyon 90 Florentiner (No. 17485). Leonardo Spina erhielt 1518 18070 L. für Lieferung von Kupfer und Zinn zum Giessen von Geschützen (No. 16827) und 1533: 2025 L. als Kaufpreis von 2 grossen Perlen, die der König der Katharina Medici schenkte (No. 6321). Als er im Jahre 1536 naturalisirt wurde, wies er nach, dass er seit 1511 in Lyon etablirt war

(No. 20988). Piero Spina erhielt 1526: 20541 L. als Betrag dessen, was er ausgelegt hatte als Rechnungsführer der heiligen Liga in Italien (No. 18899), und im Jahre 1533 wird er bezeichnet als Controleur für die Erhebung des lyonneser Seidenzolles, Lionardo dagegen nur als florentiner Kaufmann; Beide sollten zusammen für den König 4000 Dukaten erheben (No. 6491).

Zu I. 202/3. Im Jahre 1544 wurden auf einmal drei Strozzi als Franzosen naturalisirt: Lorenzo, Palla und Ruberto (Actes de François I. No. 22847/49).

Zu I. 318 ff. Die Lucchesen in Lyon betheiligten sich auch schon frühzeitig an den französischen Kronanleihen, so 1515 (No. 1910), 1522 (No. 1529), vor 1532 (No. 4385) und vor 1544 (No. 22876).

Zu I. 325. 374. Über die Betheiligung der Genuesen bei den Anfängen des Negersklavenhandels nach Amerika vgl. Häbler, Die Anfänge der Sclaverei in Amerika (Ztschr. f. Social- und Wirthschafts-Geschäfte IV² p. 199).

Zu I. 366 ff. 341. Die Actes de François I. enthalten noch manche Beweise für das Schwanken der Genuesen zwischen Habsburg und Valois namentlich vor dem Jahre 1528: Im Jahre 1522 betheiligten sich auch Genuesen an der mehrerwähnten lyonneser Anleihe der französischen Krone, worauf ihnen ein Privilegium ertheilt wurde (No. 1529 und 17487). Dass Graf Sinibaldo Fiesco dem Könige einmal ein kleines Darlehn gewährte (No. 18386), ist nicht sehr bemerkenswerth, wohl aber, dass Octavio Grimaldi 1525 den König nach Italien begleitete, für ihn dort Lebensmittel kaufte und ihm Geld vorstreckte zur Bezahlung von Truppen, sogar zur Unterhaltung von Spionen (No. 18408, 18412). Dieser selbe Mann erscheint sodann 1526 in hoher Vertrauensstellung, als Präsident der Chambre des Comptes von Paris (No. 18752) und wird 1527 nebst seinem Bruder Nicolo als Franzose naturalisirt (No. 19376). Im Jahre 1532 wird er beauftragt, eine geheime Geldsendung nach Nürnberg zu übermitteln (No. 4623). Er muss wohl zu den Fregosi gehört haben. Diese wurden 1524 und 1526 von Frankreich mit Geldgeschenken bedacht (No. 18560). Dagegen 1531 Verbot des Handels mit den Genuesen und Anweisung, alle ihnen schuldigen Beträge zu deklariren (No. 4142, 4183 vgl. auch No. 4324, 6705, 20321).

Zu II. 339 ff. Vgl. hier jetzt den Aufsatz von Leser, Zur Geschichte der Prämiengeschäfte (Staatswiss. Arbeiten, Festgaben für Karl Knies).

II. Druckfehler.

Band I. S. 9 Z. 8 lies: Umwandlung statt Unwandlung.· S. 12 Anm. 8 Z. 3 v. u. lies: ragione statt cagione. S. 16 Anm. 10 letzte Zeile lies: sinon statt simon. S. 72 Z. 25 lies: Leihkapitalien statt Leichtkapitalien. S. 75 Z. 19 v. u. lies: comme statt comune. S. 200 Z. 1 muss das Wort „andern" wegfallen. S. 354 Z. 25 lies: 1684 statt 1648. S. 414 Z. 13 v. u. lies: keinem statt einem.

Band II. S. 23 Z. 4 lies: den, statt der Ricorsa-Wechsel. S. 23 Z. 22 lies: comunidad statt commidad.

Sachregister.